中文社会科学引文索引（CSSCI）来源集刊

私法

Private Law Review

第18辑 · 第2卷
（总第36卷）

易继明 / 主编

知识产权出版社
全国百佳图书出版单位
—北京—

图书在版编目(CIP)数据

私法．第18辑．第2卷:总第36卷/易继明主编．—北京:知识产权出版社,2022.3
ISBN 978-7-5130-7913-6

Ⅰ.①私…　Ⅱ.①易…　Ⅲ.①私法—研究—丛刊　Ⅳ.①D90-55

中国版本图书馆CIP数据核字(2021)第248029号

责任编辑:薛迎春　　　　责任校对:潘凤越
封面设计:宗沅书装·李宗燕　　　　责任印制:刘译文

私　法
第18辑·第2卷（总第36卷）
易继明　主编

出版发行:	知识产权出版社有限责任公司	网　址:	http://www.ipph.cn
社　址:	北京市海淀区气象路50号院	邮　编:	100081
责编电话:	010-82000860转8724	责编邮箱:	471451342@qq.com
发行电话:	010-82000860转8101/8102	发行传真:	010-82000893/82005070/82000270
印　刷:	三河市国英印务有限公司	经　销:	新华书店、各大网上书店及相关专业书店
开　本:	787mm×1092mm　1/16	印　张:	19
版　次:	2022年3月第1版	印　次:	2022年3月第1次印刷
字　数:	385千字	定　价:	78.00元

ISBN 978-7-5130-7913-6

《私法》
编辑委员会

《私法》
学术顾问委员会

（按姓氏拼音顺序排列）

迎接黄金十年（代序）

2022年开启，两年前爆发的新冠肺炎疫情并未结束，新冠及其变异病毒仍在全球肆虐，导致国内疫情防控形势持续紧张。雪上加霜的是，近年来美国利用“知识产权大棒”打压中国，继而要跟我们“脱钩”，并进一步采取“同盟制华”政策，导致我国发展的外部环境并不乐观。中国老百姓虽然已经做好了“过紧日子”的打算，但收入下降、消费抑制、出行不便、持续的不确定性因素等，似乎都在暗示：2022年并非一个好的启航。

不过，我认为，2022年开启的是未来黄金十年。

如果说我们大多数人对2021年感到失望的话，那么2022年是我们面对现实之后重新认识生活，重新启航的一年。支持这一论点，我个人有十大理由。

一、我们将学会与病毒相处。2022年新冠肺炎病毒不会被消灭，但新冠大流行不再会让人们惊慌，疫苗、新药帮助我们抗击新冠肺炎疫情，中国基层社会治理卓有成效，我们也将学会与病毒共存、共处。因此，疫情虽然对未来市场有一定的影响，但投资者不再将疫情作为主要的担忧因素，而且积极的财政政策也能够在一定程度上给市场带来信心。

二、新的自强运动已经开启。新型科技创新举国体制已经开启，2021年全国九大国家实验室布局完成，整合资源开展基础科学研究和重大技术攻关。未来，一批批“卡脖子”关键技术将逐渐获得突破，基础研究和原创技术取得突破性进展，并适应中国场景进一步外溢，参与国际大循环。事实上，围绕人工智能、芯片、6G技术和量子技术的科技竞赛是一场多线战争，在科技公司之间，在政府之间，在科技公司与政府之间，这场看不见硝烟的战争都在展开。中国近代以来的奋斗史和国民意识，强化了政府和民间的自强精神，这是中国未来可期的原动力。

三、知识产权融合经济社会全面发展。中国高质量发展进入新阶段，知识产权要素进入经济社会发展各行业、各领域、各方面，成为助力中国发展转型升级的重要因素。与此同时，经济增长质量提高，产业发展的国际话语权增强。2021年9月22日发布的《知识产权强国建设纲要（2021—2035年）》的实施，2022年承上启下。数字化是未来十年的动力，数字经济进一步推动华为、腾讯、阿里巴巴、字节跳动等科技巨头成长，5G标准必要专利中中国专利占比已三分天下有其一。

四、绿色开启未来。减碳、脱碳政策推动市场进行绿色重组，电池行业、过滤二氧化碳的科技行业、文娱产业、生态休闲等，一方面开启绿色科技创业潮，另一方面开启绿色生活的黄金年代。绿色经济与“大政府”时代相结合，中国政府将更有作为。

五、金融与货币政策在监管中常态化。绿色金融、科创金融、知识产权金融嵌入传统金融体系，货币政策在监管中保持一定的通胀率，稳中求进，总体上趋于常态化。

六、产业附加值增加和经济韧性增强。技术赋能，促进供给侧结构性改革进一步深化，产业附加值增加。同时，供应链逐步恢复，制造业体系进一步完备，中国经济发展韧性也进一步增加。

七、中美“脱钩”格局下的商谈论。短期内，中美“脱钩”压力依然存在，美国“同盟制华”政策进入2.0版，中国面临美国制裁的结构性压力。但是，中国经济规模和国际竞争力持续增强，美国“无晶圆企业”（典型的如苹果公司，自己没有制造能力，只负责产品企划和市场营销）模式推进，对中国企业存在较大的依赖，而供应链重建又非一日之功。因此，在全球化背景下，中美出现沟通与合作的迹象如落实《中美第一阶段经贸协议》等，“商谈”会成为后续的主要交往模式，也为重建互信奠定了基础。

八、中国自主外交契合欧洲“战略自主”。中国2001年加入世界贸易组织后获得了十年发展的黄金期，那是中国适应全球规则的过程。2022年是在适应规则之后，“自主意识”觉醒，进一步确立“自主外交”的新开始。这可能给世界造成一些不安，但却是大国必然的选择。或许，这一过程也契合了“美国第一”所导致的世界各国主权意识的觉醒，甚至给中国发展同欧洲各国、韩国、日本、印度等国平等外交、自主外交提供了契机。北约秘书长延斯·斯托尔滕贝格2021年12月6日在美国《防务新闻》周刊网站撰文指出，世界正变得更具竞争性、更不稳定和更不可预测，未来一年要开启“北约2030”战略（2021年6月北约峰会提出），在更加不确定的世界中确保安全和自由。这对美国而言，能够起到加强同盟合作的作用，但对中国来说，也不失为一个新的机会。

九、助力发展中国家发展与共赢。“一带一路”建设、中非合作等为中国与发展中国家共同发展提供了平台，中国通过助力发展中国家，也获得了自己的发展和国际地位，扩大了中国的国际影响力。

十、中国社会治理模式给未来发展的“不确定性”带来了确定性。未来发展中，社会风险进一步加大，全球不确定性因素进一步增多，但中国社会治理模式网格化、精细化，基本面比较稳定，为未来发展带来确定性，也构成未来发展的基石。

值此之际，《私法》与知识产权出版社也开启了合作之旅。我相信，我们是黄金搭档，我们的合作也会助力中国法治事业的发展！

易继明

2022年1月9日

CONTENTS 目录

专题研究:《中美第一阶段经贸协议》对我国知识产权制度的影响

论　文

评 论

Table of Contents

《中美第一阶段经贸协议》研究
编者按

近年来，美国政府将中美经贸关系问题政治化，主动挑起贸易摩擦，频频利用贸易措施对我国进行制裁，对中美经贸合作产生了非常不利的影响。2020 年 1 月，经过多轮谈判，中美双方就《中华人民共和国政府和美利坚合众国政府经济贸易协议》(以下简称《中美第一阶段经贸协议》，或《协议》)文本达成一致，释放出积极的信号，预示中美经贸关系的正常化，助推中美互利共赢，缓和全球市场的不安与波动。

《协议》文本包括序言、知识产权、技术转让、食品和农产品、金融服务、汇率和透明度、扩大贸易、双边评估和争端解决、最终条款九个章节，其中"知识产权"章节囊括一般义务、商业秘密、药品专利、地理标志、商标、行政执法等内容，对我国知识产权立法和执法提出新的挑战。

本刊特邀学者，对《协议》"知识产权"章节展开研究，分析其关于知识产权一般义务、电子商务知识产权保护规则、商业秘密制度、药品专利制度以及知识产权行政执法体系的相关规定及其对我国的影响，并从整体上对《协议》知识产权章节做出评价，以期为我国落实《协议》约定、完善知识产权法律制度、加强中美合作提供参考。

《中美第一阶段经贸协议》“知识产权”章节条款评析

初　萌*

摘　要　囿于双方谈判的背景,《中美第一阶段经贸协议》具有“早产”、不完备的特点,但其“知识产权”章节条款基本与高水平知识产权协议相一致,是我国未来应当努力的方向。本协议“知识产权”章节囊括一般义务、商业秘密、药品专利、地理标志、商标、知识产权执法等内容,对我国知识产权立法和执法提出新的挑战,我国需要在修改知识产权相关立法的同时,在执法频率、执法效率、执法信息公开及执法部门协调等方面进一步完善,通过大刀阔斧的改革倒逼国内企业走上创新道路,实现国内产业升级。知识产权制度的完善、执法状况的提升也有助于我国营商环境的改善、我国国际形象的提升,从而为进一步扩大开放、开展国际合作提供筹码。

关键词　中美经贸协议;知识产权;商业秘密;执法;CPTPP

目　次

* 初萌(1990—),北京大学法学院2018级知识产权专业博士研究生,北京大学国际知识产权研究中心助理研究员,主要研究方向:知识产权法。

一、概述

2019 年 12 月 13 日，经过中美两国经贸团队的一致努力，双方就《中华人民共和国政府和美利坚合众国政府经济贸易协议》文本达成一致。2020 年 1 月 16 日，中共中央政治局委员、国务院副总理、中美全面经济对话中方牵头人刘鹤与美国总统特朗普共同正式签署了该协议。

《协议》文本包括序言、知识产权、技术转让、食品和农产品、金融服务、汇率和透明度、扩大贸易、双边评估和争端解决、最终条款九个章节，覆盖领域较广。同时，双方达成一致，美方将履行分阶段取消对华产品加征关税的相关承诺，实现加征关税由升到降的转变。《协议》标志着中美双方在迈向更加平衡的贸易关系方面取得重要进展，[1]"在相当程度上解决了双方关切，实现了互利共赢，为中美经贸摩擦摁下'暂停键'"。[2] 本文的分析将聚焦《协议》的"知识产权"章节，对该章节的主要内容进行梳理，总结其对我国知识产权立法和执法的影响，并结合《协议》达成的背景、《协议》签署后中美关系的新发展、我国建立创新型国家以及实现知识产权强国的大环境，对《协议》这一章节的内容进行评析。

二、《协议》"知识产权"章节的主要内容

(一)一般义务

《协议》第一章第一节首先引入总括性的"一般义务"条款，从"目的"和"要求"两个层面奠定了《协议》关于知识产权保护的基调。在"目的"层面，强调《协议》的贯彻落实有助于建设创新型国家，发展创新型企业，推动经济高质量发展；在"要求"层面，双方应确保公平、充分、有效的知识产权保护和执法，并为依赖知识产权保护的一方个人提供公平、平等的市场准入。"一般义务"条款具有统领、指引的作用，《协议》"知识产权"章节的其他内容均围绕该条款而具体展开。

(二)具体义务

1. 商业秘密和保密商务信息

《协议》"知识产权"章节在具体规定部分，首先就商业秘密的保护和执法提出了要求，以回应 2018 年《特别 301 报告》中关于中国"网络窃密"[3]的指责。本

---

〔1〕 *See* USTR, "United States and China Reach Phase One Trade Agreement", *available at* https://ustr.gov/about-us/policy-offices/press-office/press-releases/2019/december/united-states-and-china-reach (last visited Oct 20th, 2020).

〔2〕《中美第一阶段经贸协议签署：稳定预期 令全球市场振奋》，人民网，http://www.people.com.cn/n1/2020/0117/c32306-31554080.html；更新时间：2020 年 1 月 17 日；访问时间：2020 年 10 月 20 日。

〔3〕 *See* USTR, "Findings of the Investigation into China's Acts, Policies, and Practices Related to Technology Transfer, Intellectual Property, and Innovation under Section 301 of the Trade Act of 1974", https://ustr.gov/sites/default/files/Section%20301%20FINAL.PDF (last visited Oct 23rd, 2020).

节规定的主要义务既涉及权利客体、侵权主体、侵权行为、侵权救济等实体性规定，也涵盖程序便利性与效率性的要求，具体内容包括：①将保护的客体范围扩大至保密商务信息，无论权利人是否采取了保密措施；[4]②取消对侵犯商业秘密责任主体的限制，使其囊括所有的自然人、法人和其他组织；③要求禁止的行为范围应覆盖所有盗窃商业秘密的行为样态，并至少应当明文列举“电子入侵”“违反或诱导违反保密义务”“合法获取但未经授权披露或使用”等具体侵权样态；④规定民事程序中的举证责任转移机制，在原告已有初步证据证明被告侵犯商业秘密的情况下，将举证责任转移至被告；⑤要求在商业秘密案件中适用临时救济措施，尤其是应将使用或试图使用商业秘密信息认定为“紧急情况”，并赋予有权机关采取行为保全措施的权力；⑥作为过渡，在计算作为商业秘密刑事执法门槛的“重大损失”时考虑补救成本，并最终取消以存在实际损失作为启动刑事调查前提的要求；⑦针对以盗窃、欺诈、实体或电子入侵刑事侵犯商业秘密，以及未经授权或不当使用计算机系统的行为，追究刑事责任；⑧规定应当承担保密义务的行政机构的范围、承担义务的类型以及违反义务的法律责任。

2. 药品专利及其他专利

《协议》第一章第三、第四节是关于药品专利及其他专利的规定，具体内容包括：①允许药品专利申请人在专利审查、复审与司法程序中依靠提交的补充数据来满足公开充分、创造性等可专利性要求；②引入药品专利链接制度，使专利权人能够在仿制药生产商寻求产品上市许可阶段及时发现侵权，并通过行政、司法程序和行为保全等快速救济措施，及时解决专利有效性及侵权纠纷；③就专利授权或药品上市审批中的不合理迟延提供补救，延长专利有效期，且至少应将提交申请之日起 4 年内或者要求审查申请后 3 年内未被授予专利权(以较晚日期为准)规定为不合理迟延；对于药品专利，中国可限制这种调整最多不超过 5 年，且自在中国上市批准日起专利总有效期不超过 14 年。

3. 地理标志和商标

在“地理标志”一节，《协议》关注的重点是程序问题及地理标志与商标权、通用名称的关系，并十分强调对美国既有利益的保护。具言之，在程序方面，《协议》要求地理标志的保护应实现完全透明和程序公平，特别强调应引入异议和撤销程序，并要求中国公布复合名称中不予保护的单独组成部分；在实体方面，美国要求中国确保已经签订的国际协议不会减损美国使用商标和通用名称出口至中国的货物和服务的市场准入，并要求中国合理考虑地理标志随时间推移而转变为通用名称的情况，适时撤销相应的地理标志。

《协议》对“商标”的规定则较为笼统，仅规定了“确保商标权充分和有效的保

---

[4] 根据《协议》，“保密商务信息”指的是涉及或与如下情况相关的信息：任何自然人或法人的商业秘密、流程、经营、作品风格或设备，或生产、商业交易，或物流、客户信息、库存，或收入、利润、损失或费用的金额或来源，或其他具备商业价值的信息，且披露上述信息可能对持有该信息的自然人或法人的竞争地位造成极大损害。从上述定义来看，“保密商务信息”并不以权利人采取保密措施为条件。

护和执法"这一目的;在具体措施方面,也仅列举了"打击恶意商标注册行为"。更为详细的商标执法方面的规定,则体现在专门规定"执法"的章节之中。

4. 执法义务

《协议》关于知识产权执法的规定,主要体现在第五节"电子商务平台上的盗版与假冒"、第七节"盗版和假冒产品的生产和出口"、第九节"知识产权案件司法执行和程序"中。知识产权执法是《协议》中最为核心的部分之一,以下将从执法措施、执法程序、执法数据披露、执法行动数量四个方面,介绍《协议》所规定的知识产权执法义务。

《协议》对执法措施的主要要求如下:①在网络侵权方面应采取迅速下架的措施,免除善意提交错误下架通知的责任,保留对恶意提交通知、反通知施以处罚的权力,并且要求将权利人收到反通知后提出司法或行政投诉的期限延长至20个工作日;②对屡次未能遏制假冒、盗版的电子商务平台给予吊销网络经营许可的处罚;③在民事司法、刑事执法与边境措施中,均应以销毁假冒商品为原则,销毁的范围还应及于主要用于生产或制造假冒或盗版商品的材料和工具,且不予补偿,以最小化重复侵权的风险;④提高民事和刑事处罚标准,包括提高法定赔偿金、监禁刑和罚金的最低和最高限度等。

在执法程序方面,《协议》主要就不同执法程序的衔接以及文书认证的要求进行了规定,具体包括:①要求主管部门保存拟销毁商品或其他材料的清单,并在权利人提起民事或行政诉讼时,暂缓对侵权商品、材料和工具的销毁,以保全证据;②要求中国将行政案件移交刑事执法的标准界定为"存在基于清晰事实的对于知识产权刑事违法行为的'合理嫌疑'";③简化公证和认证程序,接受当事人认可或以伪证处罚为前提的证人证言的证据适格性,给予当事人邀请证人或专家作证以及对证人证言进行质询的合理机会;④规定著作权及相关权权利推定条款,减轻权利人在此方面的举证义务。

在执法数据的披露方面,《协议》不仅对披露的内容做出详细规定,还强化了时限要求,具体如下:①为有效打击假冒药,中国应与美国分享符合要求的药品原料场地注册信息以及执法检查必要的信息,并在《协议》生效后6个月内,每年发布国家药品监督管理局、工业和信息化部等查缴、吊销营业执照,罚款和其他行动的情况;②对存在健康和安全风险的假冒商品,在《协议》生效后4个月内,中国应每季度在网上发布相关执法行动产生的可衡量影响的数据;③中国应每季度在网上更新边境执法行动信息;④中国应每季度在网上更新针对实体市场执法行动的信息;⑤中国应聘用合格的中立第三方机构就政府机构或政府拥有或控制的实体使用软件的情况进行年度审计,并在网上公布审计结果;⑥中国应在《协议》生效后1个月内,公布确保迅速执行判决的工作指南和实施计划,并每季度在网上公布执行结果报告。

此外,《协议》还在诸多领域要求中国在一定期限内显著增加执法培训及行动数量,主要包括:①对存在健康和安全风险的假冒商品,中国应在《协议》生效后3个月内显著增加执法行动数量;②在《协议》生效后9个月内,中国应显著增加对海关执法相关人员的培训，并且在《协议》生效后3个月内显著增加边境执法行动数量；③中国应在本《协议》生效后4个月内，显著增加实体市场执法行动数量。

综上，《协议》对知识产权执法的要求呈现出全方位、高标准、时效性强等特点，通过一系列量化指标排除了履行中可能存在的不确定性，体现出双方对加强知识产权执法的共同关切。

5. 其他规定

《协议》还就双边合作、《协议》的履行等做出规定。“双边合作”部分既涉及国家知识产权局与美国专利商标局开展的联合项目、信息和专家交流、公众意识领域的合作，也包括一些执法领域的合作，主要是一些软性、约束力较弱的规定。“履行”部分则明确了中国的履约期限——在《协议》生效后30个工作日内制订行动计划，内容包括但不限于中国为履行本章节义务将采取的每一项措施及生效时间，是对中国履约的硬性要求。

三、《协议》对我国知识产权立法和执法的直接影响

(一)对我国知识产权立法的直接影响

《协议》“知识产权”章节囊括了商业秘密保护、药品专利保护、延长专利期限、打击电商领域侵权等知识产权立法领域的前沿问题，对我国提出了新的要求。本部分将结合《协议》“知识产权”章节中的各项要求，分析其对我国知识产权立法的直接影响。

1. 关于“一般义务”

根据“一般义务”条款，我国需要对依赖知识产权保护的一方个人提供公平、平等的市场准入，但我国目前的《外商投资法》仍然包含负面清单的规定，例如对增值电信领域就存在准入限制，而这一领域也恰恰是依赖知识产权保护的重点领域。可见，我国目前的外商准入限制与《协议》的要求有所冲突。

2. 关于商业秘密保护

在商业秘密保护方面，2019年新修正的《反不正当竞争法》第9条将经营者以外的其他自然人、法人和非法人组织纳入侵犯商业秘密责任主体的范围，这与《协议》取消对侵犯商业秘密责任人的限制的规定相一致；该条还将“电子入侵”“诱导违反保密义务”等行为纳入规制范畴，符合《协议》对禁止的行为方式的要求；该法第32条规定了与《协议》完全一致的举证责任倒置条款；[5]《最高人民法院关于审查知识产权纠纷行为保全案件适用法律若干问题的规定》第6条明确将“申请人的商业秘密即将被非法披露”作为认定“情况紧急”的情形之一，为侵犯商业秘密案件适用临时救济提供了依据；2020年12月26日通过的《刑法修正案(十一)》则将“以贿赂、欺诈、电子侵入等方式获取商业秘密”“违反保密义务披

[5] 参见《全国人民代表大会常务委员会关于修改〈中华人民共和国建筑法〉等八部法律的决定》(2019年4月23日第十三届全国人民代表大会常务委员会第十次会议通过)。

露、使用商业秘密"的行为规定为犯罪行为,将侵犯商业秘密情节特别严重的最高刑期从 7 年提升至 10 年,并取消了"给商业秘密的权利人造成重大损失"这一犯罪成立要件,以回应《协议》关于提升刑事处罚标准、将侵犯商业秘密犯罪从"数额犯"转为"行为犯"的要求。[6]

虽有上述规定,我国关于商业秘密保护的规定仍然与《协议》的要求存在一定差距。在客体方面,我国尚未将保密商务信息纳入保护范围。在行为保全方面,2020 年新发布的《最高人民法院关于审理侵犯商业秘密民事案件适用法律若干问题的规定》第 15 条同时规定了行为要件(被申请人试图或者已经以不正当手段获取、披露、使用或者允许他人使用权利人所主张的商业秘密)与后果要件(不采取行为保全措施会使判决难以执行或者造成当事人其他损害,或者将会使权利人的合法权益受到难以弥补的损害),《协议》则仅规定了行为要件,并要求将"使用或试图使用所主张的商业秘密"认定为紧急情况。在政府机构的披露方面,虽然《反不正当竞争法》第 15 条规定"监督检查部门及其工作人员对调查过程中知悉的商业秘密负有保密义务",第 30 条规定"监督检查部门的工作人员滥用职权、玩忽职守、徇私舞弊或者泄露调查过程中知悉的商业秘密的,依法给予处分",但与《协议》相比,仍旧过于笼统,需要进一步制定并完善政府机构信息披露的实体要求、程序指引及相关罚则。

3. 关于药品专利及其他专利

关于"补充数据"的要求,我国 2020 年 12 月 11 日修改的《专利审查指南》规定:"对于申请日之后申请人为满足专利法第二十二条第三款、第二十六条第三款等要求补交的实验数据,审查员应当予以审查。补交实验数据所证明的技术效果应当是所属技术领域的技术人员能够从专利申请公开的内容中得到的。"[7]换言之,是否接受补充数据,应视专利申请中公开的内容是否涵盖补充数据所欲证明的技术效果而定。《协议》第 1.10 条则规定,即便补充数据所证明的技术效果不能直接从专利申请公开的内容中得到,也应当在公开充分和创造性审查中考虑此数据。可见,我国目前对"补充数据"的审查与《协议》要求有所出入。为全面履行《协议》,我国还需制定"补充数据"的引入规则以及可接受的补充数据的判定标准。

关于药品专利纠纷早期解决的机制,在《协议》签署之前,我国只要求国家食品药品监督管理总局对申请人所提交的专利权属状态说明或是不构成侵权的声明予以公示,但不对其真实性进行审查。为履行《协议》,我国需要尽快在立法中确立针对仿制药审批的早期披露程序及相应的行政、司法救济和快速救济程序。值得注意的是,2020 年修正通过并于 2021 年 6 月 1 日实施的新《专利法》已对这

---

〔6〕 参见《中华人民共和国刑法修正案(十一)》第二十二条。

〔7〕《国家知识产权局关于修改〈专利审查指南〉的公告》(第 391 号),国家知识产权局网站,https://www.cnipa.gov.cn/art/2020/12/14/art_74_155606.html;更新时间:2020 年 12 月 14 日;访问时间:2021 年 1 月 1 日。

一制度做出了原则性规定,[8]具体的衔接办法,则在国家药品监督管理局、国家知识产权局发布的《药品专利纠纷早期解决机制实施办法(试行)》,以及最高人民法院发布的《关于审理申请注册的药品的相关专利权纠纷民事案件适用法律若干问题的规定》中,予以落实。

在专利有效期的延长方面,我国《专利法》第四次修改中形成的《专利法修正案(草案)》征求意见稿第 43 条新增了一款,规定"为补偿创新药品上市审评审批时间,对在中国境内与境外同步申请上市的创新药品发明专利,国务院可以决定延长专利权期限,延长期限不超过五年,创新药上市后总有效专利权期限不超过十四年"。可见,在《协议》签署之前,我国对于创新药品之外的其他专利尚未开展补偿专利期限的尝试。新《专利法》则进一步完善了上述规定,对创新药品上市审批时间补偿取消了"在境内与境外同步申请上市"的限制,并明确规定,"自发明专利申请日起满四年,且自实质审查请求之日起满三年后授予发明专利权的,国务院专利行政部门应专利权人的请求,就发明专利在授权过程中的不合理延迟给予专利权期限补偿,但由申请人引起的不合理延迟除外"。经修改,上述规定与《协议》的要求相一致。

4. 关于地理标志和商标保护

在地理标志保护方面,我国《国外地理标志产品保护办法》规定了地理标志的异议与撤销程序,但《地理标志产品保护规定》和《农产品地理标志管理办法》均未规定撤销程序,需要予以完善。我国亦未建立《协议》要求的公示复合名称地理标志中不予保护的单独组成部分的制度。此外,关于确保中国与别国签订的协议不会减损使用商标和通用名称出口至中国的美国货物和服务的市场准入的规定,可能与我国已经签订的国际协议相冲突。例如,我国与欧盟在 2019 年 11 月达成的地理标志协定就在附录中分阶段纳入了 275 项地理标志产品,[9]如这些地理标志在美国被认定为通用名称,就存在协议之间的冲突问题,需要通过进一步磋商来解决。

至于恶意商标注册问题,我国在 2019 年《商标法》修改中已经予以解决,在申请程序、商标代理程序、异议程序、无效宣告程序中均就禁止恶意商标注册做出了规定,[10]并通过了部门规章《规范商标申请注册行为若干问题规定》,实现了对恶意注册的全链条管控。

5. 关于执法措施的法律规定

在执法措施方面,我国在新修正的《专利法》《著作权法》中均将法定赔偿最

---

〔8〕 参见《全国人民代表大会常务委员会关于修改〈中华人民共和国专利法〉的决定》(2020 年 10 月 17 日第十三届全国人民代表大会常务委员会第二十二次会议通过)。

〔9〕 参见驻欧盟使团经商参处:《中欧地理标志协定达成为中欧经贸关系未来发展奠定良好基础》,http://eu.mofcom.gov.cn/article/slfw/201911/20191102915466.shtml;更新时间:2019 年 11 月 21 日,访问时间:2020 年 10 月 21 日。

〔10〕 参见《全国人民代表大会常务委员会关于修改〈中华人民共和国建筑法〉等八部法律的决定》(2019 年 4 月 23 日第十三届全国人民代表大会常务委员会第十次会议通过)。

高限额提升到500万元,通过《刑法修正案(十一)》适当提高了侵犯知识产权犯罪的刑罚标准,[11]并将行政案件移送公安机关的标准从"符合刑事追诉标准"降低为"存在犯罪的合理嫌疑",[12]体现了我国积极履行《协议》义务的决心。不过,我国法律在执法措施方面与《协议》的要求还存在一定差距,具体表现在:《电子商务法》第43条规定的权利人收到反通知后提起司法或者行政诉讼的期限为15日,短于《协议》规定的20个工作日。该法与《协议》的其他冲突还体现在未规定"吊销网络经营许可"这一处罚方式,未规定"迅速下架"的执行标准,缺乏善意投诉的判定标准及免责规定,等等。据学者分析,这些冲突体现出两国在电商规制着力点上的差异,美国希望鼓励私人维权以打击侵权,中国则希望防止侵权通知的滥用,维护电商平台的顺畅运作。[13] 在海关执法方面,我国尚未将销毁货物作为首要的执法措施,[14]亦未将商业秘密、地理标志纳入执法范围。[15] 对于民事案件中侵权商品、材料和工具的销毁,仅在《商标法》与新修正的《著作权法》中进行了规定,尚未体现在《专利法》中。

值得一提的是,为有效履行《协议》规定的关于侵权商品扣押、销毁程序与民事程序的衔接方面的义务,我国最高人民法院在最新发布的司法解释中规定,假冒注册商标的商品、非法制造的注册商标标识、侵犯著作权的复制品、主要用于制造假冒注册商标的商品、注册商标标识或者侵权复制品的材料和工具"需要作为民事、行政案件的证据使用的,经权利人申请,可以在民事、行政案件终结后或者采取取样、拍照等方式对证据固定后予以销毁"。[16] 鉴于《协议》仅提出暂缓销毁的要求,上述司法解释中新增的"采取取样、拍照等方式对证据固定后予以销毁",事实上采取了比《协议》更高的保护标准。在我国知识产权审判尚未完全实现"三审合一"、审判法官队伍参差不齐的背景之下,这一规定可能导致被控侵权人的救济权落空,在司法实践中的适用需尤为慎重。

(二)对我国知识产权执法的直接影响

在知识产权执法方面,《协议》对执法频率、执法效率、执法部门协调、执法信

---

〔11〕 参见《中华人民共和国刑法修正案(十一)》第十七条至第二十二条。

〔12〕 参见《国务院关于修改〈行政执法机关移送涉嫌犯罪案件的规定〉的决定》(国令第730号)。

〔13〕 参见王中美:《中美第一阶段经贸协议在中国国内的效力与适用研究》,《亚太经济》2020年第3期。

〔14〕 我国《海关知识产权保护条例》第27条:"被扣留的侵权嫌疑货物,经海关调查后认定侵犯知识产权的,由海关予以没收。海关没收侵犯知识产权货物后,应当将侵犯知识产权货物的有关情况书面通知知识产权权利人。被没收的侵犯知识产权货物可以用于社会公益事业的,海关应当转交给有关公益机构用于社会公益事业;知识产权权利人有收购意愿的,海关可以有偿转让给知识产权权利人。被没收的侵犯知识产权货物无法用于社会公益事业且知识产权权利人无收购意愿的,海关可以在消除侵权特征后依法拍卖,但对进口假冒商标货物,除特殊情况外,不能仅清除货物上的商标标识即允许其进入商业渠道;侵权特征无法消除的,海关应当予以销毁。"

〔15〕 参见卢磊:《〈中美第一阶段经贸协议〉对知识产权海关保护工作的影响及对策》,《中国海关》2020年第6期。

〔16〕 参见《最高人民法院、最高人民检察院关于办理侵犯知识产权刑事案件具体应用法律若干问题的解释(三)》(法释〔2020〕10号)第七条。

息公开提出了更高要求，对我国而言，面临的挑战不可谓不严峻。

1. 执法频率

《协议》要求中国在《协议》生效后一定期限内显著增加执法培训及行动数量。短期内执法频率的显著增加，既对我国执法队伍的数量和专业化提出了前所未有的要求，也需借助侵权发现机制的完善、快速纠纷解决机制的引入来实现，以免过度占用其他领域的社会资源。值得一提的是，在中共中央办公厅、国务院办公厅印发的《关于强化知识产权保护的意见》中，“建立健全社会共治模式”“加强专业技术支撑”“推动简易案件和纠纷快速处理”“加强专业人才队伍建设”等具体意见〔17〕均有助于上述问题的解决，我国加强知识产权执法的决心可见一斑。下一步要做的便是广泛落实。为此，我国应积极引导地方政府机构、教育机构、行业协会开展知识产权执法专门培训，加强知识产权执法队伍专业化建设，并建立有效的激励机制保障执法队伍的稳定。同时，应当完善知识产权社会共治体系和科技支撑，一方面鼓励民众积极举报侵权线索，以尽早发现侵权行为，另一方面也应积极借助科技手段开展侵权鉴别工作，提升打击侵权假冒行为的效率和精准度。此外，我国还应在执法实践中逐步探索快速处理程序，制定相应的工作指引，使得有限的执法资源能够运用到更多案件的执行之中。在执法实践中，也应注意提升执法人员的主观能动性及执法能力，积极探索最优执法路径，同时避免因过度执法而使社会陷入人人自危、不敢创新的局面。

2. 执法效率

《协议》对执法效率的要求，与执法频率不无关联。毕竟，如若执法效率提升不上去，执法频率的显著增加也只能是天方夜谭。细究之，两者的区别主要在于执法效率更为关注案件执行的速度和有效性。执行速度是对案件执行的时效要求；执行有效性不仅涉及单一案件是否得到公正处理，更关乎对未来侵权行为的遏制，以及对社会整体营商环境的促进。由于知识产权案件执行标的具有“财产”和“行为”双重特点，多涉及消除影响、赔礼道歉等责任承担，且跨省、市案件居多，知识产权案件往往面临执行难的局面。〔18〕从我国目前的执法情况来看，过低的违法成本难以形成侵权震慑，重复侵权乱象难以根治〔19〕是存在的主要问题。即便是对于情况紧急、需要采取临时措施的案件，如高通诉苹果专利侵权案、来电诉街电专利侵权案等，拒不执行判决、裁定的情况亦屡见不鲜，这也反映出我国司法实践中仍旧缺乏对被执行人执行判决有效激励的措施。

为有效解决知识产权领域“执行难”问题，我国正在积极探索可行的路径。其中，失信主体联合惩戒机制通过“组合拳”的方式，由各部门协同针对专利领域严重失信主体采取限制参与政府采购、从事金融活动、担任国企重要职务、申报

〔17〕 参见中共中央办公厅、国务院办公厅《关于强化知识产权保护的意见》之(六)、(七)、(十)、(十七)。

〔18〕 魏小毛：《新司法解释破解知识产权案执行难》，《中国知识产权报》2013 年 7 月 24 日，第 8 版。

〔19〕 参见潘从武、张蕾：《知识产权“重复侵权”问题因何难根除》，《法制日报》2017 年 5 月 18 日，第 5 版。

科技项目、办理海关业务、获得社会救助等[20]措施，有助于促使知识产权领域从业者规范自身行为，是一项值得推广的举措。此外，放宽拒不执行判决、裁定刑事案件的自诉渠道，[21]充分运用财产保全与诉前禁令制度为执行提供便利，在民事案件中推广销毁侵权工具与材料的适用，对重复侵权规定加重处罚措施，也是提升执法效率的有效方案。2020 年 3 月 15 日，我国最高人民法院发布《知识产权判决执行工作实施计划（征求意见稿）》《知识产权判决执行工作指南（征求意见稿）》公开征求意见的通知，首次专门针对知识产权执行制定实施计划和执行工作指南，足见我国最高司法机关解决知识产权执行难问题的决心。从更深层次考虑，执行问题还涉及整体社会的诚信及综合治理，有必要从执行机构强化、社会精细化治理、诚信体制建设乃至法治文化养成方面着手。[22]

3. 执法信息公开

政府信息公开，是提高政府工作透明度、实现政府职能从管理向服务转变的重要举措。《协议》对执法信息公开的要求虽主要服务于监督《协议》履行情况的目的，但若善加利用公开到位的执法信息，则有助于提升我国知识产权保护状况及营商环境在国际社会的认可度。近年来，知识产权执法信息公开工作在我国各省市有序展开，个别地区甚至已经实现处罚决定当天上网。[23] 但是，对于履行《协议》而言，我国在知识产权执法信息的公开方面仍存在诸多问题。

第一个突出问题，是信息公开范围不统一。例如，北京市在专利侵权案件中公开的主要内容包括处理决定书文号、案件名称、被请求企业名称及组织机构代码、法定代表人姓名、主要事实、行政处理的种类和依据、行政处理的履行方式和期限、做出处理决定的机关名称和日期等，[24]深圳市公开的信息包括行政处罚决定书文号、处罚名称、处罚类别、处罚事由、处罚依据、行政相对人名称、行政相对人统一社会信用代码、法定代表人姓名、处罚决定日期、处罚机关等，[25]而杭州市市场监督管理局则直接公布处理决定书全文。[26] 由于缺乏统一的格式，中央机

---

〔20〕 参见《关于对知识产权（专利）领域严重失信主体开展联合惩戒的合作备忘录》（发改财金〔2018〕1702 号）。

〔21〕 参见《最高人民法院关于拒不执行判决、裁定罪自诉案件受理工作有关问题的通知》（法〔2018〕147 号）。

〔22〕 参见易继明：《我国知识产权司法保护的现状和方向》，《西北大学学报（哲学社会科学版）》2018 年第 5 期。

〔23〕 例如，深圳市市场监督管理局就深圳市罗湖区柏倚皮具店（方汉清）涉嫌销售侵犯注册商标专用权的商品案于 2020 年 2 月 22 日做出处罚决定，该决定当天即在深圳市市场监督管理局网站进行了公布。

〔24〕 参见北京市知识产权局网站，http://zscqj. beijing. gov. cn/attach/0/dc7a94eca8d947f3a67449431b5b7f20. pdf，访问时间：2020 年 10 月 21 日。

〔25〕 参见深圳市市场监督管理局网站，https://amr. sz. gov. cn/outer/doublePublic/detail. html? id=43cef4dc37ee45518709ded953eaef54&type=XZCF&name=zhxnxwwk2dbn5ox6y74lbwgs2ddkjpw7wxvkhkfxxw5lvr7fuou4tzwp2ph7vsw3y7llpogxukzodsomwhvnpkgtypekrnoezhgmn n5qxa，访问时间：2020 年 10 月 21 日。

〔26〕 参见杭州市市场监督管理局网站，http://scjg. hangzhou. gov. cn/art/2019/9/3/art_1228969514_41700650. html；更新时间：2019 年 9 月 3 日，访问时间：2020 年 10 月 21 日。

关在为履行《协议》义务而发布数据时，还需重新筛选并梳理数据，效率低下，成本高昂。为此，我国应当尽快制定广泛适用的执法信息公开标准化格式。为直观展现执法成果，表格形式比直接公布判决书更为可取；同时，考虑到最终处罚结果离不开对事实的认定，北京市专利局公布“主要事实”的做法值得借鉴。

第二个突出问题，是统计频率过低，且缺乏领域数据。就执法成效而言，执法次数、处罚情况等的数据统计是最为客观的反映。但我国目前的执法数据多以年为单位进行公布，无法满足《协议》中多次提及的“按季度”披露要求。更有甚者，我国往往仅披露行政处罚的总数，缺乏知识产权领域数据，〔27〕更不用说按照《协议》的要求，分别披露假冒药、假冒商品、实体市场领域的执法数据了。为全面履行《协议》，我国还需加强执法信息的分类处理，提升知识产权领域执法数据统计的频率，更快向社会公布更为全面、具体的知识产权执法数据。

4. 执法部门协调

从本质上说，提高执法频率、提升执法效率、完善执法信息公开等工作，都需要执法部门之间通过协调实现联动作用、减少执法的真空地带及多头管理来有序展开。在这一方面，2018 年国务院机构改革通过整合国家工商行政管理总局、国家质量监督检验检疫总局、国家食品药品监督管理总局等机构的职责，建立国家市场监督管理总局，并由市场监督管理总局管理整合商标管理职责、原产地地理标志管理职责后的国家知识产权局的做法，〔28〕无疑是我国机构改革在整合执法资源、提高执法效率方面迈出的重要一步。〔29〕 为有效履行《协议》，我国还应当在下述方面实现知识产权执法部门的进一步协调。

其一，应当建立以国务院总理或副总理为召集主体的常态化执法联动机制。在全球化博弈、贸易与知识产权一体化进程中，知识产权制度早已不再是简单的申请注册、审查及授权，而是与经济、贸易、外交、文化等息息相关的运行机制，〔30〕实现知识产权行政管理的统筹协调势在必行。我国目前虽然建立了国家知识产权战略实施工作部际联席会议制度，但作为牵头单位的知识产权局与其他部委平级，较为弱势，可供调动的资源有限；此外，该制度在运行中还存在召集人层级

〔27〕 例如，深圳市市场和质量监督管理委员会披露的 2018 年行政执法数据在行政处罚实施情况部分，仅按照行政处罚的类型进行了统计，并统计了总罚没金额，但无关于案件类型的信息。参见深圳市市场监督管理局：《深圳市市场和质量监督管理委员会 2018 年行政执法数据》，http://amr.sz.gov.cn/xxgk/qt/ztlm/zfgs/shgk/sh_xz/zfsj/content/post_1930697.html；更新时间：2019 年 1 月 25 日，访问时间：2020 年 10 月 21 日。

〔28〕 参见《第十三届全国人民代表大会第一次会议关于国务院机构改革方案的决定》（2018 年 3 月 17 日第十三届全国人民代表大会第一次会议通过）。

〔29〕 但是也应该看到，我国知识产权领域的行政体制仍有进一步完善的空间。例如，在地理标志保护方面，我国目前仍存在国家知识产权局与农业部双头管理的现象，两部门分别制定了各自的地理标志保护规范性文件，这也会对我国有效开展地理标志领域的国际合作形成阻碍。

〔30〕 参见易继明：《构建集中统一的知识产权行政管理体制》，《清华法学》2015 年第 6 期。

有待提高、[31]以突击为常态[32]等问题，不利于工作的开展。上述弊端需要通过提高决策层级、建立常态化工作机制来化解。

其二，在注重部门之间执法协调的同时，也应强调中央与地方的协同作用，这关乎中央与地方的事权划分问题。诚然，从获取信息便利性的角度考虑，知识产权执法应主要交由地方行政执法机构来进行，这也与效率原则相符合。[33] 但是，知识产权执法效果具有极强的溢出效应，地方执法水平已不仅仅是地区能力的反映，更决定了一国在知识产权领域的国际形象。因此，在执法领域也应强调中央与地方的协同。一方面，地方政府执法信息应当积极向中央进行上报，便于中央及时纠偏地方实践中的错误做法，改弦更张；另一方面，中央也应加强对执法标准的统一把握，以将"公平、充分、有效的知识产权保护和执法"落到实处，谨防地方保护主义对中央权威的践踏。

其三，在部门协调方面，还应充分发挥仲裁、调解部门在案件分流方面的作用，加强政府与平台的合作。当前互联网已成为侵权假冒的重灾区，能否有效破解互联网领域执法难题，直接关系到侵权假冒的治理水平。[34] 我国应当建立电子商务领域知识产权协同保护机制，发挥电子商务平台和行政机关的双重保护作用，完善平台治理与行政执法数据共享机制，搭建被侵权人与行政机关直接沟通的便捷平台，[35]实现平台治理与行政执法的无缝衔接。

四、对《协议》知识产权条款的评析

(一)"早产"而"畸形"的阶段性协议

关于《协议》签署的背景，我国国务院副总理、中美全面经济对话中方牵头人刘鹤曾做出这样的分析："世界正处于重要的历史性十字路口，我们面临如何推动大国合作和国际合作的重大战略性选择。中美双方既有巨大的共同利益，又面临诸多共同挑战，有加强合作的客观需要。习近平主席指出，中美双方有一千条理由把两国关系搞好，没有一条理由把中美关系搞坏。双方必须求同存异，找

---

〔31〕 根据国家知识产权战略实施工作部际联席会议制度，联席会议召集人由国务院分管知识产权工作的领导同志担任，而日本知识产权战略本部的本部长由内阁总理担任，韩国国家知识产权委员会的委员长由国务总理与一位民间人员共同担任。

〔32〕 这可以从国家知识产权战略实施工作部际联席会议制度的"工作规则"中看出，具体规定如下："联席会议根据工作需要定期或不定期召开会议，由召集人或召集人委托的副召集人主持。成员单位根据工作需要可以提出召开会议的建议。在联席会议召开之前，由联席会议办公室主任或其委托的办公室副主任主持召开联络员会议，研究讨论联席会议议题和需提交联席会议议定的事项及其他有关事项。联席会议以纪要形式明确会议议定事项，印发有关方面并抄报国务院，重大事项按程序报批。"

〔33〕 参见《国务院关于推进中央与地方财政事权和支出责任划分改革的指导意见》(国发〔2016〕49号)。

〔34〕 甘霖：《知识产权执法任重道远》，《中国市场监管研究》2019年第9期。

〔35〕 参见姜林希、叶敏：《电子商务领域知识产权行政执法机制完善之建议》，《行政与法》2019年第6期。

到一条合作共赢的道路，这对中国、对美国、对世界都有十分重要意义。”〔36〕事实上，在《协议》签署之时，中美均面临十分不利的处境。对美国总统特朗普而言，由“通乌门”引起的弹劾案，前纽约市长迈克尔·鲁本斯·布隆伯格参与大选所形成的压力，以及民主党在肯塔基州州长选举中获得胜利，无不督促其尽快与中国达成能够彰显政绩的《协议》，以扭转国内愈发不利的政治格局。对我国而言，贸易战以来经济下行压力增大，外交压力陡增，科技企业在国外面临打压，国际社会对我国“市场经济”地位的质疑所带来的关于国际合作的疑虑，都迫切需要新的突破口来解决。〔37〕为此，双方签署《协议》虽略显仓促，却又不失理性。

既如此，我们自不应对《协议》抱有过高的期待。事实上，这份《协议》虽不乏亮点，但值得诟病之处亦颇多。例如，欧盟就曾表达对《协议》违背最惠国待遇原则、制造贸易扭曲的担忧，并表示不排除将在WTO发起对《协议》的挑战；〔38〕我国也有学者认为《协议》体现出美国对华贸易政策从“自由贸易”转向“管理贸易”，并提出其潜在的WTO合规性问题。〔39〕仅从“知识产权”章节来看，《协议》也呈现出“早产”而“畸形”的特点。

一方面，《协议》“知识产权”章节的撰写方式一反贸易协定常态，多从“中国”而非“双方”的角度描述应当履行的义务，而对美国的义务则以“美国确认，美国现行措施与本章节所规定的义务相一致”等方式一笔带过，这难免给人留下《协议》权利义务不对等的印象——中方的义务有白纸黑字的明文规定，而美方仅需维持现状即可。双方义务的不对等在第1.23条“未经许可的软件”、第1.26条“行政执法向刑事执法的移交”等条款中体现得尤为明显：对于软件使用，中国政府需要“确保”安装的软件为正版，而美国只需对政府部门及其承包商安装正版软件“提出要求”；中国需将“存在刑事违法的‘合理嫌疑’”的案件移交刑事机构，而美国仅需移交适当的案件。如此种种，让这份《协议》呈现出“畸形”样态，很难说这是一份体现公平、平等原则的协议。

另一方面，迫于双方达成《协议》的压力，《协议》并未涉及国际贸易中广受争议的一系列知识产权前沿问题，似有“早产”之嫌。例如，对于美国药企希望获得药品监管数据保护的提议，〔40〕《协议》就未予回应；又如，关于药品专利链接的运行，目前的协议缺乏清晰度，包括未规定药品监管部门做出允许专利权人向法院

---

〔36〕《中美签署第一阶段经贸协议》，新华网，http://www.xinhuanet.com//world/2020-01/16/c_1125469375.htm；更新时间：2020年1月16日，访问时间：2020年10月21日。

〔37〕参见易继明：《中美关系背景下的国家知识产权战略》，《知识产权》2020年第9期。

〔38〕“EU Warns of WTO Challenge if China-US Deal Creates ‘Distortions’”, *available at* https://news.yahoo.com/eu-warns-wto-challenge-china-us-deal-creates-052225793--finance.html (last visited Jan 2nd, 2021).

〔39〕石静霞：《〈中美经贸协议〉的WTO合规性：“管理贸易” vs.“自由贸易”?》，https://mp.weixin.qq.com/s/T-pSwAbEhG4UX-XKdipXUQ；更新时间：2020年1月21日，访问时间：2020年10月21日。

〔40〕“US-China Trade Deal Step in Right Direction But More Work Needed”, *available at* https://www.managingip.com/Article/3917426/US-China-trade-deal-step-in-right-direction-but-more-work-needed.html (last visited Oct 21st, 2020).

起诉的决定的期限，未将对侵权药品的监管批准认定为侵权行为等，这也会使专利链接制度的作用大打折扣。[41]《协议》对标准必要专利、专利蟑螂、网络平台侵权责任认定等重要问题也未予涉及。总的来说，《协议》"知识产权"章节提供的方向性指引居多，具体的实现路径，还需我国在知识产权实践中进一步探索。

（二）对标国际高保护标准的知识产权协议

虽然《协议》"知识产权"章节在形式上存在一定瑕疵，但其实质内容却并非"拍脑袋"的产物，相反，这些条款在国际高标准知识产权保护协议中几乎均存在对标条款。《协议》所倡导的公平市场准入，与《全面与进步跨太平洋伙伴关系协定》[42]（以下简称 CPTPP）、《日欧经济合作协定》（以下简称 JEEPA）所倡导的促进竞争、开放、有效的市场的培育[43]具有一致性。《协议》对商业秘密的高标准保护，在 CPTPP 的"商业秘密"条款中亦有所体现，该条要求缔约方至少就以下一项或多项行为规定刑事程序和处罚：①未经授权，故意获取计算机系统中存储的商业秘密；②未经授权，故意盗用商业秘密，包括以侵入计算机系统的方式盗用；③欺骗性披露，或者未经授权故意披露商业秘密，包括通过计算机系统披露。[44]关于药品专利链接制度[45]、为专利申请人提供补正机会的制度[46]、药品专利补偿期制度[47]、地理标志异议程序和撤销制度[48]，CPTPP 和 JEEPA 也分别做出了规定。

至于知识产权执法，更为高标准知识产权协议所重点强调。CPTPP 对知识产权执法的要求主要体现在如下方面：①强调针对数字环境下商标、版权及相关权侵权行为的执法，以有效解决网络侵权泛滥的问题；②规定权利归属的推定条款；③鼓励缔约方分享打击知识产权侵权的最佳实践，并提供有效执法信息；④在民事和行政救济方面，规定具有一定惩罚性质的附加赔偿，且放宽了销毁侵权材料和工具的适用标准；⑤在临时措施的适用上向权利人倾斜，使其在诉前、诉中阶段均有途径要求司法机关没收或扣押涉嫌侵权的商品、材料或工具，以及（至少在商标假冒案件中）封存与侵权有关的书面证据；⑥对 TRIPS 规定的边境措施适用范围进行扩充；⑦降低了知识产权侵权入罪的"商业规模"认定标准。[49]

---

〔41〕 "US-China Phase One Trade Deal Draws Curiosity from IP Counsel", *available at* https://www.managingip.com/Article/3916949/US-China-phase-one-trade-deal-draws-curiosity-from-IP-counsel.html (last visited Jan 2nd,2021).

〔42〕《全面与进步跨太平洋伙伴关系协定》是美国退出后，《跨太平洋伙伴关系协定》（以下简称 TPP）的新名称。CPTPP 并未对 TPP 条文进行修改，只是对部分过于"美国化"的条款做暂时中止实施的处理。

〔43〕 *See* TPP, art 18.4; *see also* JEEPA, art 14.2.

〔44〕 *See* TPP, art 18.78.

〔45〕 *See* TPP, art 18.53.

〔46〕 *See* TPP, art 18.43.

〔47〕 See JEEPA, art 14.35.

〔48〕 *See* TPP, art 18.31.

〔49〕 参见易继明、初萌：《后 TRIPS 时代知识产权国际保护的新发展及我国的应对》，《知识产权》2020 年第 2 期。

不难看出,《协议》与上述规定的措施基本是一致的。在执法程序的衔接上,CPTPP也规定了司法机关或其他有权机关可以向权利人提供其掌握的商品、材料、工具或其他证据,以便其提起民事诉讼。[50] 至于执法数据的披露,CPTPP在"透明度"条款[51]中做出了原则性要求,而《美国—墨西哥—加拿大协定》(以下简称USMCA)则明确要求与知识产权执法有关的最终司法判决和行政裁决应当至少以能够使相关利益群体了解的方式向公众发布,[52]JEEPA也要求各缔约方公开为有效实施知识产权执法所做出的努力,包括公布相关司法判决、行政裁决等。[53]

综上,《协议》"知识产权"章节的实质内容并不仅是美国利益的体现,也反映出国际知识产权强保护的趋势,一定程度上已成为国际贸易的新标配。对我国而言,使本国知识产权制度、知识产权执法水平符合高保护标准知识产权协议的要求,有助于引领对外开放新格局,实现经济高质量发展。从这个角度来看,形式上的义务不对等不应成为我国履行《协议》的障碍;相反,我国应以《协议》的履行为铺路石,以"严保护"贯彻"保护知识产权就是保护创新"的理念,向知识产权强国迈进。

(三)部分条款存在过度保护之嫌

虽然《协议》在知识产权方面的规定与我国未来改革的整体方向基本一致,但其中部分条款仍有进一步商榷的余地,这些条款或损害知识产权保护与自由竞争的平衡,或以牺牲我国利益为代价实现对美国利益的优先保护。

其一,《协议》对保密商务信息的保护过于宽泛,只要满足具备商业价值,且披露可能对其竞争地位造成极大损害,即可享受类似于商业秘密的保护。综观世界各国,对商业秘密的保护无不以"保密性"为前提,而"保密商务信息"的界定却并不以权利人采取了保密措施为条件,这就使潜在侵权人很难判断自己的行为是否构成侵权,有"客观归罪"之嫌。鉴于他国之间达成的贸易协议均无此条款,对于这一条款的实施,还应慎重,以免对自由的市场竞争产生损害。

其二,对于商业秘密犯罪取消数额方面的入罪门槛,是否符合刑法谦抑性原则,不无疑问。知识产权本质上是私权,应审慎适用刑罚处罚。我国《刑法》对侵犯知识产权犯罪普遍采用数额犯规定虽有僵化、易于规避的弊端,但确能有效将轻微知识产权侵权排除出刑法救济,而且此类条款也经受住了WTO争端解决机制的考验,具有合理性。[54] 事实上,对知识产权保护的加强应当有限度,尤其应当为非营利、非故意、小额侵权行为的实施者提供一定的生存空间,以防止知

---

〔50〕 *See* TPP, art 18.77.

〔51〕 *See* TPP, art 18.9.

〔52〕 *See* USMCA, art 20.J.3.

〔53〕 *See* JEEPA, art 14.6.

〔54〕 *See* United States v. China, DS 362, *available at* https://www.wto.org/english/tratop_e/dispu_e/cases_e/1pagesum_e/ds362sum_e.pdf (last visited Oct 21st, 2020).

识产权人滥用刑事手段打击市场竞争者、阻碍后续创新。

其三,《协议》与我国已经签订以及谈判中的双边、多边知识产权国际协议的关系,也需要引起重视。在"地理标志"一节中,美国要求中国应确保与其他贸易伙伴达成的地理标志保护协议不会减损使用商标和通用名称出口至中国的美国货物和服务的市场准入,而我国与欧盟已于2020年9月正式签署《中欧地理标志协定》,且该《协定》已正式生效。在地理标志的保护方面,美欧存在显著差异,这是由以工业为主的国家与农产品原产国之间的利益冲突所决定的。正因如此,我国对双方的主张一味地全盘接受,不免会导致协议条款之间的冲突,进而使我国面临违约风险。从这个角度来看,我国未能争取在《协议》中纳入相关条款,以要求尊重双方在先已经与第三方签署或者达成一致的协议,不无遗憾。这也体现出我国知识产权外交中的统筹协调能力仍有待加强。

(四)中国应采取的立场

《协议》的签署背景决定了其脆弱性。伴随着"通知终止"条款[55]的纳入,《协议》对双方的约束力大大降低,某种程度上,其对国际社会的宣示意义已经超过了实际意义。实践走向也印证了这一结论。《协议》签署刚刚1个月,美国即单方面公布了修改后的可根据反补贴法律享受优惠的发展中国家及最不发达国家名单,将中国排除在外。[56] 在2020年的《特别301报告》中,中国仍出现在"重点观察国家"之列。[57] 可见,美国挑起事端的一贯做法并未因《协议》的签署而有所改变,中美经贸关系也并未因《协议》的通过而取得实质性改善。其实,正如专家所言,在"中国威胁论"的话语体系之下,"遏制中国"已成为特朗普政府中一些"鹰派"人物的战略思维定式,意识形态与政治制度的冲突也并非一纸经贸协议即可缓解,美国对华政策的强硬趋势在短期内不会改变。[58] 面对如此不确定性,中国对修复中美双边关系所采取的立场也应因势而动,切勿为修复双方关系而紧抓《协议》这根"稻草"不放。在当前国情之下,我国也应充分考虑新冠肺炎病毒可能引发中美关系"硬脱钩"的事实,以"以我为主,为我所用"的心态,从知识产权强保护对经济高质量发展、构建"双循环"新发展格局、人民生活幸福、国家安全的贡献出发思考执行《协议》的利弊,兼顾权利人与竞争者、社会公众的利益平衡,化被动为主动,有针对性、分步骤地实施《协议》。

---

〔55〕 即《协议》第8.3条,具体规定为:"任何一方可通过向另一方提供书面终止通知终止本协议。该终止应自一方向另一方提供书面通知之日后60日起生效,或双方同意的其他日期起生效。"

〔56〕 USTR, "Removal of Rule Designating Developing and Least-Developed Country Designations Under the Contervailing Duty Law", *Federal Register*, Vol. 85, No. 27, Monday, February 10, 2020, pp. 7448-7449.

〔57〕 See USTR, "2020 Section 301 Report", *available at* https://ustr.gov/sites/default/files/2020_Special_301_Report.pdf(last visited Oct 21st, 2020).

〔58〕 参见郭长林、张宸榕:《中美关系|两封公开信与第三势力》,http://www.china.com.cn/opinion/think/2020-02/27/content_75749506.htm;更新时间:2020年2月27日,访问时间:2020年10月21日。

自美国总统特朗普发动贸易战以来，世界政治格局愈发复杂，世界经济也逐渐进入凛冬。“美国优先”策略对世界贸易的沉重打击，急需多边机制的重新启动来制衡。遗憾的是，在美国百般阻挠之下，WTO 上诉机构已于 2019 年 12 月 11 日正式“停摆”，[59]这对多边贸易机制是一个沉重的打击。但对中国而言，或许恰恰是一个增强国际社会话语权的机会。鉴于美国单边主义做法对其国际地位的负面影响在短期内难以修复，我们不妨以此为契机，扛起多边主义大旗，实现从国际知识产权规则接受者向领导者的转变。具体说来：其一，对于《协议》所传达的中国为外国公民与企业提供平等市场准入、中国以开放的心态拥抱世界市场、加强国际合作的基本理念，应当积极通过外交渠道予以传达，进一步消除国际社会对中国的误解；其二，对于《协议》中与国际高标准的知识产权协议相一致的条款，应当积极履行，在立法与执法层面实现新的突破，展现我国加强知识产权保护的决心；其三，我国还应吸取专利领域国际合作的经验，继续贯彻“技术外交”路线，制订专利领域的审查员培训和交换计划，[60]以技术人才交流促进理解与互信，增强国际社会对我国知识产权文化观的认同。在区域合作方面，《区域全面经济伙伴关系协定》(以下简称 RCEP)已按计划于 2020 年签署，为我国增强区域领导力提供了契机。此外，与日韩、欧盟的合作也值得争取。中日韩在此次新冠肺炎疫情中患难见真情的举动见证了三方关系的提升，进一步加强三边合作关系或指日可待；CPTPP、JEEPA 则为中国开展新一轮“双边”“小多边”贸易谈判提供了可资借鉴的蓝本。而这一系列国际合作的开展，都离不开以知识产权强保护为特征的营商环境改善和市场准入的放开。在全球多边治理机制举步维艰、改革难以突破的背景之下，碎片化、梯度参差的规则体系将是中国持续面临的外部治理环境。[61] 以知识产权外交为基础，通过“双边”“小多边”“周边”机制创造合作和实验平台，[62]最终引领世界贸易重回多边体系，是摆在我们面前的一条可行的道路。

五、结语

改革开放 40 多年以来，中国知识产权制度的演进基本上没有离开过中美的互动。[63]《协议》的达成也并非这一互动的终结，只是表明中美在新的起点开启了知识产权博弈的新篇章。虽有所疏漏，《协议》基本解决了中美在知识产权领域的主要争议，也与高标准的知识产权保护协议的基本规定相一致。在创新型国家的建设中，我国需要进一步完善知识产权治理体系、提升知识产权治理能

---

〔59〕 中华人民共和国国家发展和改革委员会政策研究室：《国际经济数据：WTO 争端解决上诉机构陷入瘫痪》，https://www.ndrc.gov.cn/fggz/fgzy/jjsjgl/201912/t20191222_1215961_ext.html；更新时间：2019 年 12 月 12 日，访问时间：2020 年 10 月 21 日。

〔60〕 参见易继明、初萌：《全球专利格局下的中国专利战略》，《知识产权》2019 年第 8 期。

〔61〕 参见王中美：《中美第一阶段经贸协议在中国国内的效力与适用研究》，《亚太经济》2020 年第 3 期。

〔62〕 参见沈伟、徐驰：《逆全球化背景下美式“小多边主义”的端倪与成型——理解〈中美经贸协议〉(第一阶段)的变局背景》，《海峡法学》2020 年第 9 期。

〔63〕 易继明：《改革开放 40 年中美互动与中国知识产权制度演进》，《江西社会科学》2019 年第 6 期。

力,这一目标可部分地通过履行《协议》而实现。诚然,修法程序的频繁启动、执法资源的大量投入,可能在短期内产生阵痛效应,不利于人们预期的形成,也会使国内创新能力不强的企业面临前所未有的压力。但是,这是改革应当付出的代价,唯有如此,方能倒逼国内企业走上创新道路,实现国内产业升级。同时,知识产权制度的完善、执法状况的提升也有助于我国营商环境的改善,提升我国国际形象,从而为进一步扩大开放、开展国际合作提供筹码。

An Analysis of "Intellectual Property" Chapter of China-US Phase One Economic and Trade Agreement between China and the United States

CHU Meng

Abstract: In view of the background of China-US negotiation, the phase one economic and trade agreement is characterized by its "prematurity" and incompleteness. Nevertheless, the "intellectual property" chapter is consistent with high-standard intellectual property protection treaties, thus shedding light on our future steps. The "intellectual property" chapter of this agreement, which consists of general obligation, trade secret, patents of pharmaceutical products, geographical indication, trademark and enforcement, poses a challenge to our intellectual property legislations and enforcement. We shall amend our legislations and regulations accordingly, strive to improve frequency, efficiency, information disclosure and coordination of enforcement, and invigorate the innovation spirit of national enterprises through relentless reform. The amelioration of intellectual property system and enforcement situation will improve the business environment in China, which will in turn improve our international image and ability to promote international cooperation.

Key Words: Phase one Economic and Trade Agreement between China and the United States; Intellectual Property; Trade Secrets; Intellectual Property Enforcement; CPTPP

《中美第一阶段经贸协议》对我国电子商务知识产权侵权行为规制的影响

戴怡婷*

摘　要　《中美第一阶段经贸协议》用专节规定了电子商务的知识产权保护。由于《协议》相关规则与我国现行法从规则设计到路径选择均有一定差异，因此，《协议》将对我国电子商务的知识产权保护产生实质性的影响。这体现在电子商务平台的治理措施以及平台责任两方面。《协议》将细化有效通知的标准，并且澄清人们对错误通知归责原则的模糊认识。虽然善意通知免责的规定降低了权利人维权的风险，可能助长恶意投诉行为，但由于善意通知免责与恶意通知加重处罚是相互补充的制度设计，因此，单一制度规则变化并不会明显打破我国“通知—删除”制度的内在平衡。协议要求建立有效的下架制度，但转通知仅是确定有效通知的重要环节。协议对反通知制度有显著影响，协议延长等待期的规定加大了对权利人的保护，加剧了我国反通知制度的失灵。由于反通知制度未能发挥实效，《协议》约定的错误反通知赔偿的制度也可能落空。《协议》对电子商务平台经营者的民事责任和行政责任都呈现出加重的趋势。中美开展合作，建立电子商务领域国际社会通行统一的规则和理念，有助于减少摩擦，实现共赢。国际通行规则应明晰最低限度的事前审查义务指引，允许采取差异化的“通知—删除”规则标准，并建立以技术中立为基础的电子商务平台责任体系。

关键词　中美经贸协议；电子商务；知识产权保护；治理措施；平台责任；国际统一规则

目　次

---

* 戴怡婷(1981—)，北京大学法学院 2019 级博士研究生，主要研究方向：知识产权法。

引言

一直以来，电子商务的知识产权保护在理论界与实务界都属于小众问题，相关理论研究也十分有限。但近年来，电子商务的知识产权保护强势进入大众视野。不仅我国首部《电子商务法》经过五年的立法论证，终于在 2018 年公布实施，而且自 2018 年起，中美两大经济体开始长时间的磋商与谈判，电子商务中的盗版与假冒也是本轮中美磋商的焦点之一。中美双方达成了《第一阶段经贸协议》。《协议》用一节规制网络侵权行为，并进一步对电子商务平台的盗版与假冒行为做出规定。

电子商务中的知识产权保护已经成为当下不可回避的话题。一方面，中国电子商务经济飞速发展，在国际竞争中形成了比较优势。美国 2020 年的《特别 301 报告》称，中国已经成为最大的电子商务市场。[1] 另一方面，电子商务平台大幅降低了侵权成本，电子商务交易在一定程度上成了知识产权侵权的重灾区。美国国土安全局发布数据称美国经济因知识产权遭受损失的 50%—80% 的要归咎于中国[2]，而且美国权利人认为我国电子商务平台中销售假货呈现上升趋势。[3]

《协议》中关于电子商务知识产权保护的约定，将通过转化为国内法或者司法政策等方式实现，在当下波诡云谲的世界格局中，有必要研究《协议》对我国电子商务知识产权保护产生哪些实质性的影响，以及中美双方打击电子商务知识产权侵权行为的未来之路。

一、《协议》关于电子商务平台的规则

(一)《协议》第五节的规定

《协议》第五节为“电子商务平台上的盗版与假冒”。根据世界贸易组织《与贸易有关的知识产权协定》(TRIPS) 第 51 条中的注释，假冒商品是指侵权地使用与他人注册商标相同或几近相同的标志的商品。盗版商品是指未经版权人许可复制的版权商品或者侵权的直接或者间接翻版的版权商品。因此，《协议》第五节旨在对电子商务平台中的明显侵权行为提供有效执法。

《协议》第五节的内容可以概括为“通知—删除”规则与电子商务平台经营者责任两部分。第 1.13 条主要针对“通知—删除”规则，协议要求我国建立权利人能够快速有效维权的“通知—删除”规则。“通知—删除”规则由美国《数字千年

---

[1] UNITED STATES TRADE REPRESENTATIVE, 2020 *special* 301 *report*, https://ustr.gov/issue-areas/intellectual-property/Special-301；更新时间：2020 年 4 月，访问时间：2020 年 8 月 22 日。

[2] CBP, *intellectual property rights annual seizure statistic*, https://www.cbp.gov/trade/priority-issues/ipr；更新时间：2020 年 5 月 14 日，访问时间：2021 年 1 月 27 日。

[3] UNITED STATES TRADE REPRESENTATIVE, 2020 *special* 301 *report*, https://ustr.gov/issue-areas/intellectual-property/Special-301；更新时间：2020 年 4 月，访问时间：2020 年 8 月 22 日。

版权法》(以下简称 DMCA)首创,多数国家的电子商务法律规范都构建了类似的制度。“通知—删除”规则最初是基于技术中立原则为特定网络服务商设立的责任限制规则,即避风港规则,因此,“通知—删除”规则属于侵权责任规则的一部分。但由于电子商务平台主体的特殊性,“通知—删除”规则能够促进电子商务平台在打击知识产权侵权中发挥积极作用,因此,“通知—删除”规则也成为平台治理措施的核心部分。以文义解释来看,协议第 1.13 条是“通知—删除”规则在治理措施层面的要求。其核心在于降低权利人发起通知的成本,例如善意错误通知免赔,并提高平台内经营者反通知的注意义务,例如,延长选择等待期以及增设恶意反通知的处罚措施。但从法律体系化解释的视角出发,协议第 1.13 条最终必将对电子商务平台的民事责任承担产生影响。

协议第五节 1.14 条主要针对电子商务平台的侵权。第 1 款规定了中美双方在主要电子商务平台假冒和盗版行为严重的情况下,主动采取有效行动打击盗版和侵权。该条第 2 款则要求中方对未能履行知识产权保护电子商务平台进行行政处罚,实质性的要求是设置吊销网络经营许可证的行政责任,从而促进电子商务平台加大打击重复侵权的力度。

(二)我国国内现行法律的梳理〔4〕

我国知识产权各部门法均未对电子商务的知识产权保护做明确规定。上溯至《侵权责任法》可以找到一般性的规定。此后《电子商务法》也做出了类似的规定。《民法典》整合了上述法律的规定。

《侵权责任法》第 36 条第 1 款规定:“网络用户、网络服务提供者利用网络侵害他人民事权益的,应当承担侵权责任。”〔5〕有学者称该条为宣誓性条款,〔6〕但实践中普遍认为,该款规定了网络服务提供者的过错责任,即网络用户和平台经营者因为自己的过错造成了他人的损害,应当承担侵权责任。在此前提下,第 36 条第 2 款〔7〕规定被侵权人在知道网络用户实施的侵权行为之后,有权通知平台经营者采取必要的协助措施防止损害后果的进一步扩大;平台经营者接到通知后采取必要措施则不承担责任,否则承担民事侵权责任的制度,通常将其称为“通知—删除规则”;第 3 款〔8〕规定了平台经营者在知道网络用户利用其服务实施侵权行为的情况下,如果没有主动采取必要的措施,则要对于全部的损害与该

〔4〕《最高人民法院关于审理涉电子商务平台知识产权民事案件的指导意见》以及《最高人民法院关于涉网络知识产权侵权纠纷几个法律适用问题的批复》是协议履行过程中形成的法律规定,体现出协议对我国国内法的部分影响,因此,上述法律规范并非用来分析协议影响的法律渊源。本文在梳理我国既有规则的过程中,未纳入上述司法解释及司法政策。

〔5〕《民法典》与《侵权责任法》在此问题上的规定相似,本文从历史考证的角度,从《侵权责任法》出发进行分析。

〔6〕张新宝、任鸿燕:《互联网上的侵权责任:〈侵权责任法〉第 36 条解读》,《中国人民大学学报》2010 年 4 期。

〔7〕《侵权责任法》第 36 条第 2 款。

〔8〕《侵权责任法》第 36 条第 3 款。

网络用户承担连带责任。我们通常称之为“知道规则”。有学者认为“知道”规则是“通知—删除”规则的例外。“只是在极其特殊的情况下才可以越过第2款的规定，径行依据知道条款主张权利。”[9]但平台经营者的过错程度是区分《侵权责任法》第36条第2款与第3款的要素，适用“通知—删除”规则的前提是平台经营者在收到通知之前并不知道侵权人利用其网络服务实施侵权行为。因此，“通知—删除”规则与“知道”规则是不同的制度设计。“通知—删除”规则涉及的主体较多、操作灵活，因此，不仅是责任规则，也是有效的平台治理措施。而“知道”规则清晰明了，可以视为电子商务平台承担民事侵权责任的规则。《民法典》也采取类似规则，第1117条规定了网络服务者知道及应当知道的侵权责任。

《电子商务法》进一步丰富了“通知—删除”规则，建立了反通知恢复规则。规定了“通知—采取必要措施并转通知—反通知—15天等待期—维持或终止必要措施”一整套规则适用流程。从而使得“通知—删除”规则成为权利人与平台内经营者之间的信息往复程序。《民法典》吸纳了《电子商务法》关于反通知的制度设计，相较于《侵权责任法》进一步规定了不侵权声明的制度。

电子商务法系统地反映了我国对电子商务交易中知识产权保护的路径选择。社会共治是我国电子商务立法的重要原则，我国立法鼓励支持电子商务各方共同参与电子商务市场治理，建立符合电子商务发展特点的协同管理体系，推动形成由监管部门、电子商务行业组织、电子商务经营者、消费者等共同参与的市场治理体系。[10] 我国司法则以合理审慎作为政策导向。[11] 因此，我国目前对于电子商务知识产权保护的路径更强调利益平衡和平台生态自治。利益平衡要求在为平台设定权利义务边界时，既要强调平台知识产权保护义务，也要考虑技术的中立性，为互联网产业的发展提供空间，避免使平台承担超过其监管能力的责任。在互联网治理体系中强调电子商务平台的关键作用，引导电子商务平台在不影响权利人维权的前提下进行网络自治，实现平台生态自治。

（三）《协议》与我国既有规则的差异

《协议》与我国现行法在规范层面和价值层面均有一定差异，可以预见，履行《协议》的过程必定是重塑电子商务知识产权保护规范体系的过程。

首先，《协议》的部分内容与我国现行法直接抵触，主要体现在等待期及平台经营者的行政责任两方面。关于等待期，《协议》要求“权利人收到反通知后提出司法或行政投诉的期限延长至20个工作日”。我国《电子商务法》第43条第2款规定，电子商务平台经营者在转送声明到达知识产权权利人后十五日内，未收到权利人已经投诉或者起诉通知的，应当及时终止所采取的措施。关于平台经营

---

〔9〕 张新宝、任鸿燕：《互联网上的侵权责任：〈侵权责任法〉第36条解读》，《中国人民大学学报》2010年4期。

〔10〕 电子商务法起草小组编著：《中华人民共和国电子商务法条文释义》，法律出版社2018年版，第8页。

〔11〕 参见最高人民法院第83号指导案例：威海嘉易烤生活家电有限公司诉永康市金仕德工贸有限公司、浙江天猫网络有限公司侵害发明专利权纠纷案。

者的行政责任，协议要求“屡次未能遏制假冒或盗版商品销售的电子商务平台可能被吊销网络经营许可”，而我国《电子商务法》规定，对平台内经营者事实侵犯知识产权行为未依法采取必要措施的，由有关知识产权行政部门责令限期改正，逾期不改正的，知识产权行政部门可以罚款。打假不利并非吊销电子商务平台营业执照的法定事由。

其次，《协议》部分内容是我国现行法尚未规定或尚未明确的，主要体现在《协议》对善意错误通知免赔的要求以及恶意反通知的要求。

关于善意错误通知免赔的问题。我国《电子商务法》第42条规定，因通知错误造成平台内经营者损害的，依法承担民事责任。恶意发出错误通知，造成平台内经营者损失的，加倍承担赔偿责任。对于错误通知承担民事责任的归责原则，存有争议。一种观点认为，关于错误通知承担责任应当以过错为要件，另一种观点认为法律条文的表述更容易解读为无过错责任，下文将对此进行详细论述。关于恶意发出反通知是否应当加倍赔偿的问题。由于反通知之后，权利人仍有提起诉讼等的主动权，反通知并不直接产生相应的法律后果，因此，错误反通知是否应当承担赔偿责任，目前法律尚无相关规定。

最后，从《协议》案文来看，美方的立场非常明确，即单向度地加大电子商务平台的责任，通过电子商务平台的强力监管净化网络环境。强保护的美国思维非常明显，《协议》中关于“迅速下架”“屡次未能遏制假冒或盗版商品销售的电子商务平台可能被吊销网络经营许可”的规定无不体现了这种思路。而我国《电子商务法》强调平台生态治理在知识产权保护中的积极作用，建立了以平台知识产权保护规则、平台治理措施以及平台法律责任为要素的知识产权保护规则。因此，落实协议的过程是对现行规范进行调整的过程，也是在价值及利益冲突中，寻求适合我国国情保护路径的过程。

二、《协议》对平台治理措施的影响

平台治理源于“互联网治理”。这一概念在1998年美国明尼阿波利斯国际电信联盟代表大会上首次提出。此后，随着互联网的普及以及互联网对社会生活影响力的不断增强，互联网治理的模式也在逐渐变化。以商业组织为核心多个利益相关方参与共同治理的模式，是其中重要的形态之一。[12]

平台治理措施涉及知识产权权利人、平台经营者以及平台内经营者。其中，“平台是一种具有独立的组织架构和自己独特的权力机制的新型市场主体”。[13]平台在提供网络服务的同时，更是市场的组织者。平台不同于单纯的市场主体，基于双边市场的特性以及当今电子商务平台的体量，平台应承担更多的社会责任。当然，平台治理不仅是社会公共利益的需要，也符合平台的自身利益。侵权泛滥的交易平台，消费者终将选择用脚投票。我国现行立法通过将平台治理措

〔12〕 腾讯研究院：《人工智能：国家人工智能战略行动抓手》，中国人民大学出版社2017年版，第324—327页。

〔13〕 薛军：《电子商务法平台责任的初步解读》，《中国市场监管研究》2019年第1期。

施法治化的方式，促进电子商务平台遏制侵权，降低侵权防控的社会成本。

平台治理措施包括“通知—删除”规则，以及反通知与措施中止两部分。其中，“通知—删除”规则通常被认为是责任限制和抗辩条款。但事实上，“通知—删除”规则是平台的治理措施的核心部分。“通知—删除”规则不仅是行为规范与责任条款，同时也是管理规范。规则的复合性和价值的多元性使得我们需要区分其平台治理属性和侵权责任规则属性。下文集中讨论涉及“通知—删除”规则的平台治理措施属性。

（一）《协议》对“通知—删除”规则的影响

1.“通知—删除”规则的内在逻辑

关于“通知—删除”规则的正当性，通常有如下解释：一是社会成本最低说。即网络环境下网络服务商承担侵权防范义务社会成本最低。电子商务环境下，网络技术的应用使得信息传播的速度以及传播的数据量级有了根本性的变化，对于侵权者而言，复制和销售的成本都大幅降低。有必要进一步采取防范侵权的措施，否则将降低社会创新的动力。同时，电子商务环境下，电子商务平台有能力对在线交易进行事后的审查和监控，电子商务平台能够帮助权利人追查侵权行为的实施者，也能通过采取技术措施停止侵权行为，电子商务平台是具有侵权风险防范能力的关卡。因此，在网络环境下，与侵权泛滥导致权利人放弃电子商务这一交易途径相比，增加电子商务平台的注意义务显然是社会成本更低的选择。因此，“通知—删除”规则是对权利人与网络服务提供商进行利益平衡后进行的制度设计。二是政策选择说。我国《侵权责任法》第 36 条仅规定了网络服务提供商承担连带责任，但并未将网络服务提供商成立的侵权行为归入帮助、教唆或者无意思联络的共同侵权中，因此，有学说认为，此种连带责任是基于公共政策选择而设定的。三是权利人保护说。北京知识产权法院在阿里云的案件中指出，建立平台经营者配合通知发送人维权的法律机制，是为了促使其与权利人合作，以便有效地制止网络侵权行为的扩大。〔14〕 而且，为了促使网络服务提供商产生与权利人合作的意愿，还设计了反通知原则以及错误通知免责的原则。因此，这种观点认为“通知—删除”规则是以权利人为核心进行的制度设计。四是保证责任说。此种观点下，电子商务平台负有“通知—删除”的义务是源于其与被控侵权行为的实施者之间建立了网络服务合同，合同约定当然附随不得传输非法信息的义务，因此，一旦该合同成立，网络服务提供商就处于保证人的地位。〔15〕综观上述学说理论，保证义务并不基于附随义务当然成立，因此，保证责任说在我国语境下缺乏适用空间。权利人保护说则完全从加强保护的价值取向出发，忽视了互联网产业发展的需要，可能带来显著的利益失衡。而政策选择说下

〔14〕 参见北京知识产权法院（2017）京 73 民终 1194 号民事判决书。

〔15〕 Hilgendorf/Valerius（Fn，2），Rn. 220，转引自周学峰、李平主编：《网络平台治理与法律责任》，中国法制出版社 2018 年版，第 114 页、第 376 页。

则难以获得明确的标准。因此,笔者认为社会成本最低说的解释力最强。

从社会成本最低说出发,"通知—删除"规则是在比较权利人与平台经营者防范侵权的成本后,做出的最优选择。因此,"通知—删除"规则有效实施的前提是权利人自行采取措施防止网络侵权的社会成本较高,而电子商务平台具有天然的优势能够以较低的成本有效预防网络侵权。换言之,"通知—删除"规则是基于电子商务的特性,对电子商务平台与权利人进行利益平衡。而协议强化了"通知—删除"规则中知识产权权利人的优势地位,提高了电子商务平台的注意义务。因此,在协议实施过程中,仍应遵循"通知—删除"规则的内在逻辑,考察现有的网络平台治理架构、权利人与经营者维权能力的现实情况等因素,采取恰当的方式优化权利人与电子商务平台的利益平衡,维持"通知—删除"规则的制度有效性。

2.《协议》对有效通知的影响

《协议》要求设置有效的通知制度,以应对侵权。长期以来,权利人的投诉是否构成有效通知是电子商务纠纷中常见的争议,进而平台经营者是否需要对通知进行实质审查也是理论界和实务界争议较大的问题。《电子商务法》及《民法典》均规定,权利人有权发出通知,平台经营者收到权利人通知后,应及时采取必要措施。因此,发出通知的目的在于使平台经营者知道平台内经营者可能实施了侵权行为。但是否仅将可能存在侵权的信息告知电子商务平台就能够触发必要措施,我国现行法并未对此做出明确规定。《电子商务法》第 42 条仅规定通知应当包括构成侵权的初步证据。《民法典》第 1195 条规定进一步要求通知应当包括构成侵权的初步证据及权利人的真实身份信息。但"侵权的初步证据"并非边界清晰的概念,仅有权利人的真实身份信息显然不能成为有效的通知。从长远来看,设立有效通知制度,应首先设计合理的有效通知标准。

有效的通知并非为权利人设置通知的门槛,而是由权利人提供必要的信息,帮助平台经营者确定侵权存在,并便于其采取必要措施。例如,知识产权权利证明及有效的权利人信息;能够实现准确定位的被诉侵权商品或服务信息;构成侵权的初步证据;要求电子商务平台采取的具体措施等。权利人提供上述信息的社会成本显著低于平台经营者。由权利人提供有效通知符合社会整体福利的需求。

有效通知应为平台经营者能够确知侵权存在。即通知不仅要发挥使平台经营者知道被诉侵权行为存在,而且需要使平台经营者有理由相信侵权行为成立的可能性较大。有效通知的标准并非整齐划一的标准化通知。如果要求权利人都遵循统一的模版,无疑增加了权利人的负担。实践中,判断是否构成有效通知需要综合考虑多种因素。

不同类型的纠纷下平台经营者的认知能力不同。平台经营者不同的认知能力决定了其对有效通知的不同需求。著作权法中,信息存储空间服务商能够适用"通知—删除"规则,原因在于其能够对通知所指的网络传播行为是否构成侵权行为进行初步核实。而信息接入服务的平台经营者则难以审查其输送的信息的内容，因此，不适用“通知—删除”规则。

侵权行为的性质影响平台经营者辨识侵权行为的难度。侵权行为辨识的难度与有效通知的标准成反向关系。平台经营者对仿冒行为和一般侵权行为的辨识难度显然不同。平台经营者对权利人主张的字面侵权与等同侵权的辨识难度也不相同。越容易辨识的行为，平台经营者的注意义务越高，相应地，权利人发出有效通知的要求可以适度降低。

损害的严重程度一方面与侵权行为的性质有关。例如，仿冒产品与权利人的产品具有完全的替代性，因此仿冒行为比一般侵权行为对权利人的损害更大。另一方面，损害的严重程度也与重复侵权有关。同一或者相关联的主体多次侵权或者重复侵权，则其对权利人造成的损害就大，平台经营者对此类主体应当提高警惕，相应地，如果通知中能够表明是重复侵权，则无须权利人提供进一步证明侵权成立的证据。因此，在认定是否构成有效通知时，可以考虑通知对损害严重程度的描述。

平台经营者投入的成本也影响有效通知的标准。如上所述，“通知—删除”规则不仅考虑保护权利人，也要考虑行业发展，因此，平台经营者投入的审核成本以及错误移除的损失都将影响有效通知的标准。如果平台经营者需要投入大量成本才能识别侵权或者才能达到相对可以接受的正确率时，从节约社会成本的角度来看，应当采取行政监管等更有效的方式。

电子商务平台经营者呼吁应当以法院判决或者行政裁决作为有效通知的门槛，以此降低恶意投诉。但在我国的语境下，一旦将有效通知的门槛提高到司法判决或行政裁决，势必迫使权利人转而寻求司法或行政救济，而将“通知—删除”规则作为司法或行政解决纠纷过程中的临时禁令的替代品。目前，我国电子商务平台每年处理的投诉量达千万级，从电子商务知识产权纠纷解决的数量需求和效率需求来看，如果再将法院判决或行政裁决作为有效通知的条件，则司法和行政程序不仅难以承载平台转嫁的纠纷，“通知—删除”规则利用平台经营者以较低社会成本防范侵权风险的制度目的也将落空。“通过《电子商务法》知识产权条款将本由电子商务平台有能力解决的大量纠纷引流到司法系统，难谓明智的立法政策选择。”〔16〕

3.《协议》对错误通知的影响

《协议》要求免除善意错误通知的法律责任。即虽然权利人在电子商务平台进行的投诉最终认定不能成立，且已经给平台内经营者造成损害，只要权利人发出通知时并无过错，则无须承担损害赔偿责任。有学者认为协议的相关规定将错误通知的归责原则明确为过错责任。〔17〕

错误通知的归责原则是我国电子商务知识产权保护中的模糊之处。我国

---

〔16〕 刘晓春：《〈电子商务法〉知识产权通知—删除制度的反思与完善》，《中国社会科学院研究生院学报》，2019年3期。

〔17〕 徐明、陈亮：《中美经贸协议背景下电商知识产权保护优化路径研究》，《国际贸易》2020年第3期。

《民法典》与《电子商务法》均规定权利人因错误通知造成网络用户或者平台经营者损害的，应当承担侵权责任。同时，《电子商务法》第 42 条在同一条款中规定了错误通知与恶意通知，将恶意通知与错误通知进行了区分，规定恶意通知是错误通知的一种。实务界有观点认为，基于《侵权责任法》中损害赔偿的过错责任原则，只有行为人主观上存在过错，客观上造成损害的情况下，错误通知人才承担侵权损害赔偿责任。〔18〕也有观点认为，“错误通知”是指通知人发出的通知错误从而对被通知人造成损害的行为。司法机关或行政机关最终认定被通知人不构成侵权的，应当属于通知人通知错误，〔19〕即错误通知是对客观状态的描述，与行为人的主观过错无关。持此种观点的人认为错误通知人应当承担无过错责任，无论是否具有主观的可责难性，都因其错误通知行为承担损害赔偿责任。因此，《协议》有助于澄清问题，为各方提供更为清晰的预期。但《协议》的相关要求将可能使立法解释走向不同方向。2020 年 8 月发布的《最高人民法院关于涉网络知识产权侵权纠纷几个法律适用问题的批复》，明确了能够举证证明其发出错误通知是善意的，可以免责。〔20〕

但《协议》的这一规定仍需与其他制度配合，才能实现制度的有效性。权利人发出的通知是否最终被认定为错误通知具有一定或然性，无过错责任的归责原则会使得权利人在发出通知时更为谨慎。而协议的上述规定，降低了权利人分担的风险，将有助于促进权利人利用平台治理措施实施维权。权利人投诉是平台治理措施发挥作用的触发机制。调动权利人的维权积极性有助于遏制电子商务中的知识产权侵权行为。但近年来，恶意投诉现象愈演愈烈。阿里巴巴平台治理部在 2017 年公布的数据中称，恶意投诉总量已占到其知识产权保护投诉总量的 24%。〔21〕特别是《电子商务法》实施以来，在“双十一”购物节等特定时间节点，投诉量呈现上涨趋势。与此同时，人民法院受理的恶意投诉构成不正当竞争的案件数量也有所上升。在此背景下，适用过错责任原则认定错误通知的损害责任承担，不能缓解恶意投诉的数量上涨。但《协议》的这一规定是否实质性地打破权利人与平台内经营者之间的利益平衡仍需在实践中进一步观察。善意错误通知免责并非孤立的制度设计，要与恶意通知加重处罚的制度作为整体评价功能效果。免除善意错误通知可以激励权利人积极维权，加重恶意投诉的赔偿责任，又可以对恶意投诉形成震慑作用，两者的作用相辅相成。实践中恶意投诉数量增加主要归因于平台内经营者难以对错误通知进行追索。因此，为了保证通知制度有效应当对错误通知的标准做出更为明确的规定，并且在判定错误

〔18〕 参见杭州市余杭区人民法院（2016）浙 0110 民初 12919 号民事判决书。

〔19〕 浙江省高级人民法院《涉电商平台知识产权案件审理指南》第 25 条。

〔20〕 《最高人民法院关于涉网络知识产权侵权纠纷几个法律适用问题的批复》第五条。

〔21〕 根据阿里巴巴平台治理部的统计，2016 年阿里巴巴平台总计发现有恶意投诉行为的权利人账户 5862 个，近 103 万商家和超 600 万条商品链接遭受恶意投诉，造成卖家损失达 1.07 亿元。《阿里巴巴称百万卖家遭恶意投诉 已在京发起维权诉讼 并欲建立投诉方分层机制》，《北京晚报》2017 年 2 月 17 日，第 7 版。人民法院受理的恶意投诉引发的侵权纠纷的案件数量也越来越多，参见浙江省高级人民法院联合课题组：《关于电商领域知识产权法律责任的调研报告》，《人民司法》2020 年第 7 期。

通知主观状态时采取符合平台治理需要的证明标准，从而保证平台治理措施的有效性。美国长期以来发布包含中国的《特别 301 报告》，并未对我国知识产权保护水平显著提高产生显著影响，[22]而是与具体推进机构、多边协议共同作用，对我国知识产权保护形成有力影响。与此相似，协议对善意错误通知免责的要求也并不会对我国电子商务知识产权保护产生实质性影响，仍需其他制度的有效配合，才能真正实现良好的互联网自治生态。

4.《协议》对必要措施的影响

《协议》要求建立有效的下架制度。美国 2020 年的《特别 301 报告》也指出，美国权利人对中国缺乏有效性的下架制度表示持续关注。下架(take down)并非法律概念。我国《电子商务法》规定，删除、屏蔽、断开链接、终止交易和服务等必要措施均可视为下架措施。根据比例原则，平台经营者需要在接到通知后采取与被控侵权行为相适应的必要措施。换言之，平台经营者需要采取足以制止侵权行为发生、防止损害进一步扩大的措施。采取的措施是否属于必要措施直接关系到平台治理措施的有效性，也直接影响电子商务平台的责任承担，因此，何为必要措施显得至关重要。协议对下架措施的要求，必然促使必要措施的种类更为多样，力度更为强劲。

实践中"转通知"是否构成必要措施是争议较大的问题。有观点认为，"转通知"本身具有成为独立必要措施的价值。但根据《电子商务法》，平台经营者接到有效通知要采取必要措施并转通知，因此，我国目前的立法框架下，转通知并非必要措施的一种，而是平台经营者实施必要措施前必须履行的义务。事实上，"转通知"与"过期不声明则可以移除"的规则联系在一起才具有意义，否则转通知不能产生诱导被投诉人做出反通知的动力。仅仅通过平台经营者畅通沟通渠道对纠纷解决并无任何实质意义，反而增加了信息往复的社会成本。根据《电子商务法》，我国的"通知—删除"规则的逻辑是，权利人通知—平台经营者采取必要措施—转通知—服务对象反通知—转反通知—权利人可以在 15 日内行政投诉或者起诉—不投诉或者起诉的终止所采取的措施。因此，转通知是为了使平台内经营者参与到"通知—删除"规则中，从而减少错误移除的可能性。当然，《电子商务法》规定的 15 日内行政投诉或者起诉是否能够实现制度功能需要另行探讨，但至少在该法的框架下，转通知的目的在于触发后续的反通知机制，即转通知是平台经营者通过在权利人与经营者之间往复征询对合格通知应当触发何种必要措施进行的审查。该程序类似于德国法上的"乒乓程序"。[23] 但我国的信息往复交换程序发生在采取必要措施的同时，而非事前确定通知是否有效的阶段。电子商务平台的审查结果只影响采取何种必要措施以及是否解除必要措施，而不是用来确定是否构成有效通知的手段。

---

〔22〕 余利红:《中美知识产权保护摩擦的政治经济学分析》,华中科技大学 2011 年博士学位论文。

〔23〕 在德国法下,网络平台履行审核义务的程序(Stellungnahmever-fahren)为意见征求程序,或可称为"乒乓程序"(Ping-Pong-Verfahren)。参见周学峰、李平主编:《网络平台治理与法律责任》,中国法制出版社 2018 年版,第 128 页。

(二)《协议》对反通知制度的影响

1.《协议》对选择期间的影响

《协议》要求延长等待选择期间，这与我国现行法冲突，需要通过修改法律实现，但修改相关制度延长等待选择期间将放大目前电子商务平台治理生态中的利益失衡。通知—反通知—等待选择期间的制度是我国立法的规则创新。该规则与美国《数字千年版权法》的制度类似，但两者的性质存在显著差异[24]。美国《数字千年版权法》设立等待期的目的在于引入网络使用人的参与，实行有效的网络治理。尽管我国《电子商务法》设立选择等待期的目的是平衡权利人与平台内经营者的利益，但从制度构造和实践情况来看，等待期选择制度已经或多或少地背离了初衷。

从制度构造来看，我国《电子商务法》规定，权利人向行政部门投诉或者向法院起诉的，平台经营者应当维持有效措施，而权利人未在此期限内投诉或者起诉的，平台经营者应当及时终止所采取的措施。等待选择期间的制度设计无疑将中止必要措施的主动权交给了权利人。虽然电子商务法仅规定了平台经营者采取及终止必要措施的触发条件，平台经营者仍有权依照其知识产权保护规则决定采取或者终止必要措施。但选择期间的规定仍然限制了平台经营者的决策自主。平台经营者只有通过判断反通知不成立，才能主动地决定继续采取必要措施。除此之外，无论平台经营者是否能够判断反通知成立，都必须适用选择等待期，此时是否终止必要措施的选择权落入权利人手中。选择等待期实质上加强了对权利人的保护，由此背离了设立这一规则的初衷。

从实证的情况来看，选择等待期为权利人利用投诉作为竞争手段提供了便利。权利人通过“通知—删除”规则仅仅获得临时禁令的保护，如果权利人寻求永久禁令的救济，则需要通过公权力机制予以裁决。选择等待期正是建立在权利人对永久禁令追求的基础之上。而基于目前电子商务交易的频率以及司法审查的效率，权利人往往退而求其次，更愿意选择多次投诉，而平台内经营者往往也不发出反通知。同时，电子商务平台体量不断扩大，消费者信息搜寻的成本日益增加，相应地，电子商务平台中链接排名的商业价值开始凸显，此间竞争也愈加激烈，权利人选择在特定时点，通过“通知—删除—等待选择期”就足以达到打击竞争对手的目的。等待选择期越长，产生的投机空间就越大。基于上述原因，据主要电子商务平台统计，《电子商务法》实施后，权利人在等待选择期满后向平台进行反馈的情况十分罕见。[25] 平台内经营者为了尽快结束必要措施，转而利用现行法规定的行为保全制度对抗权利滥用。在“蚊帐”外观设计专利侵权诉讼中，针对权利人提起的诉讼，以及平台业已采取的断开链接的措施，被诉侵权人

---

〔24〕 刘晓春:《〈电子商务法〉知识产权通知—删除制度的反思与完善》,《中国社会科学研究生院学报》2019年3期。

〔25〕 参见“电商平台知识产权纠纷案件征求意见热点问题研讨会”上京东集团王珏的观点，2020年7月17日。

向法院申请先予执行恢复被删除链接并获得法院裁定支持。[26]此类“反向”保全成为等待选择期的替代措施，在一定程度上反映出平台治理措施失灵，占用更多司法资源的尴尬。

2.《协议》对恶意反通知的影响

《协议》不仅要求对恶意通知加重处罚，也要求对恶意反通知加重处罚。然而，我国现行法并未对恶意反通知行为做出特别的责任规定。虽然《民法典》第1185条规定，故意侵害他人知识产权，情节严重的，被侵权人有权请求相应的惩罚性赔偿，但基于恶意反通知提起诉讼的请求权基础应为损害赔偿请求权，而非知识产权，因此，恶意反通知并不当然适用惩罚性赔偿原则。故而，《协议》的相关要求是对反通知制度的规则创新。

但在我国现行的制度环境下，恶意反通知加重处罚的制度难以发挥实效。首先，目前我国的电子商务生态中，权利人与平台内经营者的实力存在较大差异，面对权利人投诉的数量，平台内经营者发出反通知的比例较低，可以认为反通知制度发挥的作用较小，进而即使设定恶意反通知加重处罚制度，其施展拳脚的空间也较小。其次，由于等待选择期的制度设计，权利人对是否终止必要措施享有主动权，因此，即使平台内经营者恶意发出反通知，其对权利人造成的损害也有限，恶意反通知加重处罚也只是锦上添花。

三、《协议》对电子商务平台责任的影响

(一)平台经营者责任的理论基础

电子商务平台经营者承担责任的理论基础为讨论责任承担的具体问题提供了理论框架，对解决具体问题具有积极意义。但目前尚无定论，主要观点有三种。

第一，共同侵权说。该观点认为，平台经营者为侵犯知识产权行为提供便利，符合我国《民法典》中共同侵权行为的构成要件，成立帮助侵权。共同侵权说是目前的主流观点。《最高人民法院关于审理侵害信息网络传播权民事纠纷案件适用法律若干问题的规定》采纳这一观点。实践中，也有特定情形的案例采纳共同侵权说。例如，在宏联国际贸易有限公司诉湖州迅焱电子商务有限公司、北京美丽时空网络科技有限公司侵害商标权纠纷案中，法院认为美丽时空公司知道迅焱公司发布侵权商品信息，但没有采取措施防止侵权行为发生，具有主观过错，客观上帮助迅焱公司实施侵权行为，构成共同侵权，应与迅焱公司承担连带责任。[27]

第二，间接侵权说。英美国家通常以此作为平台经营者承担侵权责任的理论基础。但间接侵权与我国传统的共同侵权理论是对多人侵权责任体系的不同

[26] 参见江苏省南京市中级人民法院(2019)苏01民初687号民事裁定书。

[27] 参见浙江省湖州吴兴区人民法院(2017)浙0502民初1076号民事判决书。

构建，因此，间接侵权理论在我国现行法语境下的适用空间有限。

第三，替代责任说。该观点认为，平台经营者负有为消费者提供安全保障的义务。平台经营者在其平台上展示或提供商品及服务，因此，平台经营者负有对展示或提供的商品和服务进行审核的义务，如果电子商务平台违反了安全保障义务则应当承担相应的替代责任。[28]我国现行立法对平台经营者资质审核义务的规定可以视为安全保障义务的体现。

(二)《协议》对平台经营者民事责任的影响

1. 通知的实质审查义务

如上所述，"通知—删除"规则是平台治理措施，也是平台经营者承担责任的归责条款。平台经营者是否承担责任与其是否履行了"通知—删除"规则义务有关。平台经营者对权利人发出的通知是否负有实质审查义务，抑或仅是转通知的信使？《电子商务法》立法者提出，"电子商务平台仅需通过系统进行形式审查，无须对通知内容进行法律上判断，也无须对通知指控内容进行调查"。[29] 但《电子商务法》第 45 条规定，电子商务平台应知平台内经营者侵犯知识产权的，应当采取必要措施，否则承担连带责任。实践中普遍认为认定"应知"必然涉及电子商务平台经营者的实质审查义务。

但电子商务平台的实质审查义务是最低限度审查义务。电子商务平台经营者的审查与公权力机关的审查不同。如果科以电子商务平台经营者过高的注意义务，必然增加审查的成本与时长，"通知—删除"机制无法发挥低社会成本的优势。而且，"通知—删除"规则设定了错误通知的补救措施，当制度整体能够有效运行时，电子商务平台无须投入过多精力进行审查。

电子商务平台经营者的审查义务也并非一成不变，而是与电子商务的经营模式变迁、技术发展以及电子商务平台经营者的市场力量变化相关。早期，人们用"单通道说"来描述电子商务平台经营者的地位。[30]电子商务平台与电话公司、邮政公司类似，是网络平台经营者展示商品与服务的技术通道。但随着电子商务经营模式的迭代，电子商务平台经营者已经更深入地参与到交易中，不仅是经营场地的提供者，还可能兼为平台内经营者，甚至在特定情况下作为品质保证人出现。电子商务平台经营者制定的交易规则、用户评价规则、信用等级以及投诉规则等都塑造了平台的交易秩序，影响了平台内经营者与权利人、消费者等多元

---

[28] 王道发：《电子商务平台经营者安保责任研究》，《中国法学》2019 年第 6 期；李小武：《网络平台的安全保障义务研究》，《上海法学研究》2019 年第 13 号/总第 13 卷——上海市法学会互联网司法研究小组论文集，上海市法学会 2019 年版，第 142 页；王洪、谢雪凯：《网络服务商第三方责任之现代展开——立法演进、立法思想与理论基础》，《河北法学》2013 年第 3 期；崔聪聪：《双边市场和第三方电子商务平台商标侵权的替代责任》，《知识产权》2014 年第 6 期。

[29] 电子商务法起草组编著：《中华人民共和国电子商务法条文释义》，法律出版社 2018 年版，第 129—130 页。

[30] 高富平：《网络对社会的挑战与立法政策选择：电子商务立法研究报告》，法律出版社 2004 年版，第 106 页。

角色的地位。时至今日，电子商务平台经营者作为特殊的市场主体，已经具有市场组织功能，电子商务平台经营者也难以像电话公司、邮政公司等寻求责任豁免。其承担的审查义务也应当与其在电子商务交易中发挥的作用相匹配。

2. 电子商务平台经营者承担责任的类型

电子商务平台经营者承担民事责任存在如下三种类型：电子商务平台经营者知道或者应当知道平台内经营者侵犯知识产权，但未采取必要措施，或者在收到知识产权权利人的通知后，仍未及时采取必要措施的，应当就知识产权权利人的全部损失，与侵权人承担连带责任。

电子商务平台经营者知道或者应当知道平台内经营者侵犯知识产权且未采取必要措施，在收到知识产权权利人的通知后虽然采取了必要措施，仍应当就采取必要措施前知识产权权利人的损失承担损害赔偿责任。对于采取必要措施后，仍然出现的重复侵权，电子商务平台承担损害赔偿责任。例如，在衣念(上海)时装贸易有限公司诉浙江淘宝网络有限公司、杜国发侵害商标权纠纷案中，法院认为，平台经营者删除信息后，如果网络用户仍然利用其提供的网络服务继续实施侵权行为，平台经营者应当进一步采取必要的措施以制止继续侵权。[31]

电子商务平台经营者不知道也不应当知道平台内经营者侵犯知识产权，在收到知识产权权利人的通知后，应当及时采取必要措施。未及时采取必要措施或者采取的必要措施不合理，造成损害扩大的，应当就损害扩大的部分与侵权人承担连带责任。

(三)《协议》对电子商务平台行政责任的影响

《电子商务法》第 48 条规定："电子商务平台经营者违反本法第四十二条、第四十五条规定，对平台内经营者实施侵犯知识产权行为未依法采取必要措施的，由有关知识产权行政部门责令限期改正；逾期不改正的，处五万元以上五十万元以下的罚款；情节严重的，处五十万元以上二百万元以下的罚款。"该条是电子商务平台经营者违反"通知—删除"规则承担行政责任的法律规定。由于民事责任与行政责任的归责原则、责任范围、构成要件等方面均有差异，因此，认定电子商务平台违反"通知—删除"规则的行政责任与民事责任有所不同。电子商务平台经营者的行政责任成立应同时满足如下两个要件：一是电子商务平台在接到通知后未及时采取必要措施的，或者在平台知道或者应当知道平台内经营者侵犯知识产权的情况下未采取必要措施的；二是平台内经营者的行为已经构成侵犯知识产权的行为。此外，我国《电子商务法》还为电子商务平台设置了资质审查义务、数据保管义务、协助监督义务等，与之相应，电子商务平台未履行上述义务也需承担相应的行政责任。

协议要求吊销未能遏制屡次假冒或盗版商品销售的电子商务平台经营者的

---

[31] 《衣念(上海)时装贸易有限公司诉浙江淘宝网络有限公司、杜国发侵害商标权纠纷》，《最高人民法院公报》2012 年第 1 期。

营业执照。但在“通知—删除”规则中电子商务平台经营者对重复侵权行为应对负有较高的注意义务。一般情况下，特定主体实施重复侵权行为可以构成电子商务平台经营者应知侵权行为存在的情形。如电子商务平台经营者未能制止重复侵权行为，也属于《电子商务法》第48条规定的应当承担行政责任的情形之一。根据上述法律规定，吊销主体资质并非电子商务平台经营者承担行政责任的方式。协议的上述约定加重了电子商务平台经营者的行政责任，并与我国现行法律规定相冲突。

事实上，我国电子商务平台经营者的行政责任出现严格化的趋势。电子商务平台经营者承担行政责任的法律渊源不限于《电子商务法》，还有《消费者权益保护法》《食品安全法》《广告法》等，承担责任的形式也不限于罚款、限期整改，还可能涉及停业整顿、吊销营业执照。[32] 电子商务平台经营者承担的行政责任呈现严格化的趋势与电子商务平台经营者对平台交易的控制能力增强有关。有观点认为，由电子商务交易平台经营者对违法行为进行控制的社会成本最低。但电子商务交易的良好生态需要多举共治，对电子商务平台进行行政监管仅是一方面，还需要发挥行政责任的威慑力促进电子商务平台采取有效措施，完成协助监管的职能。

四、电商平台知识产权保护的通用规则

为适应全球化和数字化的发展，寻求兼顾各方利益的国际通行的规则，世界贸易组织于2019年1月发起了“电子商务诸边谈判”。但各核心国家对于电子商务所涵盖的服务类型等基本概念、原则等均存在分歧。尽管如此，综观美国《千年数字版权法》、欧盟《电子商务指令》、《一般数据保护条例》(GDPR)以及我国的《电子商务法》，各国对以货物为主的电子商务交易的知识产权保护思路相近。如果能够求同存异，建立最低限度的共识，将有助于化解贸易摩擦，实现共赢。

（一）建立明确统一的事前审查义务指引

电子商务平台经营者是否具有事前审查义务是国际贸易磋商中各方关切的问题之一。对此，各国有不同的制度设计。欧盟《电子商务指令》明确排除电子商务平台经营者对用户发布信息具有一般的事先审查义务。并且即使电子商务平台经营者设置了事前的筛查机制，也不能因此认定其事前应当知道侵权行为存在。[33]我国《电子商务法》对电子商务平台经营者是否应当承担事先审查义务无明确规定。司法实践中普遍对平台经营者的事前审查义务持否定态度，例如在叠彩公司诉拼多多的案件中，法院就认为电子商务平台对平台内经营者上传的相关信息并不具有法定审核义务。[34] 但《电子商务法》规定了电子商务平台经

---

〔32〕 赵鹏：《私人审查的界限——论网络交易平台对用户内容的行政责任》，《清华法学》2016年第6期。

〔33〕 周学峰、李平主编：《网络平台治理与法律责任》，中国法制出版社2018年第1版，第374页。

〔34〕 参见上海知识产权法院(2018)沪73民终152号民事判决书。

营者作为市场组织者应当承担一定的管理义务,例如需对入驻用户资质进行审核。

电子商务平台经营者为平台内经营者提供展示、交易的场所。体量巨大的电子商务平台具有相当的控制力。在电子商务平台技术能力范围内,由其承担防范侵权的责任是效用最大化的选择。但过重的事前审查义务将增加电子商务平台经营者的成本,妨碍互联网主体创新。因此,应当建立统一的规则明确事前审查义务,即以电子商务平台经营者不负有一般的事先审查义务为原则,但仍需执行最低程度的抽象的事前审查。例如,权属登记,自动设置警告提醒,要求卖家做出不侵权声明,建立数据库进行过滤筛查。设定事前审查义务应当基于最低限度,可以限于如下两种情形。

第一,基于打击重复侵权的要求。重复侵权与一般侵权不同,一方面,重复侵权意味着权利人维权无效,由此产生的维权成本也付之东流,重复侵权不仅给权利人带来额外损害,也极大地损害了权利人对知识产权保护制度的积极预期。因此,各国都重视遏制重复侵权。另一方面,重复侵权者的恶意明显,侵权行为的发现成本相对较低。因此,电子商务平台经营者对于重复侵权电子商务平台具有更高的注意义务。

第二,基于资质审查的要求。电子商务平台应当对入驻资质进行审查,审查的程度与其注意义务相关。例如,对于"旗舰店""专卖店"等店铺,消费者通常更为信任,且在平台的经营规则中限定使用上述特定名称的条件也具有市场和技术的可行性。因此,电子商务平台经营者对于"旗舰店""专卖店"等直接体现知识产权特征的平台内经营者应当具有更高的注意义务。在探索公司与中山探索公司、京东公司侵害商标权纠纷案中,虽然京东公司在探索公司向法院起诉之后采取了删除措施,但法院认为涉案商标知名度较高,京东公司应当知晓,在探索公司仅提交商标申请通知书的情况下,就允许其开设官方旗舰店,未尽到审慎的注意义务,应承担连带责任。〔35〕此外,电子商务平台经营者对于国家法律法规规定需要特殊资质的行业具有更高的注意义务。在北京市岳成律师事务所与浙江淘宝网络有限公司著作权侵权纠纷案中,《出版管理条例》明确规定了网络平台服务者应当对从事出版物发行业务的经营主体是否具有《出版物经营许可证》进行审查,因此,法院认为淘宝公司有责任通过类目管控机制审查卖家的特定经营资质。对于对使用了"书店""书城"等特定词汇的店铺,淘宝公司的注意义务相应提高。〔36〕

(二)允许采取差异化的"通知—删除"规则标准

"通知—删除"规则由美国《数字千年版权法》首创。我国借鉴了这一规则,并进一步丰富了反通知的制度。我国将其推广适用到电子商务的多个场景。不

---

〔35〕 参见北京市高级人民法院(2107)京民终737号民事判决书。

〔36〕 参见浙江省杭州市余杭区人民法院(2017)浙0110民初5322号民事判决书。

少学者反对在不同类型的纠纷中适用统一的“通知—删除”规则。[37] 不同纠纷类型下“通知—删除”规则的制度需求有所不同，表现在以下两个方面。

1. 主体的差异性

随着电子商务交易类型的多样化，电子商务交易平台的形式也将发生变化，平台经营者提供的网络服务类型不尽相同，其介入直接侵权的程度也不相同。传统的平台经营者主要分为网络接入服务提供者、缓存服务提供者、宿主服务提供者以及信息搜索服务提供者。其中，网络接入服务提供者、缓存服务提供者属于提供信息介入通道，世界上多数国家都不要求此类提供底层技术服务的网络服务提供商承担因内容而引起的侵权责任。争议集中发生在宿主网络服务和信息搜索服务中。这两类服务虽然可以进行简单的分类，但其中却包含服务内容差异巨大的不同主体。特别是，近年来随着云计算、网络 os、云控浏览器等服务的兴起，宿主网络服务的提供者中既有类似于淘宝网的电子商务平台，也有视频分享网站，还有云计算服务、微信小程序等去中心化的网络服务。这些平台经营者提供互联网络服务的方式不同，直接决定了其信息监控能力不同。而监管的责任显然与监控能力相关。例如，信息流动过程中的发布者往往承担更为严格的监管责任，或曰更高的注意义务，例如图书的出版者。而传播者通常不具有审阅其所售卖图书内容的能力，因此，承担相应较低的监管责任，例如书报亭。可见，不同主体类型的纠纷应当采用不同标准的“通知—删除”规则。

2. 权利类型的差异性

不同的权利类型的纠纷，平台经营者判断侵权成立的难度不同；不同权利类型的纠纷，判断侵权是否成立的审查成本以及所需信息也不同。例如，发明专利以及实用新型专利侵权纠纷中，专利的保护范围需要双方进行权利要求的解释，技术特征的划分比对也需要双方参与，而且等同侵权中，技术手段、功能效果等是否基本相同是法律适用的过程，需要具备专业知识的人做出，而非处理海量信息的平台经营者能够轻易完成。相反，认定作品是否抄袭、商标是否被假冒则是较为容易的任务。

不同的纠纷类型下必要措施对产业的影响不同。例如，对于作品而言，删除或断开链接后再行恢复不会影响作品的声誉。但对于诸如淘宝网的电子商务平台而言，由于平台设置了复杂的积分规则，每个商品链接都关系到商家的累积销量、消费者评价、浏览记录和广告投入，这些会成为影响商家利润的有效流量，删除或者断链对于商家的影响巨大。一旦承载商誉和流量链接被移除，重新培植恢复流量的成本很高。

3. 实践经验印证了区别对待的合理性

“通知—删除”规则的发端地美国也仅将这一规则限制于以“信息”形式提供

---

〔37〕 王迁:《论“通知与移除”规则对专利领域的适用性——兼评〈专利法修订草案(送审稿)〉第 63 条第 2 款》,《知识产权》2016 年第 3 期;李明德:《“通知删除”制度在专利侵权领域的适用——威海嘉易烤生活家电有限公司诉永康市金仕德工贸有限公司、浙江天猫网络有限公司侵害发明专利权纠纷案》《中国发明与专利》2018 年第 7 期。

作品，而实体交易则不在其规制之下。在"MILO & GABBY 诉亚马逊案"中，无论亚马逊的抗辩理由还是法院的判决都围绕被诉侵权产品展示的图片能否进入避风港，而并未涉及销售实体产品的行为是否可以进入避风港。[38]虽然我国《电子商务法》未对"通知—删除"规则在不同适用场景中采取不同的判断标准做出明确的规定，但电子商务平台经营者可根据不同情况制定合理的平台治理保护措施，通过差别化的治理措施，实现对不同类型的知识产权的有效保护。[39]

综上，不同应用场景中的平台经营者对信息的监控能力差异较大，与侵权行为的距离远近不同，不同权利类型侵权判断的难度不同，错误删除的影响也有差异，因此，起源于版权法领域的"通知—删除"规则移植到其他知识产权部门法时，应当做适应性修改，"一刀切"的标准不符合实际需求，也难以实现制度功能。

（三）基于技术中立原则构建责任体系

1. 根据侵权行为类型确定审查义务的标准

技术中立原则下电子商务平台经营本身并不因其提供网络服务而具有可责性，这要求我们在设定电子商务平台的审查义务时应当合理审慎。针对假冒行为(counterfeit)与一般侵权(infringement)行为应当设定不同的审查义务标准。

理论上，假冒产品对权利人产品的替代程度高，对权利人损害严重。因此，假冒行为应予以重点打击；同时，假冒行为较好辨识，电子商务平台无须支付过高的成本就可予以防范。因此，对于假冒行为，电子商务平台负有较高的注意义务，在接到通知后，采取必要措施的时效性和手段的严厉性都应与之相适应。

实践中，协议案文区分使用了侵权(infringement)、假冒(counterfeit)、盗版(piracy)的措辞，强调对电子商务平台经营者提供有效执法，减少假冒行为与盗版行为。[40]美国的四名议员提出的《2020 商店安全法案》(Shop Safe Act)要求电子商务平台承担民事责任，针对的也是假冒行为。[41] 我国的电子商务立法和实践也有类似做法，但并未引起足够的重视。例如，未采取有效技术手段过滤和拦截包含"高仿""假货"等字样的侵权商品链接，应当认定电子商务平台知道侵权

---

〔38〕 王迁:《论"通知与移除"规则对专利领域的适用性——兼评〈专利法修订草案(送审稿)〉第 63 条第 2 款》,《知识产权》2016 年第 3 期。

〔39〕 《最高人民法院关于审理电子商务平台知识产权纠纷案件的指导意见》第四条。

〔40〕 See agreement section E, In order to promote the development of e-commerce, China and the United States shall strengthen cooperation and jointly and individually combat infringement and counterfeiting in the e-commerce market. The Parties shall reduce piracy and counterfeiting, including by reducing barriers, if any, to making legitimate content available in a timely manner to consumers and eligible for copyright protection, and providing effective enforcement against e-commerce platforms.

〔41〕 See A New Bill Could Make E-commerce Companies Liable for Counter Feits Sold on Their Plat Forms, https://www.cnbc.com/2020/03/02/shop-safe-act-2020-cracks-down-on-counterfeits-on-ecommerce-platforms.html;更新时间 2020 年 3 月 2 日，访问时间:2020 年 8 月 27 日。

行为存在。[42] 相反，对于商标混淆行为或者著作权侵权行为，如销售未经版权人许可擅自改编的有关作品的行为，由于这些侵权行为不明显，因此，经营者仅有一般过失，仅承担一般侵权责任，与《电子商务法》第 45 条规定的连带责任不同。[43] 电子商务平台经营者打击侵权的实践也对假冒行为与一般侵权行为有所区分。例如，在淘宝的投诉规则中，出售假冒商品是严重的违规行为，对于出售假冒商品的行为，淘宝公司除将断开链接，还将对平台内经营者的淘宝店铺做出永久屏蔽搜索店铺、永久删除商品等较重的处罚。

2. 建立确定有效通知的信息往复交换程序

公众在分享了技术发展带来福利的同时，也需要共担技术发展带来的风险，由此形成技术中立原则。电子商务交易改变了传统的交易形态，带来了更便捷、更低交易成本的交易方式，但同时知识产权人的权利也更易受到侵害，这是技术进步带来的风险，电子商务平台经营者并不当然为此承担法律责任。然而不可否认的是，电子商务平台经营者也从中获利，并处于防范侵权的最佳位置。电子商务平台经营者具有风险控制义务毫无疑问。但需要基于技术中立原则，设立合理的风险控制义务触发点。通常认为，当电子商务平台经营者知道侵权存在时，其应当责无旁贷地制止侵权。由于“知道”是风险防控责任的触发点，因此电子商务平台的“知道”不应是抽象的、不确切的。应当建立确定有效的通知信息往复交换程序，即权利人发出通知，电子商务平台无条件转通知，对于能够确知侵权存在的，由电子商务平台采取措施制止侵权发生，如果电子商务平台不能确定的，则可以等待反通知。经由权利人与平台内经营者之间往复协商，确定有效通知。只有有效通知才能够触发必要措施。对于有效通知，电子商务平台必须采取及时必要措施，而不再做出第二次判断，即无须再次判断是否需要采取必要措施，仅根据技术能力、权利类型、侵权行为性质等确定采取删除、屏蔽、断开链接、终止交易和服务等必要措施。

我国目前的“通知—删除—反通知”制度类似于信息往复交换程序，但如前文所述，该程序设置在确定采取必要措施阶段。如果将信息往复交换设置在必要措施阶段，则意味着电子商务平台经营者在收到通知后要根据通知的程度采取必要措施，电子商务平台经营者负有较重的审查义务。平台经营者在错误识别风险较大的情况下，为了维护平台的经营秩序，可能会引入第三方评估，或者将加重的责任转嫁给权利人及经营者，例如，要求权利人或者经营者提供保证金。虽然实践中，部分电子商务平台已经开始使用第三方机构对侵权成立与否进行评估，但这无疑加重了电子商务平台经营者的成本。只有在电子商务平台经营者承担的监管成本低于权利人举证成本以及行政监管成本的情况下，才能实现社会成本最低，电子商务平台经营者监管也才行之有效。电子商务平台经

---

〔42〕《最高人民法院关于审理电子商务平台知识产权纠纷案件的指导意见》第十一条。

〔43〕薛虹：《电子商务平台知识产权保护制度解读》，http://www.mofcom.gov.cn/article/zt_dzswf/ImportNews/201901/20190102830814.shtml；更新时间：2019 年 1 月 28 日，访问时间：2020 年 8 月 27 日。

营者将监管成本转嫁的方式可能是通过合同约定等市场的方式实现,但基于电子商务平台的市场力量,此种转嫁也可能损及经营者或消费者的利益。因此,建立高效便捷的有效通知征询机制,将电子商务平台的审查成本控制在可接受的范围内是可能的路径。

五、结语——建立电子商务知识产权侵权行为规制的中美合作机制

改革开放 40 多年来,我国知识产权制度的建立与演进都离不开与美国的互动。从历史上来看,通过谈判达成约定是中美解决知识产权摩擦冲突的常见手段,例如 1992 年的中美知识产权谅解备忘录。本次《协议》是中美贸易磋商妥协的结果,但中美两大经济体之间的“贸易摩擦”并不会随着协议签署而烟消云散。中美双方对于电子商务领域知识产权保护的关注也不会就此终结。

近年来,电子商务表现出旺盛的活力,包括电子商务在内的数字经济已经成为推动世界经济发展的重要力量。各国纷纷认识到电子商务的重要性。与此同时,知识产权不仅是能够实现社会利益的私权,而且日益成为国家的竞争资源与公共政策选择工具。知识产权保护也获得了空前的关注。电子商务与知识产权都具有国际化的特性。电子商务是伴随网络技术发展的新型商业模式,伴随互联网技术的无国界性、开放性与共享性,电子商务与贸易自由天然契合。当今世界,知识产权与电子商务的关系日益密切,并且电子商务的知识产权保护的难题已经超越了国境,电子商务知识产权保护的规则也呈现出国际化的趋势。在全球化的趋势下,开展国际合作是破解难题的方法。

中美两国在电子商务知识产权保护的问题上具有共同的利益。此次协议采取更为严格的知识产权保护标准,如前所述,可能对我国电子商务领域的知识产权的立法与司法政策产生一定影响。但从长远来看,良好的知识产权保护环境是净化交易环境的需要,假货横行的市场只会导致消费者“用脚投票”。严格电子商务交易中的知识产权保护符合我国推动经济高质量发展的内在需求,也与电子商务平台经营者的自身需求相适应。同时,中美双方对电子商务知识产权保护规则具有共识。知识产权虽然具有地域性,但从知识产权诞生之时,其就存在国内法与国际规则两条主线。从《巴黎公约》时代开始,各国知识产权规则就相互滋养与融合。[44] TPP、CTPP 以及 RECP 都用大量条款规定了电子商务条款与知识产权条款。中美在电子商务的知识产权保护上具有开展国际合作的基础。

中美双方应开展合作,增强路径选择的一致性。《协议》采取的路径与我国强调电子商务平台生态治理的路径不尽相同,反映了两国在实现电子商务知识产权保护方式上的不同思路,也反映了两国在对待国内与国外市场上的不同思路。互联网治理模式不断变迁,平台治理具有最大程度的包容性和最低的社会

〔44〕 [澳]布拉德·谢尔曼、[英]莱昂内尔·本特利:《现代知识产权法的演进:英国的历程 1760—1911》,金海军译,北京大学出版社 2006 年版,第 238 页。

成本。国家提供最低程度的法律制度供给，并实现有效监督，而由电子商务平台为核心的多方利益主体参与实现行业自律与社会共治是可行的路径。

中美双方应开展合作，推动建立电子商务知识产权保护的国际规则。建立通行的国际规则既有利于电子商务交易主体在跨境交易中获得明确稳定的法律预期，也有助于减少纷争。新冠肺炎疫情当前，美国进一步围堵中国，但全球化仍是主流[45]，国际合作是我们融入世界的方式，而电子商务的知识产权保护恰是不错的入口。

〔45〕 易继明：《中美关系背景下的国家知识产权战略》，《知识产权》2020年第9期。

The Impact of China-US Phase One Economic and Trade Agreement on the Regulation of Intellectual Property Rights Infringement in E-commerce

DAI Yiting

Abstract: Section E of Economic and Trade agreement between the Government of the Untied States of America and the Government of the People's Republic of China(phase one) (herein referred to as the "agreement") provided piracy and counterfeiting on e-commerce platforms. Because the rules of the agreement are different with domestic law, the agreement will have a substantial impact on the protection of e-commerce intellectual property rights in China. The impact is from two aspects: the e-commerce platform governance measures and platform liability. The agreement will further clear the standers of effective notification and clarify vague understandings about the imputation principle of false notification. Because the exemption of good faith notice is related to the punitive damage of malicious notice, so the change of single system rules will not obviously break the internal balance of the notice-takedown rule in China. The notification is used to trigger the rule of counter-notification. So it is important to determine the validity of notification. The extension of the waiting period which is required by the agreement will strengthen the protection of the right holders, meanwhile will aggravates the failure of the counter-notice system in China. At the same time, due to the failure of the counter-notice system, the compensation system for wrong counter-notice agreed in the agreement may fail. The civil liability and administrative liability of the e-commerce platform are enhanced by the agreement. Cooperation between China and the United States would reduce friction and achieve win-win. We should establish the uniform rules of e-commerce intellectual property protection. International uniform rules should give the minimum prior review obligation guidelines, adopt differentiated notice-takedown rules, and establish an e-commerce liability system based on technology neutrality principle.

Keywords: Economic and Trade agreement between the Government of the Untied States of America and the Government of the People's Republic of China (phase one); E-commerce; Intellectual property protection; Governance measure; Platform liability; Uniform rules

《中美第一阶段经贸协议》中的知识产权一般义务及我国的既有实践

李春晖*

摘　要　《中美第一阶段经贸协议》知识产权部分规定了一般义务："双方应确保公平、充分、有效的知识产权保护和执法。对于一方依赖知识产权保护之人，对方应确保为其提供公平、平等的市场准入。"基于对中国此前若干年的司法和行政执法的总结，可以认为中国知识产权保护和执法的公平性、充分性和有效性均有所改善，但仍存缺憾。中美知识产权关系中的市场准入议题，早期限于知识产权密集产品例如版权产品，随着中美竞争的加强，逐渐转移到构成产品或市场主体市场准入障碍的知识产权相关政策，其本质仍然是知识产权保护和执法的"公平性"和"充分性"。随着中国创新活动的增加，产业能力的增强，知识产权保护执法的公平、充分和有效越来越成为中国自发的追求，美方的倒逼正好成为中国改革的动力。而对于市场准入问题，应精细地区分国家有形之手与市场无形之手的边界，以在保障国家利益的前提下，营造对内对外均公平的营商环境。

关键词　中美经贸协议；知识产权；一般义务；市场准入

目　次

---

* 李春晖（1973—），天津大学法学院副教授，北京大学国际知识产权研究中心研究员，主要研究方向：知识产权法。

一、引言

自2018年3月22日特朗普总统基于《特别301报告》(源自2017年8月19日启动的对华301调查[1])宣布“强有力的措施以应对中国的非公平贸易”[2]以来,中美历经多次曲折的谈判,终于2020年1月15日签署《中美第一阶段经贸协议》。尽管不巧于协议签订之后全球陷于新型冠状病毒肺炎疫情,迄今未完全平复,并由此催化了中美之间尤其是美方挑起的越来越尖锐的对立,因而该协议能否被有效执行甚至存废之可能性屡被提及,然于中方立场来看,中美甚至中国与世界仍应以合作为主流。因此仍有必要认真对待该协议。

该《协议》知识产权部分第一节规定了双方的一般义务。除了宣示性的段落之外,其核心内容为第1.2条:“双方应确保公平、充分、有效的知识产权保护和执法。对于一方依赖知识产权保护之人,[3]对方应确保为其提供公平、平等的市场准入。”该条包括对缔约方两个方面的要求:知识产权保护和执法的公平、充分和有效,以及与知识产权有关的公平、平等的市场准入。以下分别讨论这两方面的现状和有待改进之处。

二、知识产权保护和执法的公平性、充分性和有效性

该议题包括公平性、充分性和有效性三个维度,并可以有两个层面:一是作为整体的中国知识产权保护和执法环境,乃至整体的法治环境,是否公平、充分和有效;二是作为国家间的协议的关注点,是否存在对一方国民(或笼统地称为外国国民)的歧视。此外,广义的保护和执法既包括侵权救济,也包括知识产权的授权和确权。

(一)公平性

公平即公正、平等,对于相同或类似的事情,对所有人平等对待。自改革开放以来,从宪法到民法,皆声明或体现了法律面前人人平等的原则。因此,重点在于保护和执法是否实现了真正的公平。

1. 授权确权程序的公平

授权确权中的公平问题,有赖于审查标准的统一。涉及授权确权标准的知识产权,主要包括专利、商标、植物新品种。而集成电路布图设计与著作权类似,仅是登记而已。

---

[1] USTR, *USTR Announces Initiation of Section 301 Investigation of China*, August 18, 2017, available at https://ustr.gov/about-us/policy-offices/press-office/press-releases/2017/august/ustr-announces-initiation-section, last visited on Feb. 08, 2021.

[2] USTR, *President Trump Announces Strong Actions to Address China's Unfair Trade*, March 22, 2018, available at https://ustr.gov/about-us/policy-offices/press-office/press-releases/2018/march/president-trump-announces-strong, last visited on Feb. 08, 2021.

[3] 原文为persons。有的中文本翻译为“个人”,不准确,容易理解为“自然人”。

技术类的授权确权审查(专利、植物新品种)标准较为明晰,问题在于商标审查中存在严重的标准不统一的现象,主要体现于所谓"个案审查原则"的运用。由此导致的不公平虽然与特定人群无关,但是造成了结果的不可预期性,对于特定申请人不公平。一切行政和司法行为应当遵循先例,行为人才有可能有合理的预期。无可讳言,一切事物在共同性之外都有特殊性,在商标审查中也是如此,专利审查中也是如此,因此"个案审查"确实是客观事实。但"遵循先例"原则应与"个案审查"原则有恰当的平衡。然而很多时候,商标审查中的"个案审查"原则,已经沦为"无标准审查",导致申请人无所适从。"先例原则"应当适用于所有行政和司法行为,只有在行政和司法机关充分论证个案的特殊性的情况下,才足以不遵循先例。不遵循先例的举证或者论证责任应当是行政机关和司法机关的,而非反过来要求申请人证明个案不应当遵循所谓的"个案审查"原则(实为随意的"无标准审查")。如果行政和司法机关无法证明不能遵循先例,则应当遵循先例;只要证明了与先例的不同,也就形成了事实上的"个案审查",无论其是否为一个原则。

2. 侵权救济的公平

在既有权利的保护和执法中,就个案而言,不可否认存在局部的不公平现象;而整体上的执法公平,庶几可以二审率及再审率来判断。虽然诉讼总有胜负,但当事人是否服判,在很大程度上体现了判决结果的公平性。

2009 年到 2018 年,全国法院新收知识产权民事案件数量,一审案件从 30626 件上升至 283414 件,与此同时,二审案件从 5340 件上升至 27621 件,再审(包括提审案件)则从 330 件上升至 1098 件。[4] 可以看到,二审率和再审率(相对于二审)分别从 17.44%、6.18%下降到 9.75%、3.07%。可见,二审率和再审率均有大幅度降低。

(二)充分性

法律救济的狭义的充分指救济与侵害相适应,例如赔偿额度/刑罚足以弥补损失和/或吓阻侵权。广义的充分则可以包括多个维度,例如立法上的充分保护,诉讼程序合理性,诉前临时救济措施(包括临时禁令)的获取方便性和及时性,赔偿的举证难度和赔偿的充分性,刑罚门槛以及刑罚幅度,审判周期,判决执行的可能性和及时性等。

1. 立法的充分性

一般而言,我国已经越过了立法不充分、有缺漏的阶段。目前,出现一些新兴领域的知识产权保护问题。但对于这些新兴领域,需要考虑知识产权保护之"平衡"理念。比如对于以下问题,涉及有关各方的权利平衡,学界、行政机关和司法界也一直在研究和摸索当中,不好一概而论当前的立法是否充分:医药试验数据保护,版权保护客体的独创性问题,原生数据及大数据的保护问题,实际使

---

[4] 数据根据国家知识产权局、最高人民法院各类年度报告数据整理,本文中未标明来源的数据同此情况。

用的商标与注册商标之间的平衡，电子商务平台上的执法或维权程序等。

2. 程序合理性

程序合理性影响权利人维权的意愿和效果。知识产权救济程序的合理性主要体现于知识产权诉讼的特殊之处，其中主要是专利和商标的确权与侵权程序的衔接。

长期以来遭到诟病的专利无效宣告程序及随后的行政诉讼程序拖延专利侵权纠纷的审理情况，近几年逐步得到改善。首先，在无效宣告请求审查决定宣告专利无效的情况下，法院将及时了结侵权诉讼。若无效行政诉讼最终撤销无效宣告请求审查决定，专利权人可重新就侵权纠纷起诉。[5] 其次，由于建立了专利侵权诉讼和专利行政诉讼的“飞跃上诉”制度，尽管对于北京市之外的侵权诉讼，其与专利行政诉讼的一审法院不同，但二审法院同为最高人民法院知识产权法庭，从而可以统筹考虑，缩短审理周期，统一审判标准。[6]

商标侵权诉讼与商标的撤销、无效程序之间存在类似的关系，可以类似于专利案件的策略来处理。但是不同于专利，商标还存在商标注册申请程序中对引证商标的异议、撤销和无效程序。鉴于中国的特殊诚信环境，当引证商标的权利人其实是商标抢注者时，目前的行政和司法程序对真正权利人十分不友好。尤其是，如果抢注者要恶意用足所有程序，在现有程序中，无论是商标评审机构，还是行政诉讼的一审和二审法院，都会迅速驳回商标申请人的请求，等待异议、撤销、无效程序尘埃落定之后才启动再审程序予以授权，同时对恶意在先申请人在异议、撤销、无效程序中恶意用足上诉程序的情形没有任何规制，让善意的申请人极为耗费精力。目前，虽然在部分案件中北京知识产权法院在商标申请驳回复审行政诉讼中将疑似恶意注册的引证商标权利人追加为第三人，但仍然不够。改革的方向应该是：如果国家知识产权局的初步程序的结果是对引证商标异议成功，或者撤销或无效引证商标，则应当不再等待诉讼程序，而对在后商标申请人的申请予以授权；如果异议、撤销和无效的结果在行政诉讼中被反转，则引证商标权利人重新无效在后的商标注册即可。在此方面，《协议》第 1.24 条笼统地提及了“双方应确保商标权充分和有效的保护和执法，特别是打击恶意商标注册的行为”。

3. 诉前临时救济措施方便性

诉前禁令制度在我国知识产权法中确立之初，某些地方法院曾在一段时间内掀起了适用诉前禁令制度的小高潮。[7] 全国地方法院 2006 年受理诉前禁令

---

〔5〕《最高人民法院关于审理侵犯专利权纠纷案件应用法律若干问题的解释（二）》（法释〔2016〕1 号），2016 年 1 月 25 日最高人民法院审判委员会第 1676 次会议通过，自 2016 年 4 月 1 日起施行。

〔6〕“专利行政民事案件合并审理第一案”：乐金电子（天津）电器有限公司诉国家知识产权局实用新型专利权无效行政纠纷案，（2019）最高法知行终 142 号；厦门实正电子科技有限公司诉乐金电子（天津）电器有限公司侵害实用新型专利权纠纷，（2019）最高法知民终 366 号。

〔7〕易继明：《我国知识产权司法保护的现状和方向》，《西北大学学报（哲学社会科学版）》2018 年第 5 期。

案件 300 多件，支持率达 88%。[8] 运用诉前临时禁令的案件比例在 2011 年之后大幅下降，2013 年仅 11 件。诉前证据保全案件数量基本保持平稳，2013 年为 173 件。诉前财产保全案件数量也在 2010 年达到 126 件的高位之后逐年下降，2013 年仅 47 件。但缺乏 2014 年以后的统计数据。

总体而言，相对于民事案件总量的增长，诉前救济措施的使用率在逐年降低。这体现了对上述早期偏好使用诉前救济措施的现象予以纠偏的结果，亦体现了诉前救济制度的成熟和完善。[9]

从对诉前救济措施的支持率来看，诉前证据保全和诉前财产保全的裁定支持率从 2002 年到 2013 年一直保持在 93%以上，诉前财产保全甚至达到 100%。这两项高支持率体现了对权利人诉讼方便性的保障。但对诉前临时禁令的支持率，在 2011 年以前从 84%左右逐年上升至超过 98%，但在此之后，对其使用呈现谨慎的态势，2013 年的支持率为 78%。

4. 损害赔偿的举证难度和赔偿额度、入刑门槛和刑罚幅度

中国知识产权诉讼最受人诟病的是赔偿额不足，虽然近年情况有所改观，但普遍认为仍然不够。表 1 是中国知识产权诉讼近年来较高的赔偿额与美国数据的对比情况。

表 1 中国近 10 年赔偿额较高的十大知识产权案件

年度	案号	赔偿额		案件名称
		（万元）	（万美元 按当年平均汇率）	
2016	（2016）粤行终 492 号	26014.8	3917.9	深圳市快播科技有限公司与深圳市市场监督管理局、深圳市腾讯计算机系统有限公司著作权行政处罚纠纷案
2015	（2015）豫法知民终字第 00356 号	4952	794.9	北京德农种业有限公司、河南省农业科学院与河南金博士种业股份有限公司侵害植物新品种权纠纷案
2015	（2015）京知民初字第 441 号	4900	786.5	北京握奇数据系统有限公司诉恒宝股份有限公司侵犯发明专利权纠纷案
2018	（2018）最高法民再 111 号	937	141.8	无锡国威陶瓷电器有限公司、蒋国屏与常熟市林芝电热器件有限公司、苏宁易购集团股份有限公司侵害实用新型专利权纠纷案
2017	（2017）京 73 民终 1258 号	606	89.8	暴风集团股份有限公司与深圳市腾讯计算机系统有限公司侵害作品信息网络传播权纠纷上诉案

[8] 刘晓军：《知识产权诉前禁令制度的变革与重构》，《知识产权》2016 年第 12 期。

[9] 易继明：《我国知识产权司法保护的现状和方向》，《西北大学学报（哲学社会科学版）》2018 年第 5 期。

续表

年度	案号	赔偿额		案件名称
		（万元）	（万美元 按当年平均汇率）	
2013	(2013)民三终字第5号	500	80.6	腾讯科技(深圳)有限公司、深圳市腾讯计算机系统有限公司与北京奇虎科技有限公司、奇智软件(北京)有限公司不正当竞争纠纷上诉案
2016	(2016)粤民终1719号	400	60.2	北京分播时代网络科技有限公司等与暴雪娱乐有限公司等侵害美术作品著作权纠纷上诉案
2014	(2014)沪高民三(知)终字第12号	320	52.1	泉光电科技(上海)股份有限公司与深圳市锐能微科技有限公司、上海雅创电子零件有限公司侵害集成电路布图设计专有权纠纷上诉案
2020	广东省高级人民法院	310	44.9	宝格丽股份有限公司诉德思勤实业等侵犯其商标权及不正当竞争一案
2017	(2017)粤民终633号	120	17.8	捷豹路虎有限公司与广州市奋力食品有限公司、万明政侵害商标权纠纷案

注：1. 对赔偿额没有权威的统计数据，且有关判决数据公开不全，因此无法称“最高”。所列案件的选取只能基于新闻媒体的报道等。

2. 本部分关注点为赔偿额度问题，因此以赔偿额度高低排序。

而按照普华永道《2018年度专利诉讼研究报告》(2018 Patent Litigation Study)的数据，美国1998年到2017年赔偿额(最初的裁决)最高的十大专利诉讼中，最低赔偿额为48200万美元，最高赔偿额为254000万美元，中国的十大知识产权案中赔偿额均望尘莫及。

从更具普遍性的一般案件来看，赔偿额同样偏低(表2)。

表2 2014—2019年涉及专利侵权诉讼案件的法院判定赔偿或庭审和解金额分布情况〔10〕 (单位：%)

赔偿额区间	2014年	2015年	2016年	2017年	2018年	2019年	平均
10万元以下(不含10万元)	51.30	21.70	28.90	34.70	43.30	27.80	
10万—50万元(不含50万元)	34.30	23.90	18.80	13.40	11.70	29.40	
50万—100万元(不含100万元)	11.50	6.00	3.80	15.30	10.70	10.10	
100万—500万元(不含500万元)	2.60	1.10	1.70	10.70	3.00	3.60	
500万元以上	0.30	1.80	0.10	0.40	2.40	2.40	

〔10〕 数据来源于国家知识产权局战略规划司、国家知识产权局知识产权发展研究中心，《2019年中国专利调查报告》。注意：该数据系基于问卷调查所得，非基于司法判决的统计。

续表

赔偿额区间	2014年	2015年	2016年	2017年	2018年	2019年	平均
无赔偿	—	45.50	46.70	25.50	28.90	26.80	
合计	100.00	100.00	100.00	100.00	100.00	100.00	
估计中位赔偿额(万元)	10	5	5	8	5	8	6.83
加权平均赔偿额(万元)	23.39	240.31	245.80	166.99	162.44	156.79	165.95

注:本表数据直接引用《2019年中国专利调查报告》第162页表253,数据偏差应该由于采用了四舍五入制。

基于表2数据,按百分比粗估中位数,按每个赔偿额区间的中位数和百分比计算平均数,可以得到2014—2019年的平均中位数赔偿金额为6.83万元,平均赔偿额为165.95万元。与此对照,美国2013—2017年的中位赔偿额为600万美元(数据来源于普华永道2018 Patent Litigation Study)。当然,中美之间的区别或许也应考虑两者市场和专利质量的区别。

考察中国知识产权侵权诉讼赔偿不足的原因,一是赔偿所涵盖的范围窄。就补偿性的赔偿而言,司法实践基本上只考虑直接损失,而不考虑间接损失。这种情况也包括刑事程序中的损失计算(从而影响量刑)。例如,中国司法实践通常不会考虑此次《协议》第1.7条就商业秘密提及的"补救成本"。此外,尽管知识产权法律明确规定了"赔偿数额还应当包括权利人为制止侵权行为所支付的合理开支",而法院常常在"合理"二字上大做文章,实际上在很多情况下基本不考虑当事人尤其是律师的合理时间支出。

二是赔偿额度不够。这与举证难度密切相关。赔偿额度低多来源于举证不足,举证不足固然有部分律师专业度不够的原因,但很大程度上肇因于中国整体的诚信环境以及证据制度和实践。对此,近些年的司法实践已经有所改善,在侵权基本成立的情况下,法院可以责令侵权人提供由其掌握的账簿、资料等,否则法院可以根据权利人的主张和提供的证据认定侵权人因侵权所获得的利益。[11]

但在证据制度方面仍存在根本性的理念问题,即民事证据制度与刑事证据制度的倒挂。一方面,刑事程序追求实质正义忽视程序正义,包括对证据的要求;另一方面,却对民事证据施加了极高的要求,很多情况下忘记了"高度盖然性"标准,而近乎"排除合理怀疑"的标准。近些年,为解决赔偿额低的问题,法院发明了"酌定"赔偿的方式,根据周边证据的充分性,酌情给予高于法定赔偿范围的赔偿额度。这种"创造",与其说是审判方式、赔偿计算方式的创造,不如说是对合理的民事证据标准的回归。

刑罚方面则存在矛盾之处。一方面,由于刑事侦查中可以借助公权力搜集证据,且存在传统的"先刑后民"原则,一些权利人偏好和滥用刑事程序,民事纠

[11] 例如《最高人民法院关于审理侵犯专利权纠纷案件应用法律若干问题的解释(二)》第27条。类似规定已进入立法,如2020年《专利法》第71条第4款,2019年《商标法》第63条第2款,2020年《著作权法》第54条第4款。

纷“刑事化”，导致一些错案的发生[12]——当然这不限于知识产权纠纷，在很多经济纠纷中都存在滥用刑事程序的情况。对此，有各种政策文件强调不能将经济纠纷刑事化，[13]但总体而言情况仍然不容乐观。

而另一方面，在不存在刑事程序滥用的刑事案件中，又存在入刑门槛低的问题。例如，在商业秘密方面，以权利人发生实际损失（或侵权人的实际收益）为入刑前提。另如前所述，损失常限于直接损失而不包括补救成本等。

5. 审判周期

由于数据不全，姑且以北京知识产权法院2015—2016年数据为例。民事一审案件以及行政一审案件的法定审限均为180天。除了商标行政案件的审判勉强及时之外，北京知识产权法院其他类型案件的审判周期均达到了审限的近两倍或两倍以上。

不过，与美国的诉讼周期相比，我国还是快了很多。根据普华永道2018 Patent Litigation Study的数据，2013—2017年，美国专利诉讼审判周期超过两年半，而且这是不包括在专利商标局的无效争议延迟的时间。

6. 执行的可能性和及时性

民事判决执行难是我国司法面临已久的问题，与整体的不诚信环境有关，并非知识产权领域的特殊问题。最高人民法院于2016年印发《关于落实“用两到三年时间基本解决执行难问题”的工作纲要》中指出，要在两到三年内实现：被执行人规避执行、抗拒执行和外界干预执行现象得到基本遏制；法院消极执行、选择性执行、乱执行的情形基本消除；无财产可供执行案件终结本次执行的程序标准和实质标准把握不严、恢复执行等相关配套机制应用不畅的问题基本解决；有财产可供执行案件在法定期限内基本执行完毕，人民群众对执行工作的满意度显著提升，法院执行权威有效树立，司法公信力进一步增强。[14]

在此次《协议》中，第1.28条要求中国制订执行工作指南和实施计划，并需要每季度网上公布执行结果报告。对此，最高人民法院已经于2020年3月15日分别公布了《知识产权判决执行工作实施计划（征求意见稿）》《知识产权判决执行工作指南（征求意见稿）》，公开征求意见，并于2020年12月10日正式发布和实施。目前，“中国执行信息公开网”已经按季度公布知识产权案件执行情况。2020年第二季度，全国法院新收涉知识产权判决执行案件15458件，旧存7175

〔12〕 例如宜兴市人民法院(2004)宜刑初字第23号刑事判决书，以及江苏省无锡市中级人民法院(2005)锡知初字第20号、江苏省高级人民法院(2005)苏民三终字第119号判决书中，即出现民事诉讼与刑事诉讼对事实认定不一致的情况。但是在刑事诉讼中，因为涉案金额未达追诉标准，因此“侵权人”未承担刑事责任。

〔13〕 例如2017年9月8日发布的《中共中央 国务院关于营造企业家健康成长环境弘扬优秀企业家精神更好发挥企业家作用的意见》，最高人民法院、最高人民检察院也都发布了相应的文件。

〔14〕 《最高人民法院印发〈关于落实“用两到三年时间基本解决执行难问题”的工作纲要〉的通知》，法发〔2016〕10号。

件,新收加旧存共 22633 件,已结 15186 件,未结 7447 件,结案率为 67.09%。[15]第三季度数据与第二季度类似。从执行案件结案率来看,执行情况仍然不够理想。

(三)有效性

这里,《协议》的措辞是 effective,即"有效果"的"有效",而非"有效率"(efficient)的"有效"。就效果而言,统计数据存在悖论,例如法院立案量的增加,是表明有效(对非法行为加强了打击),还是表明无效(非法行为增加)?相反,如果案量降低,既可能是执法有效,也有可能是执法不充分(侵权行为的发现和立案不充分)的结果。对于行政执法数据,同样存在类似的解读两难。鉴于近年对知识产权保护的重视,本文不妨假定行政和司法机关不存在有关案件应立而未立的情况,因此可以案量的增减来解读执法是否有效。如果案量增加,表示整体而言制止侵权的效果不好;反之则是制止侵权的效果好。从历年全国地方法院新收知识产权民事案件数量、知识产权侵权刑事案件数量、行政查处商标违法案件数量、版权案件行政查处数量、专利行政案件数量、行政处理专利侵权纠纷立案量,以及海关扣留货物涉及的知识产权类型和数量,可以看到两个不同的趋势。一是知识产权民事案件数量(按专利、商标、版权分类来看趋势相同)以及专利侵权纠纷行政处理与专利其他行政执法数量均呈明显甚至急剧的上升趋势(例如全国法院新收知识产权民事案件数量从 2008 年的 24406 件上升至 2018 年的 283414 件,专利侵权纠纷行政处理案件从 2008 年的 986 件上升至 2018 年的 14202 件)。二是近些年的知识产权刑事案件、商标和版权行政执法案件海关查扣的侵权出口货物数量,均呈下降趋势(例如知识产权刑事案件审结数量从 2012 年的高峰 12794 件下降到 2018 年的 4064 件)。

行政执法和刑事司法的执法对象,往往是非善意经营者,其瞄准的往往是低成本、短时间能够大规模投入生产从而获得较高收益的产品。换言之,是技术含量不够高的产品。行政执法和刑事司法案量均下降,说明"低端"侵权活动得到抑制,市场秩序好转。从此角度来说,这些年的行政执法和刑事司法是有效的。反复侵权、群体侵权、恶意侵权等行为受到有效制裁,知识产权犯罪活动得到有力震慑。[16]

与行政执法和刑事司法案量的先增后减趋势相对照,民事诉讼的增长趋势表明知识产权纠纷所涉及的产品和技术更为高端化,知识产权作为市场善意参与者之竞争利器的本来面目越来越得到凸显,恶意明显的、低端的仿冒活动减

---

〔15〕 最高人民法院执行局:《2020 年第二季度全国法院知识产权判决执行结果报告》,中国执行信息公开网,http://zxgk.court.gov.cn/thirdPage.html? href=shouye/html/zscqpjzx/fy_25250268631c4b258dd8ca084f5d2b1b.html&system=zscqpjzx;更新时间:2020 年 8 月 25 日;访问时间:2020 年 9 月 5 日。

〔16〕 李春晖:《我国知识产权行政执法体制机制建设及其改革》,《西北大学学报(哲学社会科学版)》2018 年第 5 期。

少，善意经营者的相对复杂的知识产权纠纷相对而言渐占主流。即便如此，所谓“善意”只是相对而言，此类民事诉讼的增加仍然表明执法的力度不够，不足以使市场参与者足够谨慎，进行充分的尽职调查，主动规避构成障碍的知识产权。

(四)小结

由上述可见，中国知识产权保护和执法尽管存在局部的不公平现象，例如个案的同案不同判现象，以及商标授权确权中的所谓“个案审查原则”，但总体而言是公平的。

保护和执法充分性的各个维度，均有不同程度的改善。就不足而言，商标注册行政程序和行政诉讼与引证商标(尤其是恶意注册商标)的异议、撤销、无效程序及其行政诉讼的关系处理不当，诉前临时救济措施的便利程度有所降低，对损失的计算、赔偿额度、入刑门槛和刑罚幅度等规定仍难令人满意，民事和刑事诉讼中的证据标准倒挂，审判周期与法律规定的审限仍有差距，执行仍难令人满意，等等。简言之，充分性仍然不够。

保护和执法的有效性呈现分歧。恶意明显的、低端的仿冒活动减少，善意经营者的相对复杂的知识产权纠纷渐占主流。但执法的力度威慑不够，不足以使市场参与者足够谨慎，进行充分的尽职调查，主动规避构成障碍的知识产权，从而导致知识产权民事案件呈现上升的态势。

三、依赖知识产权保护之人的公平、平等的市场准入

(一)市场准入议题在中美知识产权关系中的脉络

市场准入问题一开始并不构成中美知识产权关系的核心。这有两方面的原因：一方面，在早期的中美关系中，市场准入是一个全面的问题，而不是与或主要与知识产权相联系的问题，市场壁垒来自其他方面，如关税、投资准入等；另一方面，随着中国的发展，中国国内的权利人与美国权利人的竞争性越来越强，知识产权开始在不同的意义上构成市场准入障碍，从而产生与知识产权有关的市场准入问题。这一发展历程可以从美国的年度《特别 301 报告》一窥究竟。[17]

在第一阶段，由于市场准入问题普遍存在，能够在知识产权的语境下讨论的市场准入，是比较“纯粹”的知识产权产品或曰“知识产权密集”产品，而不是虽然可能涉及知识产权但知识产权并不密集的产品，如农产品。典型的知识产权密集产品是版权产品，因为作品本身就是商品，而不似在专利产品或使用商标的商品中，专利或商标并非产品本身或者产品全部。同时，当版权产品(如好莱坞电影)无法进入中国市场时，会出现盗版产品替代市场，因为消费者根本没有选择正版产品的机会。这虽然也是侵权问题，似乎可以通过针对侵权的执法来解决，但其根源在于正版产品未获市场准入。中国出于意识形态或文化政策的考量，

---

〔17〕 以下论述系基于美国历年《特别 301 报告》的总结，不再一一说明。

历来对外国出版物进行了比较严格的控制，并且 2001 年《著作权法》第 4 条明确规定“依法禁止出版、传播的作品，不受本法保护”，如此，对于某些盗版产品，外国版权人甚至无法主张侵权救济。

在《特别 301 报告》中，2006 年以前仅笼统地提及市场准入问题。鉴于美国越来越关切以上问题，2007 年《特别 301 报告》具体提及了电影、视频游戏、书籍的准入障碍及由此导致的黑市，并于 2007 年发起了 WTO 争端解决请求。2009 年 8 月 12 日，WTO 支持了美国的大部分主张。2009 年 12 月 21 日，WTO 驳回了中国的上诉。此后，中国取消了《著作权法》上述第 4 条的规定，继而修订或废除了与阅读材料、视听家庭娱乐产品和录音制品相关的几大措施。中国没有颁布任何与剧院电影相关的措施，但中国提议就此进行双边讨论。2012 年 2 月，美国和中国就谅解备忘录条款达成协议，这极大地增加了进口电影的市场准入，提高了对外国电影制片人的赔偿。此后在 2013 年到 2019 年《特别 301 报告》中，美国仍然反复申明以上内容。只不过，随着技术和市场的变化，版权产品的具体内容有所丰富，市场准入问题有所变化。在 2007 年《特别 301 报告》提及电影、视频游戏、书籍的准入障碍的基础上，2008 年提及电台电视台对未授权未付费音乐的使用，2010 年进一步提及了进口网络音乐在线发行权的内容审批和强制许可问题，2011 年提及视听家庭娱乐产品（AVHE 产品），2015 年提及对外国电视内容的审查对进口电影和电视剧的在线发行的市场准入影响，2017 年提及软件的市场准入。

同样，2005 年《特别 301 报告》即开始提到医药公司面临的市场准入障碍，但很多情况下并非针对或者单单针对中国，而是其全球性议题。2010 年《特别 301 报告》开始提到通过改善市场准入来支持医药和医疗设备的创新，后续的年度又改为“医药和医疗设备创新和市场准入”，延续至今。然纵观各年度报告，只不过特别关注医药和医疗设备有关的利益而已。加强其创新保护，与各国的市场准入之间，并无有机的联系，仍然是传统的市场准入概念和加强知识产权保护的概念。

到第二阶段，美方开始认为某些知识产权政策构成产品和市场主体的准入障碍。2010 年《特别 301 报告》担忧我国国内创新或称“自主创新”的不公平优势，2011 年提及强制技术转让。2012 年《特别 301 报告》开始提出商业秘密问题。2014 年美国在《特别 301 报告》中首次提及与地理标志有关的美国产品市场准入问题。到 2015 年，报告单独列出“影响多个产业的知识产权保护和市场准入挑战”，在其项下列举了商业秘密，本地化、自主创新和强制技术转让，影响版权、信息和通信产业的挑战（安全和可控要求），市场准入与医药和医疗设备创新，地理标志。这一做法一直延续，2016 年《特别 301 报告》将“市场准入”上升到与国别报告并列的第一大部分的标题（知识产权保护、执法的发展和相关的市场准入）中，并在其下包含次级标题“知识产权保护、执法和相关的市场准入挑战”。此体例一直延续到 2020 年。

笼统而言，对于外国产品和市场主体而言，知识产权构成市场准入障碍有四种情况：第一，内国的知识产权保护不力，导致营商环境不佳，从而构成产品和市场主体的准入障碍。广义而言，任何包含知识产权的产品均在此列。狭义而言，则主要指“知识产权密集”的产品，如上文提及的版权产品（混合了纯粹市场准入问题与版权保护不力问题），以及医药和医疗设备。第二，内国的知识产权的合理使用或者滥用即构成其市场准入障碍。例如，由低质量的实用新型和外观设计构成的专利丛林（2013 年《特别 301 报告》提及补贴导致外观设计和实用新型泛滥，但未将其明显地与市场准入联系起来），以及 2014 年《特别 301 报告》首次提及的地理标志问题。第三，与知识产权有关的“歧视性”政策，例如鼓励自主创新和本地化的政策，这一方面跟产业政策有关（如补贴、税收优惠等），另一方面涉及产品采购的歧视性政策，例如优先采购自主创新产品等；又如对 ICT 产品的“安全、可控”要求，同样导致对产品的本地化要求。第四，不利于外国市场主体的知识产权政策，如一直作为此次中美谈判之核心的所谓（与市场准入相捆绑的）强制技术转让问题，以及与之相关的商业秘密问题（如政府审批中的泄密）。

可以说，与知识产权相捆绑的市场准入问题，并非传统的知识产权问题，亦非传统的市场准入问题，一脉相承的是其目的：保障产品的市场。上面总结的四类市场准入障碍，事实上是知识产权保护和执法的“深层次异化”的表现，其实质仍是知识产权保护和执法的“公平性”和“充分性”。

（二）中国的现有实践

上文梳理出四个方面的市场准入问题，下面考察其中就中国而言比较突出的问题和进展。

1. 版权产品的市场准入

毫无疑问，对外国出版物，包括书籍、电影、电视、音乐、游戏（家庭视听娱乐产品）的审查必然存在。这一方面是出于意识形态的原因，另一方面是出于文化培育的原因。因此，既存在内容的审查，也存在配额的管理。随着改革开放的深入，中国逐步放开了市场，审查门槛逐步降低，配额逐年增加，虽然不完全令人满意，但处在良性发展的轨道上。因此在本次中美协议中，并未涉及这一问题。

作为传统版权客体，书籍、电影、电视、音乐、游戏等产品的审查与许可等方式较为成熟。但随着线上分发技术的兴起，电影、电视、音乐的数字发行成为新的管制对象。这不仅是因为客体的敏感，也与其他问题相纠缠，即市场主体的市场准入、垄断等问题。例如，2010 年《特别 301 报告》提及 2009 年《文化部关于加强和改进网络音乐内容审查工作的通知》（文市发〔2009〕31 号）规定进口网络音乐产品必须独家完整地授权给文化部批准设立的经营性互联网文化单位。不过该通知已于 2016 年被废除。2015 年修订的《广播电视视频点播业务管理办法》禁止外商独资、中外合资、中外合作机构申请开办视频（包括进口广播电视节目）点播业务。

对于软件问题，多年以来美方所关心的是盗版软件的正版化问题。但是与“自主创新”“安全、可控”等政策相关联，除了信息通信技术产品之外，密切相关的软件产品也会受到牵连。

2. 医药和医疗设备的知识产权保护

如前所述，尽管美国的医药和医疗设备产业的利益并不在于传统的市场准入，但由于利益巨大，美国多年来在全球致力于推动高标准的知识产权保护，不仅包括专利保护及其加强版（如专利保护期调整），而且包括医药试验数据独占权，[18]后者既是单独的一项权利，也能与专利制度组合使用，例如药品专利链接制度。其实我国早在2002年的《药品管理法实施条例》中就确立了医药试验数据的独占期，[19]只不过未与专利制度结合起来。

《协议》从多个角度涉及医药的知识产权保护，包括专利申请中的数据补充问题、专利纠纷早期解决机制和专利有效期的延长等。考虑到这些要求，2020年《专利法》建立了类似于美国的药品专利链接制度。《专利审查指南》的修改对数据补充问题则采用了更宽容的态度。

3. 受地理标志影响的产品

2014年美国在《特别301报告》中首次提及与地理标志有关的美国产品市场准入问题，严格地说，是指依赖商标或使用通用名称的出口产品在中国地理标志制度下的市场准入问题。这个问题主要是美国的特殊问题，即有可能在中国存在地理标志保护，但是相关名称或者标志在美国是作为商标使用，或为产品通用名称。这主要是因为美国曾是欧洲殖民地，在文化和地名上与欧洲多有重叠。因此严格地说，这无涉中国的市场准入政策，至多是地理标志与商标、通用名称等之间的平衡，以及美欧利益的平衡。

不过从制度上看，美方在《特别301报告》中提出的建立地理标志的异议、撤销制度确有必要。中方在协议中进行了承诺，国家知识产权局2019年修订的《国外地理标志产品保护办法》已经包含了相关制度，进行中的地理标志立法工作必将包含类似的制度。此外，回应中美协议的签署，国家知识产权局已经于2020年3月25日发布了《地理标志保护中的通用名称判定指南（征求意见稿）》。

4. 与知识产权有关的“歧视性”政策

该问题主要是两个方面，即基于产业政策的自主创新和本地化偏好，包括补贴、税收优惠、政府采购优先等，以及基于安全考虑（如对ICT产品的“安全、可控”要求）对产品（从而知识产权）的本地化要求。

这些政策最具有争议性，其他外国政府也都具有类似的考虑或要求。深入讨论产业政策或者安全政策无疑超出本文的范围，但是从法律层面看知识产权制度以及其他制度，所需要做的是如何在相同的政策导向下，尽量做到对私权和私主体的公平。

5. 强制技术转移以及相关联的商业秘密

所谓强制技术转移，是指以知识产权/技术的转让，作为投资许可、行政许

〔18〕 参见程文婷：《试验数据知识产权保护的国际规则演进》，《知识产权》2018年第8期。

〔19〕 2002年《药品管理法实施条例》第35条。

可、市场准入、政府采购等的条件。有时候合资也是一种间接实现技术转让的形式，即参与合资的内资企业经由合资企业习得技术。合资企业，以及与市场准入等有关的行政审批，按照美方的担忧又衍生了商业秘密的泄露问题。

强制技术转移，如果存在的话，包含两种情况。一种情况是为了配合产业政策，由政府有意为之；另一种情况则并非产业政策所需，而属于地方政府自作主张，或系正常商业合作关系的国内企业，不正当地借助行政力量达到自己的商业目的。若系前者，则如前所述，更广泛的产业政策需要在法律之外进行评判。若系后者，则应让有关活动回归到商业合作双方自发的、互利的商业谈判和合作中去。

在此次中美协议中，技术转让问题在独立于知识产权的专章中得以解决；而商业秘密问题在知识产权部分拔得头筹，并占据了大量的篇幅。

四、代为结论：中美协议的执行

如果说美方关注中国知识产权保护与执法的公平、充分和有效，是作为一个技术先发和守成者的姿态，那么与知识产权有关的市场准入问题，则充分体现了中国作为后起市场和后起技术开发者对美国的追赶，以及美国对中国在追赶过程中所采用的手段的异议和阻击。

相应地，对于前者，自 20 世纪 90 年代以来，美国就占据了道德高地，中国在美国的推动下逐步完善了知识产权制度。同时，随着中国创新活动的增加，产业能力的增强，知识产权保护执法的公平、充分和有效越来越成为中国自发的追求，这也是最容易与美方达成互利共赢协议之处。某些方面，美方的倒逼正好成为中国改革的动力，如对恶意注册商标的规制、对商业秘密的强保护、对执行工作的推进等，而其他方面虽然与美方没有具体约定，仍是我们改革的目标。

对于后者，利益而非道德，就越发凸显出来。其中，有些问题是作为一个主权国家（包括美国）不得不考虑的，例如国家安全顾虑（“安全、可控”要求）、文化和意识形态安全顾虑（对版权产品的审查和配额）。有些要求作为公平市场中的商业决策是可行的，问题在于政府是否暗中参与（如所谓强制技术转移问题）。有些政策从方向上看可能是必要的，关键在于具体细节（如产业政策）。当然也有一些问题的解决方案完全在知识产权之外，比如就笼统的产业政策而言，各国均有之，而具体实施到何种程度、细节如何，各国有所不同。还有一些问题看起来仍然是纯知识产权问题，如地理标志，中国主要不过是美、欧各自利益平衡的舞台罢了，只是这种平衡要体现在法律的规则上。还有一些问题，可能只是国内不同利益的博弈，但是披上了国家利益的外衣。

因此，在既要顾及国家利益，又要顾及国际关系和市场公平的情况下，中国所能做的，就是要精细地区分国家有形之手与市场无形之手的边界，以营造对内对外均公平的营商环境。这种区分仍然是以国家利益为出发点，其重点在于：一要对不利于国家利益的政府越界行为予以规制，二要警惕披着国家利益外衣的既得利益者。例如，无关国家安全的版权产品，内容审查可能是必要的，但是市场垄断(行政垄断)是不必要的。这里涉及政府不信任私营企业或外资企业而更信任“国家队”(与私营企业相对的国资企业,或者与外资企业相对的国内企业)的问题,仍然体现了行政主导思维,而不是法治思维。又如,应慎重思考创新领域的国有资本和产业政策,避免扭曲创新市场。[20] 我们最终的落脚点,应讨论哪些政策是国家真正需要的。

---

〔20〕 易继明、李春晖:《我国知识产权制度及科技法律政策之新节点?——评美对华301调查报告及我国之应对》,《陕西师范大学学报》(哲学社会科学版)2019年第1期。

General Obligations in the China-US Phase One Economic and Trade Agreement and the Existing Practice of China

LI Chunhui

Abstract: The Intellectual Property Chapter of the China-US Economic and Trade Agreement stipulates general obligations: "The Parties shall ensure fair, adequate, and effective protection and enforcement of intellectual property rights. Each Party shall ensure fair and equitable market access to persons of the other Party that rely upon intellectual property protection." Based on the summary of China's judicial and administrative enforcement over the past few years, it can be considered that the fairness, adequacy and effectiveness of China's intellectual property protection and enforcement have improved, but there are still deficiencies. Market access issues in Sino-US intellectual property relations were initially limited to intellectual property-intensive products such as copyrighted products. With the strengthening of Sino-US competition, it has gradually shifted to intellectual property-related policies that constitute barriers to market access for products or market entities. Its essence is still the "fairness" and "sufficiency" of intellectual property protection and enforcement. With the increase of China's innovation activities and the enhancement of industrial capabilities, the fairness, adequacy and effectiveness of the enforcement of intellectual property protection has increasingly become China's spontaneous pursuit, and the US's force has become the driving force of China's reform. Regarding the issue of market access, the boundary between the visible hand of the country and the invisible hand of the market should be carefully distinguished, so as to create a business environment that is fair to both domestic and foreign entities while protecting the national interests.

Keywords: Sino-US Economic and Trade Agreement; Intellectual Property; General Obligations; Market Access

《中美第一阶段经贸协议》对我国商业秘密保护的影响
——走向信息产权?

南红玉*

摘　要　《中美第一阶段经贸协议》和美欧近期的立法动向均表明,商业秘密保护正在从反不正当竞争转向信息产权化路径,并浮现为数字经济时代的新型信息产权。本文以《协议》文本为线索,分析这一变化趋势的背景、原因和具体表现。如果上述论断成立,中美经济贸易协议对我国未来的创新与竞争环境将具有深远影响,其影响方向将取决于我国能否准确解读中美经济贸易协议的弦外之音和未尽之言,以及是否掌握信息产权的体系化平衡之道。

关键词　经济贸易协议;商业秘密;不正当竞争;信息产权

目　次

* 南红玉(1989—),北京大学法学院2019级博士研究生,主要研究方向:知识产权法、网络法和数据法。

2020年1月15日,中美双方在华盛顿签署了《中华人民共和国和美利坚合众国政府经济贸易协议》。本次《协议》的知识产权一章将绝对重心放在了商业秘密和保密商务信息保护条款上,第二节有7个条款涉及商业秘密保护的强化升级。[1]《协议》约定事项涉及商业秘密保护的各个层面,既包括实体范围的扩张(如商业秘密侵权行为和责任人范围),也包括程序性保障的升级(如民事程序中的举证责任转移,阻止商业秘密使用的临时措施),还包括刑事和行政保护(如刑事执法启动门槛的降低,刑事程序和处罚的最低义务),以及保护商业秘密和保密商务信息免于政府机构未经授权披露的规定等。

本文要探究的核心问题是《协议》关于商业秘密都说了什么,又会怎样影响我国未来的商业秘密保护。为准确理解《协议》文本的含义与影响,首先需将文本置于其产生背景——中美贸易争端和商业秘密保护立法与实践的发展趋势当中,并解决第一个疑问,即本次《协议》为什么将强化商业秘密保护作为知识产权条款的重心,中美贸易争端又为什么要将商业秘密作为核心议题。本文第一部分将会揭示,商业秘密重要性的提升并不仅是在美国发生的孤立现象,欧盟和日本也采取了升级商业秘密保护的同步立法行动。这已经是各主要经济体关于商业秘密保护的第二次同步立法了。相比于配合乌拉圭回合的第一次同步行动,本次行动的核心是保护路径的转换:从反不正当竞争保护模式转向信息产权路径。本文第二部分解释了信息产权化的主要特点,观察它们在美国商业秘密保护立法和实践当中的具体表现,并通过对比《协议》文本乃至中国的回应,发现这些特征也出现在中国为履行《协议》所采取的措施中。第三部分反思了信息产权概念和信息产权化现象本身,以及这种趋势可能给中国未来的商业秘密保护、创新与竞争环境带来哪些影响,又应当如何做出回应。

一、引言:为什么是商业秘密

商业秘密保护是本次中美贸易争端中的核心议题。2018年3月,吹响本次贸易争端号角的《特别301报告》就把“窃取商业秘密和保密商务信息”作为主要指控之一。[2] 早在2016年,美国国际贸易委员会雇员凯瑟琳·林顿(Katherine Linton)发表的一篇文章就援引了多份实证研究成果来说明商业秘密其实是美国企业最为在意的一类知识产权,其受重视程度甚至超过专利、版权和商标。该文

---

〔1〕 参见《协议》第一章第二节第1.3条至1.9条。如果按照词频来进行简单的统计,《协议》中商业秘密共被提及38次,其他知识产权类型的词频分别为:专利31次、商标12次、著作权10次、知识产权28次。

〔2〕 See Office of the United States Trade Representative, *Findings of the Investigation into China's Acts, Policies, and Practices Related to Technology Transfer, Intellectual Property, and Innovation under Section* 301 *of the Trade Act of* 1974, March 22, 2018. 301调查的对象是外国政府的法律、政策和实践,而非私主体的行为。该报告对中国窃取商业秘密和保密商务信息的指控涉及两个方面:一是中国政府在监管或行政程序中强迫美国公司披露商业秘密并使其面临泄露风险;二是中国政府从事并支持了对美国商业网络的侵入,目的是窃取对国内竞争者(包括中国国有企业)有用的美国公司保密商务信息,包括商业秘密。

章也指出，商业秘密保护已成为美国国内与国际政策制定的重要议题。[3] 也是在 2016 年，美国国会通过了《保护商业秘密法》(Defend Trade Secrets Act of 2016，以下简称 DTSA)，为商业秘密侵权创设了一个联邦民事诉因，并提供与知识产权类似的救济，如禁令、扣押、损害赔偿、惩罚性赔偿以及律师费补偿。[4] 在此后几年，美国司法部、联邦调查局、专利商标局、知识产权执法协调委员会和贸易代表办公室等机构都相继将商业秘密保护列为最高优先级任务。2018 年 10 月，美国司法部根据 DTSA 的要求向国会提交了一份定期报告，汇报在海外发生并影响美国公司的商业秘密窃取的范围，系统性地梳理了美国政府为保护商业秘密所采取的措施，其中就包括大量与中国有关的行动。[5] 可见，对中国提出窃取商业秘密、保护不力等指控，随后在中美经贸谈判中将商业秘密作为核心议题已蓄势良久。

除美国外，同一时期欧盟和日本的立法动向也表明，商业秘密正在浮出水面，大有崛起为第四座冰山之势。就在美国通过 DTSA 一个月后，欧洲议会和欧盟理事会发布《商业秘密保护指令》(以下简称《指令》)决定在欧盟层面协调成员国商业秘密立法。[6] 日本近年来的保护升级举措也甚为密集，自 2003 年首次在《不正当竞争防止法》中引入商业秘密刑事保护算起，到 2018 年为“受限提供的数据”建立准商业秘密保护，该法在 16 年内历经 9 次修订，无一例外都是在强化商业秘密保护。[7] 这已经不是各发达经济体第一次就商业秘密保护采取同步立法行动，上一次是为了落实乌拉圭回合的谈判成果，因为《与贸易有关的知识产权协定》(以下简称 TRIPS 协定)第 39 条要求成员方在提供反不正当竞争保护的过程中，对未披露信息提供保护。日本在乌拉圭回合谈判期间中就率先采取了行动，于 1990 年修订《不正当竞争防止法》，规定侵犯商业秘密属于不正当竞争

---

〔3〕 Katherine Linton, “The Importance of Trade Secrets: New Directions in International Trade Policy Making and Empirical Research”, *in Journal of International Commerce and Economics*, 1 (2016), p. 2.

〔4〕 Defend Trade Secrets Act of 2016, Pub. L. No. 114-153, 130 Stat. 376, 376-386 (codified at 18 U. S. C. 1836, et seq).

〔5〕 See Department of Justice, *Department of Justice Report to Congress pursuant to the Defend Trade Secrets Act* (October 19, 2018), https://www.justice.gov/iptf/defend-trade-secrets-act-reports (last visited April 14, 2020).

〔6〕 Directive (EU) 2016/943 of the European Parliament and of the Council of 8 June 2016 on the protection of undisclosed know-how and business information (trade secrets) against their unlawful acquisition, use and disclosure, OJ L157/1, 15. 6. 2016, p. 1. Hereinafter “Directive (EU) 2016/943”.

〔7〕 参见经济产业省知识财产政策室：《不正当竞争防止法概要(教科书 2020)》，第 7 页，https://www.meti.go.jp/policy/economy/chizai/chiteki/pdf/2020_unfaircompetition_textbook.pdf；更新时间：2020 年 11 月；访问时间：2021 年 1 月 29 日。日本在 2003—2006 年每年修订一次《不正当竞争防止法》，此后分别于 2009 年、2011 年、2015 年、2016 年和 2018 年进行了五次修订，修订内容涉及：强化商业秘密侵害罪的刑事处罚，完善刑事诉讼程序，强化商业秘密民事保护和救济，降低侵权行为的证明责任，引入商业秘密侵权产品海关禁止进口制度，仿照商业秘密将受限提供数据的不当取得、使用和披露规定为不正当竞争行为等。

行为；随后，欧盟成员国也相继通过国内立法落实了这些要求；美国1995年《反不正当竞争法(第三次)重述》[Restatement (Third) of Unfair Competition，以下简称RTUC]虽不是一次立法行动，也属于这次同步行动的一部分。[8] 我国当时尚未加入世界贸易组织，但为了履行1992年中美《关于保护知识产权的谅解备忘录》第4条，也在1993年制定了《反不正当竞争法》。

2016年乃至本次《协议》是时隔20多年再次启动的商业秘密保护领域同步行动。这也就引发了一个疑问：为什么是商业秘密？商业秘密虽不是知识产权领域的新议题，但它在过去所受到的关注远不如专利权、著作权和商标权。如今各发达经济体却同时将商业秘密保护作为知识产权核心议题，产业界也对此表现出极大关切，这些动向背后的原因是值得深思的。

凯瑟琳·林顿提到，这一轮同步立法行动的直接动因是《跨太平洋贸易伙伴关系协议》(以下简称TPP)的谈判。该协议重申了缔约方提供商业秘密保护的义务，不过几乎没有提高TRIPS协定的民事保护水平。[9] TPP对商业秘密保护的"升级"主要表现在刑事程序和处罚义务上，由于TRIPS协定第61条原本规定的知识产权刑事执法义务涵盖范围较小，仅包括达到商业规模的故意商标假冒和盗版行为，TPP将这些义务扩展到了某些特定的商业秘密犯罪上。[10] 这一变化体现了美日两国近年来商业秘密保护的改革动向，例如，美国早在1996年《经济间谍法》[11]中就规定了经济间谍罪和窃取商业秘密罪，又在2013年和2016年分别提高了组织犯罪罚金数额；日本《不正当竞争防止法》自2003年以来的历次修订均是为了升级刑事处罚。但这一理由却无法解释欧盟发布《指令》的动因，因为欧盟并非TPP缔约方，《指令》也没有涉及刑事程序和处罚的内容。

另一种可能的解释是近年来某种因素使得商业秘密对创新和竞争的重要性发生了重要变化。关于这一点，欧盟《指令》给出的一个提示是创新与竞争环境发生了变化，因为它提到技术诀窍和信息就是"知识经济的货币"。具体而言，企业在知识资本生产和应用上的投资决定了它在市场中的竞争力和创新相关投资回报，而后者是企业研发的根本动机。企业有多种方式来专有其创新活动的产物，专利权、版权等传统知识产权是其一，通过保密来控制接触和利用正是其二。[12] 美国商业秘密法专家Melvin F. Jager则道出了商业秘密地位相对提升

---

[8] See Restatement (Third) of Unfair Competition, §§ 39-45 (1995).

[9] TPP只是要求商业秘密的范围应至少涵盖TRIPS协定所规定的未披露信息，禁止行为的规定也和TRIPS协定保持一致，都涉及他人未经同意以违反诚信商业惯例的方式披露、获取和使用商业秘密。特别申明"他人"包括国有企业是TPP与TRIPS协定的唯一区别。

[10] Trans-Pacific Partnership Agreement, Art. 18.78. 在美国退出TPP后签订的《全面和进步跨太平洋伙伴关系协议》(CPTPP)第18.78条与TPP原条款几乎相同，唯一修改是增加了缔约方应保证"个人有法律手段阻止其合法控制的商业秘密"被他人侵权的表述；而CPTPP与TRIPS协定第38.1条的细微区别是，后者采用的措辞为"有可能阻止"(have the possibility of preventing)，前者是"有法律手段阻止"(have the legal means to prevent)。

[11] Economic Espionage Act of 1996, Pub. L. No. 104-294, 110 Stat. 3488[codified at 18 U.S.C. §§ 1831-1839 (1999)].

[12] See Directive (EU) 2016/943, Recital 1.

的原因,即对于当前发展最快的许多新兴技术而言,主流知识产权保护的可适用性和有效性越来越具有不确定性,凸显了商业秘密保护的相对优势。〔13〕的确,在各技术强国展开激烈角逐的第四次产业革命相关技术领域(如计算机软件与通信技术、人工智能、大数据和生物医药等),最具价值的创新成果几乎都面临可专利性或可版权性难题。例如,商业方法软件、人工智能算法和基因序列的可专利性往往要经受"Mayo/Alice 两步测试法"的考验。人工智能生成物、大数据的可版权性则面临"是否为作者的作品"和"是否具有独创性"这双重拷问。拒绝为自动化采集和精确再现的三维数字模型、地图数据、人工智能算法生成报告和非人类创作物提供版权保护的判例,是如今最富经济价值的新型智力成果在传统知识产权框架中遇到阻碍的证据。〔14〕越来越多的新兴技术成果和最具竞争价值的信息转投商业秘密门下,因为后者所能涵盖的信息范围更广,取得方法相对容易并且可控,只要权利人能够保持其秘密性,理论上就可以获得永久保护。因此,无论是作为专利和版权等知识产权保护的补充还是替代措施,企业都将商业秘密视为确保投资收益的重要方式。

商业秘密、专利与资助制度,被视为促进创新的三种机制,三者可以单独运用也可以组合运用。关于商业秘密区别于其他两种机制的特色,在 2013 年 WTO 公共论坛上与会者们提到,商业秘密是在没有法律的情况下就已经存在的机制,因为保密性控制在其成为法律控制以前就是一种物理控制。〔15〕对于这一看法,可以从黑格尔提出的三种财产占有方式的角度予以理解。黑格尔认为,占有方式有三种:直接的身体把握、给物以定形以及对物加上标志。〔16〕法律在为创新成果(通常是无体物)建立财产权时就有必要明确据以区分权利的适当占有方式,例如,著作权法要求以有形形式固定作品,专利法通过权利要求书描述权利的对象和范围,即是后两种占有方式的表现。商业秘密的占有首先依靠的是持有人的自力保护,在黑格尔的术语体系中是一种"身体把握式"的占有,持有人也可以通过契约对他人施加不侵犯的义务建立一种"契约中的财产"。不过这种占有方式仅仅是一种暂时性的权利,尤其在一个陌生人社会中,如果没有法律施加普遍性的义务,权利人很难和所有世人都进入一种契约关系。因此,就像康德所说,所谓财产"并不是一个东西在我的感性占有之下所以他人不得动用,而是这

〔13〕 See Melvin F. Jager, *Trade Secrets Law*, Westlaw, October 2019 Update, § 1:1.

〔14〕 See Meshwerks, Inc. v. Toyota Motor Sales U. S. A., Inc., 528 F. 3d 1258 (10th Cir. 2008)(汽车精确三维数字模型不具有独创性);北京市海淀区人民法院民事判决书(2016)京 0108 民初 27234 号(对于北京四维图新科技股份有限公司收集并供客户个性化设定的地图数据包,法院认为无法查明是已经完成的地图作品);北京互联网法院民事判决书(2018)京 0491 民初 239 号(人工智能生成报告有一定独创性,但自然人创作完成是作品的必要条件);Naruto v. Slater, 888 F. 3d 418 (2018)(猕猴不是版权法意义上的作者)。

〔15〕 See "Workshop 1: Managing know how and trade Secrets in Global Value Chains and the International Transfer of Technology", *in WTO Public Forum* 2013 *News Item* (1 October 2013), https://www.wto.org/english/news_e/news13_e/pfor_01oct13a_e.htm#wks1 (last visited 30 January 2021).

〔16〕 参见[德]黑格尔:《法哲学原理》,范扬、张企泰译,商务印书馆 1961 年版,第 70—75 页。

件东西不在我的感性占有之下,但在别人动用它时我还可以正当地主张这就是对我的所有权的侵害,只有这时,这个外在物才真正地是我的财产”。[17] 康德所说的第一种情形是上述“没有法律的情况下就已经存在的商业秘密保护”的状态,而第二种情形即是一种法律占有,只有通过某种形式的法律或社会契约才可能实现。

近年来各种立法强化商业秘密保护的方向,正是从这种借助感性占有和契约义务建立的原始财产转向一种由法律规定对世义务、保障排他范围的真正的财产。这种发展的诉求,一方面是因为越来越多有价值的信息难以通过专利、著作权来实现专有,另一方面也是生产的价值链全球化和网络化的必然需求。因为大量的技术和信息需要被转移至持有人仅凭感性占有难以控制的地点或环境,而网络侵入、人员流动、科研合作、投资和经贸交流都可能使保密措施功亏一篑。在这种情形下一味地要求持有人继续加大预防成本并承担预防失败的损失,从社会效率的角度而言并不可取,因为预防成本的不断加码要么使创新变得无利可图,要么使持有人因担心丢掉商业秘密而在合作开发和利用中变得瞻前顾后。日本在2018年规定数据准商业秘密保护时也曾提到,此举是面向数字经济,旨在为企业创造一个能够放心地提供和利用数据的法律环境。[18] 欧盟《指令》也表达了类似的理由,开放、合作与信息传播,对于研发和创新而言都是必不可少的,而《指令》对商业秘密的保护是为企业和研究机构间的知识交换提供了保障,构建了一个有利于创新创造的环境。[19]

相同的理由也可以用来解释为什么各国有动机采取同步行动。正是因为在全球化时代对商业秘密的威胁是多来源的,仅依靠一国法律来提供高水平的商业秘密保护很难充分覆盖价值链和风险所及之处,即便像美国一样采取最强有力的域外适用,付出极其高昂的保护成本,收效仍然不太理想。[20] 通过区域一体化机制(如欧盟《指令》的区域协调)、多边机制(如TPP)或双边机制(如中美《协议》)同步提高主要贸易伙伴的商业秘密保护水平,便是在这种困境下的必由之路。

二、观察:信息产权化路径及其表现

(一)商业秘密保护路径的发展

商业秘密保护起源于19世纪中叶的英国普通法判例,这些判例最初是通过

---

〔17〕 参见[德]康德:《法的形而上学原理:权利的科学》,沈叔平译,商务印书馆1991年版,第53—54页、第56页、第67—70页。

〔18〕 参见经济产业省知识财产政策室:《不正竞争防止法平成30年修订概要(限定提供数据、技术限制措施等)》,https://www.meti.go.jp/policy/economy/chizai/chiteki/H30_kaiseigaiyoutext.pdf,访问时间:2021年1月29日。

〔19〕 See Directive (EU) 2016/943, Recital 3-4.

〔20〕 美国早在1996年《经济间谍法》中就规定了侵犯商业秘密刑事案件的域外管辖,在长臂管辖和执法方面投入了大量资源;2016年DTSA设立的联邦民事诉因也将域外管辖延伸至民事案件当中。

背信(breach of trust or confidence)、违反明示/默示合同等理论来判定相对主体的责任,其救济方式往往是损害赔偿,间或给予禁令救济。[21] 美国的商业秘密保护继受了这些英国法先例并在普通法中继续发展。1939 年《侵权法第一次重述》是对商业秘密相关诉因的一次系统性整理,侵权法在这一时期的商业秘密保护实践中发挥了重要影响。[22] 在 20 世纪 90 年代的第一次同步行动中,商业秘密的反不正当竞争法保护被推崇为主流模式,美国法学会 1995 年 RTUC 就是对这一趋势的回应,它将商业秘密盗用规定为不正当竞争行为,同时承袭和发展了 1939 年《侵权法第一次重述》的多数内容。

2016 年美国和欧盟的第二次同步立法行动表明,目前在商业秘密保护上正在发生路径切换,即迈向信息产权化路径。这条路径是在美国统一州法委员会的《统一商业秘密法》(Uniform Trade Secrets Act,以下简称 UTSA)中孕育的。相比于 1939 年和 1995 年的两次重述,UTSA 所采取的是一体化路径,它提供了统一的商业秘密和商业秘密盗用的定义,并对财产、准合同和背信等各种非合同责任理论进行了整合。[23] 这种路径后来被美国 49 个州采纳为州商业秘密制定法,2016 年 DTSA 创设商业秘密盗用的联邦诉因时也在实体规定上与 UTSA 保持一致。如此一来,UTSA 所提倡的一体化、产权化的保护路径就逐渐取代 RTUC 的不正当竞争模式成为一种新的主流。

美国率先完成了这种范式转换,并希望包括中国在内的主要贸易伙伴能够向其靠拢,这是美国在整个贸易争端中始终坚持商业秘密指控的主要动机,也是《协议》商业秘密条款的主要诉求。例如,2018 年 4 月,美国贸易代表办公室发布的《特别 301 报告》评论我国 2017 年的《反不正当竞争法》修正"错失了一次解决核心关切的机会",因为本次修订未能解决《反不正当竞争法》商业秘密保护的主要缺陷,如所涵盖的行为和行为人范围都过窄,未能解决禁令救济的障碍和证明责任转移问题。这些问题的改善自然就构成了《协议》第 1.3 条至第 1.6 条的内容。该报告还提到中国 2017 年修法的另一个缺憾是未选择商业秘密单行立法模式,美国认为继续在反不正当竞争法中设置商业秘密条款的方式在概念、观念和实践方面都有短板。[24] 在我国,商业秘密虽然被认为是"知识产权"大家族中的一员,但作为一项尚在形成中的知识产权,其"权利"地位一直以来都具有不确定性。这体现在对商业秘密的称谓方面,有时虽被称作"商业秘密权",但这只是

---

〔21〕 关于英国和美国早期案例的整理,参见 Melvin F. Jager, *Trade Secrets Law*, Westlaw, October 2019 Update, § 2:2-2.3。

〔22〕 Restatement (First) of Torts, § 757-759 (1939).

〔23〕 Uniform Trade Secrets Act, prefatory note, p. 2 (1985).

〔24〕 See Office of the United States Trade Representative, 2018 *Special* 301 *Report* (April 2018), https://ustr.gov/sites/default/files/Press/Reports/2018%20Special%20301.pdf (last visited January 29, 2021), p. 40. 除此之外,《特别 301 报告》提出我国商业秘密保护还应进行两个方面的改善:一是还应发布指导性案例以提高商业秘密司法裁判的一致性;二是进行改革以避免提交给政府监管者、法院和其他机关的商业秘密和其他保密商务信息被泄露,并解决在此情形下的刑事执法障碍。其中第二个方面构成了《协议》第 1.7 条至第 1.9 条的内容。

在广义上使用“权利”一词，更多的时候仅被称作对商业秘密的保护。[25]

如上文所述，从侵权法、反不正当竞争法到信息产权化保护路径的发展，是一个渐进式的过程，后一种路径总是承继在先路径的核心特征，并在一种新的模式下重构和完善。除了在法律和权利的名称上识别这种路径转换之外，也可以从受保护的对象、受义务约束的主体、受限制的行为与禁令可得性的角度识别其发展方向。具体到本次路径转换，本文认为，相比于反不正当竞争法保护模式，信息产权化路径的特点主要表现在：(1)后者淡化了信息的使用价值要求，强调信息因秘密性而带来独立经济价值或相对竞争优势，这一转变使受保护对象的范围得到了极大扩充；(2)后者扩展了受限制行为的范围，义务主体的范围也表现出更强的对世性；(3)后者强化了商业秘密的排他性程度，让事先预防性质的禁令可得性更具确定性。这些趋势表明，商业秘密的保护逐渐趋向于信息产权化模式，开始具备越来越多的财产权特征。这并不是说商业秘密的信息产权化已经是现在完成时。例如，虽然欧盟《指令》规定的商业秘密实体范围已经基本和美国保持在同一水平，但欧盟也明确表明《指令》不应被视为建立了商业秘密的“排他权”。[26] 因为《指令》为了抵消商业秘密保护强化可能给表达自由、就业流动性、公共机构收集使用信息的能力、滥用保护损害竞争等方面带来的限制，采取了许多相对平衡的措施。因此，欧盟的路径即使叫作“信息产权化”，相比于美国的路径也只能是一种“弱产权”。又如，日本其实也没有明确表明其正在进行信息产权化，并且仍然和我国一样是在反不正当竞争法中规定商业秘密保护和数据的准商业秘密保护，但其实质内容越来越多地体现出上述财产权特征。因此，“信息产权化”只是表明一种趋势和方向，而上述所有方面恰恰都是《协议》有关商业秘密和其他保密商务信息的条款中要求强化的内容，从而也将我国商业秘密保护规则引向信息产权化的方向。

（二）受保护对象扩张

信息产权化路径的第一个表现是保护对象的扩张。以 1995 年 RTUC 为代表的反不正当竞争法模式到以 1979 年 UTSA 和 2016 年 DTSA 为代表的信息产权化路径，一个明显的发展趋势是商业秘密的定义淡化了对信息使用价值的要求，而强调信息因其秘密性而具有的独立经济价值。

1939 年《侵权法第一次重述》给出的商业秘密概念是早期最广为接受的版本。第 757 条的评注承认很难为商业秘密做出一个准确定义，但同时指出“商业秘密可以由在商业中使用的任何公式、模式、设备或信息汇编组成，使所有权人有机会获得相对于不知晓或限制使用该商业秘密的竞争者的优势”。[27] 此时商

---

[25] 例如《民法典(草案)》第 123 条类型化列举的知识产权，包括权利人依法对商业秘密享有的“专有的权利”。但更多的法律文件在谈及商业秘密时仅将其称为侵犯商业秘密的行为或对商业秘密的保护，如《反不正当竞争法》将侵犯商业秘密的行为规定在不正当竞争行为一章。

[26] See Directive (EU) 2016/943, (16).

[27] Restatement (First) of Torts, § 757 cmt. b (1939).

业秘密的核心要件可以总结为三项：在商业中使用、不被公众知晓以及能够带来竞争优势，这与我国 1993 年《反不正当竞争法》中的定义较为相似。〔28〕 值得注意的是，同一条评注进一步提示了当时商业秘密概念的两个重要特点：首先，商业秘密“不应是有关单个或短暂事件的简单信息”。〔29〕 在此方面，商业秘密不同于根据第 757 条受到保护的“其他保密商务信息”，后者虽也要求信息有一定的保密性，但其责任无关乎该信息是否满足前述商业秘密的定义，而是强调行为的不当性以及行为人为了获得竞争性商业利益而给他人造成的损害。〔30〕 其次，商业秘密应是“在商业经营中持续使用的”。

消除“在商业中持续使用”的要求并扩张原本狭义的商业秘密概念，是 20 世纪中后期美国商业秘密法的主要变化。与此同时，由于商业秘密概念的扩张，前者与其他保密商务信息之间的界限也变得越来越模糊。在时间顺序上，是 1979 年的 UTSA 首先取消了在商业中持续使用的要求，也没有要求信息有潜在的商业应用性，而只是要求“由于该信息不被广为知晓，能够从该信息的披露或使用中获得经济价值的其他人无法通过适当方式轻易确证，因而实际或潜在地产生独立的经济价值”。〔31〕 1994 年 TRIPS 协定虽然推崇的是反不正当竞争模式，但其第 39 条所采纳的“未披露信息”定义却更类似于 UTSA，因为其定义明确了三个要件，即具有秘密性、价值性和被采取合理保密措施，其中对于价值性仅要求“因属秘密而具有商业价值”。1995 年 RTUC 可以说同时借鉴了前文所述的两种定义：一方面，相比于 1939 年《侵权法第一次重述》，RTUC 用“可用于商业或企业经营”的措辞取代了前者“在商业经营中持续使用”的要求；另一方面，RTUC 通过强调该信息应“足够有价值且秘密，从而能带来相对竞争优势”，阐释了 UTSA 所说的独立经济价值的内涵。〔32〕 因此，RTUC 的商业秘密定义同时保留了潜在应用价值与独立经济价值的要求。

综上所述，关于商业秘密的价值性，曾经先后出现过至少三个不同版本的表述，其共同之处在于它们都在一定程度上承认，商业秘密的价值性内涵最终是指向该信息所带来的竞争优势。但三种版本的定义在价值性标准上又有不同之处：一是持续商业使用所产生的价值；二是潜在的商业应用可能性所带来的价值；三是因秘密性而具有的商业价值。这种差异影响商业秘密所能够涵盖的对象之范围，也表现为狭义“商业秘密”与其他“保密商务信息”概念的分立或合并。当法律要求的是持续商业使用所产生的价值，狭义商业秘密信息所表达的通常是那些知道怎么做(know-how)的知识，例如，公式、样式、设备、配方、工艺、流程

---

〔28〕《反不正当竞争法》(1993 年)第 10 条第 3 款：“本条所称的商业秘密，是指不为公众所知悉、能为权利人带来经济利益、具有实用性并经权利人采取保密措施的技术信息和经营信息。”

〔29〕 例如，合同的秘密投标金额和条件、特定员工的工资、已进行或计划中的证券投资、为发布一项新的政策或引入一项新的模型所确定的数据，等等。

〔30〕 See Restatement (First) of Torts, § 759 cmt. a-d (1939). 第 759 条规定：“一个人为获得竞争性商业利益，以不当方式获得关于他人商业的信息，应承担拥有、披露或使用该信息对他人造成的损失。”

〔31〕 See Uniform Trade Secrets Act, § 1(4).

〔32〕 See Restatement (Third) of Unfair Competition, § 39 (1995).

等，也包括少数已知特定使用价值的信息汇编，例如，价目表或折扣代码、专门化的客户清单等。如果保密信息可以被人领会的意义是在于知道是什么（know-what）、知道为什么（know-why）以及知道是谁（know-who），这些类型往往就无法被包含在狭义商业秘密当中，因此就需要用“其他保密商务信息”来概括。例如，根据1939年《侵权法第一次重述》，有关单个事件的信息和否定性信息就不属于商业秘密。[33]

一旦法律不再要求实际或潜在的使用价值，而仅仅考察该信息作为秘密的独立经济价值，就正如爱荷华州最高法院所说：“只要该信息不被披露给公众，几乎没有什么信息类别不能构成商业秘密。”[34]当前，美国联邦法典第1839节就采取了与UTSA基本相同的定义，意在最大限度地包容各类信息。[35] 独立经济价值的内涵实际上仅是指相对竞争优势，是因为该信息不被广为知晓并且能够从中获取经济收益的人也无法轻易确认所产生的。[36] 实践中，商业秘密是持有人已经投入大量努力和成本开发的（意味着他人想获得同样的信息也需在未来一段时间内投入大量努力和成本），或者客户清单比竞争对手更优越和独特，或者竞争者得知这些信息（如用户的计算机操作系统版本）就可以据此推销可兼容的竞争性软件，这些理由都可以用来证明独立经济价值。[37] 相反，如果一些信息过于普遍（如员工在任职过程中获得的一般知识和经验）或者信息过于独特（如仅对原告有用而无法被其他人所利用），就不会产生相对竞争优势。[38] 经济价值与信息的秘密程度相关，不过并不要求该信息本身具有高度的独特性或新颖性，例如，在一个涉及软件内置算法的案件中，被告主张原告的算法不过是行业内公知技术的一个变种。但法院认为，如果在软件中置入该算法有助于提高软件的商业吸引力，即使是很小的一点点也是具有价值的，况且被告原本可以独立地建立自己的算法，却选择破坏原告的商业秘密就说明了问题。[39] 缅因州最高法院在Bernier v. Merrill Air Engineers, Inc. 案中总结出应考察独立经济价值的五个要素，包括：(1)该信息对原告的价值；(2)开发该信息所耗费的金钱或努力；(3)为保护该信息所采取的措施；(4)他人获得或重制该信息的难易度；(5)第三方将该信息置于公有领域或通过专利申请或不受限制的产品市场让获取该信息

---

〔33〕 单一事件信息，例如合同报价、供应商渠道、员工工资、已进行或计划中的证券投资信息、为制定一项新政策或引入一个新模型所依赖的数据等；否定性信息通常是一种科学或实践发现，例如通过长期的成本高昂的研究最终证明某个方法或成分是无效的。

〔34〕 US West Communications, Inc. v. Office of Consumer Advocate, 498 N. W. 2d 711, 714 (Iowa 1993).

〔35〕 See 18 U. S. C. § 1839(3).

〔36〕 See Electro-Craft Corp. v. Controlled Motion, Inc., 332 N. W. 2d 890 (Minn. 1983). New England Ins. Agency, Inc. v. Miller, 1991 WL 65766 (Conn. Super. Ct. April 16, 1991).

〔37〕 See United Centrifugal Pumps v. Cusimano, 708 F. Supp. 1038 (W. D. Ark. 1988); MAI Systems Corp. v. Peak Computer, Inc., 991 F. 2d 511 (9th Cir. 1993).

〔38〕 See Mirafi v. Murphy, 14 U. S. P. Q. 2d 1337 (W. D. N. C. 1989); Optic Graphics, Inc. v. Agee, 87 Md. App. 770 (1991).

〔39〕 Vermont Microsystems, Inc. v. Autodesk, Inc., 138 F. 3d 449 (2d Cir. 1998).

变得容易的程度。[40]

通过上述梳理可知,现代商业秘密概念已经不再强调信息的使用价值或实用性,也就扩张了商业秘密保护的对象,而“其他保密商务信息”概念则是用来表达那些可能不被商业秘密定义所涵盖,但仍然具有值得保护的经济价值的信息。现在可以基于这种认识来考察《协议》所表达的诉求,以及我国在此前后对商业秘密的定义。

《协议》所采用的表述中,值得留意的是关于“商业秘密和保密商务信息”(trade secrets and confidential business information)的并置表述,最早出现在第二节的标题和前言段中,此处申明:“双方同意,确保对商业秘密和保密商务信息的有效保护,以及对侵犯上述信息行为的有效执法。”而在第 1.3 至第 1.8 条中仅采用了商业秘密表述,直到第 1.9 条(保护商业秘密和保密商务信息免被政府机关未经许可披露)才又再次出现并置表述。《协议》本身并没有对商业秘密进行定义,因此缔约双方保护的商业秘密范围将取决于其国内法的规定。但上述前言的脚注中又对保密商务信息做出定义,它既包括商业秘密,也包括其他不属于商业秘密但具备商业价值并且其披露很可能对持有该信息的自然人或法人的竞争地位造成实质性损害的信息。由此就产生了一系列的疑问,首先,前言段中有效保护保密商务信息并对这类信息的侵犯进行有效执法,是不是构成我国在《协议》项下的一项实体义务?其次,如果是,既然第 1.3 至第 1.8 条不适用于商业秘密以外的其他保密商务信息,那么中国又应当如何履行前言段中的义务?再次,第 1.9 条所述的保护保密商务信息免被政府机关未经许可披露是否就算是履行了该项义务,抑或如果某些信息“具备商业价值并且其披露很可能对持有该信息的自然人或法人的竞争地位造成实质性损害”但又无法满足我国商业秘密的定义,是否还需要提供其他的民事法律救济?这些疑问未来是否可能引发新的争端,取决于我国在《协议》后的商业秘密定义有多宽泛,实践中还有哪些信息可能被排除在商业秘密之外又落入其他保密商务信息的范围,以及我国对这类信息是否还有其他形式的保护。

首先,考察我国《反不正当竞争法》对商业秘密的定义及其实践中的涵盖范围。如同美国早期商业秘密概念要求在商业中持续使用一样,我国 1993 年《反不正当竞争法》所定义的商业秘密,要求“能为权利人带来经济利益、具有实用性”。[41] 在早期实践中,无论是行政机关还是司法机关都将该要件解释为价值性和实用性,要求该信息“具有确定的可应用性,能为权利人带来现实的或者潜在的经济利益或者竞争优势”,其解释偏向于强调信息的使用价值。[42] 较严格地把握实用性要件就会要求对原告主张的技术秘密进行鉴定,鉴定内容涉及技术的

〔40〕 Bernier v. Merrill Air Engineers, Inc., 770 A. 2d 97 (Me., 2001).

〔41〕 我国《反不正当竞争法》(1993 年)第 10 条第 3 款。

〔42〕 参见国家工商行政管理局关于商业秘密构成要件问题的答复(工商公自〔1998〕第 109 号);国家工商行政管理局《关于禁止侵犯商业秘密行为的若干规定》(1998 年修订)第 2 条第 3 款;史仲凯:《简论商业价值与商业秘密侵权损失的评估基准》,《时代法学》2014 年第 6 期。

实用价值、性能和效果。[43] 2007年发布的司法解释将该要件明确为“具有现实的或者潜在的商业价值,能为权利人带来竞争优势”,实用性要求有所放宽,大致与RTUC相当。[44] 2017年修订的《反不正当竞争法》则正式删除了“具有实用性”的表述,修改为“具有商业价值”。[45]这次修订与UTSA、美国联邦法典以及TRIPS协定的“因属秘密而具有经济价值”是否相符,取决于行政机关和司法机关在实践中如何解释和适用。这一点在《协议》谈判前后尚有不确定性,而在2020年9月最新发布的司法解释中对商业价值的解释是“因不为公众所知悉而具有现实的或者潜在的商业价值”,这个措辞究竟是指信息的使用价值还是比较竞争优势依然不甚明确。不过2020年的司法解释已经通过列举将诸如算法、数据、计算机程序及其有关文档等技术信息,财务、计划、样本、招投标材料、客户信息(也包括交易习惯、意向、内容等信息)、数据等经营信息,以及生产经营中形成的阶段性成果(可能被解释为包含否定性信息),涵盖在商业秘密的范围内。[46]

如果说实践中还有哪些信息不是商业秘密却是保密商务信息,可能就是日本《不正当竞争防止法》最新规定的“受限提供的数据”,以及美国判例法上的“热点新闻”类信息了。互联网企业的数据和信息中,有很大一部分是公开可获得的,企业可能对这些数据和信息设置了robots协议禁止爬取,或者通过开放API协议、用户协议等形式对其使用进行限制;还有一部分则并不公开,但会以特定的合作方进行共享,数据提供方与接收方之间通常存在合同关系,并采用接口、权限、密码等方式控制数据接收方的访问和使用。根据2020年的司法解释第2条,数据原则上符合技术信息、经营信息的资格,但将其作为商业秘密保护的障碍在于,有些数据本身就不够私密,并且关于robots协议、开放API协议和接口、权限、密码等控制措施是否符合商业秘密合理保密措施的要求是有疑问的。在此情形下,我国如果要提供保护大体就有两条路径,一是降低商业秘密的保密性要求,认定控制措施就已经符合合理保密措施的标准;二是援引《反不正当竞争法》第2条的一般条款判定为不正当竞争。[47] 两种路径最终追求的判决结果或许是合理的,但频繁动用扩张解释和一般条款使得近年来反不正当竞争法的适用饱受缺乏确定性和可预见性的批评。本文认为,即使假定《协议》前言段规定确实是一项实体义务,我国现有的保护实践也不能被认为是未履行义务。我国事实上已经对部分保密商务信息提供了有限的反不正当竞争保护,但由于两种

---

〔43〕 例如参见最高人民法院民事判决书(1999年)知终字第5号。争议所涉技术经过两次鉴定,并将“技术秘密能够应用于生产并产生了实际效益”作为保护条件之一。

〔44〕 参见《最高人民法院关于审理不正当竞争民事案件应用法律若干问题的解释》(法释〔2007〕2号)第10条;天津市高级人民法院民事判决书(2017)津民终786号。

〔45〕 《反不正当竞争法》(2019年修正)第9条第4款。根据新的定义,商业秘密是指不为公众所知悉、具有商业价值并经权利人采取相应保密措施的技术信息、经营信息等商业信息。

〔46〕 参见《最高人民法院关于审理侵犯商业秘密民事案件适用法律若干问题的规定》(法释〔2020〕7号)第1条和第7条。

〔47〕 例如上海市高级人民法院民事判决书(2011)沪高民三(知)终字第100号;北京知识产权法院民事判决书(2016)京73民终588号;另参见崔国斌:《大数据有限排他权的基础理论》,《法学研究》2019年第5期。

路径本身都有相当的不确定性和不可预见性，国内外观察者看来都可能是“吃力不讨好”的，也留下了未来就保护不足和缺乏透明性产生新一轮争议的空间。更合理的措施应是在适当时机尽快将这类信息和数据的保护条件和范围类型化，既不扰乱商业秘密的现有体系，也避免过于依赖一般条款。

（三）排他性范围扩大

信息产权化路径的第二个表现是商业秘密排他性范围的扩大。通常，知识产权的实体保护范围是由受保护的对象与受限制的行为共同界定的，有时受约束的主体及其认知与目的也具有限定知识产权保护范围的功能。〔48〕《协议》从受义务约束的主体和受限制行为等方面影响了商业秘密的保护范围。第1.3条要求“双方应确保所有自然人和法人均可能承担商业秘密盗用责任”，尤其是中国应规定商业秘密盗用中的“经营者”包含所有自然人、非法人组织（groups of person）和法人。第1.4条则要求“双方应确保，承担商业秘密盗用责任的禁止行为，其范围完全涵盖商业秘密窃取方法”，尤其是中国应列举更多的构成商业秘密盗用的行为，特别是电子入侵、违反或引致违反不披露“秘密或意图保密的信息”的义务，以及获取商业秘密后发生的未经许可的披露或使用，而该商业秘密是在产生保护其免被披露的义务或者限制使用商业秘密的义务的情形下获取的。我国《反不正当竞争法》（2019年修正）在《协议》谈判过程中就已经完成了针对此要求的修正。

1. 受限制的行为

在商业秘密盗用行为的基本类型上，以RTUC为代表的反不正当竞争法路径与UTSA和联邦法典的信息产权化路径大体相似。基本行为类型包括三种：不当获取、未经许可披露和未经许可使用。不过在这些类型具体涵盖的行为样态及其构成要件上，后者还是在很多实质性方面扩大了受限制行为的范围。

（1）不当获取型商业秘密侵权

RTUC规定的不当获取型商业秘密盗用，是指行为人知道或有理由知道该信息是商业秘密，仍然以不当方式获取该信息。在此，不当方式包括盗窃、欺诈、未经许可截取通信、引致或知情地参与背信（inducement of knowing participation in a breach of confidence）以及其他自身不法或者在案件特定情形下为不法的方式。〔49〕

UTSA和联邦法典则有一个非常细微的变化，即“知道或有理由知道该信息是不当获取的商业秘密”，但其结果却是实质性扩大了不当获取型商业秘密盗用的范围。〔50〕如图1所示，RTUC的不当获取仅限于被告（如乙和丙）自己以不当

---

〔48〕 例如《专利法》中的“为生产经营目的”和《商标法》中的“商标性使用”的概念，可以事先将非经营性、非商标性的使用排除在侵权责任之外；而《著作权法》并没有这种事先目的性排除，而是通过《著作权法》第22条第1项将个人学习目的界定为合理使用，作为例外性的事后排除。

〔49〕 See Restatement (Third) of Unfair Competition, § 40(a) & 43.

〔50〕 See Uniform Trade Secrets Act, § 1(2)(i); 18 U.S.C. § 1839(5)(A).

方式获取的直接侵权，UTSA 通过上述修改涵盖了第四个人（如丁）知道或有理由知道不当获取的事实而予以获取的情形。[51] 以 UTSA 为蓝本制定的现行联邦法典对不当方式的定义也比 RTUC 更加宽泛，包括窃取、贿赂、虚假陈述、违反或引致违反保密义务、电子或其他方式的间谍行为。除了为“不当方式”提供一个正面定义之外，RTUC 和联邦法典还从反面规定了哪些方式不构成不当方式，RTUC 的规定有独立发现、反向工程，联邦法典则规定了“其他合法的获取方式”的兜底性表述。就不当获取型商业秘密盗用而言，无论是不当方式还是合法方式，通常是以“列举＋概括”的方式规定的。除了明确列举的类型之外，法官在法律适用时可以有相当程度的裁量权，而且不法与合法的界限也可能根据情形而变化。例如 E. I. DuPont 案中，行为人用飞行器对竞争者未封顶的在建工厂布局进行空中拍摄，法院判定为不当方式就表明原本合法的方式在某些特定情形下也可能是不当的。[52]

《协议》第 1.4 条第 2 款要求将电子侵入和违反或引致违反不披露秘密或意图保密的信息的义务，列举为禁止行为（而不是不当方式）。如 RTUC 和 UTSA 的细微表述差异导致实体保护范围变化的情形一样，列举在“不当方式”中抑或列举在“不当获取行为”中，差异还是比较大的。如图 1 所示，如果将违反和引致违反保密义务（如甲和丙）均规定为不当方式，则丁知道或应当知道这一事实而予以获取就应构成不当获取型侵权；如果将违反和引致违反均规定为不当获取行为，则丁没有事先引诱行为，只是事后知道甲或丙不当获取的事实而予以获取，就不应当构成侵权。但实际上，我国 2019 年《反不正当竞争法》采用了一种

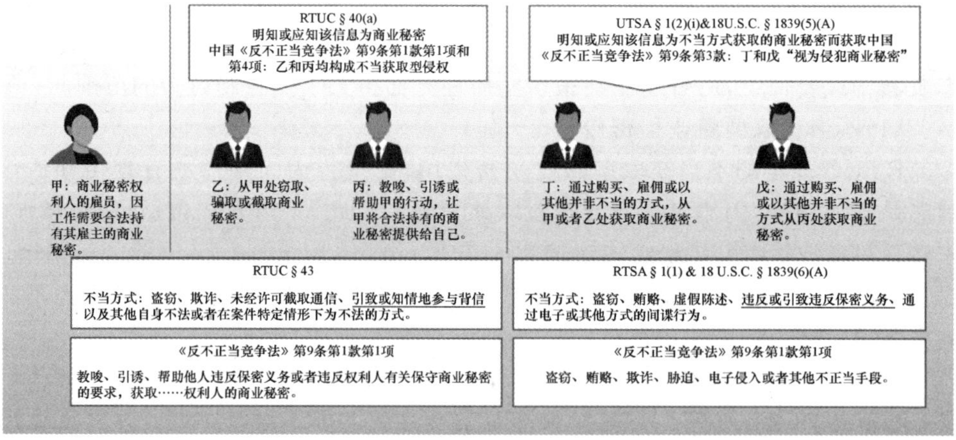

图 1 不当获取型商业秘密侵权

---

〔51〕 图 1 中的丁按照 RTUC 的规定仅在其披露或使用时才构成侵权，而根据 UTSA，丁在获取时就可能已经构成侵权。本文中的图均为作者绘制。

〔52〕 See Uniform Trade Secrets Act, comment on § 1; cite E. I. du Pont de Nemours & Co., Inc. v. Christopher, 431 F. 2d 1012 (CA5, 1970), cert. den. 400 U. S. 1024 (1970).

更加复杂的方式。首先,第 9 条第 1 款第 1 项和第 4 项分别规定"以盗窃、贿赂、欺诈、胁迫或者其他不正当手段获取",以及"教唆、引诱、帮助他人违反保密义务或者违反权利人有关保守商业秘密的要求"获取,构成侵犯商业秘密的行为,涵盖了图 1 中的乙和丙;其次,第 9 条第 3 款规定,第三人明知或应知商业秘密权利人的员工、前员工或者其他单位、个人实施本条第 1 款所列违法行为,仍获取的"视为侵犯商业秘密",这样就涵盖了图 1 中的丁和戊。

如此一来,我国 2019 年《反不正当竞争法》的保护水平实际上要高于《协议》规定的义务,而且可能扩大了侵权范围。具言之,我国所采取的"教唆、引诱、帮助"的表述似是借鉴了知识产权法和侵权法中的间接侵权的措辞,这一点与美国所采用的"引诱违约"(inducement of a breach)有理论上的不同。前者所强调的是间接侵权人虽然未直接参与侵权构成要件行为,但对于侵权损害的结果做出了因果关系上的贡献;间接侵权人的主观认知状态是明知或应知。后者则是美国侵权法中侵害合同债权理论的专用术语,在构成要件上更为严格,包括:①原告与他人存在合同;②被告知晓该合同的存在;③被告故意诱导他人违约;④导致原告受到损失。[53] 引诱违约中被告的主观认知状态是明知合同存在,并且有故意诱导的行为,其范围无法涵盖帮助违反的情形。应用引诱违约理论实际上是突破了合同的相对性,判定第三方侵犯了原告所享有的债权,常见场景是挖走竞争者的客户、供应商和核心员工,由于需要更谨慎地平衡权利人的利益与劳动者就业自由和其他主体的缔约自由,法院在适用该理论时在构成要件的把握上更为谨慎。[54] 而我国采用的间接侵权理论没有明确规定明知或应知的条件和内容,当然可以通过司法解释予以细化,但总体上范围和构成要件都要比引诱违约理论更为宽松,如果在法律适用中无法通过构成要件的解释来合理地限缩其范围,很可能会在诉讼策略中被滥用,进而阻碍自由竞争、缔约自由和人才自由流动。

(2)未经许可披露或使用型商业秘密侵权

关于这一类型的商业秘密侵权,1995 年 RTUC 区分了两种主体:一是员工违反信赖义务使用或披露雇主或前雇主商业秘密;二是员工以外的其他主体未

---

〔53〕 See Hersh v. Cohen, 131 A. D. 3d 1117, 16 N. Y. S. 3d 606 (N. Y. App. Div. 2015). 我国法院曾在武汉鱼趣诉朱某和斗鱼案中适用《反不正当竞争法》一般条款,判定第三方挖角竞争直播平台投入大量资源发掘和培养的游戏主播构成不正当竞争,该案被认为借鉴了引诱违约理论。不过,该案由于适用的是一般条款,其构成要件门槛要低于美国法中的引诱违约理论。二审法院认为应满足的构成要件为:一是法律对该种竞争行为未做出特别规定;二是其他经营者的合法权益确因该竞争行为而受到实际损害;三是该种竞争行为因确属违反诚实信用原则和公认的商业道德而具有不正当性或者说可责性。参见武汉市中级人民法院民事判决书(2017)鄂 01 民终 4950 号。

〔54〕 例如,要求原告主张被侵犯的合同本身不应是可任意解除的合同。又如,原告须证明被诱导的第三方实际违反了合同;诱导是不正当的,没有任何正当理由;被告的诱导是第三人违反合同的近因,即如果不是被告的诱导,第三方就不会违反合同。See Restatement (Second) of Torts, § 766 cmt. g & m (1979); MVB Collision, Inc. v. Allstate Ins. Co., 129 A. D. 3d 1041 (N. Y. App. Div. 2015); Lama Holding Co. v. Smith Barney Inc., 88 N. Y. 2d 413 (1996); Macy's Inc. v. Martha Stewart Living Omnimedia, Inc., 127 A. D. 3d 48 (N. Y. App. Div. 2015).

经许可使用或披露商业秘密。[55] 对于前者,判断侵权的核心要件是违反信赖义务,包括雇员对雇主在就职期间的忠诚义务(包括保密和非竞业),也包括雇佣关系终止后的信赖义务或后合同义务。对于后者,行为人在使用或披露时应当具有特定的认识,即知道或有理由知道:①该信息是商业秘密,并且是行为人在产生信赖义务的情形中获得的;②该信息是商业秘密,并且是行为人通过不当方式获取的;③该信息是商业秘密,是行为人从第三人处获取的,而该第三人是以不当方式获取该信息的,或者第三人披露该信息将构成对保密义务的违反;④该信息是商业秘密,是行为人通过一次意外或错误获取的,但该获取是权利人未能采取合理保密措施所导致的除外。UTSA 和联邦法典除将信赖义务细化为“不披露或限制使用的义务”,并将权利人的许可明确为明示或默示许可外,在实质范围上并没有改变 RTUC 的规定。[56]

《协议》第 1.4 条第 2 款要求中国进一步列举“对于在有义务保护商业秘密不被披露或有义务限制使用商业秘密的情形下获得的商业秘密,未经授权予以披露或使用”构成商业秘密侵权行为。我国《反不正当竞争法》(2019 年修正)第 9 条第 1 款第 3 项对此做出的规定是:“违反保密义务或者违反权利人有关保守商业秘密的要求,披露、使用或者允许他人使用其所掌握的商业秘密。”这一条在绝大多数情形下适用于雇员、独立合同相对方先合法获取商业秘密信息,随后又违反相应义务予以披露或使用的情形。不过这一条规定的范围与《协议》有三点差异。一是《协议》规定违反义务的类型,既包括保密义务,也包括不使用义务,而我国仅规定了前者。通常,不使用义务是源于员工和服务提供方在合同期内的忠诚或信赖义务,以及合同终止后的附随义务或有效的竞业禁止条款,其内容是要求义务人不得以利益冲突的方式或为了履行合同以外的目的使用合同期间获取的商业秘密。按照我国的规定,当合同终止后,行为人没有向他人披露而是自己使用这些商业秘密时,除非扩大解释保密义务一词,否则该行为人就不构成侵权。[57] 二是我国的规定除违反保密义务之外,还提到“违反权利人有关保守商业秘密的要求”,后者究竟是指权利人的单方要求还是指产生默示保密义务是不明确的。如果理解为指代默示保密义务,那么就表明前面所说的“保密义务”一词要做限缩解释使其本身不包含默示保密义务;如果理解为指代权利人的单方要求,“保密义务”一词应被理解为包含明示或默示义务,那这里违反权利人单方要求的披露和使用构成侵权就实质上扩大了商业秘密侵权的范围。例如,如果权利人在选择同意(opt-in)或选择退出(opt-out)的开放 API 协议、用户协议中设置保密条款,要求用户不得将使用服务期间获取的“商业秘密”(例如数据)披露

---

[55] See Restatement (Third) of Unfair Competition, § 42, § 40 (1995).

[56] See Uniform Trade Secrets Act, § 1(2)(ii); 18 U.S.C. § 1839(5)(B).

[57] 实践中,如果双方存在书面保密协议,鉴于保密条款通常的措施是不得未经许可地披露和使用,在很多情形下“未披露但自己使用”也可以认定为违反保密条款。但如果没有书面合同,而是基于双方的信赖关系或获取商业秘密时的特定事实背景认定行为人有默示的义务,默示不使用义务的推论要比默示保密义务更难。

给他人,或者禁止用户在其平台之外对这些"商业秘密"进行私人使用或其他商业性使用,用户在此场景中即使有"同意"或"退出"的选项,也不一定有真正的选择权。如果这一类的单方要求满足本条所说的"违反权利人有关保守商业秘密的要求",互联网企业就有能力通过用户协议为所有使用其产品或服务的用户施加保密义务,而如果这一点成立,在这种协议项下提供数据或其他专有信息的情形就可能不会破坏"合理保密措施"的有效性。如此一来就可能不合理地扩大商业秘密保护的范围,使用户能够在互联网上获取信息中的相当一部分,以这种方式置入一个个网络服务提供者用户协议的管辖范围内,给许多信息的使用和传播带来相当程度的阻碍。三是我国《反不正当竞争法》(2019 年修正)在所有"披露、使用"之后添加的"允许他人使用"一词,与《协议》和其他各国立法的表述都不同,也是没有必要的。在商业秘密法的语境下,披露和使用的含义已经相当宽泛,可以说对披露和使用的形式几乎没有任何技术性限制。例如,"使用"一词可以涵盖自己使用或许可他人使用。"允许他人使用"不是一个严格的法律用语,究竟是指许可他人使用,还是放任他人使用,是有歧义的。许可他人使用通常需要一个意思表示行为,而放任则仅需要明知或应知而不作为。如果"允许他人使用"原本是想要规制新雇主明知或应知其雇员在研发中使用其前雇主的商业秘密而不予阻止的情形,则可以通过构成要件更为清晰的雇主替代责任理论来解释,而没有必要单独创设一个"允许他人使用"行为。

除《协议》明确要求我国列举的违反义务披露或使用商业秘密的侵权行为之外,我国《反不正当竞争法》(2019 年修正)第 9 条还规定了披露、使用和允许他人使用以下商业秘密为侵权行为:①以不正当手段获取的商业秘密(第 1 款第 2 项);②教唆、引诱、帮助他人违反义务获取的商业秘密(第 1 款第 4 项);③明知或应知他人有第 1 款所述违法行为而获取的商业秘密(第 3 款)。我国的规定虽然存在行为人应具有的认知状态(明知或应知)及其内容不明确,"允许他人使用"行为无必要,"教唆、引诱、帮助"可能不当扩大侵权责任范围等问题需要修补,但总体上,除了披露和使用因意外或错误而获取的商业秘密的行为之外,我国的未经许可披露或使用型商业秘密侵权已经实现与美国基本相同的覆盖(图 2)。

2. 受约束的主体

受一项权利约束的主体范围往往表明了该项权利的性质,也决定了权利构造及其制度建构。为所有世人施加普遍义务的是一项对世权,人们最熟悉的有物权、人格权以及知识产权。其他受法律保护的利益,有时也被广义地称作新型权利或无名权利,在我国通常被表述为"合法权益",例如,反不正当竞争法所保护的是经营者和消费者的合法权益,调整的是因特定人的不正当竞争行为损害特定人的公平竞争利益所产生的债的法律关系。在反不正当竞争保护模式下,受该项权利约束的是相对主体,包括负有公平竞争义务的经营者,因雇佣或委托等关系负有信赖义务的雇员或受托人,负有不披露或限制使用义务的明示或默示合同相对方等。正因如此,有国外学者就指出商业秘密是知识产权中的异类,施加商业秘密侵权责任是因为获取、使用或披露是以“不法的方式”进行的，其内核在于违反相对特定的义务，往往以某种在先的相对关系为前提，而不是直接适用于“陌生人”，因此商业秘密法更像是合同法而不是财产法。[58] 的确，TRIPS 协定第 39 条第 2 款就要求商业秘密应是“以违反诚实商业行为的方式”获取、使用或披露的。但正如上文以及图 1 和图 2 所示，如今的商业秘密侵权责任已经扩展至许多非相对主体，例如，不仅包括以自身行为不当获取（如图 1 和图 2 中的乙）、违反自身义务披露或使用（如图 2 中甲 1 和甲 2）的直接行为人和相对人，还包括通过前者获取、披露或使用的第三人（丙）、第四人（丁）甚至第五人、第六人（戊和己）。这样一来，考察商业秘密侵权责任所约束的主体究竟是相对人还是陌生人的问题，就好比是观察一杯半满的水，乐观的观察者会发现这里已经有了大半杯水，保守的观察者则会盯着还没被填满的那些空间。

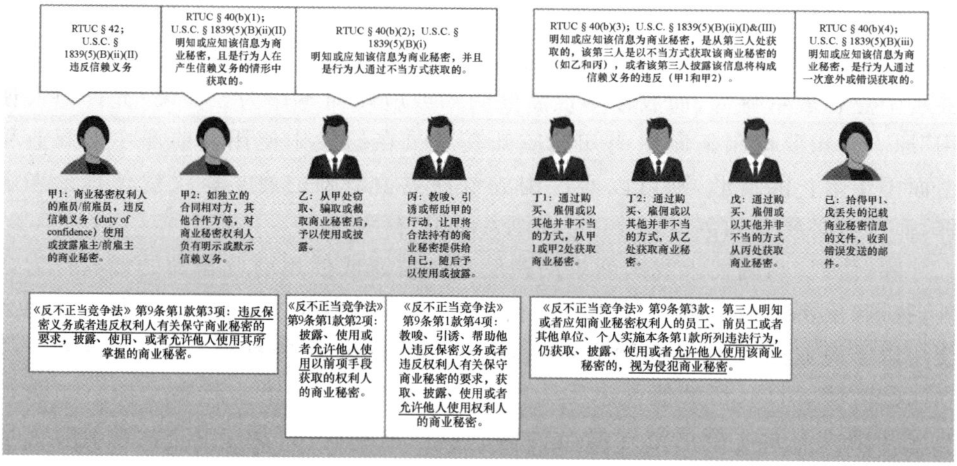

图 2　未经许可披露或使用型商业秘密侵权

检验一项权利是否为对世权的一个简易方法是，确认善意第三人或陌生人是否也有可能被认定为侵权，从而被要求停止侵害或进行损害赔偿。例如，专利权、著作权或商标权之所以有对世性，是因为行为人是否为善意并不影响侵权认定，只是鉴于这些客体的无形性，不知道侵权而予以销售的善意第三人在一定条件下可以不承担损害赔偿责任。[59] 在美国商业秘密法律与实践中，如果第三人在获取、披露或使用时不知道也没有理由知道该商业秘密是不当取得、因意外或错误等原因取得的，原则上就不构成商业秘密盗用。但是，如果该善意第三人随后因收到权利人通知或其他理由知道或应当知道，而后又披露或使用的，就构成

---

〔58〕 See Robert G. Bone, “A New Look at Trade Secret Law: Doctrine in Search of Justification”, *California Law Review*, 96 (1998), pp. 243-244.

〔59〕 参见《商标法》第 64 条第 2 款。

商业秘密盗用。[60] 这就意味着任何第三人都已被推定负有一种不去披露和使用他人商业秘密的义务，只是在其不知晓并且对这种不知没有过错的前提下，取得、披露或使用不具有可归责性，但权利人始终可以通过发送通知使善意第三人产生认知并禁止其披露和使用。[61] 欧盟《指令》采用的则是一种责任规则，即要求成员国法律规定：如果第三人在披露或使用时不知道也不应当知道向其提供该信息的人披露或使用该商业秘密是不合法的，并且禁令或其他纠正措施可能对其造成不成比例的损失，而金钱性补偿可以为被侵害一方提供合理的满足，法院可以应被告方的请求判决用金钱性补偿来替代禁令或其他纠正措施。[62] 我国的商业秘密保护相比于美国和欧盟对世性较弱的地方，也就仅在这类因意外或错误获取的“善意”第三人上。《反不正当竞争法》第 9 条第 3 款规定的第三人明知或应知是以他人有违法行为为前提，故如果权利人自身对商业秘密的泄露没有过错（因此不是保密措施不当导致的失权），他人也没有违法行为，追究善意第三人获取后知情地披露或使用的责任就没有请求权基础。结果，商业秘密意外或错误泄露的失权风险最终是由商业秘密权利人负担。不过，将电子侵入列为不正当手段并且规定第 9 条第 3 款，还是在很大程度上提供了扩大责任主体范围至陌生人的可能性。例如，当黑客侵入权利人的信息系统窃取商业秘密并公开在网络上，在网上获取该信息的第三人可能并不实际知道违法行为的存在，但如果权利人立即发布信息安全事件公告表明其商业秘密遭到窃取和泄露，网络中的陌生人还是有可能被推定为“应当知道”他人实施了违法行为，其获取、披露或使用就可能落入责任范围。

《协议》第 1.3 条第 2 款要求将侵犯商业秘密的“经营者”定义为包括所有自然人、组织和法人，其实是隐含地表达了将商业秘密作为一项对世的权利，而不仅是一项受法律保护的竞争利益的诉求。其实在《协议》之前，我国司法实践中商业秘密侵权的主体也不仅限于“经营者”，还包括员工。有学者指出，1993 年《反不正当竞争法》制定时的立法本意就是要包括职工侵犯商业秘密的情形。[63] 不过 2017 年《反不正当竞争法》的修订过程在一定程度上反映出上述实践和观点也并非没有争议，本次修订草案送审稿中原本包含适用于员工的专门规定，但

---

〔60〕 See Uniform Trade Secrets Act, § 1(2)(ii)(C); Restatement (Third) of Unfair Competition, § 40 (b)(4); 18 U.S.C. § 1836 (5)(B)(iii). 不过因意外或错误等原因获得商业秘密的善意第三人，有可能在实际知晓或有理由知晓之前使其地位发生实质性变化，从而阻止对其适用禁令而仅支付补偿。

〔61〕 在此情形下，如果第三人选择继续披露或使用就会构成商业秘密盗用，因此合理的选择是停止披露或使用，或者获得商业秘密权利人的许可。因此善意第三人就后续披露或使用而言，所面对的是一个财产规则。

〔62〕 Directive (EU) 2016/943, Art. 13(3), Recital 29. 根据定义，如果在披露或使用时不知道也不应当知道，就不属于不合法的披露或使用，因此该条责任规则也是针对善意第三人后续的披露或使用而言的。

〔63〕 孔祥俊：《反不正当竞争法新原理：原论》，法律出版社 2019 年版，第 37 页。

该条规定在审议过程中遭到反对又被删除了。[64] 这一状况令一直密切关注本次修法的美国感到失望，随即在《协议》中要求将义务主体明确为所有人。对这一诉求较为直观的解读，是希望至少在商业秘密保护方面取消《反不正当竞争法》第 2 条第 2 款施加的“经营者在生产经营中”的适用范围限制。我国近年来的司法实践中已经有放宽适用该要件的倾向，但直接取消该限定可能改变反不正当竞争法区别于一般侵权法的核心特征，是不现实也不明智的。为此，2019 年修正的回应方式是在第 9 条第 1 款经营者侵权行为之后，新增第 2 款和第 3 款规定：经营者以外的其他自然人、法人和非法人组织实施前款所列违法行为的，第三人明知或应知他人实施第 1 款所列违法行为仍获取、披露、使用或者允许他人使用该商业秘密的，均“视为侵犯商业秘密”。“视为侵犯商业秘密”的表述在如今看来就显得相当奇特，但只要商业秘密还是留在反不正当竞争法体系中，这种拟制也是为了履行《协议》同时避免破坏《反不正当竞争法》整体定位和体系性的权宜之策。

另一项检验商业秘密是否可以称为产权的标志是在公法对待商业秘密的方式上，例如，就征税、征收等行政行为而言，商业秘密是否被作为一项财产来对待。在美国，已有判例确认商业秘密是美国宪法第五修正案征用条款所保护的财产，当政府行使公权力的过程中提出超出必要范围的信息提交要求，甚至导致能从该信息中获得经济利益的第三人获取商业秘密，权利人可以依据美国宪法第五修正案质疑授予该权力的法律本身以及政府在该法律项下的具体行政行为，以阻止对商业秘密的侵犯或要求公正补偿。[65]《协议》第 1.9 条就涉及保护商业秘密和保密商务信息免于政府机构未经授权披露的内容，其第 1 款首先规定中国应禁止政府工作人员或第三方专家顾问，未经授权披露在中央或地方政府层面刑事、民事、行政或监管程序中提交的未披露信息、商业秘密或保密商务信息。第 2 款则进一步阐明保护的具体方式，如控制提交信息要求的范围和有权接触信息的人员范围、确保有竞争关系或其他经济利益关系的第三方专家顾问不得接触所提交信息、确保已提交信息的安全和保护、建立信息公开豁免的申请程序和异议机制，以及对未经授权披露的行为提供刑事的、民事的和行政的处罚，包括罚金、暂停或终止聘用以及作为最终措施的监禁刑。[66] 值得留意的是，其中关于提供民事处罚的规定，要在国内法中落实可能产生诸多难点。例如，现有的行政法律体系中对公务人员违法违规适用的是行政处分和刑事处罚，而没

---

〔64〕 参见《全国人民代表大会法律委员会关于〈中华人民共和国反不正当竞争法(修订草案)〉修改情况的汇报》，2017 年 8 月 28 日发布；《反不正当竞争法(修订草案)》，2017 年 2 月 26 日发布。修订草案送审稿中曾包含对员工的拟制性规定，但审议过程中根据常委会组成人员和其他部门、企业的要求予以删除。

〔65〕 See Ruckelshaus v. Monsanto Co., 467 U.S. 986 (1984); Philip Morris v. Reilly, 312 F.3d 24 (2002).

〔66〕 我国在《协议》签订前后对《公务员法》(2018 年修订)、《检察官法》(2019 年修正)、《法官法》(2019 年修正)、《政府信息公开条例》(2019 年修订)等法律法规进行了修订，旨在强化公务和信息公开程序中对商业秘密的保护。

有民事处罚的规定。在此情形下，对于未经授权披露在公务中获取的商业秘密信息的公务人员以及第三方专家顾问，权利人能否援引《反不正当竞争法》(2019年修正)第9条第2款的规定寻求民事救济，在理论和实践中都有相当大的不确定性。而对于通过上述公务人员的违法行为获取商业秘密的第三方，依据第9条第3款寻求救济应是可行的。但这样做的逻辑前提又是要确认上述公务人员的行为本身符合第9条第1款，因而根据第9条第2款"视为侵犯商业秘密"。可见《协议》第1.9条的落实不仅是一个公法问题，也给《反不正当竞争法》(2019年修正)适用带来了新的难题和挑战。

(四)排他性程度提高

信息产权化路径的第三个表现是排他性程度的提高，即权利人在何种条件下有能力排除他人对商业秘密的获取、使用或披露。排他性被认为是财产权的核心要件。[67] 而知识产权作为对非物质性客体所享有的专有权利，其排他性是通过法律赋予和保障的，法律赋予排他权的方式是给所有人施加一项消极义务，并且在侵权时给予禁令救济。尤其对于一旦被公开就不复存在的商业秘密，禁令可得性在商业秘密保护领域不仅是一个程序法上的保全问题，也决定了权利的存亡。美国最高法院在 Ruckelshaus v. Monsanto Co. 案中指出："排除他人的权利通常是被视为财产的权利束中最为核心的一个。对于商业秘密而言，排除他人的权利对其财产利益的性质至关重要。"[68]由于商业秘密的特殊性，在商业秘密案件中临时禁令的适用要比专利权、版权侵权案件更具确定性。美国法院衡量临时禁令救济时常用的是四要素测试，即胜诉可能性、难以弥补的损害、损失权衡有利于原告以及禁令符合公共利益。[69] 在 eBay 案[70]以前，有不少法院根据州法在原告初步证明商业秘密盗用存在时推定不发布禁令会产生难以弥补的损害。eBay 案之后，在其商业秘密法承认难以弥补的损害推定的州，仍然会采用这个推定；而 eBay 案作为先例是否也适用于依据 DTSA 起诉的联邦案件尚有疑问，不过通常而言，在商业秘密案件中四要素测试的证明标准相对宽松，也有一些法院明确拒绝在 DTSA 案件中遵循 eBay 案的观点。[71]

《协议》第1.6条涉及阻止商业秘密使用的临时措施，规定中国应将使用或试图使用商业秘密信息认定为"紧急情况"，使司法机关有权基于案件的特定事实和情形授予临时禁令(preliminary injunction)。该术语在中文版中被译为"行

---

〔67〕 See Int'l News Serv. v. AP, 248 U.S. 215, 250 (1918) (Brandeis, J., dissenting).

〔68〕 Ruckelshaus v. Monsanto Co., 467 U.S. 986, 990 (1984).

〔69〕 See Melvin F. Jager, *Trade Secrets Law*, Westlaw, October 2019 Update, § 3:22, § 4:9.

〔70〕 eBay Inc. v. MercExchange, LLC, 547 U.S. 388, 394 (2006).

〔71〕 See Armstrong Teasdale, "Remedies Under the Defend Trade Secrets Act" (November 2018), https://www.armstrongteasdale.com/content/uploads/2018/10/Remedies-Under-the-Defend-Trade-Secrets-Act-1.pdf (last visited January 29, 2021), pp. 14-19.

为保全措施”，后者与我国《民事诉讼法》和司法解释中的用语一致。[72] 值得留意的是，中美两国行为保全或临时禁令的不同称谓背后，实际上体现的是两国对该措施的定性和重视程度上存在较大观念差异。此类措施在我国被称为“行为保全”，和财产保全一样被当作知识产权民事诉讼中的程序性事项，长期以来并没有得到足够重视和切实保障。我国在商业秘密保护领域的首个行为保全实践是2013年的美国礼来公司与黄某侵害技术秘密纠纷案，该案裁定禁止被申请人披露、使用或允许他人使用申请人作为商业秘密保护的21个文件。[73] 遗憾的是，在该案之后较少有侵犯商业秘密纠纷获得行为保全的公开案例。[74] 2019年1月1日起生效的《最高人民法院关于审查知识产权纠纷行为保全案件适用法律若干问题的规定》(以下简称《行为保全规定》)第6条，已将商业秘密即将被非法披露解释为《民事诉讼法》第100条(保全)、第101条(诉前保全)规定的紧急情况，其效果是法院在接受诉前或诉讼保全申请后必须在48小时内做出裁定。由于第6条未列明使用或即将使用商业秘密为紧急情况，为履行《协议》的义务，就有必要修订《行为保全规定》，或者在实践中将使用或即将使用解释为本条第6项所规定的“其他需要立即采取行为保全措施的情况”。这样一来，商业秘密侵权案件中临时禁令或行为保全的可得性，至少在规范层面上得到了相当程度的保障。不过，在个案中是否裁定支持行为保全，仍然需要对以下要素进行综合考量：一是申请人的请求是否具有事实基础和法律依据，包括请求保护的知识产权效力是否稳定；二是不采取行为保全措施是否会使申请人的合法权益受到难以弥补的损害或者造成案件裁决难以执行等损害；三是该损害是否超过采取行为保全措施对被申请人造成的损害；四是采取行为保全措施是否损害社会公共利益；五是其他应当考虑的因素。[75] 前四项与美国的四要素测试法基本相同，差异较大的是胜诉可能性要素，我国司法解释中要求申请人的请求有事实基础和法律依据，包括请求保护的知识产权效力稳定。[76] 在商业秘密案件中如何把握这一要件，目前尚缺乏可供参考的案例。对于商业秘密侵权诉讼的原告，尤其在诉前申请行为保全的情形下，要求证明权利效力的稳定性是不适当的。美国法院在发布一项临时禁令前所要求的胜诉可能性，通常是要求初步(prima facie)证明原告有一项受法律保护的商业秘密已经或即将被盗用。DTSA还创设了一种新

---

[72] 《民事诉讼法》第100条和第101条将“责令其做出一定行为或者禁止其做出一定行为”与财产保全制度并置，其适用条件是当事人一方的行为或其他原因使判决难以执行或者造成当事人其他损害，规定在“保全和先予执行”一章。

[73] 上海第一中级人民法院民事判决书(2013)沪一中民五(知)初字第119号。

[74] 除礼来案之外，仅在诺华中国诉贺某侵害商业秘密纠纷一案中提及法院采取了行为保全措施。参见上海第一中级人民法院民事判决书(2014)沪一中民五(知)初字第25号之三。缺乏公开案例的原因也可能是行为保全在我国被作为程序性问题，法院做出的裁定并没有被单独公开。

[75] 《行为保全规定》第7条。

[76] 根据《行为保全规定》第8条，知识产权效力稳定应综合考量所涉权利的类型或属性，是否经过实质审查，是否处于宣告无效或者撤销程序中以及被宣告无效或者撤销的可能性，是否存在权属争议，其他可能导致所涉权利效力不稳定的因素等。这些要件显然是指向专利权、商标权、著作权等知识产权的考虑。

的救济——民事扣押，以便在临时禁令不足以阻止商业秘密传播时扣押被申请人的财产，因此该救济的证明标准要高于临时禁令。在此情形下，对于胜诉可能性的要求是证明该信息是一项商业秘密，以及被申请人用不当方式盗用了或者预谋以不当方式盗用申请人的商业秘密。[77]

三、反思：抵制抑或雕琢

（一）信息产权及其异议

《协议》对我国商业秘密保护的影响，首先来自其所植入的信息产权观念和路径，其后续影响是隐形的，却也是极为深远的。当按照《协议》的约定对我国商业秘密保护制度进行针对性强化后，人们会发现制度中蕴含着将商业秘密视为一种新型信息产权的关键性特征，这些制度特征反过来又会不断自我强化将商业秘密视为信息产权的观念，从而又持续地影响未来的制度演进方向。

"信息产权"本身并不是一个新的概念，早在20世纪80年代，郑成思等老一辈学者就提出，应从信息产权的视角理解知识产权。[78] 信息产权论的提出，一方面是因为人们在认识论层面上有了新的发展，信息论提出信息与物质和能量一样是宇宙的基本属性，从这个认识出发去考察传统知识产权的对象，就会发现它们都可以被表示或抽象为信息，信息产权的概念也就呼之欲出了；另一方面，随着信息社会和互联网的发展，出现了一批要求受到保护的对象，例如，数据库、计算机软件、集成电路布图设计，这也为传统知识产权法的反思与重塑提供了新的契机。因此就有学者提出，像科学发现、技术诀窍、民间文学、数据等对象，虽尚不被承认为知识产权，却也可以从信息产权的视角来给予保护；[79]也有学者指出，随着传统知识产权领域的不断扩大，知识产权必将向信息产权扩展。[80] 另一个对信息产权论提供助益的是关于产权的经济学理论。在信息或智力成果上建立产权的经济学理由在很大程度上是相同的，这些理论不是很关心财产权的对象究竟是什么，其关注的只是一项经济资源的价值、保护方式及其效率。例如，德姆塞茨提出财产权是用来将外部性内部化的制度安排。[81] 知识产权的一个经济学解释是创造某些智力成果的固定成本极其高昂，而又难以排除他人的利用，因此如果法律不能为这些智力成果的专属利用提供保护，创新者几乎总是会被竞争者排挤出市场，最终这种公共产品的生产很可能是不足的。[82] 就这些理论

---

〔77〕 18 U. S. C. § 1836(b)(2)(A)(ii)(IV).

〔78〕 郑胜利、袁泳：《从知识产权到信息产权——知识经济时代的财产信息的保护》，《知识产权》1999年第4期。

〔79〕 参见郑成思：《知识产权与信息产权》，《工业产权》1988年第3期。

〔80〕 赵炜霞、唐依人：《知识产权与信息产权保护》，《上海高校图书情报学刊》2000年第4期。

〔81〕 See Harold Demsetz, "Toward a Theory of Property Rights", *American Economic Review*, 57 (1967), p. 347.

〔82〕 See Jeremy Bentham, A Manual of Political Economy (1839), https://core.ac.uk/download/pdf/7048950.pdf (last visited 29 January 2021), p. 71.

本身而言,将"智力成果"替换为"信息"也基本是成立的,至少主张强化商业秘密保护的主要论据依赖的是相同的理论,只是在实践层面上具体的收益—成本分析将根据所保护的对象和规则有相当巨大的差异。

信息产权论也不乏异议者。从概念解析角度提出的质疑认为,知识产权的对象应被界定为知识(knowledge),所谓知识是人类对认识的描述,其普遍的存在方式或本体是形式,创造则是设计和描述"形式"的过程。知识产权所保护的只是知识的一部分,它是指由人类创造并由法律的标准加以"检验"而获准予以保护的那些"形式"。[83] 信息论所说的"信息"却是一种客观实在,而非人造物,信息产权说混淆了作为客观实在的信息(information)与从客观对象(包括信息)中提取的"信号"(message),后者作为人造"物"也是知识的范畴。[84] 这种概念辨析已经相当清晰。不过对于商业秘密的定义虽也有知识说,但更多的是采用"信息"一词,在此意义上的信息一词是更为广义的,并没有像信息论那样严格区分信息与信号。例如,对客观物体或事件进行测量所记录的科学与试验数据,有关生产流程、配方等的信息,可以称为知识;但计算机处理信息所生成的数据有可能是尚未被揭示其意义、杂乱无章的元数据,是有待被认识和处理以获得知识的对象,但只要满足商业秘密的秘密性、价值性、合理保密措施的要求也可以作为商业秘密。可见商业秘密法中的信息是一个相当广义的概念,就像知识产权所保护的对象是一部分知识一样,信息产权保护的对象也可能只是一部分信息,问题在于究竟要保护哪些信息、为什么要保护以及如何保护。

但无论在理论上能否对信息产权的概念及其与知识产权的关系达成一致的意见,信息经济和数字经济的进展已经在加快驱使各国商业秘密保护走向信息产权化的道路,《协议》也已经将我国拉上这架马车。上文所述的商业秘密保护对象的扩张呈现的就是这样一种图景,在传统知识产权中被"抵制"的或者被"边缘化"的对象,如今在商业秘密保护中找到了新的前景。这就产生了一种新的诉求,改造商业秘密保护规则和强化执法,使其日益接近于财产权保护。在这种强大的经济驱动力之下,关于知识产权或信息产权的本体论争论其实难以逆转这种趋势。历史唯物论表明,作为经济基础的社会生产关系的发展,或许会受到上层建筑的制约,却从来不会因此被封印、禁锢而踌躇不前。[85] 制度经济学的启示是,当一些外在性变化促成了利润的形成,而这些潜在的外部利润无法在现有的制度安排结构内实现,在原有制度安排下的某些人为了获取潜在利润就会率先来克服这些障碍,从而导致一种新的制度安排的形成或改变旧有制度安排。不过也只有创新的预期净收益大于预期成本时,才会出现制度创新。[86] 知识产权

---

〔83〕 刘春田:《知识财产权解析》,《中国社会科学》2003 年第 4 期。

〔84〕 刘春田:《知识财产权解析》,《中国社会科学》2003 年第 4 期。另参见蒋万来:《质疑"信息产权"——以"知识"和"信息"的辨析为前提》,《政治与法律》2004 年第 4 期。

〔85〕 这并不是说本体论研究不再有意义,商业秘密的产权化乃至更大范围的信息产权建构是现在进行时,仍然有必要从侵权法、反不正当竞争法、合同法等原生母体中汲取充分的理论资源。

〔86〕 参见[美]兰斯·E. 戴维斯、[美]道格拉斯 C. 诺斯:《制度变迁与美国经济增长》,张志华译,格致出版社、上海人民出版社 2019 年版,第 36 页以下。

的发展史本身就可以说明，法律在无体物上建立财产权的方式，最初就只是按对象具体化的、回应性的，到 19 世纪中期人们开始用文学财产、工业产权等更具概括性和前瞻性的词汇，直到 20 世纪中期才确立“知识产权”（intellectual property）作为一个“伞形”概念。[87] 总体而言，现象总是先于观念和制度。当前在理论上同意或抵制“信息产权”这样一种概括倒不是最急迫的问题。我们观察到“信息产权化”现象正在发生，并且伴随各国第二轮同步立法和《协议》出现了更多信息产权的特征，接下来的问题是，它可能会对创新、竞争以及整体社会福利带来何种影响，要怎样去雕琢这样一种观念与制度，使其发挥最大限度的收益和避免过高的社会成本。

（二）信息产权化的影响

《协议》所提示的信息产权化的路径，将对我国未来的创新与竞争环境带来哪些影响？从社会总福利的角度而言，信息产权化路径的社会收益是否大于社会成本？有许多法律经济学家尝试对这些问题给出理论化分析，在这样做时，基本的假定是将商业秘密作为一项知识产权，至少是某种特殊的财产权而不仅是受侵权法保护的利益，因此也可以理解为是关于信息产权化影响的理论研究。[88] 这些理论解释大多遵循的是激励论的框架。关于商业秘密保护有三种类型的激励论解释：一是通过保障创新的投资回报，激励在创新和研发上的投资；二是充分的法律保护降低了企业为防止商业秘密信息泄露所需的成本，而后者往往是无效率和浪费性的投入；三是商业秘密保护鼓励企业进行更广泛的信息传播，从而提高知识溢出的可能性。[89] 在国际条约谈判中与之相关的一个论点是，更强、更协调的全球商业秘密保护体系将有助于改善营商环境，提高技术转移的激励，促进与高新技术有关的贸易和外商直接投资。

如果将商业秘密当成一种信息/知识产权，这些正当化理由听起来似乎与专

[87] 参见[澳]布拉德·谢尔曼、[英]莱昂内尔·本特利：《现代知识产权法的演进：英国的历程（1760—1911）》，金海军译，北京大学出版社 2012 年版，第 5 页；Hughes, Justin, “A Short History of Intellectual Property in Relation to Copyright”, *Cardozo Law Review*, 33 (2012), pp. 1296-1303.

[88] 直至今日，在国内外的理论研究中对于商业秘密的信息/知识产权论也仍然不乏争议，国外的两种代表性的观点，参见 Mark A. Lemley, “The Surprising Virtues of Treating Trade Secrets as IP Rights”, *Stanford Law Review*, 61 (2008), pp. 311-354（考察了关于商业秘密的侵权法、合同法、财产法、商业道德和其他理论，并认为商业秘密可以从知识产权激励论中获得正当化解释）；Robert G. Bone, “A New Look at Trade Secret Law: Doctrine in Search of Justification”, *California Law Review*, 96 (1998), pp. 241-314（商业秘密是一系列规范的集合，主要应由合同法来规范，商业秘密是信息或是秘密都无法为规范上自成一体的商业秘密法提供正当性理由）。对有关商业秘密权利属性的学术争鸣所进行的梳理，参见董慧娟、李雅光：《商业秘密权中知识产权与信息财产权的耦合》，《江西社会科学》2015 年第 11 期；林秀芹：《商业秘密知识产权化的理论基础》，《甘肃社会科学》2020 年第 2 期。

[89] 关于现有研究成果的综述，参见 Mark F. Schultz & Douglas C. Lippoldt, “Approaches to Protection of Undisclosed Information (Trade Secrets): Background Paper”, OECD Trade Policy Papers No. 162, Paris: OECD Publishing (30 January 2014), http://dx.doi.org/10.1787/5jz9z43w0jnw-en (last visited 30 January 2021), pp. 11-12。

利制度并无二致。那么必然产生的一个疑问是，为什么不在现有专利制度中实现这种激励机制？前文从权利人的视角对两种制度的优劣给出了简单比较，例如，保护对象、保护期以及获取保护的成本和可预期性等，但尚未回答从社会整体福利的角度，让商业秘密保护独立于专利制度的理由是什么。如果说商业秘密有不同于专利制度的独特功能，必然要在商业秘密与专利制度的相异之处寻找。首先，商业秘密的排他性较专利要弱，即便是“产权化”的商业秘密权也不能排除他人通过独立发现、反向工程等方式获取和使用相同的信息。前景理论（prospect theory）认为专利发挥了一种边界标记功能，从而给竞争者提供了警示以避免浪费性的重复研发。但商业秘密恰恰是给后来的创新者提供了一个机会以鼓励重复发明的努力，基本原理是做出这种发明的成本将随时间递减，他人做出重复发明的可能性就会增加，如果后来的创新者通过独立发现或反向工程成功地揭示这项秘密，他甚至有机会获得专利并阻止在先创新者（商业秘密持有人）的使用。〔90〕因此，商业秘密与专利制度的良好衔接可能呈现的是更激烈的创新竞争。由此延伸的一个激励论据是，商业秘密只是阻止以不当方式获取和利用信息，但鼓励人们将资源投入到独立发现、反向工程上，而不是尝试去不当获取他人的商业秘密。其次，专利制度的作用机制是在社会层面上的公开换保护，所涉及的发明在保护期内虽是排他性利用，但毕竟对于竞争者、创新者和普通公众而言，仍然是可供获取的公开信息与知识来源，并且保护期届满后终究还是会落入公有领域；而商业秘密“用保密维持权利”的路径则不具有类似的信息功能，而且似乎提供了一种永久保护的可能性。由此产生的一种担忧是，在知识产权的总体激励不变的前提下，强化的商业秘密保护日益受到青睐，是否会相对挤压专利和作品形式的公开信息数量，是否会鼓励无节制的信息私有化，从而日益侵蚀公有领域，损害公众获取知识、信息的能力，也桎梏自由竞争和持续创新的空间。一些回应试图缓解这些担忧，例如，第三种类型的激励说认为，至少相比于没有法律保护的情况而言，商业秘密保护还是扩大了信息传播的人际范围。因为在前一种情形中，商业秘密持有者可能会倾向于仅在家庭成员等极小范围内传递和利用信息，而不愿意与更大范围的员工和第三方进行合作。在这些扩大的人际圈内，人们虽不能违反保密或限制使用义务去使用或披露这些信息，但这些信息还是能够转化为这些个人的人力资本，提高劳动力的知识和技能水平。这个论据的前提是，商业秘密保护不能阻止员工使用在执业过程中获得的一般技能和能力，也不能过度阻碍人才流动性，这样才能保障某种程度的知识溢出效应。另一个脉络上的回应是，商业秘密并不都能像可口可乐配方一样长久地保密，如果作为商业秘密保护的信息是那种显而易见的发明，意味着后来的创新者很快就能揭示并公开该信息，或者如果该信息本身并不能给权利人带来太多的经济效益，继续投入资源去采取保密措施就是不明智的。

---

〔90〕［美］威廉·M. 兰德斯、［美］理查德·A. 波斯纳：《知识产权法的经济结构》（第2版），金海军译，北京大学出版社2016年版，第436—438页。当然这取决于在先商业秘密权人根据专利规则能否建立一种先使用权，如果是，此时可能导致双寡头垄断局面，否则就是在后发明人独占。

通过这些理论争鸣，可以进一步发现《协议》未曾提及但对商业秘密保护的福利效果至关重要的若干平衡性规则，比如，合法获取商业秘密信息的规则，尤其是通过独立发现、反向工程获取以及基于公开信息的推理属于合法获取的规定；又如，确保商业秘密保护不阻碍人才自由流动的规则，以及不妨碍员工利用其在职业过程中获得的一般技能与能力的规则，商业秘密保护与专利制度之间的衔接规则等。这些平衡性规则决定了信息产权化路径上的商业秘密保护是否能按照上述理论推断的那样促进创新和竞争。但《协议》本身的目的仅是敦促我国强化商业秘密保护，而没有理由向我们揭示天平另一端的砝码及其分量。因此，我国对《协议》的回应不能仅盯着《协议》文本，也不能将信息产权化方向视为一种通往强化的单行车道，而是要通过独立的研究去揭示《协议》的弦外之音和未尽之言，并采取一种更加平衡且体系化的路径来悉心雕琢这项制度。

在这一方面，最高人民法院 2020 年的司法解释是一个好的开端，尝试在《反不正当竞争法》的寥寥数语之外去细化适用规则，诸如“为公众所知悉”“相应保密措施”“使用商业秘密”“实质上相同”的含义及其考量因素，“自行开发研制或反向工程获取信息不属于侵犯商业秘密行为的规则”等。〔91〕但这些相关法律适用的司法解释有其固有的局限性。一方面，司法解释需要受到法律条款给出的解释空间和立法目的的约束。《反不正当竞争法》虽是过去 20 多年来孕育商业秘密保护制度的母体，但继续让商业秘密屈身于《反不正当竞争法》第 9 条这件已经不合体的“外衣”并不是长久之计。《反不正当竞争法》本身在未来能够提供给商业秘密的平衡砝码已经不多了，围绕公平竞争的商业道德来建构商业秘密平衡规则，并不能增进有关商业秘密创新实证效果的智识，也不能很好地履行创新政策杠杆的任务。另一方面，依循个案裁判而运行的司法程序是不是展开创新政策讨论的适当论坛也是有疑问的。盘点提炼所有可供利用的制度杠杆，小心地在天平两端分配筹码，为先发创新者赋予一矛，也为后发追赶者赋予一盾，这样的政策任务恰恰是传统知识产权单行法所擅长的。在这一方面，欧盟《指令》所采取的单行立法模式给出了相当可取的示范，从商业秘密保护与专利申请的程序衔接、避免滥用商业秘密保护的规则与程序，商业秘密保护与信息获取利用、表达自由、就业自由、缔约自由、自由竞争之间的平衡等角度，提供了相对调和的弱排他性路径。

商业秘密单行立法可能带来的另一个潜在好处是以立法促进理论和实证研究。相比于传统知识产权所受到的重视，目前关于商业秘密的理论与实证研究还是相当不足。关于商业秘密对创新的效果，上文所提示的理论争鸣也仍然充满了相当激烈的争议。在实证研究层面，正如 Katherine Linton 所承认的，当前人们就商业秘密对创新与技术转移的实证效果知之甚少。有少量的实证研究证明了商业秘密保护的确对创新和技术转移具有激励效果。例如，Lippoldt 和 Schultz 在 2014 年设计了一个商业秘密保护指数(TSPI)，对 37 个国家商业秘密

〔91〕 参见《最高人民法院关于审理侵犯商业秘密民事案件适用法律若干问题的规定》(法释〔2020〕7 号)。

保护的严密性与创新投入、创新相关国际经济绩效之间的关系进行了定量研究。研究发现,商业秘密保护的严密性与创新投入、外商直接投资与贸易流量之间存在正相关性。因此,商业秘密保护对国内创新、国际技术转移、技术密集型输入要素和相关产品的获取具有积极的影响。[92] 但这一领域尚且有许多问题亟待实证证据的支持。因此,在《协议》所推崇的这条路径中前行就好比是摸着石头过河。在这种充满不确定性的情形下,我国未来的商业秘密保护及其对创新和竞争环境的福利影响如何,在很大程度上就取决于决策者、执行者、研究者和实践者们,能否遵循一种相对灵活和体系化的平衡之道。

四、结论

中美第一阶段协议中关于强化商业秘密保护的条款,是全球各主要经济体建构信息产权和信息主权大趋势的一个缩影。本文在一种全球视角中观察到的动向是,各国的商业秘密保护正在发生从反不正当竞争法保护模式到信息产权化的路径转换。对这一趋势的感知为理解《协议》内容及其意义提供了重要背景。《协议》反映了近年来美国商业秘密保护规则的最新发展,也为中国的商业秘密保护增添了许多趋向于信息产权化的特征,包括受保护对象的扩张、排他性范围的扩大以及排他性程度的提高。中国在完善商业秘密实体和程序保护、履行《协议》义务方面表现出了极大的诚意,经过近两年来密集和富有成效的立法修法,《协议》条款大多得到落实,也在很大程度上改变了我国商业秘密保护法律体系的基本面貌。《协议》对我国未来商业秘密保护的长远影响,首先源自其植入的信息产权化观念和制度特征,尽管这种影响是隐形的,且在观念层面尚有争议,但它作为一种现象不容忽视,作为一种趋势也难以根本逆转。当务之急是把握信息产权化对我国创新与竞争环境的福利影响。这一领域的研究基本肯定商业秘密保护对创新和技术转移具有积极影响,前提是商业秘密法中存在某些关键性的平衡规则,例如,对独立研发、反向工程的激励,商业秘密与专利制度的良好衔接,商业秘密保护与人才流动、信息获取和利用之间的平衡。这些平衡规则是《协议》未尽之言,也是反不正当竞争模式在未来难以充分驾驭的领域,一种谨慎的建议是通过商业秘密单行立法承担起体系化平衡的任务,并借立法推动理论和实证研究。

---

[92] 衡量商业秘密保护严密性的指数由商业秘密的定义与覆盖范围,具体义务和盗用,救济与责任限制,执法、调查、证据开示与数据排他性,制度功能和相关规制等五个方面组成,每个方面又分为若干细分指标。创新投入考察的是研发支出、研究人力投入,创新相关国际经济绩效考察的是实际外商直接投资流量、服务总进口、实际技术服务进口和实际商品进口。Douglas C. Lippoldt & Mark F. Schultz, "Uncovering Trade Secrets - An Empirical Assessment of Economic Implications of Protection for Undisclosed Data", OECD Trade Policy Papers No. 167, Paris: OECD Publishing (11 August 2014), http://dx. doi. org/10. 1787/5jxzl5w3j3s6-en (last visited 30 January 2021), pp. 15-17.

The Implication of the China-US Phase One Economic and Trade Agreement on the Protection of Trade Secrets in China

NAN Hongyu

Abstract: The Sino-US Economic and Trade Agreement along with recent legislative trends in both the United States and Europe shows that the paradigm of trade secrets protection is shifting from an anti-unfair competition means to a property approach, which simultaneously signals the emergence of trade secrets as a new type of information property rights in a digital economy era. Building off the text of the Agreement, this article uncovers the background and causes of this paradigm shifting and identifies some of its specific manifestations. Under the article's hypothesis, the Agreement will have a profound implication for China's innovation and competition environment in the future. Meanwhile, the direction of its impacts depends on whether the policy makers can ably grasp the overtones and the things left unsaid of the Agreement, and whether they master the policy tools to systematically balance information property rights.

Key Words: Economic and Trade Agreements; Trade Secrets; Unfair Competition; Information Property Rights

《中美第一阶段经贸协议》对中国药品专利制度的影响

吴柯苇*

摘　要　中美贸易谈判及第一轮协议的签署，对中国药品专利制度影响深远。通过文本梳理和规范分析，并联系中美关系的时政背景，可以对药品专利制度可能受到的冲击进行预判，同时为下一轮中美谈判和《中华人民共和国专利法》第四次修改相关事项建言。中国应当正确理解和运用专利立法的利益平衡原理，在落实中美谈判结果的过程中保持开放心态，高水准体系化地推进药品专利链接制度的改革。同时坚持最大限度维护国家利益的基本原则，在药品专利申请补充实验数据规则方面进行最低限度落实。药品专利强制许可问题将成为中美下一轮贸易谈判的重要议题，中国应主动将药品专利保护与人类基本健康权益的利益平衡话题列入谈判目录并做好论证准备，同时考虑国际条约的弹性规定，完善国内相关立法。

关键词　中美经贸协议；仿制药；补充实验数据；专利链接；保护期延长；专利强制许可

目　次

---

* 吴柯苇（1993—），北京大学法学院2019级博士研究生，主要研究方向：知识产权法、科技法。

一、引言

2020年1月15日，中美签署《中华人民共和国政府和美利坚合众国政府经济贸易协议》。[1]《协议》正文部分包括知识产权、技术转让、农产品贸易等八章。知识产权相关内容位于第一章，约占协议文本总量的20%。从文本体量和所处位置来看，似乎可以认为中美知识产权问题已经成为双方最主要的贸易争端。但对于中美知识产权争议的性质，学界存在分歧。一种观点认为，中美知识产权规则冲突的本质，是战略问题而非贸易问题。入世20年来，中国知识产权保护水平逐年提高，已经跻身世界知识产权发展水平前十梯队。[2] 但美国对中国的"301"调查、"337"调查却几乎没有中断。[3] 因此美国就事论事"倒逼"中国知识产权制度改革的时代已经过去，战略上的忌惮和深层次的道德指责已经成为常态。因此，中国需要实现"倒逼"向"自主"的转换，按照中国既有需求，合理把握知识产权保护力度。[4] 这种观点有三个特点：强调中国国情、坚持本质思维、富有战略视野，可以将其概括为"协议对抗论"。也有观点认为，此次谈判结果实质上中国让步更大，但仍需辩证看待其对中国的意义。首先，中国完善知识产权保护制度存在内生需求；其次，中美强硬"脱钩"不符合中国利益；再次，鉴于中国特殊的决策体系，《协议》可以成为中国进一步完善知识产权规则体系的外在动力。[5] 这种观点也有三个明显特点：强调现实差距，强调动态博弈，富有辩证思维，不妨将其称为"协议促进论"。

无论是"协议对抗论"，还是"协议促进论"，都是基于对事物本质进行深刻分析而做出的理性论断。这种本质主义下的理性推断，会对具体实践产生明显影响。若我们在两种观点中选持其一，在《协议》对中国知识产权保护可能产生何种影响的问题上，显然会得出不同的结论。若按第一种观点，《协议》签署及后续落实对于中国知识产权制度的影响将十分有限。而按第二种观点，在中美贸易磋商的背景下，中国知识产权制度短期内出现较大变化将成为可能。然而，两种观点都仅仅是根据已知经验做出的主观研判。目前中美贸易磋商还在进行，拜登上台以后延续了对华贸易谈判进程，所以现有探讨仍存时效性过强，预测性不足的问题。但是仍然不妨就现有条文和国内立法进行文本分析，从而为可能到来的变化提供认知基础。就现有研究来看，基于《协议》可能会对中国药品专利制度带来何种影响的分析阙如。因此本文旨在就《协议》中有关药品专利保护文

---

〔1〕 USTR, Economic and Trade Agreement Between The Government of The People'S Republic of China And The Government of The United States of America, January 15, 2020, https://ustr.gov/about-us/policy-offices/press-office/press-releases/2020/january/economic-and-trade-agreement-between-government-united-states-and-government-peoples-republic-china, Last visit at April 23, 2020.

〔2〕 吴汉东主编：《中国知识产权蓝皮书》，知识产权出版社2019年版，第34页。

〔3〕 参见刘银良：《国际知识产权政治问题研究》，知识产权出版社2014年版，第214—248页。

〔4〕 参见孔祥俊：《我国知识产权保护的反思与展望——基于制度和理念的若干思考》，《知识产权》2018年第9期。

〔5〕 参见易继明：《改革开放40年中美互动与中国知识产权制度演进》，《江西社会科学》2019年第6版。

本对照国内立法现状进行检视，继而将目光移至中美下一轮谈判中极有可能涉及的药品专利强制许可问题上，进行政治经济学层面的探讨。文章接下来将分章论述《协议》中涉及的四个药品专利相关的制度，并在最后一章探讨如何在《协议》落实过程中实现药品专利保护的利益平衡。

二、药品专利申请实验数据补充机制

（一）《协议》规定与对应专利法原理

《协议》第1.10条规定："中国应允许药品专利申请人在专利审查程序、专利复审程序和司法程序中，依靠补充数据来满足可专利性的相关要求，包括对公开充分和创造性的要求。"该规定对应的学术探讨即专利申请中药品补充实验数据的问题。专利申请时，是否允许补充数据用以证明符合授权条件，一直以来都是中美知识产权争议的焦点问题之一。我国立法者鉴于中美制药产业的技术实力差距，一直对补充实验数据问题持审慎态度。在理论层面，药品实验数据补充的规范阻碍是"先申请原则"。先申请原则的理论基础是形式公平和社会效率，即"先来先得"的基本原理。目前，包括我国在内的绝大多数国家在专利法中坚持该原则，唯独美国长时间实行"先发明原则"，即侧重保护最先做出发明创造的人。[6] 因此在美国强力向其他国家推行药品实验数据补充制度的时候，必然会对实行"先申请原则"国家的专利法律制度带来冲击。要理解与评价这种冲击可能带来的影响，既要考虑"先申请原则"和"先发明原则"的对立原理，也要考虑药品行业专利实践的特殊性。

（二）制药行业的技术特性和专利特殊性

药品行业的专利实践具有一定特殊性，是由现代制药技术的发展历程决定的。人类制药的历史，可追溯到上古时代，从神农氏尝百草，到埃及金字塔出土的莎草纸药方，人类很早就开始了药物发现的生存实践，但科学的现代制药体系其实很晚才形成。[7] 二战以后，现代制药体系才逐渐形成并发展，并实现了从化学小分子药物到生物大分子药物的进步历程。生物大分子药物是目前制药体系的新兴领域和技术高峰，诸如单抗、靶向药物。[8] 但是人类目前最为可得的药物，主要还是化学小分子药物。在化学小分子药物的技术方面，人类的技术进步成绩斐然。1981年，日本化学家岸义人（Yashito Ki）接替其博士后导师伍德沃德继续进行大分子合成研究，并于1981年成功合成迄今为止最为复杂的化学分子结构——维生素B_{12}。[9] 继而化学界达成普遍共识——没有合成不出来的分子，为小分子药物的发展提供了技术基础。尽管人类合成化学分子的能力已经

〔6〕 尹新天：《中国专利法详解》，知识产权出版社2011年版，第97页。

〔7〕 参见[英]德劳因·伯奇：《药物简史》，梁余音译，中信出版社2019年版，第1—10页。

〔8〕 参见郭雯：《重磅生物药专利解密》，知识产权出版社2019年版，第1—4页。

〔9〕 吴祺：《有机化学史话》，陕西师范大学出版社2017年版，第179页。

登峰造极，但是人工合成的分子化合物中，绝大部分都是没有任何药用价值的。所以化学制药行业的第一个特殊性，就在于确认化合物的实际作用方面存在的偶然性和高风险性。据美国药物研究与制造商协会统计，在人工合成的化合物中，只有万分之一到万分之二能够成为美国食品与药品监督管理局（Food and Drug Association，以下简称 FDA）批准的药品。[10]

上述技术事实的存在，决定了化学药品专利的特殊性。第一，小分子化合物的实际用途可预测性低。与机械电子类专利的用途可预期性相比，药品专利效果的可预测性非常低。[11] 例如，去甲肾上腺素具有升高血压的作用，但结构相似的异丙肾上腺素则具有支气管扩张的作用。[12] 而结构迥异的青霉素和诺氟沙星却又具有相似的抗菌作用。因而我国《专利审查指南》长期对化学药品专利和机械电子类专利的专利"有益效果"证明方式区别对待。例如《专利审查指南（2010）》第 2 部分第 2 章规定："机械、电气领域中的发明或者实用新型的有益效果，在某些情况下，可以结合发明或者实用新型的结构特征和作用方式进行说明。但是，化学领域中的发明，在大多数情况下，不适于用这种方式说明发明的有益效果，而是借助于实验数据来说明。"第二，化学药品领域专利申请突破"先申请原则"的合理性相对明显。实际上，化学药品专利和机械电子类专利的实践差异根植于力学原理的逻辑先验性和生物化学领域循证经验性的分野。化学分子的药品用途常通过实证经验得以发现。所以专利权人在对化合物申请产品或者用途专利时，无法穷尽列举该化合物的可能医药用途。

以新型冠状病毒肺炎（Corona Virus Disease 2019，以下简称 COVID-19）疫情期间的"明星"药物——瑞德西韦（Remdesivir）为例。吉利德公司 2015 年 10 月 29 日对该药进行了国际专利申请（申请号：WO2016069825A），随后公开了该药化合物的制备方法。之后，该公司就同一化合物的制药用途进行了方法专利申请，国际申请号：WO2017049060A1，中国同族专利申请号：CN108348526A（治疗沙粒病毒和冠状病毒科病毒感染的方法），公开于 2018 年 7 月 31 日，目前处于实质审查阶段。在中国的方法专利申请中，吉利德公司在"治疗沙粒病毒和冠状病毒科病毒感染的方法（CN108348526A）"专利申请的权利要求书第 66 项，明确主张该化合物对于 SARS、MERS、229E、NL63、0C43 和 HKU1 的冠状病毒科病毒引起的呼吸道综合传染病的治疗用途的方法专利享有专利权。[13] 对于 SARS 等已经在人类世界出现的冠状病毒的治疗用途，吉利德公司可以提供相对充分的药品临床试验数据供审查人员参考。但是对于同属冠状病毒科的 COVID-19，

---

[10] See PHRMA（美国药物研究和制造商协会），The Innovation Manufacturing Industry: Driving Economic Growth. March 2015，http://phrma-docs. phrma. org/files/dmfile/ip-report-march. pdf，Last visit at April 23，2020.

[11] 中华人民共和国国家知识产权局：《专利审查指南 2010（修订版）》，知识产权出版社 2017 年版，第 136 页。

[12] 参见熊方武、余传隆、白秋江、修成娟主编：《中国临床药物大辞典（化学药卷）》（上），中国医药科技出版社 2018 年版，第 1504—1509 页。

[13] 参见 CN108348526A（治疗沙粒病毒和冠状病毒科病毒感染的方法）权利要求书。

吉利德公司在申请时根本无法预见可能的药物用途，所以不可能将其明确写入权利要求书之中，更不可能就尚未出现的 COVID-19 提供临床数据以支撑其相应的权利要求。这才有了中国科学院武汉病毒研究所（以下简称武汉病毒研究所）就瑞德西韦可用于 COVID-19 病毒治疗的制药用途专利申请的事情。[14] 若在武汉病毒研究所的专利申请之后，吉利德公司提出同样的用途专利申请，则其在申请时间上晚于武汉病毒研究所，必然因为"先申请原则"而遭遇阻碍。如果存在药品实验数据补充制度，吉利德公司可以在中国同族专利申请 CN108348526A，即治疗沙粒病毒和冠状病毒科病毒感染的方法中，补充相关临床试验数据，证明其权利要求中的"冠状病毒科"的治疗用途覆盖了 COVID-19，那么武汉病毒研究所的专利申请将会在新颖性审查上面临重大不利。因此，如果我国法律允许吉利德公司事后，即申请日之后补充专利说明书中的实验数据，用以证明其权利要求的合理性，无异于对先申请原则的一种突破。

（三）《协议》对药品申请实验数据补充的影响

总体而言，这种突破的正当性基础在于药品用途的不可预测性，以及药品研发的高成本特点。而是否允许这种立法，取决于一国保护原研药品的力度把握。诸如美国这类研发能力强、产业化水平高的国家，其立法对药品专利的补充数据持宽容态度。但美国也对这种规则设定了限制。美国法院认为"如果预料不到的技术效果可以从专利文件公开的方法隐含得出，或者与预期用途具有紧密的联系时，就应当考虑允许申请人在申请日后提交实验数据进行证明"，[15]因而该制度对美国专利法体系的冲击被维持在合理范围内。相对而言，我国原研药产业实力和技术水平长期处于落后状态，因此我国立法和司法实践均对药品专利实验数据补充持否定态度。体现为两个方面：第一，立法实践中我国对补充实验数据持明确否定态度。我国《专利法》中不存在补充实验数据的规定，而行政规章中相关规定也姗姗来迟。国家知识产权局于 2017 年才在《专利审查指南》修改时做出细微调整。第二，司法实践中，法院也坚持反对补充实验数据的基本意旨。以 2016 年最高人民法院公布的十大知识产权典型案件之一"国家知识产权局专利复审委员会、诺维信公司与江苏博立生物制品有限公司发明专利权无效行政纠纷再审案"（以下简称诺维信专利无效再审案）为例，案涉诺维信公司就一种"热稳定的葡糖淀粉酶"提起专利申请，因部分权利要求采用了"同源性和开放式的撰写方式"使得权利要求过宽，而被他人提出专利无效异议，并最终被法院认定为"在本专利说明书未给出充分实验数据支持的情况下，争议权利要求的概

---

[14] 参见中国科学院武汉病毒研究所：《武汉病毒所：在抗新冠病毒药物筛选方面取得重要进展》，http://www.whiov.cas.cn/kyjz_105338/202002/t20200204_5497136.html；更新时间：2020 年 2 月 4 日，访问时间：2020 年 4 月 23 日。

[15] Knoll Pharm. Co. v. Teva Pharms. USA, Inc., No. 01-C1646, 2002 WL 31050138 (N. D. Ill. Sep. 13, 2002).

括显然超出了说明书的内容”。[16] 上述立法和司法实践表明，国外先进制药公司通过补充实验数据制度在中国谋取更大获益空间的意图长期受限。本文认为，较长时间来看，这是一种明智的“保护主义”。美国早在 2015 年，就对中国这一“保护主义”现象进行了持续交涉。2017 年修改公布的《专利审查指南》第 10 章第 3.5 条，回应性地增加了“对于申请日之后补交的实验数据，审查员应当予以审查。补交实验数据所证明的技术效果应当是所属技术领域的技术人员能够从专利申请公开的内容中得到的”。从该规定文字表述来看，不难发现我国有关补充实验数据制度中的“得到”标准，同美国专利法中的“隐含得出”“紧密联系”标准仍存距离。

三、药品专利纠纷的事前解决机制

(一)《协议》规定与中美现行规范体系

《协议》第 1.11 条涉及药品专利纠纷的“早期解决机制”，在中美比较法背景下，可以理解为药品专利链接制度，尤其指其中的专利挑战制度。专利链接是一个微妙的“仿制药厂—原研药厂—社会公众”之间的三方利益平衡体系。“链接”二字，道出了该制度的精髓，即司法与行政、仿制药厂与原研药厂之间的事务对接。该制度具体包括：Bolar 例外、专利保护期延长、专利挑战。专利挑战制度是这个利益平衡体系的核心。[17] 专利挑战制度内部又包括：橙皮书制度、拟制侵权条款、专利声明制度、原仿双方协商期、简明新药上市申请制度（ANDA）、首仿药市场独占期、药品审批遏制期。[18] 我国自 2008 年《专利法》修改以来，其实已经部分引入了属于专利链接机制的规范。最为典型的是《专利法》第 69 条第 5 项规定的 Bolar 例外制度。同时，《药品注册管理办法（2007）》规定了部分类似药品专利的条款，包括第 8 条（信息公示及上市药品目录集）、第 18 条（上市申请时药品专利状况和不侵权声明）、第 19 条（仿制药上市申请期限限制）、第 20 条（实验数据保护期）和第 66 条（监测期保护条款）。这些规定可以分别视为橘皮书制度、专利声明制度和药品实验数据保护制度的雏形。

(二)药品专利链接制度的国内实践与原因

事实上，前述规定在中国实践中对原研药厂的专利保护几无实质意义。主要体现在以下两方面：(1)中国实践中，《药品注册管理办法（2007）》规定的专利不侵权声明流于形式，内容可信度低，且无虚假声明责任规定；(2)食品与药品监督管理局（SFDA）和国家知识产权局（CNIPA）各司其职的职能“分割”模式很难改观，仅仅通过药品监督管理部门出台部门规章，很难有效“链接”药政和专利行

---

〔16〕 最高人民法院(2016)最高法行再 85 号行政判决书。

〔17〕 参见吴柯苇：《仿制药专利挑战行为界定与属性分析——以药品专利链接制度本土化为背景》，《电子知识产权》2019 年第 10 期。

〔18〕 参见程永顺、吴莉娟：《探索药品专利链接制度》，知识产权出版社 2019 年版。

政的关联事项。因此我国2020年前的立法远未达到《协议》要求的“早期解决机制”的水准。[19] 随着《协议》的达成，建立“早期解决机制”的探讨终于进入实质阶段，上述问题的解决方案势必成为中美下一轮谈判的焦点之一。敏感的读者或许已经意识到，《协议》中并没有直接用“专利链接”“专利挑战”来具体描述中方的义务，而是采用了“早期解决机制”这种措辞。这种措辞的选用是否系双方妥协的结果，我们无从得知。但从结果来看，这样的文字表述的确为中国履行《协议》提供了一定程度的自由。第一，如果中方没有完全移植美国专利链接制度，并不会直接被认为违反协议。这就为我国根据既有国情，妥善落实《协议》要求留有余地。第二，“早期”的文意解释，存在斡旋空间。“早”是一个相对的概念，参照系设定不同，会得出不同的结论。比如，早于新药上市申请、早于新药上市获批、早于原仿双方正式进入诉讼环节、早于判决做出……都可以进一步做狭义或者广义的解释。第三，对于生物大分子制药的早期纠纷解决机制，在美国并非按照专利链接制度进行操作，而是遵循另外一套“专利舞蹈”(Patent Dance)规则进行调整。[20] 对于生物大分子制药的早期纠纷解决机制，中国是否有落实义务，也有待解释。

事实上，我国药品专利“早期解决机制”长期缺位，是产业历史差距、体制国情需求等要素综合作用的结果。首先，我国司法和行政的部门职能长期分割，且国家顶层缺少改革协调的内生动力。其次，制药产业发展水平较低、体系性较差，所以链接药政和专利行政及司法保护的现实需求不足。最后，重“事后救济”而轻“事前解决”的纠纷化解制度，不能为“早期纠纷解决机制”的产生提供制度土壤。究其本质，唯物史观的重要原理可以给予回答：“人们在自己生活的社会生产中发生一定的、必然的、不以他们意志为转移的关系……即有法律的和政治的上层建筑竖立其上并有一定的社会意识形式与之相适应的现实基础”。[21] 事实上，药品专利链接制度是现代制药产业发展到一定程度时，专利立法的一种技术性回应。在药品科技和产业水平较低的国家建立这种制度，必然超越经济和行业发展的实际需求。此外，单独建立这套复杂的法律和行业规则，也需牵动和耗费较多的人力和物力。

所以制度建设的主要考虑要素是产业水平问题。我国制药科技和产业水平的实际发展程度究竟如何？对于这个问题的回答，不仅会影响《协议》条款在我国的转化落地程度，还会影响我国医药和司法改革的历史走向。现有资料显示，我国已经形成了完整的现代药品工业体系，而且是世界上六个拥有仿制药生产能力的国家之一。[22] 同时，中国药品创新能力主体结构实现了单一向多元的转

〔19〕 参见吴柯苇：《仿制药专利挑战行为界定与属性分析——以药品专利链接制度本土化为背景》，《电子知识产权》2019年第10期。

〔20〕 See Cindy Navarro, “It Takes Two to Tango: The BPCIA's Mandatory Patent Dance”, *AIPLA Quarterly Journal*, 45(2017), pp. 291-318.

〔21〕 《马克思恩格斯选集》(第二卷)，人民出版社1972年版，第79页。

〔22〕 参见纪媛媛、周东明：《从知识产权角度浅析仿制药企业的发展之道》，《中国新药杂志》2016年第11期。

变。行业报告显示,"2010 年以来,随着留学归国科研人员的增多、产业政策和资本的大力支持,国内创新药研发一改过去由体制内科研机构主导的现象,医药企业逐渐成为新药研发的主体。"〔23〕随着行业技术水平整体提升,我国出现了不少领军企业。诸如百济神州、绿叶制药、恒瑞、石药欧意、正大天晴、华安、新华、深圳致君等,都纷纷进军国外进行挑战性仿制并有一定战果。2017 年报告显示,"国产 1 类新药申报数 174 个,创下 10 年之最"。〔24〕 而药品行业的高端领域——生物制药,我国更是将其纳入国家知识产权战略之中,同时,《国家生物技术发展战略纲要》编制工作也已进入实质阶段。〔25〕 比较确定的是,我国制药行业的基本水准已经相较于"入世"时期有了实质提升,尤其是在生物制药方面,中国后发先至的趋势趋于明显。

近年来,我国出台了明确建立专利链接制度的多份文件。2017 年,我国明确了完善专利链接制度的制度需求。〔26〕 2019 年,中共中央办公厅、国务院办公厅再次出台《关于强化知识产权保护的意见》(以下简称《意见》),为包括专利链接制度等在内的若干保障知识产权创新的制度建构规划了完成期限。〔27〕 外界倾向于认为这是迫于美国压力的政治反应。其实不尽然,如果我们稍把眼光放长,就会发现化学小分子药物的时代已经式微,生物大分子药物才是未来药品市场真正的朝阳领域。而我国企业方面普遍认同未来十年中国的创新药将会大量涌现,从而带动中国由医药制造大国向医药创新强国转变。综上,本文认为我国在《协议》之下落实药品专利链接制度可以适度超前,即借此次落实《协议》的机会,规定化学小分子药物和生物大分子药物的专利"早期纠纷解决机制"。暂时无须效仿美国,对化学小分子药品和生物大分子药品分别制定两套规则。因为美国目前的"专利舞蹈"制度也处于制度调试期,存在诸多问题。〔28〕

(三)《协议》对中国药品专利链接制度的影响

目前来看,尽管国家层面连续出台意见,就完善我国药品专利链接机制明确了政策风向。但具体到制度落实的路径选择,仍然存在分歧。学界现存两种路

---

〔23〕 参见《2018 年中国创新药、优质仿制药行业发展趋势分析》,中国产业信息网,http://www.chyxx.com/industry/201807/661995.html;更新时间:2018 年 7 月 24 日;访问时间:2020 年 4 月 8 日。

〔24〕 邓改芳:《2017 年新药评审总结》,https://www.sohu.com/a/224023859_774749;更新时间:2018 年 2 月 25 日;访问时间:2020 年 4 月 23 日。

〔25〕 参见《〈国家生物技术发展战略纲要〉编制工作会在京召开》,中华人民共和国科学技术部网站,http://www.most.gov.cn/kjbgz/201808/t20180803_141042.htm;更新时间:2018 年 8 月 3 日;访问时间 2020 年 4 月 8 日。

〔26〕 参见新华社:《中共中央办公厅 国务院办公厅印发〈关于深化审评审批制度改革鼓励药品医疗器械创新的意见〉》,http://www.gov.cn/zhengce/2017-10/08/content_5230105.htm;更新时间:2017 年 10 月 8 日,访问时间:2020 年 4 月 8 日。

〔27〕 参见《关于强化知识产权保护的意见》,人民出版社 2019 年版。

〔28〕 See Jon Tanaka, "Shall We Dance - Interpreting the BPCIA's Patent Provisions", *Berkeley Technology Law Journal*, 31(2016), pp. 659-686.

径主张：第一种可称为“解释路径”，旨在保持现有药品专利规范体系的整体稳定性，通过出台司法解释和部门规章的方法落实《协议》要求。[29] 另一种可称为“拟制路径”，即直达美国专利链接机制的核心，在专利法律层面规定类似于美国专利法 271e(1)的“拟制侵权”条款，同时在下位法和相关行政规章中落实配套制度。[30] 现有研究表明，路径分野必然影响《协议》的落实效果和牵涉范围。[31] 值得注意的是，于 2020 年 7 月生效的《药品管理办法(2020)》已经将《药品管理办法(2007)》中第 18 条(上市申请时药品专利状况和不侵权声明)、第 19 条(仿制药上市申请期限限制)等类似专利链接的规定予以删除，同时在其 35 条新增了简明新药上市申请的相关规定。我们还注意到，《中华人民共和国专利法(草案)(征求意见稿)》[以下简称《专利法(草案)》]于中美《协议》出台之前送交全国人民代表大会进行立法一读程序，其中虽然没有关于药品专利链接的内容，但自《协议》缔结以后，已经完成一读立法程序较长时间的《专利法(草案)》，却迟迟没有开展二读程序。综合这两个立法动向，不难发现，零星且“无用”的规范已经逐渐从中国药政部门的行政规章中消失，而明确属于药政部门管理范围的专利链接子制度——简明新药上市申请，已经列入生效的《药品管理办法(2020)》之中。这已经提供了足够的暗示，即在《协议》背景下，一个高位阶、综合全面的专利链接制度，已经酝酿多时。因此“拟制”条款写入专利法二读草案，仍然可以期待。[32]

四、药品专利保护期延长制度

(一)《协议》规定与保护期延长制度分类

《协议》第四节涉及专利保护期限的延长。《协议》第 1.12 条要求在两种情形下，经专利权人申请，立法应当给予专利权人以一定期限的专利期限延长(Extend)或者调整(Adjustment)，用作补充程序原因导致的专利期限损失。具体情形为：(1)专利授权过程中并非由申请人引起的不合理延迟；(2)产品首次在中国商用的上市审批程序给专利权人造成的专利有效期的不合理缩减。在美国专利法中，存在广义的药品专利期限延长和狭义的药品专利期限延长两种规范。狭义的药品专利期限延长制度是对药品上市行政审批出现管制性延误的补偿(Patent Term Extension，以下简称 PTE)。广义药品专利期限补偿，除了包含 PTE 之外，还包括对专利授权行政审批不合理延误期间的补偿(Patent Term Adjustment，以下简称 PTA)。PTA 旨在调整专利授权审查流程，任何专利授权后如果

---

〔29〕 参见程永顺、吴莉娟：《中国药品专利链接制度建立的探究》，《科技与法律》2018 年第 3 期。

〔30〕 参见张清奎：《加强医药创新的专利保护 改善发展不平衡的政策环境》，《中国发明与专利》2018 年第 4 期。

〔31〕 参见吴柯苇：《仿制药专利挑战机制解释学分析与进路选择》，《科技进步与对策》2021 年第 1 期。

〔32〕 在本文完成并定稿之后，《专利法(2020)》第 76 条正式引入了专利链接制度。

发现有规定的延误情形，都可以申请补偿。[33] 概言之，PTE 是针对药品行政审批延迟行为所要求的行政救济，而 PTA 是对合法行政行为导致的事实损失的法定填补。我们注意到，《协议》要求中国同时建立 PTA 和 PTE。从国际范围看，专利保护期限延长，相较于专利链接下的其他制度而言，似乎更容易被制度移植国接受。目前，诸如欧盟、加拿大、日本等国家和地区都存在类似制度。只有欧盟是在没有建立“专利挑战”（Patent Challenge）制度的情况下，引入了专利保护期延长。[34]

（二）专利保护期延长制度的利害分析

事实上，专利保护期延长，几乎是完全有利于原研药厂商的制度。主要体现在两个方面：第一，在专利链接制度下，目前国际大多数立法例规定，仅有新药可以获得专利保护期延长，而仿制药几乎都被排除在外。同时，因为简明新药上市申请（ANDA）的存在，仿制药申请上市耗费的时间会大大短于创新药周期。因此，即使一国规定仿制药可以申请 PTE，也时效甚短，难以同创新药动辄 5 年的期限相比。第二，从美国专利链接制度的“母法”——Hatch-Waxman 法来看，简明新药上市申请和专利保护期延长本身即作为对立概念出现。从该法的全称——“药品价格竞争和专利期限恢复法案”（Drug Price Competition and Patent Term Restoration Act of 1984），即可一窥端倪。该法制定之初，即旨在一边满足美国原研药厂权利保护的诉求，一边为仿制药厂利用原研药临床试验数据以及进行挑战性仿制提供便利。该法同时兼顾公共利益，其中的“专利挑战”，便是一种“坐山观虎斗”的制度创设。其目的是尽快引发原仿双方进行专利交锋，并使得公众在原仿双方“你追我赶、互相监视”的过程中受益。因为制药厂商之间以“专业玩家对阵专业玩家”的态势进行专利攻防和无效申请，远胜过普通公众的水准。这种制度设计最终遏制了大量药品专利领域权利要求过宽、问题专利垄断市场等制度缺漏现象，促进了美国仿制药市场的快速崛起。有人会质疑这种“坐山观虎斗”，其使得药品可及性显著提升的机制是否能真正奏效。[35] 这个问题可以通过一正一反两个例子很好地回答。第一，在 Hatch-Waxman 法出台的 20 多年间，美国同时在仿制药和创新药两方面实现了对传统制药强国——英法等欧盟国家的反超。[36] 第二，美国原研药厂甚至慑于这种制度的存在，为了防止自己权利要求过宽或者存在其他瑕疵的专利权被“眼尖”的同行——仿制药厂发现并进行专利挑战，而演化出了同仿制药厂私下协商，并向其反向支付一定

---

〔33〕 易继明：《美国专利法》，知识产权出版社 2013 年版，第 57—67 页。

〔34〕 参见李明德：《欧盟知识产权法》，法律出版社 2010 年版，第 384 页。又参见梁志文：《药品专利链接制度的移植与创制》，《政治与法律》2017 年第 8 期。

〔35〕 Alfred B. Engelberg, “Special Patent Provisions for Pharmaceuticals: Have They Outlived Their Usefullness-A Political Legislative and Legal History of US Law and Obersvations for the Future”, *Idea* 39 (1998): 389.

〔36〕 参见程永顺、吴莉娟：《创新与仿制的平衡与发展——评 Hatch-Waxman 法案对美国医药产业的贡献》，《科技与法律》2018 年第 1 期。

费用,以求对方不要进行第 IV 段专利无效声明的反向支付(Reverse Payment)现象。[37] 上述一正一反两方面事实,至少可以为我们提供盖然性证明,即包括专利保护期延长在内的仿制药专利挑战机制,的确提供了一个有效协调和挟制各方利益和行为的工具。

(三)《协议》对中国专利保护期延长制度的影响

截至 2020 年,我国既没有建立完整的专利链接制度,也没有正式立法引入专利保护期延长制度。在与美国的知识产权规则谈判中,我国引入该制度的意向趋于明显。2017 年 10 月 8 日,中共中央办公厅、国务院办公厅发布《意见》,以国务院令的形式首次在官方文件中明确提出建立药品专利期限补偿制度(PTE)。2018 年 4 月 12 日,李克强在国务院会议中指出,将给予在中国与境外同步上市的创新药最高 5 年的专利保护期限补偿。而《专利法(草案)》第 43 条也对药品专利期限补偿制度进行了规定。相较而言,我国先前的立法动向中,对于专利链接制度的表述一直是"探索建立"而不是"建立",《专利法(草案)》也没有明确写入专利链接。不难看出,我国决策者对于专利保护期延长显然拥有更多的立法信心。

专利保护期延长会对我国药品专利期限制度带来明显的影响。对比现行专利法,即《专利法(2008)》第 42 条与《专利法(草案)》第 43 条,可以直观地发现问题。《专利法(2008)》第 42 条规定:发明专利权的期限为二十年,实用新型专利权和外观设计专利权的期限为十年,均自申请日起算。《专利法(草案)》第 43 条在保持发明和实用新型专利期限不变,外观设计专利期限增加 5 年的基础上,新增了"为补偿创新药品上市审评审批时间,对在中国境内与境外同步申请上市的创新药品发明专利,国务院可以决定延长专利权期限,延长期限不超过 5 年,创新药上市后总有效专利权期限不超过 14 年"。以我国为例,在发明专利不考虑优先权的情况下,专利保护期为从申请日起的 20 年。同日申请的多个专利会在同日终止,但是保护期的长度可能会截然不同。申请日后 2 年授权的专利有 18 年的最长保护期;而申请日后 10 年授权的专利只有 10 年的最长保护期。这种现象在专利授权审查时间较长,且同时存在上市审批期间的药品领域更为突出。因此《专利法(草案)》第 43 条的规定如果最终确立,将有效地改观药品领域的专利期限耗损问题。

但是,相较于《协议》第 1.12 条的要求,我国《专利法(草案)》第 43 条的新增内容,仅仅相当于规定了美国专利法中的 PTA,即因药品上市行政流程耗时而提供的保护期调整,而没有包括 PTE,即因为专利授权行政审查流程耗时而提供的专利保护期延长。同时,因为立法技术原因,《专利法(草案)》第 43 条不可能对专利保护期延长的具体事项,诸如申请条件、适用对象、限制措施、计算方法等予

[37] Jeff Thomas, "Schering-Plough and In Re Tamoxifen: Lawful Reverse Payments in the Hatch-Waxman Context", *Berkeley Technology Law Journal*, 22(2007), pp. 13-46.

以明确规定，而《协议》在这方面则更为详细。因此，如果“协议促进论”观点成为主流意见，那么接下来的草案二读稿，势必会对该条进行完善。[38] 2020年《专利法》第四次修订最终在第42条同时确立了PTE和PTA，从而印证了此处推导的合理性。此外，修订后的专利保护期延长规定将会进一步带动具体的司法解释和行政规章出台，对于我国药品专利期限制度的影响，不可谓不大。

五、重提药品专利强制许可规则

(一)《协议》规定与专利强制许可制度的重提

《协议》谈判和缔结本身，本质上是利益交换的过程。法律社会学强调法律根植于社会，同时注重其引导社会进程的功能。二者互相影响的过程是客观的，对于这种“法与社会”互动的客观现象的把握，有利于指导法律实践。[39] “法之理在法外”，[40]便是法律社会学直接的方法论启示之一。这种启示，对于科技法领域的知识产权法律研究，尤其重要。这种思维方法提示我们，在分析《协议》对中国知识产权制度的影响和意义时，应以文本为基础，同时在政治、经济和国际交往等“法外”之地，进行交叉对观。回顾历史，药品与专利之间，存在着三个重要的历史阶段。第一，在TRIPS协定出台之前，许多国家没有为药品提供专利保护。第二，美国在TRIPS协定筹划阶段，曾积极要求将专利链接制度规定为TRIPS内容。虽然遭到发展中国家的强烈反对，但是TRIPS仍然为发达国家的药品专利，提供了强有力的保护。第三，TRIPS协定缔结以后，发达国家和发展中国家就药品可及性和健康人权进行了艰难的谈判，最终《TRIPS与公共健康多哈宣言》(以下简称《多哈宣言》)的出台，暂时为人类生存健康与药品专利垄断之间，提供了利益平衡的国际法基础。这一系列的历史变化，指引我们聚焦一对重要矛盾：在事关人类生存的药品上，提供专利垄断保护的正当性和边界划定的问题。为此，在宏观层面探讨《协议》可能对我国药品专利制度产生何种影响时，重提一个重要的法律制度——专利强制许可制度，显得十分必要。

(二)专利强制许可：制度梳理和现实意义

专利强制许可，指在未经专利权人同意的情况下，政府依法授权他人实施其专利的制度。[41] 该制度可根据启动事由不同，分为药品专利强制许可、半导体专利强制许可、从属专利强制许可等。其中药品专利强制许可，直指专利垄断赋权同人类生存和健康基本人权的矛盾。在现代医药工业尚不完整、制药技术落后的20世纪，以《保护工业产权巴黎公约》(Paris Convention for the Protection of

---

〔38〕 在本文完成并定稿之后，《专利法(2020)》第42条第2、第3款同时引入了PTE和PTA，印证了本文的观点。

〔39〕 参见吕世伦主编：《现代西方法学流派》(上)，西安交通大学出版社2016年版，第179—181页。

〔40〕 付子堂：《法之理在法外》，法律出版社2003年版，第6页。

〔41〕 尹新天：《中国专利法详解》，知识产权出版社2011年版，第491页。

Industrial Property)(以下简称《巴黎公约》)为代表的国际知识产权制度倾向于首先保护专利垄断,以鼓励药品创新和研发。因此,《巴黎公约》第 5 条仅为药品专利强制许可提供了非常笼统的规定。此举虽没能为药品专利强制许可提供具有实践意义的公约指导,但也给予成员国极大的自由设定药品专利保护水准的空间。因此,《巴黎公约》以后的较长阶段,包括我国在内的发展中国家,并不为药品提供专利保护。后来随着现代制药行业成为重要的知识产权密集型产业,发达国家在利益驱动下主张在 WTO 辖下的 TRIPS 协定第 31 条中,为专利强制许可设置严格限制。因此发展中国家通过确立专利强制许可规范,保证药品可及性的自由被极大压缩。但这仍然不妨碍世界上绝大多数国家在专利法中明确规定这一制度的意愿。以我国为例,早在 1985 年实施首部《专利法》时,我国即确立了专利强制许可制度。至今已经形成了较为详细的专利强制许可规范体系,共计 11 条。但同庞大的条文体系极不相称的是,我国目前尚无一例正式公布的强制许可记录。对于此,学界有两种典型理解,可以归纳为,"不好用"和"不敢用"。不好用,即规范体系的可实施性不足,〔42〕因此,完善立法是题中之意。〔43〕"不敢用",即公权力机关对于运用公权干涉私权和市场行为的正当性、可行性、有效性等问题欠缺把握。〔44〕因此,对策需要在制度可行性和比较经验上持续探索。〔45〕

本文认为,强制许可的规范订立和实际运用,不仅是一个法律问题,同时具备重要的政治和经济意义。在《协议》背景下反观这个问题,这种意义尤其明显。首先,正如诸多发达国家知识产权学者指出的那样,包括版权、专利权在内的国际知识产权保护体系,内含历史因素导致的不平等基因。以美国为代表的制药强国意图在 TRIPS 协定中推行药品专利链接机制,最终因为发展中国家的强烈反对而作罢,转而通过双边谈判逐个击破发展中国家心理"防线"的历史,就证明了这种不平等事实的存在。〔46〕其次,发展中国家在被动移植知识产权保护制度的过程中,并不存在道义上的"原罪"而应自觉低"人"一等。美国著名知识产权学者瑞克曼(Reichman)教授,明确主张发展中国家的知识产权制度无须一味模仿发达国家的具体模式。〔47〕彼得·达沃豪斯(Peter Drahos)和约翰·布雷斯韦特(John Braithwaite)更是直接指出"当今世界各国相互依存,所以应该采取相同的知识产权标准的说法颇具诱惑力,但是没有理由相信这样做会有助于发展中

---

〔42〕 参见陈学宇:《我国药品专利强制许可制度分类实施探讨——基于仿制药供应保障的视角》,《华侨大学学报(哲学社会科学版)》2019 年第 5 期。

〔43〕 参见林秀芹:《中国专利强制许可制度的完善》,《法学研究》2006 年第 6 版。

〔44〕 参见彭心倩:《专利强制许可下的专利权人权益保障论》,《政治与法律》2019 年第 5 期。

〔45〕 参见林秀芹、郭壬癸、王轩为:《关于利用专利强制许可应对当前公共健康问题的建议——以新型冠状病毒(2019-CoV)疫情为例》,https://law.xmu.edu.cn/info/1085/28203.htm;更新时间:2020 年 2 月 27;访问时间:2020 年 4 月 23 日。

〔46〕 参见刘银良:《国际知识产权政治问题研究》,知识产权出版社 2014 年版,第 46 页。

〔47〕 See Jerome H. Reichman, "Intellectual Property in the Twenty-First Century: Will the Developing Countries Lead or Follow", *Houston Law Review*, 46(2009), pp. 1115-1185.

国家的经济发展”。〔48〕 鉴于 COVID-19 疫情暴发并席卷北美以来，美国民调显示特朗普的支持率不降反升，中美进一步的贸易谈判会在下一任总统上任之后继续推进。我们认为，药品专利对于公共卫生和健康权利的影响，必然成为中美下一轮经贸谈判重点关注的问题。尽管《协议》目前并未涉及药品专利强制许可的内容，但是下一轮经贸谈判时中国应当据理力争，争取谈判利益的最大化。中国在检视现有国际条约的基础上，通过强调 TRIPS 协定对于强制许可的不合理限制，并提出进一步完善国内法中有关药品强制许可规定作为谈判反制措施的理由充分且正当。

(三)筹码或反制:《协议》背景下的专利强制许可

依照法律社会学观点，法律具有直接或者间接影响政治和经济的社会功能。美国政府惯用的“301”条款，就是这种原理的典型。美国利用该条规定，苛责中国知识产权保护不力，同时谋取一定法律之外利益的伎俩屡试不爽。这样的不公平现象启示我们运用同样的方式进行反制。《协议》背景下的药品专利强制许可立法，可以作为这种反制目的的实现机制。〔49〕

首先，从政治经济学角度来看，在后续中美谈判中启动药品专利强制许可问题的磋商，并将继续完善专利强制许可制度提上立法日程，将会在中美甚至世界经济和政治层面产生积极影响。作为发展中大国，中国对于专利强制许可的立法和态度，会对包括 TRIPS 在内的国际贸易体系和知识产权公约体系产生示范性作用。自“入世”以来，中国在专利强制许可方面表现出的审慎态度，对于维护多边贸易和国际磋商体系，无疑是可取的。但在美国不断动用单边施压和双边谈判施加不公平影响时，中国对国际条约体系中的弹性条款进行国内立法转化则具备了超越法律之外的政治经济学意义。〔50〕

其次，从国际政治的角度分析，国内法律的修改，一定程度上具有宣誓和反制意义。具体而言，专利强制许可规则体系的修订，同一般法律规则的演进规律不同，体现出一定的“超前性”和“预备性”，甚至“反制性”特征。通常而言，法律修订常常滞后于社会实践。这一特征在科技迭代速度相对较快的知识产权法律领域也不例外。所以知识产权立法常常体现出很强的回应性特征，保持着一定程度的体系开放性和较高修法频率以适应技术与产业发展。但我国专利强制许可制度的演进，却反其道而行之。回顾《专利法》上专利强制许可规范体系的形成过程可以发现，专利强制许可制度在我国《专利法》的前三次修改过程中都进行了补充完善。学界普遍认为，1984—2008 年我国历经的三次《专利法》修订，都伴随着一定的国外“压力”。如果说前三次《专利法》修订中，我国专利强制许可

---

〔48〕 [澳]彼得·达沃豪斯、[澳]约翰·布雷斯韦特:《信息封建主义 知识经济谁主沉浮》，刘雪涛译，知识产权出版社 2005 年版，第 2 页。

〔49〕 付子堂:《法律功能论》，中国政法大学出版社 1999 年版，第 53 页。

〔50〕 王丹、赵英希、唐昆:《全球卫生治理下的〈与贸易相关的知识产权协议〉中弹性条款与药品可及性问题研究》，《中国新药杂志》2017 年第 9 期。

制度完善的主要意图是在规则体系层面与国际体系接轨，那么《协议》背景下，我国对于药品专利强制许可制度进行完善，则更大程度上是中美双边谈判中的一种反制性宣誓。具体而言，我国可以在《协议》履行中，同时完善《专利法》强制许可中涉及药品专利的部分。就现有《专利法》立法规定来看，可做的修改至少包括以下内容：第一，对因紧急状态或者公共利益实施强制许可规定的启动程序做明确规定，即为现行《专利法》第54条做更具实施性的下位法修改。第二，扩宽涉及药品专利强制许可相关条款中“药品”的外延，即对现行《专利法》第55条做下位法的进一步修改。

六、结论：药品专利中的利益平衡

（一）《协议》背景下药品专利制度改革基本面向

中国药品专利的制度设计和国家实践，必然同我国知识产权变化的基本走向相一致。吴汉东教授曾指出：“中国知识产权法律变迁，无论是思想建构还是实践导向，都有别于‘西方中心主义范式’和‘国际主流学术思想’，而是……逐步从移植、引进走向自立、创新，展现了本土化、现代化、一体化发展的基本面向。”[51]诚如此言，在探讨《协议》对于中国药品专利体系的影响时，本文认为应该在方法上坚持文本梳理和规范分析；在立场上针对具体事项进行灵活切换；而在指导精神上，贯彻知识产权法学的基本学理，即利益平衡原则。知识产权法中的利益冲突，主要表现为知识产权权利人利益和社会公共利益的冲突。[52] 处理知识产权利益冲突时，既要遵循价值位阶的基本逻辑，也要强调实际情况的动态把握。正如瑞克曼教授指出的那样，为了建设适应发展中国家国情的知识产权体系，应将寻找公有领域和私有财产的平衡点作为先决条件。[53] 如何理解和运用利益平衡原理来构建药品专利保护体系，决定《协议》对我国药品专利领域影响的程度、结果和趋势。

（二）专利利益平衡原则在《协议》背景下的理解和运用

首先，药品专利的利益平衡不仅是静态的规范问题，还是动态的行为问题。正如我国学者指出的那样，“公开与排他利益，是专利的两个维度，二者的互动形成了专利制度的诸多影像与形态”。[54] 专利法上的静态平衡，主要体现在规则设计时根据既有立法经验和科学认识，对制度本身预设的理想化制约机制。比如专利法为发明人公开技术方案赋予了垄断权激励，同时又设置了垄断期限限制。而专利法上的动态平衡，则更多在法的历史变迁，以及同社会其他领域的利益传

---

〔51〕 吴汉东：《中国知识产权法律变迁的基本面向》，《中国社会科学》2018年第8期。

〔52〕 冯晓青：《知识产权法利益平衡理论》，中国政法大学出版社2006年版，第28页。

〔53〕 See Jerome H. Reichman, “Intellectual Property in the Twenty-First Century: Will the Developing Countries Lead or Follow”, *Houston Law Review*, 46(2009), pp. 1115-1185.

〔54〕 李雨峰：《论专利公开与排他利益的动态平衡》，《知识产权》2019年第9期。

递中实现。比如，世界上发明专利保护期，从最初的几年，演化为十几年，再到较为普遍的二十年；又如，药品发明数量增加以后虽然带来了更多的技术垄断和行业壁垒，但是发明保护期截止以后的人类药品可及性程度却明显提高，人们能够治愈的疾病类型也大大增加。根据前述梳理，我们不难发现：《协议》对于维持长期角力和“斗而不破”的中美关系而言，是有重要意义的。但《协议》的订立，终究改变不了中美大国角力的战略形势。所以我们在理解这次《协议》的结果时，既不应抱有绝地对抗的意识，也不能过于乐观地认为问题可以通过《协议》完全解决。

本文主张，分析《协议》对中国可能产生的影响时，“国家利益至上”和“中长期考量为主”应当成为指导原则。所谓国家利益至上，是指既然中美战略争夺和摩擦不可避免，那么在磋商谈判和协议履行中，应当坚守利益底线。对于完全与我国利益无关甚至对立的要求，敢于说“不”。“中长期利益考量为主”的反面是“短期利益为主”。显然，后者不是中国落实《协议》的指导思想，否则便不会有此次《协议》的达成。作为一个市场和资源大国，中国其实有很好的能力消化短期的不利益。同时，对于一个大国而言，一旦中长期利益被很好把握，那么未来的发展机遇是不可限量的。所以我们回到药品专利立法体系问题上，在“中长期利益为主”的原则下，药品专利链接制度的全面均衡建立，是最有意义的履约行为。但同时从我国现有体系特点来看，这也是最难落实的。这需要我国决策层下很大的决心，进行立体的规范建构。2020 年下半年公开的《专利法修正案（草案）（第二次审议稿）》，[55]于第 75 条第 1 款首次在立法草案中引入了专利链接制度。[56] 这无疑是对《中美第一轮经贸协议》相关规定的首次回应，虽然存在条文表述不够严谨，体系思维欠缺的问题，但整体进步意义巨大。

而对于实验数据补充的问题，其实对我国制药产业的冲击最大。上文分析中我们已经注意到，对于先申请原则的突破不仅涉及程序公平的问题，还涉及外国先进制药厂商的权利范围被很大程度扩大，而我国企业却很难从这种制度中受益的弊端。而如果按照此次《协议》的要求，我国最大限度的让步，也只能是在有限突破“先申请原则”上与美国保持一致，而不可能再提供更大程度的让步，因为中美制药企业技术与产业水平方面的差距有目共睹。相较而言，药品专利保护期延长制度，尤其是 PTA，对中美药企而言都是利好消息。落实该制度并不会引发仅有国外主体的利益受到特别保护的问题。同时，如果要建立全面均衡的药品专利“早期纠纷解决机制”，PTE 也是题中之意。所以即使在中国引入广义

---

〔55〕 参见《中华人民共和国专利法修正案（草案）（第二次审议稿）》，http://www.iprdaily.cn/article1_25180_20200704.html；更新日期：2020 年 6 月 23 日；访问日期：2020 年 10 月 16 日。

〔56〕 具体条文为：“专利权人或者利害关系人认为申请上市药品的相关技术方案落入中国上市药品专利信息登记平台登载的相关专利权保护范围的，可以自国务院药品监督管理部门公示药品上市许可申请之日起三十日内向人民法院提起诉讼或者向国务院专利行政部门申请行政裁决。专利权人或者利害关系人逾期未提起诉讼或者请求行政裁决的，药品上市许可申请人可以请求人民法院或者国务院专利行政部门确认申请上市药品的相关技术方案不落入中国上市药品专利信息登记平台登载的相关专利权保护范围。”

的专利保护期延长制度，在中长期利益层面都是可被接受的。在《专利法修正案（草案）（第二次审议稿）》中，拟在第一次送审稿基础上增加两款，从而建议直接将PTE和PTA建议引入专利法之中。[57] 这种建议显然是符合社会和法律发展要求的进步立法。

其次，药品专利利益平衡不仅是法律命题，还具有重要的政治、经济、社会意义。众所周知，无论是制度精细程度，还是实际保护强度，我国药品专利实践状况都不及美国。从历史层面分析，这是我国药品产业和科学技术长期落后于对方的结果。作为世界超级大国的美国，在各方面都希望和其他国家保持20年以上的差距。这种"领先者"心态，是可以被理解的，但却很难被中国这样的发展中大国接受。所以自"863计划"以来，我国便进行了有组织的、持续性的追赶。直到"中国制造2025"宏伟蓝图提出，美国政府逐渐感受到中国在高科技方面的威胁，于是加强了对中国的防范，并将这种防范演变为贸易及其他方面的打压。这种守成国家和后发国家之间似乎无法避免的矛盾和猜疑，被美国历史学家格雷厄姆·艾利森称为"修昔底德陷阱"。中美会否落入历史"陷阱"？对于这个问题的回答，既不应落入先验论的主观窠臼，也不能用宿命论来寓言人类的悲剧命运一定会在中美之间复演。但这促使我们将很多客观因素考虑进来，诸如在谈判中寻找正当依据据理力争和进行合法反制，也提醒我们辩证看待《协议》影响，以及在哪些方面可以"借力打力"，推动我国的治理现代化进程。[58] 药品专利强制许可制度，本质上是运用公权力干预市场和干预经济的行为。因此我国行政机关对于该制度保持着相当克制的理性态度。但该制度也是国与国之间用于协调贸易利益的重要磋商筹码。我国历次在外力作用下进行《专利法》修改时都回应性地完善了专利强制许可制度，就可以印证这种认识的合理性。因此，在《协议》落实过程和下一轮谈判过程中，药品专利的强制许可制度及其完善，应该成为中美政治角力在基本人权和市场经济领域的重要焦点。

最后，药品专利的利益平衡是一个应然性问题，随着生产力水平发展而不断完善，并没有所谓的"制高点"和"模范"存在。正如瑞克曼教授指出的那样：处于技术发展期国家的政府，为了创造市场竞争环境，无须牺牲本国创新主体利益。[59] 因此，在药品专利保护规则方面应当首先坚持"协议对抗论"，以中国既有国情和社会需求为首要考量。同时，中国理应将法律变革和国家战略结合考虑，准确把握我国制药行业的发展趋势和现有水平，适时更新药品专利规则。尤其

---

[57] 具体条文为："自发明专利申请日起满四年，且自实质审查请求之日起满三年后授予发明专利权的，专利权人可以就发明专利在授权过程中的不合理延迟请求补偿专利有效期，但由申请人引起的不合理延迟除外。""为补偿新药上市审评审批占用时间，对在中国获得上市许可的新药发明专利，国务院专利行政部门可以应专利权人的请求给予期限补偿。补偿期限不超过五年，新药上市后总有效专利权期限不超过十四年"。

[58] [美]格雷厄姆·艾利森：《注定一战 中美能避免修昔底德陷阱吗？》，陈定定、傅强译，上海人民出版社2019年版，第15页。

[59] See Jerome H. Reichman, "Intellectual Property in the Twenty-First Century: Will the Developing Countries Lead or Follow", *Houston Law Review*, 46(2009), pp. 1115-1185.

是在《协议》落实的背景下，应当坚持“协议促进论”，在符合中国药品行业中长期利益的药品专利链接和保护期延长方面，结合司法和行政机制改革的合力，大刀阔斧地进行制度改革。而在与我国近中长期利益均不相符的补充实验数据制度方面，仅做最小程度的修改，并且需要施加严格的条件限制。

The Impact of China-US Phase One Economic and Trade Agreement on China's Pharmaceutical Patent System

WU Kewei

Abstract: The China-US trade negotiations and the signing of the first round of agreements will have a certain impact on China's pharmaceutical patent system. Through text sorting and normative analysis, and given the current political background of China-US relations, it is possible to prejudge the coming impact of the pharmaceutical patent system, and at the same time, make suggestions for related matters in the next round of China-US negotiations. China should correctly understand and apply the principle of interest balance in patent legislation, maintain an open mind in the process of implementing the results of China-US negotiations, and actively carry out reform of the generic patent linkage system. At the same time, China should adhere to the basic principle of maximizing the national lawful interests and defend the final line of allowing supplemental data in pharmaceutical patent applications. The issue of compulsory licensing of pharmaceutical patents should become an important topic in the next round of China-US negotiations. China should actively include the topic of the balance of interests between pharmaceutical patent protection and human basic health rights in the negotiations. At the same time, the relevant provisions of the domestic law regarding the compulsory licensing system for pharmaceutical patents should further its improvement in accordance with the flexible provisions of international treaties.

Key Words: China-US Trade Agreements; Generics; Supplemental Data; Patent Linkage System; Compulsory License of Patents

《中美第一阶段经贸协议》对中国知识产权行政执法体系的影响

钱子瑜*

摘　要　《中美第一阶段经贸协议》的"知识产权"章中，对知识产权行政执法问题进行了较为全面的规定，对于中国行政执法能力及制度衔接做出了较高要求。通过对《协议》文本和国内立法及实践情况的分析梳理，本文认为，对于中国知识产权执法体系本身，虽然"运动式执法"具有效率优势，但协调机制相对缺乏，应当建立高级别、常设性的机构，对全国范围的知识产权行政执法进行统筹规划；对于中国知识产权行政执法体系与刑事司法体系的衔接，《协议》体现了美国对于"以罚代刑"现象的担忧，应当降低案件的移送门槛，确保罪刑一致；对于中美知识产权执法合作，一方面应当增进交流，消除误解，另一方面则应当立足于国内发展情况，对于不合理的要求和指责不能一味接受。

关键词　中美第一阶段经贸协议；知识产权行政执法；行刑衔接；中美合作

目　次

---

*　钱子瑜（1993—），北京大学法学院2018级法学博士研究生，北京大学国际知识产权研究中心助理研究员，主要研究方向：知识产权法。

一、引言

2020年1月16日，历经一年多的反复磋商与努力，中美双方就《中华人民共和国政府和美利坚合众国政府经济贸易协议》文本达成一致，并正式签署落地。该协议分为九个章节，涉及知识产权的问题主要于第一章“知识产权”进行规定。

关于知识产权行政执法问题，《协议》于“知识产权”章进行了全面而广泛的规定，[1]涉及执法频率、执法强度、部门协调、体系衔接、中美合作等多个方面。通过对《协议》文本的梳理，在知识产权行政执法体系层面上，《协议》提出了三个维度的问题。

第一，行政执法体系本身的完善。《协议》对于中国行政执法能力提出了很高的要求，不仅要求执法行动的充分和有效性，还强调中国知识产权行政部门间的联合执法，实体市场及边境执法，以及关于药品、事关健康和安全风险商品、电商平台等重点领域的执法。[2] 此类跨部门、跨区域的联合执法行动，对于内部的协调机制提出了很高要求。

第二，行政执法体系与刑事司法体系的衔接。根据《协议》的约定，中国应当明确各部门执法的启动标准，确保行政部门能高效准确地将符合标准的案件及时移送刑事执法，降低刑事司法程序的启动门槛。[3] 例如，在商业秘密领域，在实际损失难以即时准确计算时，美国要求中国取消以“确定发生实际损失”作为刑事执法的前提条件，从而降低执法的门槛。[4]

第三，增进中美之间的知识产权执法合作。根据《协议》的约定，中国应当加强与美国执法部门的合作，加强在双边知识产权刑事执法框架下的交流，既包括执法经验的分享，也包括开展具体的中美知识产权联合执法行动。[5]

本文将聚焦于《协议》对中国知识产权行政执法体系造成的影响，分别从行政执法体系本身的自洽、行政执法体系与刑事司法体系的定位及衔接、中美知识产权执法合作三个角度展开评述，旨在为《协议》的履行以及知识产权行政执法体系的完善提供参考建议。

---

[1] 关于中国行政执法体系的规定，主要体现于《协议》“知识产权”章第五节“电子商务平台上的盗版与假冒”、第七节“盗版和假冒产品的生产和出口”、第九节“知识产权案件司法执行和程序”中。

[2] 关于知识产权重点领域联合执法的要求，具体可见《协议》第1.13条“打击网络侵权”、第1.18条“假冒药”、第1.19条“存在健康和安全风险的假冒商品”、第1.21条“边境执法行动”、第1.22条“实体市场执法”。

[3] 关于知识产权“行刑衔接”的要求，具体可见《协议》第1.26条“行政执法向刑事执法的移交”。

[4] 关于商业秘密领域执法门槛的要求，具体可见《协议》第1.7条“启动刑事执法的门槛”。

[5] 关于知识产权执法的中美协作，具体可见第1.21条“边境执法行动”、第1.27条“达到阻遏目的的处罚”，以及第十节“双边知识产权保护合作”下的第1.32条、1.33条。

二、知识产权行政执法体系的自洽

(一)“运动式执法”的扬弃

关于中国行政执法体系,《协议》对于执法行动的充分性和有效性做了全面的要求,重点强调海关与实体市场的综合性执法,以及药品、电商等重点领域的执法。此种综合性的知识产权执法行动,针对的并非单一类型的知识产权客体,也并非某一执法部门可以完成,而是需要跨区域、跨领域的知识产权执法部门进行联合执法行动,扩大执法行动的打击面及覆盖面,从而取得良好的效果。这对于中国行政执法能力提出了很高的要求,而执法能力的提升,首先需要实现执法体系内部的自洽。

综合来看,中国的知识产权行政执法体系具有政府职权主义的特征,特别是多部门参与、跨领域执行的联合执法,在国家强制力的推动和保障下具有覆盖面广、打击力强的优势。近年来,中国以专项执法的方式多次展开知识产权联合执法,并取得了较为明显的效果,[6]体现了中国加大知识产权执法力度,严加惩处知识产权侵权的态度。然而,此类知识产权联合执法行动目前来看尚未脱离“运动式执法”的窠臼,在治理理念上,依然以“严打”“从重”“从快”为主要逻辑,在部门的协调上没有脱离政府部门“央地关系”的范畴,主要由高层级的政府部门决策后,以行政命令的形式向地方“对口”部门层层下达任务予以推动。牵头的执法部门没有横向的领导权力,部门之间的协作仍然源于对上级部门的服从,执法部门间的协调规范化程度较低。[7] 此类联合执法行动实质是突破原有体制中的常规运作机制,以自上而下的方式来调动资源、集中力量来完成某一特定任务。[8] 虽然短期内取得了显著成效,但效率与公平往往难以兼顾,存在时间上和空间上的执法标准不统一和不公正,无法给公众准确的预期和行动指南,甚至可能造成暂时性和局部性的过度执法,有损公众利益。[9]

因此,不论是为应对此次《协议》的要求,还是完善中国知识产权执法体系,都有必要建立常态化的执法协调机制,从事前决策、事中监督,再至事后评价各个环节予以协调,完善制度构建与机构配给,在制度层面上实现体系内的自洽,提升知识产权行政执法能力。

---

〔6〕 近年来,规模较大的联合执法行动主要包括:2008 年各级知识产权局联合公安机关于专利领域开展的“雷雨”“天网”行动;2010 年版权、公安、通信等部门于网络领域开展的“剑网”行动;2013 年工商行政管理部门与公安部门于商标领域开展的“双打”行动;2017 年国家知识产权局协同十二部门联合印发《外商投资企业知识产权保护行动方案》,于商业秘密、专利、商标、植物新品种以及互联网领域联合打击侵犯外商投资企业知识产权违法犯罪行为。

〔7〕 参见黄喆、杨桦:《论大部制背景下知识产权综合管理体制改革》,《江汉大学学报(哲学社会科学版)》2018 年第 6 期。

〔8〕 参见周雪光:《运动型治理机制:中国国家治理的制度逻辑的再思考》,《开放时代》2012 年第 9 期。

〔9〕 参见李春晖:《我国知识产权行政执法体制机制建设及其改革》,《西北大学学报(哲学社会科学版)》2018 年第 9 期。

(二)行政执法协调机制的完善

1. 事前决策机制

在大部制行政体系改革的背景下,中国虽然对知识产权的管理与执法主体进行了一定程度的精简,[10]实现了专利和商标领域的集中管理,管执分离,但尚未建立统一的知识产权执法统筹机构。中国传统的行政管理体制采用条块分割形式,纵向上强调层级划分,横向上注重行业特征,上下之间追求对口,[11]以行业划分的纵向执法体系之间如果缺乏横向的交流机制,联合执法行动只能“机械援引公共政策”[12],难以有针对性地做出决策。另一方面,以专项行动为代表的“运动式执法”的决策其特点在于非常规的“应急性”,显示出常规审查的不足,小的隐患积土成山,直至“顽疾”爆发,才不得不采用“运动式执法”的“猛药”。因此,知识产权行政执法的决策机制应当从两个方面加以完善:一是建立横向的执法部门间交流机制,二是建立常态化、周期性的审查机制,将联合执法行动的决策常规化、制度化,并通过周期性的审查做到“有的放矢”。

目前,中国的知识产权的行政决策主要通过“联席会议制度”实现。在国家层面,中国主要通过 2008 年设立、2016 年更名的“国务院知识产权战略实施工作部际联席会议制度”展开协调,由国务委员担任召集人,在国务院领导下统筹协调国家知识产权战略实施和知识产权强国建设工作,于决策端加强知识产权政策的协调性和有效性,合理配置行政资源,消弭部门冲突,提高行政效率。在地方层面,各省市亦仿照国务院的做法,通常以各级政府的副职领导官员牵头负责,并于下辖各部门设立联络员,逐步建立、完善相应层级的知识产权联席会议制度。

从制度设计上来看,不论是中央层面的部际联席会议,还是地方各级政府设立的联席会议制度,基本实现了定期召开会议,审查各自领域知识产权保护情况,协调部门关系,制定相应政策的功能。然而,中国不存在统一的知识产权执法统帅部门,联席会议制度并不诉诸建立组织实体,无权直接做出决策,实际上只能作为决策的辅助机制。当部门之间无法建立平等有效的合作关系时,上级权威介入仍是协调部门关系的重要手段。[13] 另一方面,在国家层面上,相较日本、韩国所建立的由国家最高行政长官负责的知识产权战略机构,中国的决策协调机制的领导级别依然相对较低,存在整体投入不足、缺乏话语权和权威性的问

---

[10] 2018 年,中共中央印发《深化党和国家机构改革方案》,对国务院机构进行改革。在知识产权领域,设立国家市场监督管理总局,整合原国家工商行政管理总局、国家质量监督检验检疫总局、国家食品药品监督管理总局等机构的职责;国家知识产权局整合商标及原产地地理标志管理职责,由国家市场监督管理总局管理。

[11] 参见王敬波:《论中国城管执法体制改革及其法治保障》,《行政法学研究》2015 年第 2 期。

[12] 郑春燕:《行政裁量中的政策考量——以“运动式”执法为例》,《法商研究》2008 年第 2 期。

[13] 参见朱春奎、毛万磊:《议事协调机构、部际联席会议和部门协议:中国政府部门横向协调机制研究》,《行政论坛》2015 年第 6 期。

题,会成为进一步发展的掣肘。[14]

2. 事中协调机制

做出执法行动的决策后,各执法部门怎样合作,如何协调,事关执法行动是否能够实现既定目标,取得应有的成效。通过对前述联席会议制度的分析可以发现,其除辅助决策的功能之外,实际上也具有实现协调部门之间配合的作用。然而,联席会议制度最大的问题在于不存在组织实体,会议在各部门达成合作共识后即告解散,在具体联合执法行动中难以起到事中的协调与监督作用。

由于联席会议制度不存在常设机构,针对事中具体的协调事项往往有心无力。针对这一问题,国务院在常设机构之外,通常还会设立一些非常设的"议事协调机构"和"临时机构",负责跨国务院行政机构的重要业务工作的组织协调任务,在特殊或者紧急的情况下,经国务院同意,国务院议事机构可以规定临时性的行政管理措施。[15] 在地方层面,也多见如"工作小组""领导小组"等临时性协调机构负责事中的监督与协调工作。

然而,此种非常设、临时性的协调机制,其逻辑与"运动式执法"如出一辙:出于制度的缺失与不完善,为规制临时性的"运动式执法",又设立新的临时性机构加以协调。一方面,以"领导小组"为典型代表的议事协调机制其效能具有时限性,一旦撤销,许多原本得到抑制的问题又重新浮现;另一方面,临时性协调机制的滥用还可能导致正式的职能部门产生依赖性,怠于完善常规性的协调机制。[16] 此外,且不论其设立是否符合法定程序,是否能摆脱行政力量的干预而真正实现事中监督的协调职能,部分议事协调机构可能随着联合执法行动的持续推进名为"临时"实为"常设",从而造成行政权力的交叉与行政部门的冗余。

相较而言,美国于 1999 年成立了"全国知识产权执法协调委员会",现由国际知识产权执法协调员担任委员会主席,委员会成员主要包括各知识产权执法部门的高级官员。委员会主要负责制定知识产权执法政策并协调、监督联邦政府部门落实,同时负责协调国际层面的知识产权执法,并向总统及参众两院提交年度报告。[17] 而日本在国家层面上于 2002 年《知识产权基本法》中设立了知识产权战略本部,本部由内阁总理担任部长,作为国家知识产权战略的最高行政机构;在地区层面上,日本每个经济产业局均设置了作为官民中介的"区域知识产权战略本部",负责制定《区域知识产权战略推进计划》,向企业实施知识产权战略提供综合性支持。[18]

综合来看,由于知识产权的行政管理和执法所设部门众多,设立常设性的知

〔14〕 参见易继明:《国家治理现代化进程中的知识产权体制改革》,《法商研究》2017 年第 1 期。

〔15〕 见 2003 年《国务院关于议事协调机构和临时机构设置的通知》,1997 年《国务院行政机构设置和编制管理条例》第 6 条。

〔16〕 参见赖静萍、刘晖:《制度化与有效性的平衡——领导小组与政府部门协调机制研究》,《中国行政管理》2011 年第 8 期。

〔17〕 参见武善学:《美日韩知识产权部门联合执法概况及其借鉴》,《知识产权》2012 年第 1 期。

〔18〕 参见雷艳珍:《日本知识产权行政管理的改革及对中国的启示》,《特区经济》2009 年第 7 期。

识产权协调机构有助于形成合力，将协调与监督工作贯穿整个知识产权执法活动。美国特色的"专员制度"的特点在于由一人专门行使协调权力，并直接向总统与国会报告，同时有一常设性机构为其提供后勤保障，其优势在于履行职责更加灵活高效，而问题在于缺乏相应的监督与制衡机制，从而对专员的专业能力要求极高。日本虽然属于资本主义国家，但其市场经济属于政府强干预型，由高级别国家领导人亲自担任知识产权协调机构的负责人更有利于协调工作的推进，而地方的区域知识产权战略本部也有助于国家政策的进一步落实。因此，建议中国在部际联席会议制度的基础之上，进一步设置常设性的知识产权执法委员会，将联席会议制度作为委员会常设性的辅助协调机制，统领、协调各知识产权管理与执法部门，同时于地方设置垂直领导的地方知识产权协调委员会，负责对地方的知识产权联合执法工作进行监督与协调。

3. 事后评价机制

在执法行动之后，总结归纳经验教训，并将其于制度中加以落实，是完善知识产权行政执法体系的重要路径。因此，有必要完善行政执法的事后评价机制，评估执法行动的效果是否实现预期目标，总结未竟事项与经验，对各个执法部门的表现进行评价，并对外公布执法的结果与成效。

在中国传统的条块分割的行政管理体制下，地方行政执法部门普遍采取双重领导的模式，既受上级主管部门领导，又受地方政府的领导，二者均是下辖执法部门的评价主体。面对中央与地方之间变动不居的博弈关系，部分地方政府从地方利益出发，在执法时采取"上有政策，下有对策"的方式，对法律和中央政策变通执行，致使制度流于形式，导致人们对制度的信任危机。[19] 地方政府为防止"家丑外扬"，通常采取不求有功、但求无过的中庸评价策略，行政评价在无重大错误时往往流于形式。而纵向的主管部门只能管辖其下属"对口"的部门，无法对联合执法行动做整体性评价。特别是在联合执法行动中，牵头部门通常也只能汇总横向执法部门的总结与评价，"汇总"公布执法行动的数量及成效，一方面其评价结论缺乏权威性，另一方面牵头部门的评价也难以做到面面俱到。

针对这一问题，在设立自上而下的知识产权执法委员会的前提下，应当构建相应的评价机制，针对当年的知识产权保护情况与执法效果做出评价，同时与各级地方政府、执法主管部门和监察委员会做好衔接，及时反馈结果，提出改进措施并予以落实，并追究怠于履行职责的单位及公职人员的责任。同时，应当将评价结果以年度知识产权执法报告的形式对社会公开，一方面加强社会对行政行为的监督，另一方面也向国内外展示中国在知识产权执法保护中取得的成果与努力。

(三)小结

中国的知识产权行政管理体系，形成并脱胎于科技管理、市场监督等不同的体系。早年的知识产权行政管理部门几乎都配备有知识产权执法队伍，具有覆

[19] 参见程琥：《运动式执法的司法规制与政府有效治理》，《行政法学研究》2015年第1期。

盖范围广、执法人员充足的优势。随着国家对知识产权的日益重视，行政执法的能力不断增强，各类专项行动也取得了显著的成效。然而，各知识产权执法机构建设过于分散，部门之间权力配置不够明确，缺乏横向的协调机制，仍然需要进行体系化建构。无论是出于满足《协议》要求，还是完善执法体系的需要，我们都有必要建立一个高级别、常设性的统帅机构，从事前的分析决策，到事中的协调配合，再到事后的评价与问责，建立起周期性、常态化的协调机制，减少对于“运动型执法”等动员型的治理机制的适用，形成高效、稳定的常规型治理体系。

三、知识产权行政执法与刑事司法的体系衔接

（一）中美知识产权保护体系的差异

在知识产权“行刑衔接”领域，《协议》重点强调了案件的移送问题。根据《协议》的约定，中国应当明确各部门执法的启动标准，确保行政部门能高效准确地将具有“合理嫌疑”的案件及时移送刑事执法，并在实质上减少或消除对于刑事执法前置条件的限制。

《协议》之所以做此规定，本质原因在于中美法律体系的差异。在中国的法律体系中，对于违法行为，根据社会危害性程度的不同，严重的违法行为被规定为犯罪行为，由刑法加以规制，而一般的违法行为则主要由民事法律和行政法规加以规制，这也是中国法律保护体系中呈现行政与司法双轨制的原因。而在美国刑法体系中，犯罪主要分为重罪、轻罪、微罪和违警罪，其中轻罪与微罪基本覆盖了中国行政执法规制的范围，而刑罚的设置也相对较轻，除短期的监禁刑外，主要包括罚款、没收等刑罚，[20]与中国行政处罚措施相类似。在这样的法律体系下，美国国内法的知识产权保护主要通过司法保护完成，除少数政府部门如美国海关部门，或是负责制定国家战略层面的知识产权执法政策的部门，政府部门对国内主体少有系统性的行政执法手段。

因此，在美国的法律语境下，美国知识产权领域的“执法”多数情况下是指法院依据判决，对国内主体执行法律的行为；而在中国“双轨制”的保护模式下，知识产权领域的“执法”主要指政府行政部门依据行政法规范的授权执行法律的行为。相较美国知识产权领域“司法—执法”的一站式保护体系，中国的知识产权保护体系主要涉及行政与司法的衔接问题。为防止出现行政处罚取代刑事处罚的现象，确保罪刑相均衡，《协议》特别强调中国行政执法体系与刑事司法体系彼此间的衔接问题，从而实现强化知识产权保护力度的目的。

（二）知识产权案件移送的门槛

1. 相关规定及适用中存在的不足

在中国“双轨制”的保护模式下，中国刑事法律体系广泛采取“定性—定量”

---

〔20〕 参见肖尤丹：《中国知识产权行政执法制度定位研究》，《科研管理》2012年第9期。

的入罪模式，对于满足罪量的违法行为进行刑事处罚，对于罪量之下的同质行为则采取行政处罚。从目前的立法现状来看，中国已经基本构建了知识产权领域行政执法和刑事司法衔接适用的基本原则，确立了不得“以罚代刑”，行政部门应当将涉嫌犯罪的嫌疑人及时移送司法部门等基本原则，〔21〕并于各级法律中予以明确体现。〔22〕关于知识产权案件的移送标准，在法律一级规范性文件中主要以原则性规定居多。例如，中国知识产权法律中关于“行刑衔接”的表述主要为“构成犯罪的，依法追究刑事责任”，〔23〕而《行政处罚法》的表述则是“违法行为构成犯罪的，行政机关必须将案件移送司法机关”。〔24〕这类表述主要为一种宣示性规范，缺乏实际的指导意义。

在相关司法解释中，虽然知识产权案件的入罪标准和损害的计算方式都进行了明确的规定，〔25〕但是在实践中却存在一定的困境，主要原因在于行政执法部门和司法部门之间在执法能力和执法手段上存在一定的差距，致使二者对知识产权案件中的侵权物品的金额认定存在差异。根据《最高人民法院、最高人民检察院关于办理侵犯知识产权刑事案件具体应用法律若干问题的解释(一)》第12条的规定，对知识产权案件的侵权产品价值的计算方式规定了三条进路：对于已销售的侵权产品的价值，按照实际销售的价格计算；对于未销售的侵权产品的价值，按照标价或者已经查清的侵权产品的实际销售平均价格计算；对于侵权产品没有标价或者无法查清其实际销售价格的，按照被侵权产品的市场中间价格计算。

然而，实践中，行政执法部门相较公安部门，执法资源和执法措施相对有限，对于侵权产品的定价和实际销售价值往往难以查清。在这种情况下，行政执法部门只能按照被侵权产品的市场中间价格计算价值，即“以真论假”；而司法部门立案时则会以侵权产品自身的实际价值计算价值，即“以假论假”。〔26〕通常而言，侵权产品普遍未获得知识产权权利人的授权，也未支付相应对价，生产成本较正版的被侵权产品为低，如果按照被侵权产品的价值为基准，计算出的金额通常较侵权产品的实际销售价格为高。这就导致行政执法部门移送的案件在很多情形

〔21〕 见中国2017年《行政处罚法》第7条、第22条，以及其他诸条的相关规定。在2021年7月生效的《行政处罚法》中，这些原则也继续得以体现。

〔22〕 见《国务院关于整顿和规范市场经济秩序的决定》《行政执法机关移送涉嫌犯罪案件的规定》《最高人民检察院、全国整顿和规范市场经济秩序领导小组办公室、公安部关于加强行政执法机关与公安机关、人民检察院工作联系的意见》《关于在行政执法中及时移送涉嫌犯罪案件的意见》《关于加强行政执法和刑事司法衔接工作的意见》等规定。

〔23〕 见2020年《著作权法》第53条，2020年《专利法》第68条，2019年《商标法》第67条、第68条。

〔24〕 见中国2017年《行政处罚法》第22条。

〔25〕 在中国《刑法》对于知识产权犯罪的相关规定的基础之上，相关司法解释对知识产权案件的金额认定及具体的计算方式进行了详细的规定。其中著作权、商标、专利的入罪标准见《最高人民法院、最高人民检察院关于办理侵犯知识产权刑事案件具体应用法律若干问题的解释》相关规定，商业秘密入罪标准见《最高人民法院、最高人民检察院关于办理侵犯知识产权刑事案件具体应用法律若干问题的解释(三)》相关规定。

〔26〕 参见叶家平：《知识产权行政执法与刑事司法衔接中若干问题研究》，《科教文汇》2007年第4期。

下达不到刑事追诉的标准，只能由司法部门再移转回行政执法部门，从而造成办案的低效率。

2. 案件移送门槛的降低

上述问题的出现，原因主要在于知识产权案件的移送标准过高，从而导致了行政执法体系与刑事司法体系之间的衔接不畅。从法律制度的定位来看，行政处罚旨在规制一些相对轻微的，不构成刑事犯罪的违法行为。对于大部分负责行政执法和行政处罚的部门而言，其职责仅是负责处理这些相对轻微的违法行为，并未配置，也没有必要配置如公安部门一般的各类技术侦查措施和调配资源的权限。从机构角色定位而言，行政执法体系与刑事司法体系之间的职责具有本质区别，为行政执法部门配置与公安机关相同等级的侦查资源，反而是一种资源上的浪费，也会从另一个方向导致行政体系和司法体系间职责配置的混乱。因此，对于案件是否需要进行刑事追诉的实质性判断，实际上超越了行政执法部门的能力范围。

根据《协议》的约定，知识产权案件的移送标准应当为具备"合理嫌疑"。为降低知识产权案件的移送门槛，对标《协议》的约定，中国于 2020 年对《行政执法机关移送涉嫌犯罪案件的规定》进行了修订，将行政机关向公安机关移送知识产权案件的标准从"满足刑事追诉标准"降低为"存在犯罪的合理嫌疑"，并由"公安机关采取措施进一步获取证据以判断是否达到刑事案件立案追诉标准"。〔27〕通过这一修订，行政执法部门不需要再对知识产权案件是否满足刑事追诉标准进行实质性判断，而是将这一责任完全移转至司法部门，统一了对于案件是否需要进行刑事追诉的价值判断，也进一步明确了行政执法体系与刑事司法体系的角色定位。

(三)知识产权案件移送的协调机制

在知识产权司法实践中，除了大规模的知识产权案件因其涉及面广、涉案金额高而被刑事司法部门直接查处外，许多刑事案件是以知识产权侵权违法案件的查处为前提，〔28〕再行追究刑事责任。因此，构建恰当的协调机制，确保案件及时、有效的移转，是完善行政执法与刑事司法体系衔接，满足《协议》约定的应有之义。

1. 行政评价机制的完善

有学者指出，行政执法部门不合理的评价机制会对案件移送造成负面影响。当行政部门移转的案件被司法部门认定不符合刑事追诉标准并退回时，对于行政部门的执法能力会造成负面评价，从而影响行政执法部门移送案件的积极

---

〔27〕 见 2020 年修订的《行政执法机关移送涉嫌犯罪案件的规定》第 3 条。

〔28〕 参见于冲、郁舜：《知识产权案件"行刑衔接"机制的构建思路——以〈中国知识产权保护状况白皮书〉的统计数据为分析样本》，《知识产权》2016 年第 10 期。

性。[29] 为防止案件被退回，在很多涉案金额难以查证的情况下，行政执法部门往往会直接采取行政处罚措施，而不再向司法部门进行移送。[30]

此类评价机制的问题依然在于行政执法体系的定位不明，缺乏统一的协调机制。如前所述，行政执法部门的职责在于规制相对轻微的、不构成刑事犯罪的违法行为，不能也不应由其对案件是否需要进行刑事追诉进行实质性判断。因此，行政部门执法评价机制的构建思路需要进行转变，与其将司法部门的"案件退回量"作为负面评价因素，不如将司法部门的"案件接受量"作为正面的评价因素。一方面，即使行政部门所移送的案件因不符合刑事追诉标准而被司法机关退回，也不能因此认定行政执法部门存在过错与失职，盖因行政执法体系与刑事司法体系之间的职责与定位存在区别；另一方面，当行政部门移转的案件被司法部门所接受并进一步进行刑事追诉，证明犯罪行为得到了充分有效的规制，是行政部门的执法能力的直接体现。完善的评价机制，其意义不仅在于制度体系本身的自洽，也在于对评价对象的正向促进，有效激励行政部门将符合标准的案件移转至司法部门。

2. 构建必要的监督机制

案件移送门槛的降低以及行政执法体系的内部自洽，旨在消除知识产权行政执法与刑事司法的体系衔接中的阻碍，构建畅通的衔接机制。然而，对于行政执法行动可能出现的非制度层面疏漏，如执法人员玩忽职守，甚至收受贿赂，擅自"以罚代刑"，未将符合标准的案件移送至司法部门，司法部门以及相关纪检机构应当建立相应的监督机制，保证案件能够获得及时、充分、有效的处理。

知识产权"行刑衔接"中的监督机制可以分为两个层面：一方面，是司法部门对于知识产权案件的监督机制。对于符合刑事追诉标准的案件，如果行政执法部门未移送或未及时移送，司法部门应当自行调查并依法处理；如果行政执法部门无正当理由拒不移送案件，公安机关和检察机关可提前介入调查。这要求司法部门与行政执法部门建立畅通的交流及反馈机制，司法部门应当对接受移送的案件及时向行政执法部门反馈，对于未移送的案件，行政执法部门在必要时应当及时说明情况。同时，司法部门也应当加强对于知识产权重点领域的监管，及时受理及处理当事人自诉的知识产权刑事案件，[31]并提供必要的协助。

另一方面，是检察院及监察委对于行政执法部门的监督机制。对于执法部门和执法人员有案不移、玩忽职守甚至徇私枉法的行为，应当及时予以问责，构成犯罪的，应当依法追究刑事责任。关于行政执法部门怠于履行职责，"以罚代刑"的问题，立法者已于中国《刑法》第 402 条"徇私舞弊不移交刑事案件罪"中专门进行规制。然而，在具体实践中，这一罪名的适用采取了较为宽缓的刑事政

[29] 参见周舟：《知识产权行政执法与刑事司法衔接机制研究》，《北京政法职业学院学报》2011 年第 1 期。

[30] 参见梅术文：《知识产权的执法衔接规则》，《国家检察官学院学报》2008 年第 2 期。

[31] 见《最高人民法院、最高人民检察院关于办理侵犯知识产权刑事案件具体应用法律若干问题的解释（二）》第 5 条："被害人有证据证明的侵犯知识产权刑事案件，直接向人民法院起诉的，人民法院应当依法受理；严重危害社会秩序和国家利益的侵犯知识产权刑事案件，由人民检察院依法提起公诉。"

策，将重点置于考察行政执法中收受贿赂的行为，当无法证明存在贿赂犯罪的情况时，甚少于案件中直接适用这一罪名。[32] 有学者指出，对于渎职类犯罪，中国刑事法律体系相关规定较为庞杂，存在较多的罪名的牵连或竞合的现象。[33] 笔者认为，在“以罚代刑”这一现象的规制上，重点不应落于考察行政执法人员是否存在收受贿赂、徇私枉法的情节，而应当重点考察“以罚代刑”行为本身的社会危害性，以及其所导致的危害性后果，从而实现罪刑一致，有针对性地加以规制。

（四）小结

在知识产权大保护格局下，完善行政执法体系与刑事司法体系的衔接，保证案件能够及时准确地移转，是履行《协议》约定，确保罪刑一致，完善知识产权保护体系的应有之义。从职能部门的角色定位和资源配置来看，行政执法部门不应当对案件是否符合刑事追诉标准进行实质性判断。行政执法部门仅需要提供执法中获得的犯罪线索和证据，并将具有嫌疑的案件移交司法部门，至于案件是否需要进一步刑事追诉，则应当交由司法部门进行侦查和判定，即使案件并不满足刑事追诉标准，行政执法部门也不应当受到苛责。赋予行政执法部门过高的判定标准，实质上阻碍了案件的移送，易于滋生“以罚代刑”的不良现象，也导致行政执法体系与刑事司法体系产生权责不清、定位混同的问题。

除知识产权领域外，这一问题在传统领域的“行刑衔接”中同样存在。在双轨制保护格局下，行刑体系如何进行定位，是界分二者权责，并以此构建相应制度的基础。笔者建议，借履行《协议》要求，修订《行政执法机关移送涉嫌犯罪案件的规定》司法解释之际，将行政执法体系向刑事司法体系的案件移送标准由“满足刑事追诉标准”修订为“合理嫌疑”，[34]明确两体系的定位，完善二者的衔接机制，为案件的顺利移送消除阻碍。

四、中美合作视角下的知识产权行政执法

（一）中美执法合作的必要性

关于知识产权执法领域的中美合作，《协议》主要提出了两点要求：一方面，中美双方应当加强在双边知识产权刑事执法框架下的经验交流，另一方面，双方在特定领域如边境执法开展联合执法行动。从这一规定可以看出，美国对中国行政执法体系的实际效果存在一定忧虑。

综观《协议》全文，对于中国行政执法体系本身，《协议》对行政执法能力提出了较高要求，强调执法的充分性和有效性；对于行政执法体系与刑事司法体系的

---

〔32〕 姜瀛：《论专利行政执法以罚代刑及其刑法应对》，《武汉科技大学学报（社会科学版）》2016 年第 4 期。

〔33〕 参见王佩芬：《“徇私舞弊”在刑法中的功能定位及立法重构》，《政治与法律》2020 年第 12 期。

〔34〕 根据现行司法解释的规定，目前仅知识产权案件的移送标准为“合理嫌疑”，其他案件的移送标准仍然为“涉嫌构成犯罪，依法需要追究刑事责任”。见 2020 年《行政执法机关移送涉嫌犯罪案件的规定》第 3 条。

衔接问题,《协议》要求降低案件移送门槛,强调刑事追诉的充分性和准确性。在中美执法合作领域,美国强调在“刑事执法框架”下的经验交流,实际上也体现了对于中国行政执法体系的不信任:一方面,美国认为中国行政执法的力度难以实际遏制侵权,另一方面,美国担心行政执法实质上取代了更加严格的刑事司法程序。这一忧虑在美国 2020 年《特别 301 报告》中亦有体现,美国担心中国行政执法,以及政府和官员的行政力量会干涉司法的独立性,[35]对知识产权保护造成负面的影响。

综合来看,美国之所以对中国行政执法体系存在忧虑,根本原因在于意识形态的差异导致的误解。当“运动式执法”依然作为中国行政执法的“常规武器”,而政府职权主义的做法可调动的能量又过于大,外国对于中国行政执法的效果和措施缺乏可预测性,从而产生行政执法体系干涉、替代司法体系,削弱知识产权保护强度的误解。从这个角度而言,中美双方的执法合作既是目的,也是手段:一方面,为针对性地打击知识产权侵权问题,中美双方希望推进合作,开展联合执法行动;另一方面,交流与合作是传递诉求和价值理念的重要渠道,可借此增进彼此间的了解。因此,中国在完善国内制度的同时,应当积极与美国进行沟通和合作,增进交流,消除误解,展现中国履行《协议》的决心。

(二)中美执法合作的策略选择

1. 以平等互惠为基本理念

有学者指出,中国现代知识产权制度的发展,都有美国推动的因素。[36] 20 世纪 90 年代,中国为实现“入世”的需求,对知识产权领域的法律法规做了大规模的修订和制定,并于全国范围内自上而下地进行知识产权执法行动。从现在的视角来看,那一时期美国咄咄逼人的贸易调查在客观上倒逼、推进了中国知识产权法律制度的建设,[37]但以当时的视角来看,这一时期的立法及“运动式执法”对社会生活和市场秩序造成了很大冲击,只是单纯地搭建了知识产权的保护体系,与国家的发展情况并不完全契合。

在当下的发展节点,面对以美国为代表的西方国家采取的“去中国化”做法,中国也提出“国内国际双循环”战略,[38]将发展重心立于国内市场开发和产业发展,通过国内大循环吸引全球资源。在制度层面,中国知识产权体系也已经相对完备,不再需要进行大刀阔斧的改革。面对国际社会更高标准的知识产权制度需求,中国应顺应趋势积极应对,但一定要从国情出发,坚持以保护本国利益为

---

[35] USTR, 2020 *Special* 301 *Report*, April 2020, p. 40.

[36] 参见易继明:《改革开放 40 年中美互动与中国知识产权制度演进》,《江西社会科学》2019 年第 6 期。

[37] 参见易继明、李春晖:《中国知识产权制度及科技法律政策之新节点?——评美对华 301 调查报告及中国之应对》,《陕西师范大学学报(哲学社会科学版)》2019 年第 1 期。

[38] 见《中共中央关于制定国民经济和社会发展第十四个五年规划和二〇三五年远景目标的建议》,中国政府网,http://www.gov.cn/zhengce/2020-11/03/content_5556991.htm;更新时间:2020 年 11 月 3 日,访问时间:2020 年 12 月 14 日。

基本准则。[39] 当然，这绝不意味着采取闭关锁国式的“战狼外交”。中美历经 40 多年的交往，彼此之间利益交织，在战略选择上应该避免零和博弈思维。[40] 因此，相较 20 世纪 90 年代的中美“合作”，中国应当实现观念上的转变，秉持平等互惠的基本理念，在积极沟通的基础上交流彼此的诉求，可以借鉴美国的独到经验与先进做法，但不能对美国的任何要求都“百依百顺”。事实上，为满足美国的要求而忽视国内发展情况，突破常规治理机制和制度规定，滥用“运动式执法”，固然一时可以满足美国的“胃口”，但从长远的视角看反而会加剧美国的忧虑，因为国家动员式的运动机制，缺乏常规性和可预测性。

2. 多层次的执法合作机制

在中美知识产权执法合作的实践层面，合作机制可以分为两个层次。

第一，建立畅通的交流机制。从中美执法合作“手段论”的角度，中美双方需要通过具体的合作实践增进沟通、消除误解。对于我方而言，沟通机制可以分为积极和消极两个层面：积极的交流机制，是我方应当继续同美方保持各个层级的会晤和磋商，及时接收和反馈对于《协议》的履行情况以及新的诉求；而消极的交流机制，是我方应当完善国内行政执法体系的政府信息公开机制，将全国范围内的知识产权保护情况进行汇总和公开，展示中国在知识产权执法领域所取得的成就及存在的不足，并接收来自社会各界的监督和反馈，这也是政府部门自我审查的重要途径。畅通而有效的交流机制，有助于消除国际社会对中国的刻板印象，展现中国在知识产权保护中所做出的努力。

第二，重点领域的执法合作。从中美执法合作“目的论”的角度，对于互联网、海关等跨境知识产权纠纷密集的领域，中美双方应当展开联合执法行动，双向合作打击跨境侵权。在前述交流机制的基础之上，中美双方还应当以此为基础，在实然层面上建立信息共享机制，进行相应的数据分析和风险分析，针对各方特点积极采取行动措施。[41] 此外，中美双方通过政府部门的彼此配合，在证据的保全、调取，行政处罚的落实，民事、刑事审判的执行，甚至引渡等方面都可以开展全方位合作，有针对性地扫清重点领域存在的痼疾，从根本上改善知识产权的保护情况。

（三）小结

现代知识产权制度作为“舶来品”，在中国的发展脉络具有较强的功利主义色彩，侧重于满足西方国家的要求，而自身独立的品格相对缺乏。[42] 此种做法无对错之分，而是国家在特定发展阶段的必然选择。在当下的发展节点，我方应当

---

〔39〕 参见李浩琼：《国际知识产权制度的当今发展及其对中国的影响》，《知识产权》2016 年第 12 期。

〔40〕 参见易继明：《中美关系背景下的国家知识产权战略》，《知识产权》2020 年第 9 期。

〔41〕 参见《中美海关知识产权联合执法在行动》，中国政府网，http://www.gov.cn/xinwen/2016-11/24/content_5137194.htm；更新时间：2016 年 11 月 24 日，访问时间：2020 年 12 月 10 日。

〔42〕 参见曲三强：《被动立法的百年轮回——谈中国知识产权保护的发展历程》，《中外法学》1999 年第 2 期。

转变策略，将国内发展作为首要目标，而非单纯满足美国及国际社会的要求。在中美知识产权执法合作问题上，一方面，我方应当采取积极的态度，保持交流和信息共享，为双方的联合执法行动提供支持和协助，向美方展示我方为履行《协议》，打击知识产权侵权的努力和成效，消除美国对中国的刻板印象和不当误解；另一方面，中美双方的执法合作应当在现行的法律框架之下开展，不可为满足对方的要求而突破法律规定，对国内产业发展和权利人利益造成不当影响。

五、结论

行政执法作为《协议》的一条“主线”，几乎贯穿《协议》始终。通过对《协议》文本的解读，可以勾勒出以美国为代表的西方国家眼中的，具有中国特色的知识产权行政执法体系的样态，既包括对具体制度的评价与建议，也包括意识形态层面的误解与担忧。客观而言，在体系内部协调和与其他体系的外部衔接上，中国知识产权行政执法体系确实存在一定的问题，《协议》体现了以美国为代表的西方社会对于我国引以为傲的行政执法体系的评价，为我方提供了一个“局外人”的视角。一方面，持续数年的贸易战及此次《协议》不啻为一记警钟，我方仍然应当冷静审视知识产权行政执法体系的制度建构，进一步整合执法资源，建立常态化的协调机制，提升知识产权保护水平，履行《协议》约定，以满足国内和国际社会的现实需求。另一方面，《协议》及美国的一系列做法也体现出对方依然戴着“有色眼镜”，对于我方的偏见和误解始终存在。在接下来的磋商中，我方对于美国的要求也应当辩证看待，在保持沟通、加强合作的基础上，接受合理化建议，借鉴先进做法，而对于不合理的要求和职责，我方也不能过度退让。

整体而言，《协议》的签署为中美贸易战按下了“暂停键”，[43]原本剑拔弩张的紧张态势有所缓和，表明中美双方依然期待通过合作与交流解决问题。然而，“暂停键”不意味着“休止符”，中美之间的利益冲突依然存在。《协议》的签订及履行是反思并完善国家知识产权治理体系的好时机，但我方也应当保持警惕，持续与对方保持沟通和磋商，并制定相应的应急预案，争取谈判的主动权，慎防美方的“回马枪”。

---

〔43〕 沈建光：《中美经贸关系进入新阶段》，http://news.cnr.cn/native/gd/20191216/t20191216_524899508.shtml；更新时间：2019 年 12 月 16 日，访问时间：2020 年 12 月 6 日。

The Impact of China-US Phase One Economic and Trade Agreement on the Intellectual Property Administrative Enforcement System in China

QIAN Ziyu

Abstract: In the chapter "Intellectual Property" of Economic and Trade Agreement between China and the United States, there are relatively comprehensive provisions on the issue of administrative law enforcement of intellectual property, which sets higher requirements for China's administrative law enforcement capacity and system connection. Through the text and the analysis of the China's legislation and practice situation, this paper argues that, as for China's intellectual property administrative enforcement system itself, the mobilization enforcement which lack of coordination mechanism, is powerful but unstable, we should set up a high-level permanent department to governance intellectual property administrative law enforcement of whole country. As for the connection between China's administrative enforcement system and its criminal justice system, the agreement reflects the U. S.'s concern about the phenomenon of "replacing administrative punishment with criminal punishment". The threshold for cases transferring should be lowered to ensure the consistency of crime and punishment. As for China-US IPR enforcement cooperation, on the one hand, we should keep consultation and eliminate misunderstandings; on the other hand, we should focus on domestic developments instead of blindly accept unreasonable demands or accusations.

Key Words: Economic and Trade Agreement between China and the United States; Intellectual Property Administrative Law Enforcement; Transition between Administrative Law Enforcement and Criminal Justice; China-Us cooperation

论自助行为及其法律效力
——《民法典》第 1177 条的解释论展开 [1]

朱凌珂*

摘　要　我国《民法典》第 1177 条规定了自助行为及其构成要件，但在实践运用中仍有解释空间。自助行为的要件应当包括行为人的申请未被驳回及申请未迟延。在民事诉讼程序中应当规定自助行为权利实现的程序规则，自助行为的申请保全程序应为专属管辖，若行为人不符合自助行为的实质要件或申请程序不合法时，法院可裁定驳回申请。虽然我国刑法上并未对自助行为是否具有违法性进行明确规定，但是自助行为在民法上被评价为适法行为，故在刑法上也不应当具有违法性。但这并不意味着如果行为人构成自助过当，属于民法上的不适法自助行为，就必然不能主张刑法上违法阻却事由之存在。在判断自助过当在刑法上的法律效力时，应当就行为人究竟是因为程序上瑕疵还是实质上不符合自助行为要件的规定而分别予以讨论。行为人在刑法上主张属于民法自助行为而可以阻却违法时，法院应将实体不符与程序不合法两种情形分开考量。

关键词　自助行为；《民法典》第 1177 条；自助过当；违法阻却事由

目　次

---

* 朱凌珂（1990— ），法学博士，重庆大学法学院博士后，主要研究方向：民法学。

〔1〕 本文系国家社科基金一般项目“民事审判逻辑的再构建研究”（18BFX065）成果。

一、问题的提出

在法治尚未发展前，当事人间的民事争执多以私力解决，但利己之心在所难免。为保障他人利益、避免冲突，民事权利的救济从纯私力救济发展到长老任意仲裁、长老强制仲裁，乃至现在的公力诉讼阶段。在此发展过程中，法治国家逐步确立起以公力救济为原则、私力救济为例外的权利救济体系。不过公力救济需依遵循一定程序，有时难免旷日废时，在紧急时刻反而缓不济急，因而自力救济制度亦有存在的现实必要。但在公力救济为原则、私力救济为例外之现在，自力救济需有一定的要件与范围，以对该行为的实施有所限制，避免过度扩大权利行使的范围。

自力救济多是因权利人认为公权力的行使已无法或不及保护其利益，非以自力救济的方式不能实现其权利时所采取的行为。[1] 不过，由于一般当事人并不会细致地关注法律上自力救济的要件，而使得自力救济一词所涵盖的范围变得十分广泛。为了避免自力救济的主张无限扩张，需要对其权利行使的边界做出一定的限制。[2] 现今最常听闻的自力救济行为，如正当防卫、紧急避险的权利行使[3]，又如民法所规定的自助行为、留置权的行使等，基本上都需要符合一定要件，才能够主张其属于正当的自力救济行为。不过，若要全面讨论上述行为，将因范围过宽而失去研究重心，故本文将限缩研究范围，仅聚焦于自力救济中的自助行为，即围绕我国新近颁布的《民法典》第 1177 条来进行探讨。[4]

本文关注自助行为的另一个原因在于，在违法阻却事由中，理论和实务中最常被提及的是正当防卫与紧急避险这两个事由，其他的违法阻却事由则较少被讨论。社会生活中，诸如债权人以债务人的财物抵偿债务、受害人扣留侵权人的财物的情形屡见不鲜，但是国内学界对于自助行为范畴的讨论却不多见。[5] 而

---

〔1〕 参见徐昕：《私力救济的神话之维——兼论法院的产生》，《现代法学》2006 年第 1 期。

〔2〕 参见汤勇：《论物权保护中私力救济的正当性》，《新疆社会科学》2008 年第 3 期。

〔3〕 《刑法》第 20 条“正当防卫”规定：“为了使国家、公共利益、本人或者他人的人身、财产和其他权利免受正在进行的不法侵害，而采取的制止不法侵害的行为，对不法侵害人造成损害的，属于正当防卫，不负刑事责任。正当防卫明显超过必要限度造成重大损害的，应当负刑事责任，但是应当减轻或者免除处罚。对正在进行行凶、杀人、抢劫、强奸、绑架以及其他严重危及人身安全的暴力犯罪，采取防卫行为，造成不法侵害人伤亡的，不属于防卫过当，不负刑事责任。”《刑法》第 21 条“紧急避险”规定：“为了使国家、公共利益、本人或者他人的人身、财产和其他权利免受正在发生的危险，不得已采取的紧急避险行为，造成损害的，不负刑事责任。紧急避险超过必要限度造成不应有的损害的，应当负刑事责任，但是应当减轻或者免除处罚。第一款中关于避免本人危险的规定，不适用于职务上、业务上负有特定责任的人。”

〔4〕 《民法典》第 1177 条规定：“合法权益受到侵害，情况紧迫且不能及时获得国家机关保护，不立即采取措施将使其合法权益受到难以弥补的损害的，受害人可以在保护自己合法权益的必要范围内采取扣留侵权人的财物等合理措施；但是，应当立即请求有关国家机关处理。受害人采取的措施不当造成他人损害的，应当承担侵权责任。”

〔5〕 早期的研究具体可以参见贺光辉：《民事自助行为研究》，《湖北社会科学》2002 年第 11 期；李蕊、张英秋：《论权利保护上的自助行为》，《山东社会科学》2001 年第 6 期；李彬：《走向能力互动：自助行为导人民事执行程序的思考》，《法律适用》2006 年第 8 期。

实务上当事人主张自助行为抗辩的民事与刑事案例虽然频频发生，但司法判决认为其确实符合民法自助行为的规定的却是凤毛麟角。[6] 自助行为在我国司法实务中并不常见，也甚少能在个案中被证明成立，究其原因可能在于其构成要件严苛，并且当有其他可主张的违法阻却事由时无须主张自助行为。而实务上是否成立自助行为的讨论多聚焦于“情况紧迫且不能及时获得国家机关保护，不立即采取措施将使其合法权益受到难以弥补的损害的”，[7]这是因为相较于其他自助行为构成要件，此要件须从个案当时的急迫程度、情形进行判断，没有明确的标准，因此主张自助行为的案件中大部分在讨论是否存在“不能及时获得国家机关保护”（公力救济）的问题。可以说，虽然我国《民法典》第1177条中规定了适用自助行为的诸多前提要件，但判断自助行为成立与否的标准，以及自助行为的具体构成要件等问题依然不尽明确。

私力救济制度的本质特征之一，就是其在一定程度上超出了私法自治的界限，具有类似于公权力救济的一些特征，因此，这一制度必定会与民事程序法以不同于一般民事纠纷解决机制的方式相衔接，且与刑事法相关制度的界限较为微妙。但除了《民法典》的规定之外，我国《民事诉讼法》对自助行为并未做出程序上的规定，那么在实务中所可能产生的自助行为的审查管辖权、裁定驳回自助行为请求的依据等程序性问题就缺少具体的裁判规则。此外，在讨论民法上自助行为时，不可避免地会涉及自助过当或者不构成自助行为而可能构成刑事犯罪的问题，但在刑法层面上不论是实务界还是学界，对自助行为的实质内涵也鲜有讨论，那么自助行为是否能作为刑法上的违法阻却事由，如果可以，其应如何主张？在何种情况下才能阻却违法？最后，在当事人实施的“自助行为”不符合《民法典》第1177条的规定时，这一行为在刑法上是否就不能主张违法阻却？这些疑问即为本文讨论的重心。基于上述问题意识，本文将在分析自助行为基本内涵的基础上，探讨自助行为的构成要件以及自助过当的法律后果，尝试设计自助行为的程序法规则并进而实现《民法典》与《民事诉讼法》的衔接，也会思考刑法引用民法自助行为来阻却违法的可能性问题。

二、自助行为的本质与作用对象

（一）自助行为的本质

如前所述，在法治尚未发展完备时期，团体组织不甚健全，当事人权利受到侵害时，很难依靠团体组织的力量保护自己，因此自力救济或同态复仇成为保护自身权利的重要方式。受害人多从自身利益出发寻求纷争解决，若遇阻碍，可能导致人们诉诸暴力而不能完善保护弱者一方的权利，无法真正解决纠纷。因此，随着时代演进，产生了长者介入、第三方仲裁或司法裁判等评断制度，直到法制

[6] 参见尹伟民：《民事自助行为的认定——以司法判决实证分析为视角》，《社会科学》2016年第9期。
[7] 参见宋歌：《民事自助行为的界定及法律后果》，《法律适用》2020年第8期。

发展完备后公力救济变成原则。[8] 但是公权力的行使或因程序繁复，或因时间上的非及时性等原因，使得公力救济在本质上属于事后性救济。因此相对于公力救济，自力救济手段虽成例外但仍有其现实必要性。[9] 基于对自力救济这一例外情形审慎认定与处理的初衷，对自力救济行为规定较为严苛的要件就存在合理性，这不仅是自力救济存在的基础，亦是保障相对人的权利不因以"自力救济"为外观的行为所侵害。

当然，自力救济是最上位的概念，其下由适用情形不同又产生相异的权利，最为人们所熟悉的是民法和刑法中对正当防卫、紧急避险的规定，也包括民法中关于自助行为、留置权的规定。[10] 这些都可以被认为是在公权力无法及时对当事人进行救济的情况下，当事人对不合理状态所为的自力救济行为。而对此也发展出了许多学说和规定，以规范自力救济行为的行使范围、条件和程序，在达到自力救济目的的同时保障相对人的权利，并维护社会秩序。

由于自助行为或与之类似的制度在民法学界甚至整个法学界都存在巨大的争议，因此鲜有国家在其民法典中对自助行为予以明确规定。如日本《民法典》就未明确规定与自助行为相关的制度，相关制度只是在学界中进行理论探讨并得到了日本司法实践的认可。因此，我国《民法典》第 1177 条中明文规定自助行为具有重要意义，属于有法律明文规定要件规范之一例。根据此条款的规定可知，我国《民法典》中的自助行为存在以下三种本质性特征：其一，受害人所实施的自助行为符合紧迫性要件(时间上的紧迫性)。这要求受害人的权利受不法侵害且来不及寻求国家机关的协助，若不立即实施自力救济行为，该权利将不能实现或显有困难，这时才可以实施自助行为。其二，空间上的密接性。这一特征表明自助行为与受害人所受到的或者将要受到的侵权行为在通常的认知范围内属于同一空间，即只能"现场"采取"扣留侵权人的财物等合理措施"。其三，其属于事前救济手段。我国《民法典》中规定的自助行为是为了保全将来的权利能够实现所做出的自力救济行为，即使权利尚非已受侵害，但如不立即实施自力救济行为，则权利在未来将不能实现或实现有相当大程度的困难，据此，可以认为我国自助行为并非一种事后救济手段，这也是其与公力救济方式相区分的最为明显的特征。

可以说，自助行为所具有的这些本质特征是其与公权力救济方式相区分的标志。如果在时间和空间上扩大自助行为适用的可能性，且将自助行为界定为一种事后救济方式的话，那么这不仅会导致自助行为这种私力救济方式遁入公力救济方式应当被予以适用的领域，也可能会使得侵权行为的受害人成为"新的侵权人"。这种情形在实际中是存在的，典型国家是日本。在日本民法理论中，

---

[8] 参见徐昕：《论私力救济与公力救济的交错——一个法理的阐释》，《法制与社会发展》2004 年第 4 期。

[9] 参见赵峰：《私力救济的法理分析》，《北京理工大学学报(社会科学版)》2001 年第 3 期。

[10] 《民法典》第 235 条规定："无权占有不动产或者动产的，权利人可以请求返还原物。"《民法典》第 447 条规定："债务人不履行到期债务，债权人可以留置已经合法占有的债务人的动产，并有权就该动产优先受偿。"

与我国自助行为一词相对应的是“自救行为”这一用语，在学理上日本学界将自救行为分为一般自救行为与特别自救行为，前者是除去危险之保全权利的行为，后者是占有的自救行为，二者显示出所有权与占有权的对立。〔11〕日本学者认为，一般的自救行为是除去不利于权利实现之危险的保全行为，而究竟保护的是何种权利并不是重点；而主张占有的自救行为，是基于日本《民法典》第201条认为占有夺回的诉讼可以在一年内提出的规定，因此不论是在盗窃现场当场夺回或是追寻踪迹找到窃贼后夺回，只要是在一年内都可成立占有自救行为。〔12〕日本学说通常认为，在窃取现场当场夺回该物和追寻踪迹找到窃贼后夺回该物都应当理解为自救行为。〔13〕还有日本学者认为，在窃取现场当场夺回及追寻踪迹找到窃贼后夺回该物这两种情形，在时间、场所上均有密接性，且权利所在(即该物的权利究竟属于何人)客观明确，应允许做出占有的自救行为。〔14〕甚至对于权利人经过一段时间后在路上巧遇带着该物的窃贼而夺回的情形，日本学界的通说也曾经认为这种取回盗赃物的情形不能主张正当防卫，而可以解释为一种自救行为。〔15〕但日本最高裁判所在之后的判决中将此种情形确定为立即成立盗窃罪，〔16〕也算是在一定程度上对这些不恰当认识的矫正。

从前述对日本的简单介绍可以发现，日本所说的自救行为与我国的自助行为虽然有相近之处，却也有很多不同。二者主要的相同之处在于紧急性的要件，不论是日本的自救行为还是我国的自助行为，都要求权利受不法侵害且来不及由国家机关救助，若不立即实施自力救济行为，该权利将不能实现或显有困难。而日本的自救行为与我国的自助行为有很多相异之处。日本的自救行为虽然常见于财产权的保护但却不限于此，而我国仅限于保护请求权。另外，日本的自救行为并没有类似我国《民法典》第1177条自助行为的明文规定，不能主张其所为的自救行为是依日本《民法典》第35条的行为，但是其学说通说及实务均认可有自救行为存在的必要，因此自救行为在日本是以实质违法性判断而作为超法规违法阻却事由存在。另外，日本学界的自救行为属于事后救济手段，而我国民法上规定的自助行为是为了保全将来的权利实现所做出的自力救济行为，虽然权利尚非已受侵害，但如不立即实施自力救济行为，则权利在将来不能实现或实现有相当困难，因此可以认为，我国自助行为并非一种事后救济手段。综上，虽然

---

〔11〕 参见[日]佐伯仁志、道垣内弘人：《刑法与民法的对话》，于改之、张小宁译，北京大学出版社2012年版，第251页。

〔12〕 参见[日]桥爪隆：《关于自救行为的研究》，《神户法学杂志》2005年第4期。

〔13〕 参见[日]曽根威彦：《刑法总论》，弘文堂1991年版，第144—146页。

〔14〕 参见[日]大下英希：《关于占有自救——围绕紧急性要件的研究》，《法学杂志》2008年第1期。

〔15〕 参见[日]曽根威彦：《自救行为和违法拒绝的一般原理——违法抗拒论研究》，《早稻田法学会志》1974年第3期。但日本最高裁判所在之后的判决中将此种情形确定为立即成立盗窃罪。参见[日]桥爪隆：《关于自救行为的研究》，《神户法学杂志》2005年第4期。

〔16〕 参见[日]桥爪隆：《关于自救行为的研究》，《神户法学杂志》2005年第4期。此判例的基本案情是：汽车销售商(债权人)与债务人签订汽车买回契约，在借款人(债务人)还款期限届满，债务人买回权直接丧失时，债权人也不能径直取回汽车，否则也符合窃盗的构成要件。因此，此时汽车仍在债务人的支配控制下，即使债权人对该车享有所有权。本案中，法院最终认定汽车销售商成立盗窃罪。

日本自救行为与我国的自助行为概念有所不同，但两者可以相互比较与参考。

此外，前文提到了违法阻却事由中的正当防卫与紧急避险两个事由，比较自助行为、正当防卫、紧急避险这三者的差异，可以发现自助行为仅能为保障自己的权利而为之。正当防卫是为了排除自己或他人权利的紧急危难所为的行为，其所欲保护的权利并无限制；紧急避险则是为了保护自己或他人的生命、身体、自由、财产所为的避险行为；自助行为不同于前述二者，仅限于保护“自己”的权利，这也是因为民法所涉及的私权主要存于具有民事法律关系的人之间，且私权可抛弃，故不得以保全他人权利为由主张自助行为。此处所说的权利，也仅限于可请求对方履行、时效未消灭、可强制执行的请求权，包含物权请求权与债权请求权。可以发现，自助行为因为所要保全的权利限于请求权，范围不如正当防卫与紧急避险广，这也是由于其涉及民事权利并且属于私人间法律关系。因此，实施自助行为后应当立即申请法院处理，这一程序上的要求也是正当防卫、紧急避险不需要具备的。

(二)自助行为所涉及的相对人权利

在解构《民法典》第 1177 条以分析自助行为的要件前，本文先简要讨论行为人实施自助行为时可能侵害相对人何种权利。依《民法典》第 1177 条的规定，为保护自己的合法权益，自助行为人对侵权人的财产可以进行扣留。因此自助行为是为了暂时保全行为人自身权利，使相对人需容忍行为人对其财产权的暂时处分。〔17〕该条规定实施自助行为之人若侵害相对人财产权不符合自助行为的规定，则应当为其所造成的损害负责。不过值得注意的是，对于自助行为之人是否可以限制相对人的人身自由的处置，法律并未做出规定。本文认为立法如此设计的原因在于，人身自由权在我国受到宪法与刑事法律的保障，限制人身自由的处置在一定限度内为宪法保留范围。其对象限于有犯罪嫌疑之人，不论是否为刑事被告，均受宪法的保障。除了现行犯的逮捕由法律另行规定之外，其他限制人身自由的程序须以法律确定并经正当法律程序。

具体而言，人身自由权并非《民法典》第 1177 条自助行为所涉及的相对人权利，可以利用间接效力理论进行说明。由于人身权利可能受到来自国家或非立于公权力地位的私人的侵害，为维护私法自治，现在理论界大多采取间接效力理论，认为宪法基本权利的规定是针对国家权力产生，防止具有优势地位的国家以其权力侵犯人民基本权，而非为私人间的关系而生，因此对私人间的法律关系委由私法具体化。〔18〕但为了妥善调适私人间的法律关系处置自由，可以通过概括条款的适用，如公序良俗的规定，间接地将基本权利规定适用到私人间的关系中，如此也可以维持法整体秩序的一致性，此即间接效力。这是在没有明确法律规范可以保障人民权利时的情形，而如果他人确有违反法律的行为时，则私人间

〔17〕 参见宋歌、尹伟民：《论我国民事自助行为的制度化》，《东北大学学报(社会科学版)》2018 年第 3 期。
〔18〕 参见李海平：《基本权利间接效力理论批判》，《当代法学》2016 年第 4 期。

可直接适用法律规定处理,无须再通过间接适用理论保障其权利,如本文讨论的自助行为所涉及的财产权、人身自由权即是一例。总而言之,当人民财产权、人身自由受私人侵害时,主要由符合宪法精神及其规定的法律来规范,仅例外于他人利用私法自治而实质侵害他人的基本权利时,才间接用概括条款适用基本权利的规定以保护私人权利。以本文所讨论的自助行为涉及人身自由的部分来看,其于民法层面有相关规定,例如《民法典》第 109 条规定"自然人的人身自由、人格尊严受法律保护";第 1003 条规定"自然人享有身体权。自然人的身体完整和行动自由受法律保护。任何组织或者个人不得侵害他人的身体权";第 1011 条规定"以非法拘禁等方式剥夺、限制他人的行动自由,或者非法搜查他人身体的,受害人有权依法请求行为人承担民事责任"。此外,依据学理解释,自由权不限于身体自由,还包含精神自由,如以暴力、胁迫等方法影响意思决定或对身心形成威胁均属于对自由权的侵害。实施自助行为所采的手段在刑法上也可能涉及妨害人身自由犯罪,因此,《民法典》第 1177 条所规定的自助行为如果包括限制人身自由,那么就可能涉及民法上损害赔偿或刑法上的刑事责任。

不过,尽管如此,笔者仍认为,关于自助行为的客体范围,除了扣留侵权人的财物以实现保全功能外,还可以在一定程度、一定范围以及履行一定程序义务的前提下对侵权人的人身自由予以限制。此点将在后文民法上自助行为的构成要件中一并详细解释。

三、《民法典》中自助行为的构成要件

自助行为在本质上是利益均衡的产物,也就是说,只有符合特定的情形且意图实施自助行为的受害人的利益明显大于侵权人的利益时,才能构成"正当的"自助行为,作为阻却违法的事由。因此,自助行为的构成要件应当较为严苛。根据《民法典》第 1177 条的内容分析,笔者认为自助行为成立要件应当包含以下五个方面。

其一,须为保护自己之权益。自助行为限于保护"自己"的权利,因此不能以保护他人权利为由主张实施自助行为,原因在于是否具有急迫情形在很大程度上属于个人依据当时情形进行判断之问题,存在价值判断,并不是纯粹的客观问题,他人难加干涉。并且私权是可以抛弃的,故自助行为限于保护自己权利。因此,即使是权利人的配偶或子女等,也不能替代权利人实施自助行为。不过,如果享有代理权,不论是基于法律规定还是基于代理人的委托,均可以为了委托人的权益实施自助行为。此外,此处所指的"权益"并不限于财产权,一般认为其是指权利所生的请求权,且限于适合强制执行的权利。[19] 因此,不适于强制执行的请求权或已过消灭时效的请求权都不是自助行为可以主张保护的权利。[20] 如果属于不能强制执行的请求权,原本就无法强制要求履行,就没有事先保全的必

〔19〕 参见汪渊智、张豪:《民法上的自助行为制度》,《山西大学学报(哲学社会科学版)》2005 年第 6 期。

〔20〕 参见李彬:《论民事执行程序中自助行为设立的制度功能及其完善》,《南京社会科学》2008 年第 9 期。

要;而已过了消灭时效的请求权,相对人可主张时效完成进行抗辩而不履行,即使暂时保全也不利于将来权利的实现。另外,前已述及行为人在保护自己权利时仅可以通过"保全"的方式以便将来能够实现,因此,行为人不能通过自助行为直接实现自己的权利,其行为仅可以是通过"保全权利"以待将来实现。此外,自助行为针对的客体是"权利",即自助行为常见于与财产相关的权利,但笔者认为,在自己的姓名权、名誉权等人格权受到侵害时,也应当允许自助行为予以适用,甚至在某些情况下,其紧迫程度要高于对财产性权利的侵害。

其二,自助行为限于对侵权人的财物进行扣留。首先,自助行为所要保全的是基于权利所生的请求权,包含债权请求权及物权请求权,[21]但非对任何第三人均可主张,而是限于对侵权人的财产进行扣留,此处的"侵权人"应仅指其权利的相对人,而不及于无关的第三人,[22]故即使是债务人的配偶、子女等,只要其非相对人,就不可对其主张自助行为。另外,自助行为的行为样态限于"扣留侵权人的财物",这是为了阻止义务人隐匿财产。而"扣留"是指对义务人的财产强制押收或驱离义务人而占有其财产,这可以由权利人以其实力为之,但并不限定必须由权利人亲自实施自助行为,权利人命令他人或雇用他人实施自助行为亦无不可。另外,扣留无须以扣留标的物全体为必要,例如为了扣留债务人的汽车而将车钥匙取走,使债务人无法发动该车离开,也属于扣留该车的自助行为。[23]

值得说明的是,除了扣留侵权人的财物外,权利人能否对义务人的人身自由施以间接限制,或者直接对义务人的财产进行毁损,也是应当考虑的问题。《民法典》第 1177 条采取列举的方式,确认受害人可以"扣留侵权人的财物","受害人可以在保护自己合法权益的必要范围内采取扣留侵权人的财物等合理措施",此处"等合理措施"的表述实际上也认可受害人可以采取其他必要、合理的措施。笔者认为,权利人可以对义务人的人身自由施以间接限制或者直接对义务人的财产进行毁损的方式,实现权利保全、权利救济。事实上,对于权利人在实施自助行为时能否采取限制义务人的人身自由或者毁损义务人的财产等方式,我国台湾地区也持支持态度。台湾地区所谓"民法典"第 151 条规定"为保护自己权利,对于他人之自由或财产施以限制人身自由、押收或毁损者,不负损害赔偿之责。但以不及受法院或其他有关机关协助,并非于其时为之,则请求权不得实行或其实行显有困难者为限"。并且第 152 条进一步规定,"依前条之规定,拘束他人自由或押收他人财产者,应实时向法院声请处理。前项声请被驳回或声请迟延者,行为人应负损害赔偿之责"。依据上述有关规定,对义务人的自由进行限制是为了防止义务人逃匿,故自助行为仅限于防止其逃匿所需的必要行为,且权利人无须亲自实施,也不以直接限制义务人人身自由为限,如前述案例,义务人为躲债而欲开车逃离,债权人可以扣留其车钥匙以间接限制其自由。这种情况

[21] 参见沃耘:《论物权自助行为——物权自我保护与实现之维度》,《北方法学》2010 年第 4 期。

[22] 参见于恩忠:《关于建立民法自助行为制度的思考》,《政法论丛》2006 年第 4 期。

[23] 不过对于该行为,有观点认为是"扣留义务人的财物",有观点认为是"间接限制义务人的人身自由",理论与实务中均存在分歧。此点还将在下文讨论中提到。

在我国大陆理论与实务界通常视其为扣留财物，但台湾地区则视其为限制义务人的人身自由，且是一种间接限制。另外，相对于扣留的概念，毁损则较为人熟知。毁损是指破坏物的功能、性质或价值，因此，相较于扣留财物仅是为了将来权利的实现，毁损对物的损坏程度远大于扣留，财物一旦毁损会失去其价值甚至丧失使用功能，那么将来请求权的实现可能就无法通过变卖、使用该物等方式达成。因此，如果可以通过扣留财产的方式保全权利，那么应当认为权利人就不能以侵害较大的毁损方式实施自助行为。综上，台湾地区自助行为的行为样态有“对他人自由施以间接限制”及“对他人财产施以扣押或毁损”，但是如果可以扣留财产以保全权利时，就不得以毁损财产的方式实施自助行为。另外从法益轻重来看，人身自由明显重于财产权，因此如果权利人可以通过扣留或毁损财产的方式保全权利，就不得限制他人的自由。但是前述的行为样态实施顺序是建立在只要做出其中的一个行为就可达到权利保全目的之前提上。因此，如果对财产进行扣留或毁损却仍不能保全权利时，权利人仍可再以限制义务人自由方式来达成保全权利的目的。

其三，有实施自力救济必要的紧急情形存在，即情况紧迫且不能及时获得国家机关保护，不立即采取措施将使其合法权益受到难以弥补的损害。这一要件要求权利人需情形急迫而有实施自助行为的必要，“必要范围内”则要求自助行为未逾越保全所需的程度。之所以要求情形急迫且手段不能逾越保全所需的程度，原因在于自助行为是例外允许权利人自力救济的行为，为了防止过度侵害他人权利，自助行为在何种情形下才能够为之、手段程度为何，都需有立法上的严格限制。[24] 因此，首先应当注意的是需“情况紧迫”，此要件在同为自力救济手段的正当防卫及紧急避险中也有提及，但是不同于正当防卫、紧急避险的是，自助行为上有其特殊规定，即《民法典》第 1177 条规定以“不能及时获得国家机关保护”为必要条件，且实施自助行为后“应当立即请求有关国家机关处理”。因此，实施自助行为需符合当时来不及寻求公力救济的要件。而上述所提的公力救济的主体是法院或其他有权阻止义务人逃匿或隐匿财产的有关机关。[25] 此外，其还要求以“不立即采取措施将使其合法权益受到难以弥补的损害”为限，也就是说，要有将来权利不能实现或实现显有困难的急迫情形，若尽管当下情况紧急，但能够请求法院或有关机关协助，仍不得实施自助行为。需要注意的是，实施自助行为，只要符合前述所说的“来不及寻求有关机关协助的急迫情况，如不实施自助行为，无法保全将来权利的实现”，就可以实施自助行为，在该急迫情形发生前权利人是否曾向法院或有关机关请求救济，不在自助行为是否成立的考量内。

其四，扣留他人财产的，应实时向法院或者其他国家机关申请处理。由于自助行为是为保全将来权利行使的例外的自力救济行为，因此在已实现暂时保全权利行使的状态下，即需请求法院处理，回归公力救济的原则，这也是为了防止

---

〔24〕 参见焦清扬：《民事自助行为的价值定位及其制度构建》，《法学杂志》2014 年第 7 期。

〔25〕 参见沃耘：《让权利得到实现——民法典民事自助行为制度的立法设计》，《政法论丛》2011 年第 6 期。

过度侵害义务人的权利,也因此才更进一步要求行为人应在实施自助行为后之一定时间内,迅速向法院或者其他国家机关申请处理其争议或救济其权益。

其五,需行为人的申请未被驳回及申请未迟延。此要件虽然没有列在《民法典》第1177条的规定中,但是通说认为行为人实施自助行为后尚须申请法院或有关机关处理,在未迟延申请并且申请未被驳回时才视实施自助行为成立,否则行为人仍然需要对其所为负损害赔偿责任,这是为了避免行为人拖延而侵害相对人的财产。[26] 需要说明的是,我国台湾地区所谓"民法典"第152条第2项就做了类似的规定。另外,我国《民法典》第1177条第2款规定,"受害人采取的措施不当造成他人损害的,应当承担侵权责任"。但是该条文并未对自助不当的具体情形做出明确规定,笔者认为可以采取目的解释的方式,此处的"采取的措施不当"应当从三个层面来解读:第一,对于是否"不当"如何来判断的问题,如果行为人的申请被法院或者有关机关驳回,那么就可以认定其"采取的措施不当";第二,如果行为人迟延申请也应当视为"采取的措施不当",学者认为对于"迟延申请"的义务,不论行为人有无过失均须负损害赔偿之责;[27]第三,"措施不当"还包括"超出必要限度"的情形。通说认为,实施自助行为尚须符合必要性的要件,手段不得逾越保全权利所需的程度,[28]如逾越必要程度则构成过当自助,就过当部分负损害赔偿责任。实务中也认为实施自助行为必须符合比例原则,其所述的意思应当就指此处所说的不得逾越保全权利所需程度。[29] 但是此要件相较于前面四点有所不同之处在于,除了因为行为人所为不符合《民法典》第1177条自助行为之规定而被认定为非自助行为并因此被驳回,也与后续的申请程序相关。对此问题,笔者将在后文详细说明。

四、自助行为实现的程序规则:《民法典》与《民事诉讼法》的衔接

依照《民法典》第1177条的规定,实施自助行为后"应当立即请求有关国家机关处理",由此可知私力救济的例外最终仍须回归公力救济的原则,而这里所说的向"有关国家机关"主要是指向法院请求处理,这就需要在民事诉讼程序乃至民事强制执行程序中规定自助行为权利实现的程序规则。民事诉讼程序中与自助行为有关的内容主要是自助行为的申请保全程序、实施自助行为后行为人及义务人权利救济的诉讼程序。其中较为关键的程序问题是自助行为的管辖问题、法院裁定驳回自助行为申请的理由、自助行为的行为人在诉讼程序进行过程中是否应当将其所扣留的财物送交法院等问题。

依照民事诉讼法管辖制度的规定,民事管辖可区分为专属管辖与非专属管

[26] 参见王泽鉴:《民法总则》,北京大学出版社2013年版,第56页。

[27] 参见邱聪智:《民法总则》(下),三民书局股份有限公司2011年版,第45页。

[28] 参见沃耘:《侵权责任法自助行为刍议》,《天津师范大学学报(社会科学版)》2010年第2期。

[29] 例如,在蓬溪县嘉庆汽车运输有限公司、何元松、四川大华融资担保有限责任公司返还原物纠纷一案中,四川省南充市中级人民法院二审审理认为,因何元松仅欠嘉庆公司4.8万元,而案涉车辆价值20余万元,故大华公司和嘉庆公司私自扣留他人车辆已超出了自力救济的范畴,该种自助行为超出了自力救济的必要限度。参见四川省南充市中级人民法院(2020)川13民终442号民事判决书。

辖，专属管辖有不动产纠纷、港口作业纠纷、继承遗产纠纷等三种情形，非专属管辖又包括应诉管辖、合意管辖及一般管辖。立法政策上，专属管辖是因事涉公益、便利调查证据之故，如不动产物权纠纷是因为不动产系重要财产，所涉权利关系较为繁杂，常有较多利害关系人，并且不动产诉讼时常要进行勘验、保全与执行，因此公益色彩较为浓厚。[30] 尽管对这种观点，有学者认为尚存争议，因为权利关系繁杂的情形在动产上也有可能发生[31]，但本文在此仅就专属管辖的内涵进行讨论，而不探究上述争议。专属管辖系排他、绝对的管辖，无应诉管辖、合意管辖的适用，因此如有管辖错误的情形，在判决前可裁定移送有管辖权的法院。关于自助行为事件的管辖问题，本文认为，为了避免对自助行为人权利救济的延误，自助行为的管辖法院应为专属管辖，原因在于自助行为的权利实现程序本质上仅是保全程序，而不得过于侵害相对人的权利，故需尽速处理。但是申请法院做出保全裁定，终究与向法院提起民事诉讼不同，本文认为，应当明确专属管辖应仅指申请保全程序的部分，而行为人要解决与相对人间的实体权利义务关系问题，仍应回归其所涉及的法律关系，依照民事诉讼法上关于一般管辖的规定进行。

在法院对自助行为人的申请进行审查、审理时，除了自助行为实体要件不符合《民法典》第 1177 条之规定可以裁定驳回外，还有其他不应准许的情形。例如程序上申请程序不合法或不符合申请保全的程序要件时，法院也可以做出驳回裁定。法院做出保全裁定后，债权人应在裁定送达后的一定时间内（笔者认为宜定为 5 日内）起诉，逾期未起诉的，法院可以依申请或依职权撤销该保全裁定，这也是为了保障债务人权利，而需尽早确认债权人的请求是否存在。因此可知，法院裁定驳回可能是因实施自助行为实体上不符合民法自助行为的规定，也有可能是行为人申请法院裁定的程序不合法。而为了审慎处理，以求事实清楚、裁判正确，保全程序的审理过程也要遵循言词辩论程序，法院在债权人或债务人充分言词陈述后才能做出裁定。

另外，前文已提到如果对财产进行扣押仍不能保全权利时，权利人可再以限制义务人自由的方式来达成保全权利的目的。此时债权人在申请时应将所扣留的财产与已被限制人身自由的债务人送交法院处理，在裁定或执行前，法院应对其做出一定的处置。[32] 对于限制债务人人身自由的，还应要求债权人从送交法院时起的一定时间内（笔者认为宜定为不得超过 24 小时）进行处理。这是因为实施自助行为本就是来不及寻求公力救济不得已的办法，故应当在实施自助行为后实时向法院申请，以回归公力救济。[33] 而 24 小时的限制亦是为了保护债务人的人身自由所设，如果债权人不送交，也可以作为法院判断其自助行为有无正当理由的依据。因此，当债权人的申请被法院驳回时，就应将财产返还债务人或

---

〔30〕 参见江伟、肖建国：《民事诉讼法》，中国人民大学出版社 2018 年版，第 104 页。

〔31〕 参见李浩：《民事诉讼专属管辖制度研究》，《法商研究》2009 年第 2 期。

〔32〕 参见李彬：《论民事执行程序中自助行为设立的制度功能及其完善》，《南京社会科学》2008 年第 9 期。

〔33〕 参见潘慧：《自助行为入典的法律风险及其防控》，《四川文理学院学报》2019 年第 4 期。

恢复义务人的人身自由，上述程序法上的设计是债权人申请法院做出裁定时所应注意的事项及程序。

综上，笔者认为，程序法上与民法自助行为较为相关的有法院裁定驳回的原因及向法院申请处理的时间。对于前者，若行为人的申请迟延或被驳回时，行为人的行为就不符合民法上自助行为的规定而需负损害赔偿责任。但程序法上裁定驳回的原因可能是实体上不符合自助行为实体要件，也可能是程序不合法，如行为人的申请程序不合法或不符合保全的程序要件。不论自助行为是因为实体上还是程序上不符合规定而被驳回，司法实践中应当将申请被驳回及申请迟延的情形列为自助行为是否需负损害赔偿责任的考量因素之一。这样才能防止债权人无故拖延或无理由实施自助行为而侵害债务人权利，这也是前文认为将其列为实施自助行为程序要件之一的主要原因。

此外，实施自助行为的行为人应"立即"请求有关国家机关处理，此处应指向法院申请处理。其所指的"立即"应如何理解？必须在什么时限内向法院申请处理，才符合此处所说的"立即"？笔者认为，债权人在扣留债务人的财产后应当于5日内起诉，逾期未起诉的，做出保全裁定的法院就可以依申请或职权撤销该裁定。另外，如果认为允许以对债务人的自由进行限制的方式实施自助行为，不得过度侵害债务人的自由权，应当要求行为人在24小时内向法院申请处理，因为自助行为的手段若允许债权人长时间地限制人身自由，实质上将如同刑法所欲处罚的侵害公民人身自由的行为，可以视为行为人的该行为逾越了保全权利所需的限度。因此，可以参考公安机关对被拘留的人需在24小时进行讯问的时限，要求行为人于24小时内向法院申请处理，唯有如此才符合"立即"的要求。

结合上述几部分讨论，本文提出以下建议：其一，未来在制定相关司法解释时，需明确行为人的申请未被驳回及申请未迟延应当作为自助行为的要件，若行为人的申请被法院或有关机关驳回则可以认定其"采取的措施不当"。其二，应在民事诉讼程序中规定自助行为权利实现的规则，自助行为的申请保全程序应为专属管辖，保全程序的审理过程中也要遵循言词辩论程序，若行为人不符合自助行为的实质要件或申请程序不合法时，法院可裁定驳回申请。其三，对于限制债务人人身自由的，应要求行为人将相关事项从送交法院时起24小时内进行申请。法院做出保全裁定后，债权人应在裁定送达后5日内起诉，逾期未起诉的，法院可以依申请或依职权撤销该保全裁定。

五、自助行为与违法阻却事由的关系：自助行为的刑法效力

前文探讨了民法上的自助行为要件与行为人申请法院处理的诉讼程序问题，接下来本文将探讨刑法引用民法自助行为的规定作为违法阻却事由的可能性。由于我国刑法规定了防卫过当、避险过当的刑责减轻，但是并未对自助过当的刑责减轻予以规定，这将导致行为人在实施自助行为时难免产生"自助过当有可能被认为是刑事犯罪，且无刑责减轻"的担忧，进而对实施自助行为犹豫不决甚至不敢实施自助行为来保全自身权利。讨论刑法引用民法上自助行为规定作

为违法阻却事由之可能性这个问题在当下是十分有现实意义的，对此问题，日本相关判例已经明确认为："自救行为、正当防卫、正当业务行为，都是违法阻却事由。"〔34〕

（一）民法的自治性与刑法的谦抑性

民法旨在规范私人间的法律关系，如合同、所有权、婚姻、继承等，是以平等为基础，目的在于规范个人间的利益，主体均为私人而非公权力机关。因此，民法的主要特征与规范意义在于私法自治，其强调且尊重个人自主决定，公法则是以强制为内容，如刑法等须有法律依据及一定权限规范。当权利受他人侵害时，民法着重于对受害者的损害赔偿，损害赔偿的方法又分为恢复原状及金钱赔偿，而不论是恢复原状还是金钱赔偿，主要是为了达成损害赔偿的复原功能。〔35〕除此之外，民事责任尚有预防及惩罚功能，例如惩罚性违约金的情形，但预防、惩罚功能较少提及，并不彰显。相较于民法，刑法则重在对未来犯罪的预防、对过去行为的处罚，以保障社会秩序，其是为了防止一般人在将来犯罪或已犯罪者的再犯。不仅如此，其还承担着国家对行为人过去的犯罪行为的处罚，以恢复被破坏的社会秩序。因此民法、刑法目的不同，所针对的主体亦不同。基于刑法谦抑性即最后手段性的特性，当对某一项权利的行使可以由民法进行规范时，刑法就不应介入。〔36〕综上，现代法治体系要求以私法为优先、尊重个人自主权，而刑法遵从谦抑性及法秩序一致性。基于此，若某行为符合民法上所规定的自助行为，就不应再以刑法加以处罚。但问题在于，既然民法与刑法所欲规范、追求的目的都不同，那么如果民法所规定的自助行为被视为"过当"，已经难以构成"自助行为"时，在刑法层面应如何解释，刑法是否可以引用该自助行为的规定以阻却违法。此为下文思考的主要问题。

（二）自救行为作为违法阻却事由的内涵

刑法上的违法阻却理论认为，当权利受到不法侵害而来不及由国家机关救助，如果权利人在当时不进行自力救济，其权利将不能实现或实现显有困难时，可以实施自救行为以阻却违法，不区分特别场合。〔37〕理论上一般认为紧急性、必要性、相当性应当作为阻却违法的一般要件。〔38〕本文前述已论及日本法上的自救行为，其要求须有"紧急时的正当化事由"，即权利面临侵害时，如果依法律规定的救济程序，常常因救助的时机稍纵即逝，导致救济不及时并且事实上将难以回复权利或回复将有相当困难的情形。自救行为与正当防卫、紧急避险均属于紧急时的正当化事由，即为违法阻却事由。自救行为如同正当防卫一样，是"正

〔34〕 参见[日]桥爪隆：《关于自救行为的研究》，《神户法学杂志》2005年第4期。

〔35〕 参见李承亮：《损害赔偿与民事责任》，《法学研究》2009年第3期。

〔36〕 参见田宏杰：《立法扩张与司法限缩：刑法谦抑性的展开》，《中国法学》2020年第1期。

〔37〕 参见张明楷：《违法阻却事由与犯罪构成体系》，《法学家》2010年第1期。

〔38〕 参见刘立慧：《论构成要件符合性与违法阻却事由之关系》，《山东警察学院学报》2019年第2期。

义对抗不正义”的概念，而与紧急避险是“正义对抗正义”的特性有所不同。[39] 但是与我国的自助行为区别较大的一点是，日本法的自救行为属于事后救济手段，不同于正当防卫与紧急避险所有的“急迫性”要件而对权利受侵害进行事前回避的事前救济行为，自救行为是指在危难除去前该侵害情形仍在持续中，而具有事后救济性质。

如同我国刑法一样，日本刑法也并未为自救行为可以阻却违法直接提供现实立法根据。虽然有观点认为实施自救行为的行为人可以主张日本《刑法典》第35条后段的正当行为阻却违法[40]，但多数观点认为自救行为是超法规违法阻却事由。[41] 另外，尽管日本《刑法典》第35条规定“依法律规定实施的行为或正当业务行为不承担刑事责任”，但日本民法上并未像我国《民法典》直接明文规定自助行为，所以对于自救行为，日本实务中当事人便无法依日本《刑法典》第35条主张其所为的自救行为是“依法律规定实施的行为”而免于接受刑罚。并且在民事责任的承担上，由于日本民法对自救行为的要件、范围、界限无明文规定，也难以判断哪些行为才符合自救行为，是正当行为。在学说上，一般认为自救行为属于广义的超法规违法阻却事由，[42]其不包含在狭义的超法规违法阻却事由内，因为狭义超法规违法阻却事由是指除事后救济手段的自救行为以外的事前救济行为。[43] 据此，在刑事法上有相关的阻却违法规定可供适用的前提下，才能够认定是刑事违法阻却事由，如没有，则需从实质违法性判断该行为的违法性，日本的自救行为就是超法规违法阻却事由之一种。

(三)刑法引用民法自助行为规定违法阻却的基础

自助行为作为我国侵权责任体系中一般免责事由之一，被认为是正当的、合法的。[44] 虽然自助行为在民法体系中是合法行为，但不可否认的是其外观在刑法体系上的确侵害了债务人的财产权(按照本文的观点，其还可能侵犯债务人的人身权)而符合犯罪构成要件。因此，在现行法下为了让债权人可以无顾虑地实施自助行为以保全其权利，不必担忧是否会受到刑事处罚，有必要将民法自助行为设计为刑法违法阻却事由，使权利人的自助行为可以排除违法性。不过自助行为人可以依何规定主张阻却违法，理论上尚存在分歧。学者多认为当成立民法规定的自助行为时，就可以成立刑法上的阻却违法，在刑法评价上不认为其具有违法性及可罚性，不过，在刑法上自助行为并不被认为是阻却违法的事由。这是因为民法注重权利受侵害后的损害赔偿，而刑法是为预防或处罚行为人的行为所设立，两者目的不同，故需在刑法另设违法阻却事由以阻却违法，使自助行

---

〔39〕 参见金日秀、郑军男：《刑法上的自救行为》，《辽宁大学学报(哲学社会科学版)》2015年第1期。

〔40〕 参见[日]曽根威彦：《自救行为和违法拒绝的一般原理——违法抗拒论研究》，《早稻田法学会志》1974年第3期。

〔41〕 参见[日]桥爪隆：《关于自救行为的研究》，《神户法学杂志》2005年第4期。

〔42〕 参见沈琪：《解析超法规违法阻却事由理论——兼论社会危害性》，《法学论坛》2004年第4期。

〔43〕 参见邵维国：《论非典型超法规违法阻却事由》，《广州大学学报(社会科学版)》2014年第7期。

〔44〕 参见王利明等：《民法学》，法律出版社2014年版，第763页。

为有明确的刑事免责依据。[45] 也有相反观点认为，就民法与刑法的目的来看，民法是为规范个人间的法律关系而存在，而刑法对当事人的违法行为施以刑罚，其刑罚目的是预防，通过刑罚法规的明确规定，使人们对自己的行为是否受罚有可预见性，因此在民法与刑法目的不同的情况下，不应直接以民法规定认为其可阻却违法而非刑法上的违法行为，而仍需依刑法规定才能主张阻却违法。[46]

目前刑法体系中违法阻却事由的范围已经涵盖了《刑法》第 20 条正当防卫及第 21 条紧急避险的规定，故有没有必要将自助行为也纳入刑法体系中亦是一个问题。事实上，《民法典》第 1177 条仅揭示自助行为损害赔偿责任的豁免，不足以认定其在刑法上也能够阻却违法，也就是说，民法上不需负损害赔偿责任的行为并非都是刑法上合法的行为。如我国《民法典》第 1188 条规定"无民事行为能力人、限制民事行为能力人造成他人损害的，由监护人承担侵权责任。监护人尽到监护职责的，可以减轻其侵权责任。"可以看出，即便无民事行为能力人、限制民事行为能力人自身无须负损害赔偿之责，但并不妨碍其行为的违法性。

笔者认为，实践中有些法律法规的规定并非都是刑法上合法的行为，在讨论该行为的刑事责任问题时应当就该行为进行实质判断，除了是否具备违法性要件外，还要讨论是否有正当防卫、紧急避险等违法阻却事由。但是从违法性的整体判断来看，各部门法领域虽然性质各异，但对社会上当事人行为合法与否的价值判断上基本上是一致的。因此如本文所讨论的，如果是合法的自助行为，那么在刑法中就不具有违法性，根本原因在于刑法具有强烈的制裁效果，仅能就适合刑事处罚、值得刑事处罚的违法行为科以刑罚，此亦为刑法的谦抑性。因此，如果民法、行政法等法律所规定的行为本就合法，依举轻明重的法理，自助行为在民法上既然属于合法行为，那么刑法作为维护社会秩序的最后一道防线，从法秩序一致性与刑法谦抑性的观点出发考量，理应认为无须以刑法加以处罚。

综上所述，尽管有观点认为，同样是规范侵害他人权利的行为，民法上的自助行为是在规范行为人就其侵害他人权利之行为是否可以阻却违法，而无须损害赔偿，[47]刑法则是就该侵害行为判断是否成立犯罪而需启动国家刑罚权，因为法追求的目的不同，故不可直接依民法规定来主张该行为在刑法上可以阻却违法。[48] 但是，从违法性的整体判断、刑法谦抑性、举轻以明重的法理来看，因刑法仅就适合处罚、有处罚价值的行为才以刑法处罚，行为在其他部门法领域既为合法，则在刑法上就不应认为具有违法性，这也是为了避免矛盾裁判而使当事人无所适从。因此，即便刑法上并未对自助行为是否具有违法性进行明确规定，在民法上被评价为适法的自助行为在刑法上也不应当具有违法性。

---

〔45〕 参见童伟华：《紧急行为中的刑、民关系》，《太平洋学报》2008 年第 10 期。

〔46〕 参见周力娜：《自助行为的刑事正当化》，《四川警官高等专科学校学报》2005 年第 1 期。

〔47〕 参见沃耘、周开方：《论债权的自我实现——以债权自助行为制度化为视角》，《新疆社会科学》2012 年第 6 期。

〔48〕 参见王福友、高勇：《侵权违法阻却事由论纲》，《北方法学》2009 年第 6 期。

(四)自助过当违法阻却的效力范围

在刑法保护法益的目的下，行为人实施民法上的自助行为，因为其手段从刑法来看的确有侵害他人财产权的表象，可能无可避免地符合某些犯罪构成要件。但其既然是面临公权力无法立即救助的紧迫情形，若要求行为人消极地保全自己的权利，显然属于强人所难，亦不符合公平正义。行为人的作为既然是依民法为之，则在符合自助行为的要件时，在刑法层面应可主张阻却违法。但是在不考虑是否有其他违法阻却事由的前提下，若行为不符合自助行为的规定，是否在刑法上就直接认定该行为不能阻却违法？换句话说，是否行为不符合《民法典》第1177条之规定，就应当认为其在刑法上也不得主张阻却违法？对此问题，现今学说多认为既然不属于民法上的自助行为，那么就需负损害赔偿责任，并且在刑法上也不能阻却违法。〔49〕但是本文认为并非如此，对于某行为不符合自助行为规定时是否就会引发刑法上的罪责评价问题，需要从实体原因与程序原因两个方面判断。

对于某行为不符合自助行为规定时的法律效果，就目前的主流观点来看，一般认为如果某行为不符合民法上关于自助行为的规定，该行为也就自然不得主张阻却违法。这就意味着如果民法上不构成自助行为，那么刑法上就难以构成阻却违法。〔50〕或许这也是刑法上对于行为人实施自助行为时，其能依据哪些规定主张阻却违法并没有太多讨论的原因。但是正如前文所述，不成立民法上自助行为而需负损害赔偿责任的原因，也可能是程序上的瑕疵，因此如果民法上不构成自助行为，那么应当视具体的情形，判断其系不符合自助行为实体构成要件，抑或是不符合自助行为事后申请法院或有关机关处理的程序规则。

在区分讨论前，本文再次列出《民法典》第1177条自助行为的构成要件，然后分情形论述如果不符合民法上自助行为要件时在刑法上的法律效果应如何应对。自助行为的成立要件有五：其一，须为保护自己之权利；其二，限于对侵权人之财物施以扣留；其三，需情形急迫而有实施自助行为的必要，且该行为未逾越保全所需的程度；其四，扣留他人财物后应实时向国家有关机关或法院申请处理；其五，需行为人的申请未被驳回及申请未迟延。对此构成要件的详细内涵已如前文所述，此处不再赘述。上述五点中，本文认为第四点、第五点是与行为人实施自助行为后应履行的程序义务或与程序相关的事项。关于第四点，由于自助行为终归是私力救济的暂时保全手段，及时向法院或有关机关申请处理是回归公力救济原则的必要程序，并且也因为民法涉及私人间的法律关系，在不应过

---

〔49〕 参见冷翠玲、裴国辉：《刑事自救法定化之论争》，《学术交流》2014年第4期；李培泽：《论自助行为的刑法意义》，《江海学刊》1996年第1期；冷翠玲：《自救行为之正当化基础探视》，《学术交流》2013年第3期；贺秋华：《自救行为论》，《中国刑事法杂志》2005年第4期。

〔50〕 参见武宁：《刑事自救违法阻却性若干问题研究》，《福建法学》2017年第2期；周力娜：《自助行为的刑事正当化》，《四川警官高等专科学校学报》2005年第1期；熊选国：《论刑法上的自救行为》，《政治与法律》1990年第4期；贺光辉：《论民事自助行为的合理规制》，《山东社会科学》2006年第12期；游伟、孙万恒：《自救行为及其刑法评价》，《政治与法律》1998年第1期。

度侵害他人的权利与保全自己权利二者间的权衡、拉锯下，而设有上述第四点构成要件——应实时向法院或有关机关申请处理的规定。对于第五点，本文认为行为人“采取的措施不当”属于规定于《民法典》第 1177 条第 2 款的情形，也就是说如果行为人的申请被驳回或申请迟延时，仍须负损害赔偿责任。并且行为人的申请被驳回可能是因为实施自助行为实体上不符合五要件的规定，或行为人申请法院裁定的程序不合法。从上述说明可以得出结论，申请被驳回的原因可能是不符合自助行为的实质内涵，也可能是因为申请程序不合法而被驳回，此二者有着实体与程序的根本不同。

首先，因不符合自助行为的实质内涵而被驳回的情形。如果法院驳回行为人的申请是因为其行为不符合《民法典》第 1177 条自助行为的构成要件，那么其已非民法规定的自助行为，当该行为对相对人所造成的损害已达到需用刑法处罚的程度而符合某一犯罪的构成要件时，则不能以其是自助行为来主张未违反整体法秩序而可以阻却违法。

其次，因申请程序不合法而被驳回的情形。如果是因为程序上的申请程序不合法或不符合申请保全的要件，法院以其程序不合法为由而驳回申请，自助行为人仍需负损害赔偿责任。但是即便该行为在民法规定中尚需负损害赔偿的责任，也不代表该行为即需以刑法处罚，这是不同部门法领域中对于违法的程度规定不同所致，另外，也是刑法本身所具有的谦抑性、民法和刑法所追求的目的不同之故。[51] 因此，本文认为不应以后续申请程序不合法而被驳回为由，就当然认为实施自助行为属于民法上的不适法行为，需负损害赔偿责任，而直接做出其不能主张刑法上阻却违法的结论。也就是说，应当就行为人究竟是因为程序上瑕疵还是实质上不符合自助行为要件的规定而分别予以讨论，否则就会忽略自助行为是来不及寻求公力救济所实施的自力救济行为的实质内涵。另外，申请迟延既然不属于自助行为，那么就需负损害赔偿责任。但如果因为程序上的不合法就认为实施自助行为不符合自助行为的规定，使得其在刑法上不能阻却违法，同样忽视了自助行为的立法精神。此外，关于“采取的措施不当”的主要情形，法条也未做明确规定，没有限定“实时申请”的时限，因此如何判断其申请是否迟延也将是实务中的一大焦点问题。本文认为，如果行为人所为符合《民法典》第 1177 条自助行为的实质要件，且已经申请法院或有关机关处理而回归公力救济，即便行为人有所谓申请迟延的情形，也仅仅是涉及程序事项，在刑法层面上应当从实质违法性判断该自助行为是否可以阻却违法，而非直接认定其非法律法规的行为而不可以阻却违法。

最后，关于自助行为的主观构成要件范围。承上所述，民法上自助行为的构成要件包含实体上的要件以及实施自助行为后续程序中所需要做出的申请行为等，但是实施自助行为人主观上究竟需要认知到何种程度，学理上尚未见充分的讨论，本文认为，刑法上主观故意需包含认识与意欲，即当事人能够认识其所欲

---

〔51〕 参见王艳英：《刑法中自救行为二难分析及正当化路径探索》，《山东审判》2011 年第 5 期。

为之行为且有意使其发生[52]，而在违法阻却事由上，以正当防卫为例，主观上要有防卫意思，需认识到有防卫情形存在、自己所为是防卫行为而为之。[53] 有学者以盗窃案中的被害人追踪并逮捕持有赃物脱逃的现行犯为例进行讨论，认为就客观上逮捕行为的部分，主观上有逮捕故意，而逮捕现行犯后需为通知或移送公安司法机关之行为等，则是使该现行犯接受刑罚追诉的意图，欠缺其一则不符合紧急逮捕的立法目的而仍违法。[54] 但是也有观点认为，做出防卫行为之人只需认识所欲抵抗的是现在不法侵害而有意识为之即可，不论动机为何均属正当防卫的法秩序维护。[55] 从前述观点来看，自助行为也应如此，需认识到有不法侵害存在且有不及受公力救助而实施自助行为的必要，自己所为是为了保护自身权利的行为即可，故对于实施自助行为之后所需要进行的申请程序，不应当包含于实施自助行为之人的主观所需认识及意欲的范围内。

基于上述分析，行为人在刑法上主张属于民法自助行为而可以阻却违法时，法院应将实体不符合与程序不合法两种情形分开考量，如行为仅因申请迟延或申请程序不合法被驳回，就认为其非自助行为而不能主张刑法上的阻却违法，如此将忽视自助行为的自力救济精神。因此，自助行为如果是因为不符合自助行为的实体规定而被驳回，在刑法层面可以认为其破坏整体法秩序而不能主张自助行为以阻却违法。如果自助行为是因为申请程序不合法而被驳回，或申请迟延而需依《民法典》第 1177 条第 2 款规定负损害赔偿责任的，本文认为，在刑法层面不会因实施自助行为是需负损害赔偿责任的行为，就认为其不能阻却违法，仍需从自助行为实体构成要件成立与否及其实质精神，来判断该行为能否阻却违法。而实施自助行为之人主观上仅需认识有侵害存在、有不及受公力救济而需为保护自身权利之自助行为的必要，并认识其行为系自助行为即可，对于后续之申请行为并不在主观上所需认识之列。

总而言之，关于自助过当在刑法上的法律效力，由于侵害的手段越强、破坏的法益越重大，防卫方法也会对应地提升其强度，从此概念来看，正当防卫、紧急避险相较于自助行为，该二者欲保护的法益显较自助行为所欲保护者更高。[56] 因此，实施正当防卫或紧急避险之人所可采的防卫手段强度也较高，使得侵害者或无关第三人也因此要忍受较高程度的牺牲，故为了保护重要的法益，在急迫情形下无法要求受侵害者不采取任何保护自己或他人权利的防卫行为，否则有违人情，但行为人在紧急情况下所采取的防卫或避险行为就会有逾越必要性的可能，因此对于逾越必要性的防卫手段，有了防卫过当或避险过当之减轻刑责的规定。[57] 相较之下，自助行为是为暂时保全自己的请求权以利于将来的实现，其所

---

〔52〕 参见冀洋：《刑法主观主义：方法论与价值观的双重清理》，《法制与社会发展》2016 年第 3 期。

〔53〕 参见赵军：《正当防卫法律规则司法重构的经验研究》，《法学研究》2019 年第 4 期。

〔54〕 参见陈兴良：《正当防卫的司法偏差及其纠正》，《政治与法律》2019 年第 8 期。

〔55〕 参见高铭暄：《正当防卫与防卫过当的界限》，《华南师范大学学报（社会科学版）》2020 年第 1 期。

〔56〕 参见陈鹏：《正当防卫私法结构探究》，《广西社会科学》2019 年第 9 期。

〔57〕 参见隗佳：《责任阻却性紧急避险的厘清与适用》，《法学家》2020 年第 1 期。

保护的仅为民法上私人的权利,明显低于正当防卫与紧急避险所欲保护的权利。[58]如前述所言,同样是自力救济的手段,正当防卫或紧急避险行为可以在手段过当时考量其急迫性、侵害行为发生时的情况、受侵害者的精神状态等,设有防卫过当及避险过当的规定,在刑法上可减轻刑责,那么为何自助行为的情况却不论行为当时的急迫性,一律认为其不符合自助行为规定即需负损害赔偿责任,并且在刑法上无可以减轻刑责的规定?因此,自助过当在刑法中未规定的情形应如何处理,也是本文所关注的核心问题之一。

现行《刑法》第 20 条但书规定了防卫过当的刑责减轻,第 21 条但书规定了避险过当的刑责减轻,但是并未对自助过当的减轻刑责予以规定。因此,如果是自助过当的行为,在刑法层面就不能主张有所谓的自助过当可以减轻刑责,但这样一来,对自助行为人的权利保护将会有所不周,自助行为人对于自助过当的行为,除担心在民法上可能需负全部损害赔偿责任外,在刑法上亦需承担罪责,这将会使行为人不敢实施自助行为来保全自身权利。虽然有观点提出可以综合考虑行为人的情形并作为刑罚轻重标准[59],但这已经是其后的量刑考量,如果一开始就有自助过当可以减轻刑责的相关规定,对行为人的保护或许可以更加周全。因此,在刑法无明文规定的情形下,虽然刑法基于罪刑法定主义,原则上禁止类推适用,但其本质是禁止对当事人不利的类推,而不限于对当事人有利的类推。因此,本文认为在自助过当的情形下可以类推适用《刑法》第 20 条但书的防卫过当,或类推适用《刑法》第 21 条但书的避险过当,使自助过当的行为能够作为刑责减轻的事由。

---

〔58〕 参见周友军:《民法典中的违法阻却事由立法研究》,《四川大学学报(哲学社会科学版)》2018 年第 5 期。

〔59〕 参见蔡桂生:《避险行为对被避险人的法律效果——以紧急避险的正当化根据为中心》,《法学评论》2017 年第 4 期。

Self-help Behavior and Its Legal Effect: On the Interpretation of Article 1177 of the Civil Code

ZHU Lingke

Abstract: Article 1177 of the Civil Code stipulates the self-help behavior and its constituent elements, but there is still room for interpretation in practice. In addition to detaining the property of the infringer, the obligee can also indirectly restrict the personal freedom of the obligor, so as to realize the right preservation and right relief. In the future, when formulating the relevant judicial interpretation, it should be clear that the application of the actor has not been rejected and the application has not been delayed should be regarded as the elements of self-help behavior. If the application of the actor has been rejected by the court or the relevant authorities, it can be identified as "improper measures taken". In the civil procedure, the procedural rules for the realization of the right of self-help behavior should be stipulated, and the application preservation procedure for self-help behavior should be under exclusive jurisdiction. If the actor does not meet the substantive requirements of self-help behavior or the application procedure is illegal, the court can rule to reject the application. Even if the criminal law of our country does not clearly stipulate whether the self-help behavior is illegal, the self-help behavior that is evaluated as legal in the civil law should not be illegal in the criminal law. However, this does not mean that if the actor constitutes excessive self-help, which belongs to the illegal self-help in civil law, it is inevitable that the criminal law can not prevent the existence of illegal causes. When judging the legal effect of self-help in criminal law, we should discuss whether the actor is due to procedural flaws or does not meet the requirements of self-help in essence. When the perpetrator claims that it belongs to the civil law self-help behavior and can prevent the violation of the law, the court should consider the entity inconsistency and the procedure illegality separately.

Key Words: Self-help Behavior; Article 1177 of the Civil Code; Self-help Overdone; Preventing Illegal Causes

公司环境民事责任追究问题探究 [1]

方　印*
黄晓霞**

摘　要　加强公司环境责任追究是减少环境污染与生态破坏，全面推进绿色发展的重中之重。公司环境责任追究的重点与难点在于对公司环境民事责任的追究。公司环境民事责任追究具备充分的理论依据、必要的制度基础以及重要的现实意义。借鉴美国《特拉华州普通公司法》的相关规定，结合我国法律规定和典型案例，可从责任内容、责任主体、举证责任及责任审查监督四个方面构建公司环境民事责任追究的路径。首先，需准确界定公司的环境民事责任，综合运用公司环境民事责任的多种承担方式。其次，公司环境民事责任的主体不限于公司实体，应逐步健全公司环境民事责任主体制度，确保公司环境民事责任的追究落实到位。再次，应合理确定公司环境民事责任追究中的举证责任，避免环境污染侵权中举证责任完全倒置的弊端。最后，应从环境民事责任审查、环境法律政策引导以及社会公众监督三个方面强化对公司环境民事责任承担的审查监督。

关键词　公司治理；环境民事责任；追究依据；追究路径

目　次

---

*　方印（1969—），贵州大学法学院教授，人口·社会·法制研究中心研究员，硕士生导师。贵州省十大哲学社会科学创新团队“贵州大学生态法制创新团队”带头人，贵州大学贵州省重点学科法学学科生态法学方向带头人，贵州省法学会学术委员会委员，贵州省环境资源法学研究会副会长。主要研究方向：民法、环境与资源法、防灾减灾法。

**　黄晓霞（1992—），贵州大学2016级法学硕士，主要研究方向：民商法。

〔1〕　本文为2017年国家社科基金一般项目“大数据时代公众环境信息权的法律再造研究”（17BFX208）和2017年贵州大学人文社科学术创新团队建设项目“我国生态环境法制及防震减灾法若干问题研究”（课题编号：GDT2017003）成果。

一、引言

2013年，习近平总书记提出："只有实行最严格的制度、最严密的法治，才能为生态文明建设提供可靠保障。"其中，"最严密的法治"就包括最严格的、"终身追究"的责任追究制度。[1] 2018年，习近平总书记在全国生态环境保护大会上再次强调，要"用最严格制度最严密法治保护生态环境，加快制度创新，强化制度执行，让制度成为刚性的约束和不可触碰的高压线"[2]。环境责任追究是强化公众生态环境意识、提高环境违法成本、减少环境污染和生态破坏的重要途径，新时代生态文明建设的推进离不开严格的环境责任追究制度。

综观我国环境立法，关于企业环境责任的条款数量最多，但长期以来，企业的环境行为始终是造成环境污染及生态破坏的主要原因。公司是最主要的企业类型，公司环境责任追究具有维护公民环境权益、促进生态环境状况改善的重要意义。在瞬息万变的现代市场经济中，公司的变迁（本文所称的公司变迁是指公司的合并、分立和解散）极为普遍。环境侵害具有复杂性、缓慢性及不明确性，因此环境侵害后果的显现是一个长期的过程。[3] 例如，在日本著名公害事件"富山骨病痛"中，冶炼厂造成的镉污染在潜伏几十年后才显现出严重的污染后果。[4] 公司变迁的普遍性、快速性与环境侵害的特性之间的矛盾导致公司环境责任的追究存在诸多困难，如公司主体资格消灭、损害后果难以证明、判决难以执行等，这是公司环境责任追究中历史欠账较多的主要原因。[5]

公司环境责任追究并非一项新的议题，但该问题的研究仍颇具现实意义。[6] 已有研究存在若干不足之处：首先，对公司环境责任追究的必要性论证局限于环境责任追究的现实意义，缺乏对理论依据及制度依据的充分说明；[7]其次，类型化研究较为缺乏，即现有研究未区分公司的环境民事、刑事及行政责任的追究，并且对公司环境民事责任的研究局限于环境侵权责任，不够全面；[8]再次，对变

---

〔1〕 赵建军：《最严格的制度最严密的法治》，《光明日报》2013年12月2日，第2版。

〔2〕 《用最严格制度最严密法治保护生态环境》，中国政府网 http://www.gov.cn/xinwen/2018-09/18/content_5322868.htm；更新时间：2018年9月18日，访问时间：2022年1月4日。

〔3〕 综合陈泉生教授和李艳芳教授的观点，除社会性、价值性、不平等性外，环境侵害还具有复杂性、缓慢性和不确定性，这三个特性直接影响了环境侵害后果的显现。参见刘鹏：《论生态修复的环境法属性》，《政法学刊》2016年第2期。

〔4〕 参见吕忠梅：《环境资源法》，中国政法大学出版社1999年版，第237页。转引自雷兴虎、邱国红：《论公司终止后的环境法律责任》，《法学评论》2001年第6期。

〔5〕 参见马勇、沈海滨：《环境公益诉讼实践中应关注的几个问题》，《世界环境》2015年第3期。

〔6〕 从查阅到的文献来看，我国学者于20世纪末就开始了对公司环境责任的研究并发表了重要论文，例如《环境责任与经济发展：德尔蒙特菲律宾公司的成功事例》（1996年）、《有害废物会计核算——你的公司是否面临可能的环境责任》（1997年）、《公司能否担负起保护环境的社会责任与义务》（1998年）等。

〔7〕 参见雷兴虎、邱国红：《论公司终止后的环境法律责任》，《法学评论》2001年第6期；又参见杨仕兵：《论公司终止后的环境责任》，《政治与法律》2004年第2期。

〔8〕 学者未在区分环境民事、刑事及行政责任的基础上进行研究，这直接影响了学者所提建议的针对性和可行性。此外，公司环境侵害的对象并不限于公民个人，学者目前的研究忽略了公司对其造成的生态环境损害应承担的责任。

迁中公司环境责任的研究集中于公司终止后的环境责任问题，未论及公司分立及合并后的情况；[9]此外，研究结论偏重于对策建议，尚未建立起公司环境责任追究的完备制度体系。就公司环境法律责任的类型而言，有环境民事责任、刑事责任及行政责任之分。在公司行为造成环境污染或生态破坏的情形下，环境刑事及行政责任一般最先得到追究，如公司被注销或相关责任人员被追究刑事责任。[10]之后，受害人往往难以向公司主张环境民事责任，而环境民事责任的承担与受害人权益及生态环境治理的关系更为密切。[11]因此，公司环境责任追究的重、难点是对环境民事责任的追究。本文以近年来发生的重大案例为说理依据，就美国《特拉华州普通公司法》、我国《公司法》以及《环境保护法》的相应条款进行分析，以期在论证公司环境民事责任追究之正当性的基础上提出公司环境民事责任追究的具体路径。

二、公司环境民事责任追究的理论证成、制度依据及现实意义

公司环境民事责任追究具备充分的理论基础、制度基础及高度的现实必要性，这是其正当性的三个方面。依法有效追究公司环境民事责任是提高公司环境违法成本、减少公司环境违法行为、促进生态文明建设的重要方式。

（一）公司环境民事责任追究的理论证成

面对日渐严重的环境污染和生态破坏，学者们相继提出了诸多理论来倡导政府及公众正视人与自然的关系，践行资源节约与环境保护。环境法理论的发展为公司环境民事责任的追究提供了充分的理论依据。

1. 环境风险理论

随着工业发展与科技进步，环境、健康、安全等公共风险问题日益凸显。[12]环境风险的存在已是各国共识，如何防范与应对生态环境风险是各国亟待解决的问题。我国1995—2012年的社会公共风险评估数据显示除经济型与行政型风险外，环境型风险占的权重较大。[13]近年来，环境突发事件频繁发生，如广东省茂名市茂南区公馆镇部分师生吸入受污染空气致使身体不适事件、河北省邢台市新河县城区地下水污染事件及泉港沙格码头海面油污事件等。重大环境事

---

〔9〕学者对变迁中公司环境责任追究的研究成果可参见：肖天乐：《公司终止后环境侵权责任承担机制探析——以受害人损失弥补为视角》，《河南财经政法大学学报》2014年第4期；何佩佩、邹雄：《公司解散清算阶段预期环境侵权之救济》，《中国地质大学学报（社会科学版）》2014年第6期；杨仕兵：《论公司终止后的环境责任》，《政治与法律》2004年第2期；雷兴虎、邱国红：《论公司终止后的环境法律责任》，《法学评论》2001年第6期。可见，学者的研究集中于公司终止后的环境责任追究。

〔10〕司法实践中存在公司的环境刑事及行政责任无法追究到位的情形，但笔者以为这只是例外的情形。参见朱晓勤：《生态环境修复责任制度探析》，《吉林大学社会科学学报》2017年第5期。

〔11〕从广义上讲，除环境侵权责任外，公司的环境民事责任还包括环境违约责任，如公司对环境服务合同的责任。本文所讲的公司环境民事责任仅限于侵权责任。

〔12〕宋亚辉：《风险控制的部门法思路及其超越》，《中国社会科学》2017年第10期。

〔13〕张朝举、祁毓：《转型期中国公共风险指数测度及财政治理效应评估》，《财政研究》2015年第9期。

件引发了公众对环境安全的担忧。追根溯源，环境风险的源头主要是政府或各种组织而非公民个人，〔14〕其中，公司是最易引发环境风险的组织类型。在2015年发生的全国性重大突发环境事件中，有2起就与公司的行为有关。〔15〕为防范和治理环境风险，应加强对公司环境民事责任的追究，强化公司的环境风险意识，避免其通过变迁行为转嫁其造成的环境风险。

2. 企业社会责任理论

企业社会责任理论源于欧美，目前已成为世界各国的共识。美国学者斯通认为"社会责任"是一个模糊的字眼并由于其模糊性而获得了广泛支持。〔16〕我国学者朱慈蕴则清晰地界定了企业社会责任，认为其是以法律责任为底线的、对相关利益群体及公共利益的责任。〔17〕尽管企业社会责任的承担具有重要意义，但其外延却不宜过宽，否则将损害企业利益，阻碍经济发展。一般而言，企业社会责任包括三个方面，即经济责任、环境责任和社会责任。〔18〕有学者认为企业社会责任应以对职工、消费者、资源及环境的责任为主。〔19〕环境责任是企业社会责任的重要内容，符合社会责任理论的限度要求，可分为环境道德和环境法律责任，环境法律责任即环境义务。〔20〕公司环境民事责任追究可加深公司对环境责任的认识，引导公司从被动承担环境法律责任到主动承担环境责任，进而实现生态环境保护的目的。

(二)公司环境民事责任追究的制度依据

《民法通则》中并无关于公司环境责任的规定，《公司法》第5条对公司社会责任的规定具有开创意义，表明法律在关注公司营利性的基础上开始重视公司的社会性。《民法典》"绿色原则"的提出以及环境法基本原则的发展为公司环境民事责任的追究奠定了制度基础。

1. 历史制度基础

公司环境民事责任承担符合古罗马法中的"污染者负担"原则，该原则已被奉为国际环境法公认的原则之一。〔21〕"污染者负担"与民法中的"欠债者还钱"及刑法中的"杀人者偿命"均是法律公平理念的体现。〔22〕公司变迁后将环境责任转

〔14〕杜辉、陈德敏：《环境公共伦理与环境法的进步——以共识性环境伦理的法律化为主线》，《中国地质大学学报(社会科学版)》2012年第5期。

〔15〕环保部：《2015年全国共发生突发环境事件330起》，http://www.xinhuanet.com/ 2016-04/13/c_1118612715.htm；更新时间：2016年4月13日；访问时间：2019年1月1日。

〔16〕汤春来：《美国公司社会责任的流变及其启示》，《法学论坛》2006年第3期。

〔17〕朱慈蕴：《公司的社会责任：游走于法律责任与道德准则之间》，《中外法学》2008年第1期。

〔18〕参见迟德强：《海外企业社会责任披露制度及借鉴》，《证券市场导报》2007年第8期；又参见杨力：《企业社会责任的制度化》，《法学研究》2014年第5期。

〔19〕汤春来：《美国公司社会责任的流变及其启示》，《法学论坛》2006年第3期。

〔20〕李艳芳、王春磊：《环境法视野中的环境义务研究述评》，《中国人民大学学报》2015年第4期。

〔21〕罗伯特·V.珀西瓦尔、杨朝霞、黄婧：《环境损害责任与全球环境法的兴起》，《吉首大学学报(社会科学版)》2016年第3期。

〔22〕雷兴虎、邱国红：《论公司终止后的环境法律责任》，《法学评论》2001年第6期。

嫁给他人或是政府的做法不符合这一原则。并且，在污染者负担原则确立以前，各国往往通过公共资金治理来控制环境污染，但事实证明将环境责任转嫁社会不仅不利于减少公司的环境污染行为，还容易造成国家公共资金的负担。[23] 因此，在公司环境民事责任的承担中，首先应关注的是如何追究公司的环境责任，其次才是考虑如何处理难以追究的责任，这是“污染者负担”原则之下的应有逻辑。

实际上，我国1989年《环境保护法》的污染者治理原则就是污染者负担原则的另一种表达形式。[24] 例如，第28条规定相关排污单位要“依照国家规定缴纳超标准排污费，并负责治理”，由排污单位负责治理就是要由其负担治理环境污染的责任。由于环境侵权的潜伏性、延长性，污染者负担原则所要求的受侵害后果难以及时、准确地显现，侵权行为人、侵权事实及后果的确定往往缺乏足够的法律依据或证据，环境侵权案件面临着受理及审理的困难。[25] 在现行《环境保护法》制定与实施以前，污染者负担原则如何在公司的环境侵害行为治理中得到有效的贯彻落实是亟待解决但最终也未得到解决的问题。

2. 现行制度基础

公司环境民事责任追究的现行制度基础是绿色原则与损害担责原则。《民法典》第9条规定了绿色原则。绿色原则条款是民法回应环境问题的有效机制，有助于实现经济发展与环境保护之间的价值协调与平衡。[26] 绿色原则可被视为我国民法绿色化的发端，扮演着协调民法与环境法的角色，体现了我国《民法典》在追求民事主体之间合理的私益关系的同时，注重民事私益与自然生态公益之间的和谐。一旦公司行为违背绿色原则，造成公民权益损害、环境污染及生态破坏，则应承担民法和环境法规定的责任。强化公司环境民事责任的承担是公司法绿色化的体现，公司对环境义务的重视和承担将推动社会整体的绿色发展。

现行《环境保护法》第5条规定：“环境保护坚持保护优先、预防为主、综合治理、公众参与、损害担责的原则。”这是我国立法首次明文规定环境法的基本原则。学者认为“损害担责”是“污染者担责”的缩略语，是发展了的污染者付费原则。[27] 损害担责原则将环境责任主体扩展到了对环境造成任何不利影响的行为人，并在污染治理的基础上增加了恢复环境、修复生态或支付相关费用等责任承担方式。因此，与污染者治理原则相比，该原则在治理和预防污染上更为有效，但我们还需客观审视其内涵与外延，探究其如何得到有效贯彻与落实，如何确保公司承担环境责任就是一个急需解决的问题。

---

〔23〕 柯坚：《论污染者负担原则的嬗变》，《法学评论》2010年第6期。

〔24〕 我国1989年《环境保护法》第19条、第24条、第28条、第29条等分别就自然资源开发者、生产者、排污单位、造成严重污染的企事业单位等防治污染的责任做了规定，均为污染者负担原则的体现。

〔25〕 阳相翼：《污染者负担原则面临的挑战及其破解》，《行政与法》2012年第12期。

〔26〕 吕忠梅、竺效、巩固等：《“绿色原则”在民法典中的贯彻论纲》，《中国法学》2018年第1期。

〔27〕 竺效：《论中国环境法基本原则的立法发展与再发展》，《华东政法大学学报》2014年第3期。

(三)公司环境民事责任追究的现实意义

1. 公司环境民事责任追究是减少环境污染的必然要求

公司长期侵害环境对社会公众的影响是颇为严重的,由政府为公司的环境侵害行为买单,实际上间接地降低了公司的环境违法成本。环境违法成本低有两个严重后果:一是行为人仅承担部分违法成本而将其余成本转嫁其他主体的做法会影响社会总体效益和分配公平,二是违法成本低会导致对潜在违法者的威慑力不足并直接影响其行为选择。〔28〕除了完善环境责任立法外,加强环境责任追究是提高环境违法成本的重要途径。当前对公司环境义务的规定远超过对政府及公民环境责任的规定,因此提高公司环境违法成本的重点应放在对公司环境责任的追究上。严格的环境责任追究制度将使公司清醒地认识环境违法成本,重新衡量环境违法的成本与收益间的关系,最终将大幅度地减少环境污染和生态破坏。

2. 公司环境民事责任追究是实现绿色发展的重要途径

建设生态文明,实现绿色发展已是全社会的共识。公司环境民事责任承担与公司的营利性并不矛盾,相反可能促进公司的转型升级与可持续发展。以泰州市环保联合会与江苏常隆农化有限公司、泰兴锦汇化工有限公司等环境污染责任纠纷案为例,〔29〕案件发生后,涉案公司认识到了保护环境、维护社会公共利益的责任,公司环境项目建设通过验收并投入运行,这说明公司的发展目标可以与生态文明建设目标达成一致。因此,公司环境民事责任追究不仅有利于减少环境问题,从长远来看,还有助于推动公司效益与生态文明建设的协同发展。

三、公司环境民事责任追究的具体路径

为实现公司环境民事责任的合理、有效追究,一方面,应在环境理论的指导下,根据相关法律规定准确界定公司的环境民事责任,督促公司及相关责任人员承担其环境义务;另一方面,也要充分保护公司的合法权益,注重诉讼平衡。此外,要在明确各方责任的基础上,加强对责任承担的审查监督。具体而言,为确保公司环境民事责任追究路途的顺畅,实现公司环境民事责任的合理有效追究,应重点从如下四个方面入手。

(一)综合运用公司环境民事责任的承担方式

环境侵害的范围远大于环境侵权。〔30〕环境侵害包括因环境损害而造成的传

---

〔28〕 丁敏:《"环境违法成本低"问题之应对——从当前环境法律责任立法缺失谈起》,《法学评论》2009年第4期。

〔29〕 江苏省高级人民法院对该案做出终审判决,判决涉案公司承担共计160666745.11元的环境修复责任[(2014)苏环公民终字第00001号],涉案公司不服终审判决,向最高人民法院申请再审,后在审查期限撤回了再审申请[(2015)民申字第1366-2号]。

〔30〕 徐祥民、邓一峰:《环境侵权与环境侵害——兼论环境法的使命》,《法学论坛》2006年第2期。

统民事权益被侵害以及因环境损害而造成的作为公共利益考虑的生态系统及其要素被侵害。公司不仅要对环境侵权造成的民事私益损害负责,也要对环境侵害产生的生态环境公共利益损害承担责任,这也是众多西方发达国家的做法。〔31〕综合民法和环境法的相关规定,公司环境民事责任承担方式主要有停止侵害、排除妨碍、消除危险、恢复原状及赔偿损失。在公司环境民事责任的追究中,应注意以下三种较为特殊的环境责任方式。

1. 精神损害赔偿

笔者曾从法理学角度对侵害公民环境权的精神损害问题进行探讨,认为环境侵权精神损害赔偿既有原则性也有条件性,既有必要性也有可行性,指出我国《侵权责任法》在对侵害公民环境权精神损害问题的规制上存在着立法认知不足的问题。〔32〕有学者主张我国《民法典》的侵权责任编应明确规定环境侵权的精神损害赔偿责任。〔33〕笔者赞同该种观点。因为环境质量关系到公民的生存权利,相关案例已证明公司的环境行为极有可能造成受害人的严重精神损害,判决涉案公司承担精神损害赔偿责任可以更好地维护受害人的权益。〔34〕目前,我国环境法律法规关于环境侵权民事责任的规定侧重于企业的行政责任,对民事责任的关注较少。在环境侵权中主张精神损害赔偿时,《最高人民法院关于确定民事侵权精神损害赔偿责任若干问题的解释》可操作性不强。〔35〕在侵权责任编中可明确规定环境侵权造成严重精神损害的,受害人可请求侵权人承担精神赔偿责任,如此可为环境侵权中的精神损害赔偿提供明确的法律依据,解决当前精神损害赔偿的主张在环境侵权纠纷中难以得到支持的困境。

2. 赔礼道歉

赔礼道歉一般适用于受害人的人格权遭受非法侵害的情形。〔36〕近年来,有学者主张突破赔礼道歉适用的限制,规定环境侵权中的受害人可以向侵权人主张赔礼道歉,原因在于赔礼道歉具有惩罚侵权人、补偿受害人、教育公众的多重功能。〔37〕学者进一步指出由于环境公益诉讼的公益性及其裁判的扩张性,由环境侵害人向社会公众公开赔礼道歉,可以在一定程度上挽回公众对环境侵害人的社会评价,并且发挥警示和教育的功能。〔38〕根据《最高人民法院关于确定民事

---

〔31〕 蔡守秋:《关于处理环境纠纷和追究环境责任的政策框架》,《科技与法律》2005 年第 1 期。

〔32〕 参见方印等:《环境法律前沿问题研究》,知识产权出版社 2018 年版,第 1—25 页。

〔33〕 吕忠梅、竺效、巩固等:《"绿色原则"在民法典中的贯彻论纲》,《中国法学》2018 年第 1 期。

〔34〕 2001 年杭州市中级人民法院审结的"某小学学生刘某等 407 位同校学生诉某化工厂环境污染引起的精神损害赔偿案"是我国因环境侵权行为承担精神损害赔偿责任的第一案,参见吕忠梅主编:《环境法案例辨析》,高等教育出版社 2006 年版,第 163—184 页。近年来,也有法院支持了环境侵权纠纷中的精神损害赔偿责任,例如,在"吴轶、张婴芝诉江苏沿江高速公路公司噪声污染纠纷适用先行判决案"[(2015)锡环民终字第 1 号]一案中,法院判决被告赔偿原告精神损害抚慰金 4000 元。

〔35〕 参见张伟、郭栋、杜军燕:《建构我国环境侵权中精神损害赔偿制度的几点设想》,《法律适用》2012 年第 9 期。

〔36〕 张新宝:《侵权责任法》,中国人民大学出版社 2006 年版,第 373 页。

〔37〕 唐芒花:《赔礼道歉在环境侵权责任纠纷中的适用》,《学术论坛》2016 年第 8 期。

〔38〕 张辉:《论环境民事公益诉讼的责任承担方式》,《法学论坛》2014 年第 6 期。

侵权精神损害赔偿责任若干问题的解释》第13条，法院可根据被侵权人的诉讼请求及具体案情，合理判定污染者承担停止侵害、赔礼道歉、赔偿损失等民事责任。因此，将赔礼道歉这一责任方式纳入环境民事公益诉讼中，不存在法理和法律依据上的障碍。并且，在司法实践中，已有相关案例。例如，在中国生物多样性保护与绿色发展基金会（以下简称“绿发会”）诉宁夏华御化工有限公司环境污染公益诉讼案中，原告请求被告就其环境污染行为向社会公众公开赔礼道歉。

3. 环境修复

现实生活中，公司活动容易引发大气、水资源及土壤污染，破坏周边生态系统，造成生态环境损害。根据《环境保护法》第64条，公司造成生态环境损害的，应依照《侵权责任法》的规定承担责任。在“绿发会”诉宁夏华御化工有限公司环境污染公益诉讼一案中，涉案公司需投入高达5.59亿元的巨额资金来修复和预防土壤污染，还需承担600万元的环境损失公益金。〔39〕在江苏省泰州市环保联合会诉泰兴锦汇化工有限公司等水污染民事公益诉讼案中，法院判决涉案公司赔偿的环境修复费用也高达1.6亿余元。〔40〕天价费用引发了巨大的社会反响。《最高人民法院关于审理环境民事公益诉讼案件适用法律若干问题的解释》第23条规定，法院可结合“污染环境、破坏生态的范围和程度、生态环境的稀缺性”等因素合理确定修复费用。目前，法院可采用虚拟治理成本法来量化评估公司行为造成的生态环境损害，一次性进行赔偿，确保公司环境责任的完全承担。〔41〕

关于公司是否应承担生态修复责任，学者有不同的观点。持肯定观点的学者认为破坏生态环境的行为人是生态修复法律责任的主体，包括企业和个人。〔42〕持否定观点的学者则认为“生态修复法律责任承担的逻辑是：国家担责，生态与公众惠益”，〔43〕其分析思路是：生态修复责任不同于环境修复责任，后者仅针对污染防治，而前者要达到对生态系统的有益修复的目的。公司既无法独立完成生态修复的浩大工程，也无法独立承受生态修复的巨额费用。环境修复责任的提出体现了我国环境司法救济由重赔偿转向重修复的趋势，更加符合保护公民环境权和保护生态环境的目的。〔44〕目前，我国环境立法尚未就“生态修复”和“环境修复”两个概念做出区分。在讨论公司是否为承担生态修复责任的主体时，首先应厘清环境修复与生态修复的差异。综合学者的观点，生态修复价值多元，概念

〔39〕中国生物多样性保护与绿色发展基金会环境污染责任纠纷申诉民事裁定书，(2016)最高法民再50号；指导案例75号：中国生物多样性保护与绿色发展基金会诉宁夏瑞泰科技股份有限公司环境污染公益诉讼案。

〔40〕最高人民法院发布十起环境公益诉讼典型案例之一：江苏省泰州市环保联合会诉泰兴锦汇化工有限公司等水污染民事公益诉讼案，北大法宝，【法宝引证码】CLI. C. 8913079。

〔41〕参见蔡锋、陈刚才、彭枫等：《基于虚拟治理成本法的生态环境损害量化评估》，《环境工程学报》2015年第9期。在江苏省泰州市环保联合会诉泰兴锦汇化工有限公司等水污染民事公益诉讼案中，法官在确定被告造成的生态环境损害时，即采用了虚拟治理成本法。

〔42〕参见任洪涛、敬冰：《我国生态修复法律责任主体研究》，《理论研究》2016年第4期；又参见刘鹏：《论生态修复的环境法属性》，《政法学刊》2016年第2期。

〔43〕吴鹏：《生态修复法律责任之偏见与新识》，《中国政法大学学报》2017年第1期。

〔44〕参见胡卫：《我国环境修复司法适用的特色分析》，《环境保护》2015年第19期。

较为复杂且具有不确定性。[45] 李挚萍教授在详细考察关于生态修复的司法判例及法律文件的基础上,认为生态修复责任是一个责任体系而非一种单一的责任,它至少包括停止侵害、恢复原状等内容。[46] 由于公司环境民事责任追究的目的是保证公司环境侵害行为产生的责任得到切实承担,从便利司法实践、实现司法效果的角度来讲,责任范围过宽或不够清晰均不利于责任的追究。因此,法院应注意到两者措辞的不同含义,慎用生态修复责任。对符合规定的情形,可依法判决公司承担环境修复费用。

(二)明确公司环境民事责任的承担主体

根据《生态环境损害赔偿制度改革方案》,我国已于2018年1月1日起全面试行生态环境损害赔偿制度,确定赔偿义务人是生态环境损害赔偿制度改革的重要内容之一。司法实践中,要具体考量公司环境民事责任的承担主体,避免单纯的管理或投资行为被追究责任的不公平情况。[47]

1. 公司实体

公司实体是承担其环境民事责任的主要主体。《环境保护法》第6条第3款和第4款分别就企业和公民的环保义务做了规定。第3款规定,企业事业单位和其他生产经营者应当防止、减少环境污染和生态破坏,对所造成的损害依法承担责任。该条款直接规定了公司的环境保护义务。但是,该条款在适用上也存在一定不足,需要其他环境法律法规的补充。从第3款的表述来看,该款适用的主体是"企业事业单位和其他生产经营者",但目前我国涉及环境责任的其他法规一般仅针对生产性企业,这导致非生产性企业的环境保护责任缺乏具体规定。[48] 第3款中的"企事业单位"尽管包括了非生产性企业,但该规定过于原则,在具体适用上存在难度。据此,应进一步完善环境法律法规,根据公司类型规定不同注意层次的环境与生态保护义务。

对于当前公司环境民事责任无从追究的困境,学者的研究集中于对公司解散后的环境责任追究制度,[49]但公司的合并和分立也会对公司环境民事责任的追究产生一定影响。在公司合并后,债权债务由合并后存续的公司或新设的公司继承,其中就包括公司行为产生的环境法律责任,公司以未就合并的另一公司的环境责任状况进行查询和了解为由进行抗辩的,不予支持。环境责任状况属

---

[45] 参见魏旭:《生态修复制度基本范畴初探》,《甘肃政法学院学报》2016年第1期;又参见吴鹏:《最高法院司法解释对生态修复制度的误解与矫正》,《中国地质大学学报(社会科学版)》2015年第4期。

[46] 李挚萍:《生态环境修复责任法律性质辨析》,《中国地质大学学报(社会科学版)》2018年第2期。

[47] 王金南:《实施生态环境损害赔偿制度 落实生态环境损害修复责任》,《中国环境报》2015年12月4日,第2版。

[48] 马燕:《公司的环境保护责任》,载《现代法学》2003年第5期。

[49] 学者大多就公司终止后的环境法律责任承担展开研究。参见雷兴虎、邱国红:《论公司终止后的环境法律责任》,《法学评论》2001年第6期;杨仕兵:《论公司终止后的环境责任》,《政治与法律》2004年第2期;肖天乐:《公司终止后环境侵权责任承担机制探析——以受害人损失弥补为视角》,《河南财经政法大学学报》2014年第4期。

于公司合并时应当详细调查和了解的内容，环境信息公开制度使得公司关于其可能承担的环境责任具有了预见的可能性。在公司的分立中，分立后的公司需对分立前的债务承担连带责任。但由于环境侵害的特性，往往难以确定某一环境侵害是分立前还是分立后公司的行为所致。公司的行为一旦导致环境污染和生态破坏，将对周边环境和人群产生重要影响，因此，为保护公众利益，在难以判断确定环境损害是由分立前还是分立后公司的行为所致时，分立后的公司仍需承担连带责任。

公司终止后，主体资格丧失，而责任的承担需要其具备主体资格，因而公司终止最容易对环境责任的承担产生影响。学者一般是通过分析美国《特拉华州普通公司法》(Delaware General Corporation Law，以下简称DGCL)中的相关条款对公司终止后环境责任的追究寻找可能的法律依据，主要有两种代表性的观点。第一种观点是借鉴DGCL第278条的规定，区别在于认为公司实体终止后应存续的年限不同：一是建议我国《公司法》规定公司终止后可作为责任主体存在三年，三年期满后，法院可酌情延长；〔50〕二是建议继续存在五年，理由在于环境侵害的特殊性导致其需要较长时间来确定。〔51〕第二种观点是参考DGCL第280—282条的规定，在公司终止前的清算程序中做好环境责任的制度安排。〔52〕

DGCL第278条规定公司解散后为诉讼和清算目的而存续，可自经营期限届满或者解散之日起，以法人身份存续三年或者衡平法院裁量的更长时间。〔53〕该条规定使得公司可在解散后继续作为民事、刑事及行政诉讼的被告，承担相应责任，其中就包括环境民事责任。但包括DGCL第278条在内，美国各州的公司责任主体保留制度并非无期限保留，要受诉讼时效的限制。这是合理的，期限过长，公司责任长期处于不确定状态，既影响公司发展，也不利于纠纷解决。根据我国《环境保护法》第66条，提起环境损害赔偿诉讼的时效期间为三年，从当事人知道或者应当知道其受到损害时起计算。问题就在于即使借鉴第278条延长三年到五年的公司责任主体期限，诉讼时效是自当事人知道或应当知道受损时而非公司解散之日起算，由于环境侵害的特性，当事人知道或应当知道受损往往需要较长时间。一旦公司的责任主体期限经过，即便届时诉讼时效未经过，也难以再将公司作为被告，追究其环境责任。因此，借鉴第278条的困境在于难以确定一个足够长而又恰如其分的公司实体存续年限。目前，持该种观点的学者均未提供充分依据证明三年或五年的公司责任主体保留制度可以起到确保公司环境民事责任追究到位的效果。

第280—282条在DGCL中占有较大篇幅，规定的内容依次为通知权利主张

---

〔50〕 杨仕兵：《论公司终止后的环境责任》，《政治与法律》2004年第2期。

〔51〕 雷兴虎、邱国红：《论公司终止后的环境法律责任》，《法学评论》2001年第6期。

〔52〕 何佩佩、邹雄：《公司解散清算阶段预期环境侵权之救济》，载《中国地质大学学报(社会科学版)》2014年第6期。

〔53〕 《特拉华州普通公司法》，徐文彬等译，中国法制出版社2010年版，第166—167页。

人、提交权利主张，向权利主张人和股东偿付、分配以及公司解散后股东的责任。[54] 以第280条为例，该条包含了以下规定：公司或公司的继承实体需以解散通知的形式通知权利主张人提交权利主张，且该通知必须公开刊登；做出通知的公司或继承实体还应请求衡平法院确定担保的合理数量和形式，以便能够充分清偿公司未知或尚未产生的权利主张；衡平法院可以委派诉讼监护人。[55] 若将这一规定适用到变迁中公司的环境民事责任追究，在公司解散之时，已确定的责任可得到承担，尚未产生的责任也有了担保。由此看出，第280—282条的规定对我国公司环境民事责任的追究极具借鉴意义。

2. 其他责任主体

在公司环境民事责任的追究中，还存在其他责任主体。建立公司环境保护责任制度，完善公司环境责任的内部承担机制可使环境责任追究落实到人，有效地解决公司变迁后环境民事责任无从追究的问题。公司实体以外的责任主体主要有以下五类。

第一，公司的主要负责人。首先，可参照“河长制”[56]的思路，将公司环境责任的监督落实到个人，强调公司监事或者专门的环境监督人员对股东会和董事会违反环境法律法规，只顾经济利益而不顾环境责任的决议进行监督，提出建议和要求纠正的权利。其次，在公司环境民事责任认定时，需要综合危害范围、受害人群、影响程度等因素就公司决议对环境产生的影响进行评价，在对环境产生较大不利影响时，如果公司股东和董事对决议的产生有直接责任，例如对环境评价机构出具虚假报告的行为负有直接责任或知情的，需要适用公司有限责任制度的例外规定，即“刺破公司面纱”，要求该股东或董事与公司一同承担关于环境污染的连带责任。有学者对类似情形进行了研究，将之总结为公司参与人(股东、董事、经理)对环境损害的赔偿责任，认为在股东与公司人格混同、参与人实际控制公司行为、积极参与公司行为等不同情形下，需要承担不同程度的责任。[57]

依据《最高人民法院关于适用〈中华人民共和国公司法〉若干问题的规定(二)》关于公司未来清算中债权保护的规定，在出现第18—20条规定的情形时，股东、董事、控股股东、实际控制人及第三人需承担相应的责任。[58] 具体包括三种情形：一是对清算存在过错，即未在法定期限内成立清算组清算或者怠于履行义务而导致无法清算；二是未经清算就办理了注销登记；三是在公司无法清算、

[54] 《特拉华州普通公司法》，徐文彬等译，中国法制出版社2010年版，第167—173页。

[55] 《特拉华州普通公司法》，徐文彬等译，中国法制出版社2010年版，第170页。

[56] “河长制”：江苏省无锡市于2008年首创，规定由无锡市党政主要负责人分别担任64条河流的“河长”，其目的在于使河流水质达标责任具体落实到人，2016年中共中央办公厅、国务院办公厅印发《关于全面推行河长制的意见》，全面推行“河长制”。

[57] 周杰普：《论公司参与人的环境损害赔偿责任》，《政治与法律》2017年第5期。

[58] 《最高人民法院关于适用〈中华人民共和国公司法〉若干问题的规定(二)》(2014年修正)第18—20条，参见郭娅丽、邵彦铭：《大规模侵权事件中未来侵权债权的法律保护——以“三鹿奶粉事件”为例》，《理论探索》2015年第6期。

未经清算即办理注销登记时，股东和第三人承诺对公司债务承担责任。其中，第三种情形即股东和第三人的承诺一经公示就具有对不特定人产生信赖利益的效力，侵权债权人可对其分得的财产行使不当得利返还请求权。〔59〕在这三种情形下，尽管公司已经解散，债权人仍可通过追究相关人员的责任来保护其清算债权。笔者认为，公司在环境污染责任纠纷中应负的环境侵权责任属于公司未来侵权债权的内容，可适用上述司法解释第18—20条追究相关责任人的环境责任，理由有二：从环境侵害的缓慢性、潜伏性等特性考虑，公司环境侵害产生的侵权责任完全有可能属于公司未来的侵权债权；从环境侵害的影响程度和范围来看，某些大公司的环境侵害行为产生的负面影响不亚于其他大规模的侵权事件，需要追究相关责任人的责任以维护受害人的利益。

第二，担保财产的管理人、环境责任保险中的保险人。借鉴DGCL第280—282条，对高污染类型的公司，除强制其购买环境责任保险以外，可以要求其在清算时为环境污染的受害者留有合理数量和形式的担保或者由法院指定法定代理人参与清算，为解散后预期的受害者主张权益。〔60〕因此，担保财产的管理人、环境责任保险中的保险人可能成为公司环境民事责任的主体。

第三，第三方治理机构。在公司环境民事责任的承担中，公司治理需与第三方治理相结合，专业化的环保企业治理具有提高治污效率、方便环保部门监管、推进环保产业发展等诸多优势。〔61〕“损害担责”原则的确立为第三方治理提供了法律依据，公司可以付费让第三方承担治理污染、恢复环境的责任。结合DGCL第280—282条，在排污企业的清算程序中，清算组或破产管理人可与专业的环境服务公司签订协议，约定由环境服务公司承担合同约定的污染治理责任。而公司清算前，签订的第三方治理合同在约定期间内继续有效。

第四，环境影响评价机构、环境监测机构。股东会和董事会在依据《公司法》的规定行使职权时，需要将公司环境责任的承担作为一项重要内容，对于可能会对环境产生重大影响的决定在做出前需要经专业的环境影响评价机构评估。相关机构在评估工作中不负责任或弄虚作假的，需承担《环境影响评价法》第32条规定的相应责任。根据现行《环境保护法》第65条，在公司环境民事责任追究中，环境影响评价机构、环境监测机构等从事环境服务活动的机构对造成的环境污染和生态破坏负有责任的，也应成为责任主体，与公司承担连带责任。

第五，地方政府、环境保护主管部门。1989年《环境保护法》第6条规定地方各级人民政府应对本行政区域的环境质量负责。现行《环境保护法》将第6条中关于检举、控告污染和环境破坏行为的权利移置该法第57条，具有合理性。从体系上看，第57条位于第五章“信息公开和公众参与”中，公司环境信息公开是

---

〔59〕 李磊：《公司司法清算法理与制度研究——以利益平衡为视角》，中国政法大学出版社2014年版，第87页。

〔60〕 何佩佩、邹雄：《公司解散清算阶段预期环境侵权之救济》，载《中国地质大学学报（社会科学版）》2014年第6期。

〔61〕 骆建华：《环境污染第三方治理的发展及完善建议》，《环境保护》2014年第20期。

有效检举、控告的条件，而检举、控告是公众参与的体现。从内容上看，增加了接受举报的部门，即环境保护主管部门或者其他负有环境保护监督管理职责的部门，并规定可对环境保护主管部门不依法履职行为进行举报。地方政府及环境保护主管部门消极履行责任，只重视当地经济发展而忽视公司环境污染及生态破坏后果的，也应承担相应的责任。

（三）合理确定公司环境民事责任追究中的举证责任

公司利益和受害人利益、环境公益之间的“利益衡平”最终要体现在诉讼过程中。公司环境民事责任追究具有维护公民环境权利与环境生态公共利益的重要作用，但也要避免给公司造成不合理的负担而阻碍其发展。

1. 举证责任倒置的弊端

根据《民法典》第 1230 条，污染者应当就法律规定的不承担责任或者减轻责任的情形及其行为与损害之间不存在因果关系承担举证责任。由于环境侵害的特性，由受害人举证难度很大，因此环境污染纠纷中的举证责任倒置。但绝对的举证责任倒置容易产生不公正现象。尤其是当公司发生变迁后，要求公司证明生产经营行为与损害后果之间不存在因果关系，对公司来讲也极为困难。若将举证责任全然置于被诉公司一方，容易造成“非真正侵权人对非由自己造成的损害负责”的不公平现象。[62] 证明责任的完全倒置还容易造成原告滥诉，增加工商业的不当负担。[63] 我们在“价值排序”时不可忽略“利益衡平”，有必要去省思举证责任倒置的立法初衷与现实效果的分离，避免负面影响的产生。

2. 合理的举证责任规则

学者在从立法目的和实证研究角度对《环境保护法》第 66 条进行解读后，一致认为举证责任倒置存在严重弊端，原告需承担初步的因果关系举证义务，这也与司法实践中绝大部分案例的做法一致。[64] 具体而言，在公司环境民事责任纠纷中，受害人除了证明损害后果以外，还需要就污染传播事实、暴露事实等承担一定的举证责任，建立起损害后果与公司行为在时间上和逻辑上的初步联系。[65] 此外，公司解散后，原来的营业场所往往由别的公司所使用，在新公司属于重污染或高污染生产制造行业之时，不排除其生产经营行为产生环境责任的可能性。在这种情况下，需要将该新公司也纳入因果关系证明的考量当中，通过鉴定结论或时间点的先后、污染路径等对新公司是否有责任做出判断，避免出现由变迁前

---

〔62〕 张宝：《环境侵权诉讼中受害人举证义务研究——对〈侵权责任法〉第 66 条的解释》，《政治与法律》2015 年第 2 期。

〔63〕 张宝：《论环境侵权案件中的举证责任分配——以贵阳市水污染责任纠纷案为例》，《环境保护》2013 年第 14 期。

〔64〕 参见张挺：《环境污染侵权因果关系证明责任之再构成——基于 619 份相关民事判决书的实证分析》，《法学》2016 年第 7 期；又参见吕忠梅：《环境司法理性不能止于“天价”赔偿：泰州环境公益诉讼案评析》，《中国法学》2016 年第 3 期。

〔65〕 张宝：《环境侵权诉讼中受害人举证义务研究——对〈侵权责任法〉第 66 条的解释》，《政治与法律》2015 年第 2 期。

的公司承担与其无关的环境责任的状况。

自2014年最高人民法院设立专门的环境资源审判庭开始，地方各级法院就陆续探索建立专门的环保法庭。以贵州省为例，贵阳市中级人民法院设立了环境保护审判庭，贵阳市清镇市法院设立了环境保护法庭。这对保证复杂、专业的环境资源类案件得到高质量的审理意义重大。司法实践中，法官需注重因果关系的综合判断与衡量，充分发挥专业化的环境损害鉴定评估机构和技术专家的作用，结合技术鉴定做好法律判断。[66] 同时，法院也要审慎审查环境保护行政主管部门或专业机构出具的鉴定意见，综合运用其他证明手段，例如事件发生的先后关系、污染路径、环境监测值等，得出因果关系是否成立的结论。[67]

（四）强化公司环境民事责任承担的审查监督

公司环境民事责任追究的最终目的是让公司切实承担其行为产生的环境污染和生态破坏责任。造成重大环境污染和生态破坏的公司往往需面对高额的损害赔偿和环境修复费用，为确保公司环境责任承担，应加强审查监督。

1. 规范环境责任审查

强制审查制度可从源头上减少无责任主体之环境民事责任，但应根据公司类型和实际情况区别对待。对使用环保技术和能源的环境友好型公司，在变迁时可不进行强制审查，反而应积极推动其合并、分立，壮大环保产业力量，对于高污染行业则需要充分审查。法律强制审查需落实到区域内的生态环境主管部门，可在办理工商登记手续前，发给相关机构审批文件，令其在指定期限内做好公司环境影响的审查工作，对审查结果为优的公司实行一定年限（如3—5年）的免审。生态环境主管部门可通过采集公司的环境信用信息，建立环境信用评价制度和环境违法失信黑名单制度，对环境信用较低的公司及严重违反环境法律或逃避环境责任的公司，应加强环境责任审查。对环境责任审查中发现的生态环境破坏应予以严格追究。对经确定的公司环境责任，需实施持续性的追究评价制度，由生态环境主管部门长期观察和分析公司环境责任承担的社会效果，确保环境责任落实到位。

2. 强化环境法律政策引导

为实现公司环境民事责任的切实承担，应强化环境法律政策制度对公司行为的引导。首先，应建立有区别的公司环境责任保险制度。公司环境责任保险具有分散公司赔偿风险和及时救济受害人的功能。[68] 有学者认为应从两个层面建立公司环境责任追究制度：在公司层面就是通过责任主体保留制度修正解散

---

〔66〕 王旭光、丁瑶瑶：《环境损害鉴定与审判如何衔接？》，《环境经济》2015年第ZC期。

〔67〕 参见张挺：《环境污染侵权因果关系证明责任之再构成——基于619份相关民事判决书的实证分析》，《法学》2016年第7期。

〔68〕 竺效：《论我国环境污染责任保险单行法的构建》，《现代法学》2015年第3期。

后的财产分配规则；在社会层面就是要建立环境责任保险和环境责任基金制度。〔69〕环境责任保险的险别应与公司类型相匹配，对高污染型的公司应强制其购买环境责任保险，从而使受害人可以通过代位权得到赔偿。其次，政府应规范公司环境影响评价。对环境影响评价差的公司，应责令其限期治理、恢复生态环境，对于屡次不改或者改正长期没有效果的公司，根据《行政处罚法》和《环境行政处罚办法》的相关程序，予以责令停产整顿、责令停产、暂扣或吊销许可证等行政处罚。此外，政府还可以通过财政补贴、减免税费、技术援助等间接措施引导公司积极履行环境责任。〔70〕例如，我国环保税已正式开征，涉及 14 个重点污染行业，这对于督促相关公司改进生产技术，主动承担环境责任有重要意义。

3. 促进社会公众监督

日本在生态环境保护和环境污染治理方面有诸多先进经验，其环保事业开展及环境治理离不开国民较高的环保意识和整个社会浓厚的环保氛围。〔71〕除了规范法律体系，以相应的措施和办法促进环境保护和治理以外，引导国民积极参与环保活动、监督环境污染，营造依法治污的氛围意义重大。公司的环境侵害行为往往严重影响周边居民的生存环境质量，可借鉴日本的自愿性环境协议制度，在地方政府、公司及居民间签署自愿性的环境协议，将公司变迁后的环境民事责任承担纳入环境协议当中，引导公司积极践行环保责任。〔72〕

在公司环境民事责任的追究中，公司环境信息公开是公众进行监督的条件。公众掌握真实、具体的公司环境信息有利于公众与公司在环境方面进行沟通，减少公众对周边公司环境状况的担忧，降低公司所面临的环境压力。《环境保护法》第五章是关于信息公开和公众参与的专章规定。第 53 条规定公民有获取环境信息、参与和监督环境保护的权利。我们需要在此基础上进一步拓宽环境信息公开主体的范围，完善公开方式，提高公开内容的质量。

在公开的主体方面，《环境保护法》第 55 条要求重点排污企业应如实公开污染物及防污设施的具体情况。但公司环境信息公开的主体不应限于高度污染行业，其他污染行业尤其是较大型的生产企业也需要对其环境信息进行详细公开，这是公众环境信息知情权的要求。此外，《环境保护法》第 57 条还明确规定了环境保护主管部门和其他负有环境保护监督管理职责的部门对企业环境违法信息的公开义务。为方便公众监督，督促公司切实承担环境责任，上述部门应及时、主动地公开辖区内环境违法公司的名单。在公开的方式上，可以借鉴海外公司的社会责任披露制度，规定公司以报表、年报或专门的环境责任报告的形式公开公司的环保信息，最低限度的要求是各项指标均达到国家环境保护标准。〔73〕该

〔69〕 肖天乐：《公司终止后环境侵权责任承担机制探析——以受害人损失弥补为视角》，《河南财经政法大学学报》2014 年第 4 期。

〔70〕 魏静：《公司环境责任探析》，《西南民族大学学报（人文社科版）》2009 年第 1 期。

〔71〕 任维彤、王一：《日本环境污染第三方治理的经验与启示》，《环境保护》2014 第 20 期。

〔72〕 黄海峰、葛林：《日本自愿性环境协议的实施及其对中国的启示》，《现代日本经济》2014 年第 6 期。

〔73〕 黄炳艺、姚远：《中美公司环境信息披露比较》，《中国经济报告》2016 年第 3 期。

报表或报告需经专业的环境影响评价机构进行认证。此外，在信息技术高度发展的今天，公众倾向于通过网站了解信息。探索建立统一的环境信息公开网站有利于公司降低环境信息公开成本、提高公开效率。公司各年的环境责任状况清晰可查，便于公众监督公司环境状况、参与环境保护与污染治理。就公开的内容而言，有学者对 2016 年我国 500 强企业的环境信息公开状况进行了实证研究，研究发现在公司公开的环境信息中，实质性内容缺乏、口号型内容偏多，公司在网络上公开的环境信息质量整体不高。[74] 未来，需继续探索建立公司环境信息的网络公开，制定相应规范，加强法律监管。例如，对不按期公布、虚假公布的公司要进行通报和处理。同时，倡导环境公益组织和社会公众积极参与公司环境责任调查，发挥媒体和社会舆论对绿色理念的宣传和引导作用，监督公司逃避环境责任的行为。

四、结语

我国环境立法数量繁多，但生态环境状况恶劣，主要原因在于环境责任的追究存在问题。加强环境责任追究的法律制度建设是完善我国环境责任体系、全面推进绿色发展的重中之重。万民是环保的力量源泉，将环保理念植入万民心中，环境问题的解决就具有了深厚的基础。[75] 公司环境责任的切实追究是将生态环境保护理念植入公司经营理念与商事活动的重要方式，有利于引导公司从被动承担环境法律责任到主动承担环境社会责任，可从源头上减少环境问题的产生，督促公司有效解决环境问题，进而促进我国生态环境状况的根本改善。鉴于公司环境责任追究的重点与难点在于对公司环境民事责任的追究，本文从理论依据、制度基础以及现实必要性三个方面论证了公司环境民事责任追究的正当性，并从责任承担方式、责任主体、举证责任分配以及责任承担的审查监督四个层面进行了责任追究的路径设置，这或许可为全面深入地理解公司环境民事责任追究的理由及其路径贡献微薄之力。生态文明入宪后，部门法生态化的进程将进一步加快。在民事法律制度及民事行为规范领域，《民法典》第 9 条"绿色原则"为公司民事行为提供了生态环境保护价值方面的总指引，民法分则各编如人格权编、物权编、合同编、侵权责任编也需要不同程度的生态化变革。[76] 此外，在《公司法》的修改与解释中，可进一步充实和细化公司的社会责任，强调公司环境责任的承担，也可以通过最高人民法院发布指导性案例的方式，提高公司和社会公众对生态环境案件的重视。需重点提及的是，在追究公司环境民事责任过程中，应遵循利益均衡原则——注重公司私益与环境公益之间的平衡，避免过分强调环境责任而阻碍公司发展。

---

〔74〕 刘学之、朱乾坤、高玮璘等：《中国 500 强企业网络环境信息披露实证研究——基于 2016 年中国 500 强企业的网站调研》，《环境保护》2017 年第 16 期。

〔75〕 吕忠梅：《绿色民法典：环境问题的应对之路》，《法商研究》2003 年第 6 期。

〔76〕 参见方印、黄晓霞：《〈民法总则〉第九条的功能审视》，《中国社会科学报》2018 年 9 月 5 日，第 5 版。

Research on the Accountability of Corporate Environmental Civil Liability

FANG Yin, HUANG Xiaoxia

Abstract: Strengthening company's environmental responsibility investigation is important to reduce environmental pollution and ecological damage, can comprehensively promote green development. The key point and difficulty of the company's environmental responsibility investigation is the investigation of the company's environmental civil liability. The company's environmental civil liability investigation has sufficient theoretical basis, necessary institutional foundation and important practical significance. Drawing on the relevant provisions of the Delaware General Company Law, combined with China's legal provisions and typical cases, the path of corporate environmental civil liability investigation can be constructed from four aspects: responsibility content, responsibility subject, burden of proof and responsibility review and supervision. First of all, it is necessary to accurately define the company's environmental civil liability and comprehensively apply the company's environmental civil liability in a variety of ways. Secondly, the main body of the company's environmental civil liability is not limited to corporate entities. The company's environmental civil liability system should be gradually improved to ensure that the company's environmental civil liability is put in place. Thirdly, it should reasonably determine the burden of proof in the company's environmental civil liability investigation, and avoid the drawbacks of the inversion of the burden of proof in environmental pollution infringement. Finally, the review and supervision of the company's environmental civil liability should be strengthened from three aspects: environmental civil liability review, environmental law policy guidance and public public supervision.

Key Words: Corporate; Environmental Civil Liability; Basis for Accountability; Main Path

论行政自动化算法决策的正当程序控制 [1]

张恩典*

摘　要　在人工智能时代，算法自动化决策广泛介入行政治理领域，并促发了行政治理的智能转型。在行政治理实践中，相较于人类决策而言，算法决策具有自动性、模糊性和系统性特征。目前，一些行政机构运用的行政自动化算法决策的上述特征给公民的隐私权、平等权和正当程序权利等基本权利造成严重威胁和侵害。为了避免行政治理领域算法权力的异化，需要建立面向行政自动化算法决策的正当程序装置。依据算法决策多阶构造，建立以被遗忘权、算法决策知情权、反对权以及算法解释权等四维权利体系为主要内容的技术性正当程序装置的合理架构设计，尽可能地保证算法决策的透明性和可责性，真正发挥算法自动决策在促进行政效率和行政公平中的重要作用。

关键词　人工智能；行政自动化；算法决策；正当程序；算法解释权

目　次

* 张恩典（1983—），男，法学博士，南昌大学法学院副教授，南昌大学立法研究中心研究员，主要研究方向：数据法学、行政法学。

〔1〕 本文系2019年度司法部国家法治与法学理论研究项目“行政自动化算法决策的法律规制研究”（19SFB3015）、2018年度教育部哲学社会科学研究重大课题攻关项目“中美网络空间治理比较研究”（18JZD040）以及江西省高校人文社会科学重点研究基地招标课题“人脸识别技术的法律治理研究”（JD20104）的阶段性成果。

一、问题的提出

在大数据、机器学习算法等现代科技手段的推动之下，人类社会正在进行全面、复杂而深刻的智能转型，并逐渐进入到人工智能时代。在很大程度上，大数据和机器学习算法构成了此轮人工智能革命的两大基本驱动力。以大数据为原料喂食的算法模型正在广泛而深入地介入公共治理与私人生活诸领域。在由各种机器学习算法模型深度渗透的“算法社会”中，算法模型在很大程度上影响，乃至从根本上决定着人类所看、所得、所思，进而对公民基本权利产生重大影响。进一步而言，在技术中立的掩饰之下，在饱含人类对客观、公正、效率等价值的美好憧憬的包装之下，算法自动决策得以在开发者、运用者和普通民众的欢呼声中进入各种决策场景之中，作为人类决策的辅助者乃至接管者，影响乃至从根本上决定公共和私人部门的各种决策，进而影响乃至决定了公民的福利、就业、教育等各种资源和机会的获取。以大数据挖掘、分析等现代技术为支撑，由算法模型开发者最终掌握的新兴权力形态——算法权力在现代社会中逐渐兴起，人类似乎在不知不觉中已经迎来了“算法统治的时代”。〔1〕

随着算法自动决策在诸多领域中的广泛运用，算法权力不断侵入社会生活的各个角度，在给人们的生活带来各种便利和效率的同时，其潜在的各种风险，亦引发了社会公众的普遍担忧。包括法学学者在内的社会科学和自然科学学者纷纷聚焦算法治理这一重要的理论和实践议题，从各自学科视角回应算法时代的重大命题。从国内研究来看，目前法律学者对于算法自动决策的关注，似乎更多地集中于市场营销、信贷金融等商业领域，更多关注私人领域的算法决策问题。诚然，这与算法自动决策在上述商业领域中被更为广泛地运用有着密切关联，换言之，私人领域的算法自动决策所产生的诸多风险促使法学学者更多地聚焦到商业领域的算法决策。〔2〕然而，随着行政机构日愈广泛地将机器学习算法模型运用于行政治理领域，算法决策将对公民的基本权利产生重大影响，由此可能引发的问题亟待法律学者予以深度关切和系统研究。〔3〕基于此，笔者不揣浅陋，以行政自动化算法决策兴起为背景，在描述行政自动化算法决策的特征基础之上，考察算法自动化决策给公民基本权利所带来的风险，进而探索算法自动决策的正当程序控制方案，希冀对当前我国行政治理领域逐渐兴起的算法自动决

〔1〕 参见徐恪、李沁：《算法统治世界：智能经济的隐性秩序》，清华大学出版社2017年版。

〔2〕 张凌寒：《商业自动化决策的算法解释权研究》，《法律科学》2018年第3期；张凌寒：《风险防范下算法的监管路径研究》，《交大法学》2018年第4期；林洹民：《自动决策算法的法律规制：以数据活动顾问为核心的二元监管路径》，《法律科学》2019年第3期；程莹：《元规制模式下的数据保护与算法规制》，《法律科学》2019年第4期。

〔3〕 值得特别指出的是，随着大数据、机器学习算法在环境、食品监管等领域的运用，中青年行政法学者也逐渐开始关注由机器学习算法导致的“行政自动化”及其法律规制问题，相关研究参见马长山：《智慧社会的基层网格治理法治化》，《清华法学》2019年第3期；查云飞：《人工智能时代全自动具体行政行为研究》，《比较法研究》2018年第5期；马颜昕：《自动化行政的分级与法律控制变革》，载《行政法学研究》2019年第1期；胡敏洁：《自动化行政的法律控制》，《行政法学研究》2019年第2期；张恩典：《人工智能算法决策对行政法治的挑战及制度因应》，《行政法学研究》2020年第4期。

策的规制有所助益。

二、算法自动决策在行政治理中的兴起与特征

当前,伴随着大数据挖掘、分析技术的迅速发展,基于大数据分析在提升效率和实现客观公正方面的功能期待,各政府部门也开始"征用"大数据、人工智能技术,各种机器学习算法模型被逐渐运用于行政治理领域,"算法治理术"在行政规制实践中的广泛运用正在推进行政治理的智慧转型。[4]

(一)算法自动决策在行政治理中的兴起

近年来,机器学习算法模型被日渐广泛地运用于食品安全治理、市场监管服务、预测警务等诸多行政治理领域。

1. 食品安全治理领域

作为我国国家治理的重要组成部分,我国食品安全治理效率低下,总体形势不容乐观。在此背景之下,为了提高食品安全治理效能,一些地方食品安全监管机构开始积极探索运用大数据、人工智能技术来加强食品安全治理。例如,上海静安区市场监督管理局为强化辖区餐饮企业食品安全监管,在辖区部分餐饮企业后厨加装带有算法系统的摄像头,对后厨环境以及餐饮加工环节进行全程监控,而且算法系统能够对摄像头所采集的相关数据进行预测性分析,并将所发现的餐饮企业涉嫌违法行为自动报送给食品安全监管机构,从而提高了食品安全监管能力,降低了监管成本。同时,这一全景式大数据监控对餐饮企业经营者形成了有效的威慑,提升了食品安全监管效能,改善食品安全治理状况。又如,针对目前网络食品安全监管的难题,监管部门采取了强化平台治理责任的监管思路。为了适应这一监管思路,平台开始运用大数据、机器学习算法模型对网络食品餐饮企业进行信用评分,试图通过信用评分的方式来强化网络餐饮服务的食品安全监管。

2. 市场监管服务领域

为了提升市场监管效能,一些省市市场监管部门开始运用大数据分析、挖掘技术进行市场主体监管和服务工作。例如,广州市工商局在全国率先推出"人工智能+机器人"商事登记,在全国首创商事"无人大厅""无人审批"的新模式,实现"免预约""零见面""全天候""无纸化""智能化"办理商事登记。据介绍,广州市智能全程电子化登记推行"人工智能+机器人"申报、签名、审核、发照、公示、归档全流程电子化、智能化商事登记新模式。标准化流程无须人工审批,对符合标准化、规范化的申请实现"秒"审批,截至 2018 年 10 月,已通过智能审核企业

[4] 关于算法治理术的研究,参见 Antoinette Rouvroy, "The End(s) of Critique: Data Behaviourism Versus Due Process", *in* Mireille Hildebrandt (ed.), *Privacy, Due Process and Computational Turning: The Philosophy of Law meets the Philosophy of Technology*, Routledge, 2013, pp. 143-167; Lucas D. Introna, "Algorithms, Governance, and Governmentality: On Governing Academic Writing", *Science, Technology, & Human Values*, Vol. 41, No. 1 (2016), pp. 17-49。

设立登记近9000户。[5] 另外，一些市场监管部门运用大数据分析对市场主体的信用进行评级，并基于大数据分析形成信用监管“黑名单”。重庆市两江新区市场监管局以“信用＋大数据”为抓手，建立智慧监管和精准监管的市场主体监管平台，取得明显成效。据了解，市场主体监管平台以市场主体信用数据为核心，地理空间库为基础，通过整合两江新区工商、质监、食药现有业务系统信息，形成市场主体监管信息一张网，建立市场主体的空间网格化与分级分类监管平台。并且，按照市场主体行为规则，构建相应的市场信用分级分类办法，将市场主体分为A、B、C、D四类，并分别用绿、黄、红、黑四种颜色表示，以强化监管重点，明确监管重心。通过地理空间的数据挖掘技术，构建智能预警模型，构建登记预警、消费预警、监管预警和安全预警在内的预警模型，并在地图上进行可视化展示。

3. 公共安全领域

为了提高社会治安水平，我国一些省市开始在公共安全领域运用所谓的预测警务辅助执法。所谓预测警务是基于大数据算法模型来对特定人员或特定地域发生破坏社会秩序的违法犯罪活动的可能性进行预测，据此决定是否采取行动。目前，以大数据算法模型为基础的预测警务系统在我国北京、上海、浙江、安徽等省市公安系统被广泛运用，用以提高打击违法犯罪行为的精准度。

4. 城市交通管理领域

目前，我国各大城市均面临交通治理的难题，近年来，为了提高交通治理能力，提高交通违法行为查处力度，一些地方积极探索“人工智能＋”的城市交通管理新模式。2018年9月，杭州推出城市“数据大脑”，以改善城市治理。在交通领域，仅2018年9月1日至9月16日，“数据大脑”就查缉报警达1872次，帮助各交警大队查获违法客货运车辆221辆。据报道，目前杭州59个高架匝道交通信号灯，已由人工智能算法技术接管，通过2分钟、4分钟、6分钟不断学习、反馈和自我评价，不断优化配时方案，让交通更有序、更顺畅。[6] 在上海市一些路段，交管部门在摄像探头上加装了算法模型系统，不仅能够对机动车进行抓拍，而且能够自动识别违反交通规则的行人。从执法效能角度而言，基于大数据的算法模型确实有利于提高城市交通管理水平，改善城市交通治理。

5. 精准扶贫领域

精准扶贫是我国全面建成小康社会的一项重大战略。为了杜绝扶贫工作中长期以来存在的“最后一公里”的现象，破解扶贫失准的难题，近年来我国贵州[7]、广

---

[5] 《广东省广州市：全国率先推行“人工智能＋机器人”商事登记》，载《广州日报》2018年10月23日。

[6] 殷军领：《杭州59个高架匝道交通信号灯，由人工智能算法技术接管》，《都市快报》2018年9月27日。

[7] 王新明、施钱贵、马卓言：《贵州：大数据打通精准扶贫“经络”》，《经济参考报》2018年5月15日，第5版。

西[8]、甘肃[9]等省份充分运用大数据、人工智能技术治理深度贫困地区的贫困问题，运用大数据技术实现贫困户的精准识别，将扶贫资源投向真正的贫困户，真正实现精准扶贫，精准脱贫，并取得了明显成效。

（二）算法自动决策的特征描述

在人工智能时代，大数据分析、机器学习算法正促使行政治理实践向自动化和智能化转型，并对公民的基本权利产生重大影响。相较于传统人类决策，由大数据驱动的算法自动决策具有以下三个特征。

第一，算法决策具有高度的自动性特征。诚如学者所言，算法是一项古老的技艺，在漫长的历史长河中，人类一直沿用着各种算法来处理各种社会问题。然而，彼时的算法仅仅是个人思考和处理问题的方法而已，其远未达到超越乃至于替代人类地位的程度。然而，在大数据时代，人类的数据存储能力提升，人类得以用极低的成本存储海量数据。海量数据为训练算法模型提供了条件，机器学习算法借由海量数据，具有更加精准的预测性。借助于大数据算法模型，人类得以洞悉纷繁复杂事物之间潜藏的、隐秘的相关性。此时的机器学习算法具备了人类所运用的那些古老算法所不具有的"学习"能力。而大数据算法模型的这种自我学习能力使得算法决策具有了相当程度的自动性特征。算法决策具有的自动性特征，使得其能够根据所输入的数据自动生成结果。而且，随着机器学习向深度学习，算法决策的自动化程度仍将不断提高，同时，其能够通过不断学习训练数据而得到改进和优化。这意味着算法模型一旦设计完成，其能够根据所输入的数据自动生成结果，而无须人类介入，并在一定程度上减少了人类主观因素对决策过程的影响，从而确保所谓的决策的客观公正。算法决策既能够揭示诸多事物之间潜藏的相关性，实现所谓精准治理，又具有自动性特征，能够排除人类执法者在传统行政决定过程中存在的偏私和恣意，行政机构基于行政效率和行政公正的双重考虑，积极运用算法模型来处理公共事务。

第二，算法决策具有高度的模糊性特征。客观而言，人类决策也具有高度的模糊性，这种模糊性在很大程度上源于人类大脑的决策机制非常复杂，难以为决策者所知悉，更难以为外界所了解。为了克服人类大脑决策机制复杂性带来的问题，现代民主社会通常要求决策者必须对其决策过程保持开放性和参与性，并且决策者应当承担说明理由的义务，充分说明决策的理由。然而，较之于人类决策，算法决策具有高度的模糊性。美国学者从来源上对算法决策模糊性类型化：一是商业秘密或者国家秘密所导致的不透明性；二是技术了解程度所导致的不

---

〔8〕 徐友仁：《广西创建金融精准扶贫大数据管理平台》，《金融时报》2016 年 6 月 25 日，第 2 版。肖璇：《打造广西"灵动扶贫"新引擎》，《广西法治日报》2019 年 3 月 12 日，第 B1 版。

〔9〕 吕宝林：《甘肃精准扶贫大数据管理平台功能初步形成》，《甘肃日报》2016 年 1 月 21 日，第 3 版。

透明性；三是算法本身的复杂性所导致的不透明性。[10] 算法决策的模糊性导致了算法决策的“黑箱效应”，人们无法洞悉其决策过程，也不知决策基于何种理由做出。[11] 客观而言，算法决策的模糊性在很大程度上影响了算法决策的可责任性。

第三，算法决策具有高度的系统性特征。所谓算法决策的系统性特征，是从算法自动决策所造成的影响上而言的。算法模型的运用和效应能够跨越领域，在各系统之间产生连锁效应。一方面，那些运用于传染病研究的算法模型同样可以被用于预测票房，垃圾邮件过滤器的模型能够被用于发现艾滋病病毒。另一方面，当算法模型在某个领域得出对特定主体不利的结果后，这一结果又转而被编码，成为其他算法模型的“训练数据”，而由这一数据集训练的算法模型又进一步对该主体做出负面的评分，从而使其陷入恶性循环之中，这极有可能给其带来毁灭性的打击，有学者形象地将糟糕的算法模型称为“数字杀伤性武器”。[12]

伴随着算法治理术在各种行政执法活动中的运用，“算法统治”（Algorithmic Government）在我国正逐渐兴起。[13] 然而，机器学习算法自动决策呈现出其不同于人类决策的特征，意味着其在行政治理中发挥重要的功能，也潜藏诸多风险，需要加以审慎预防和合理规制。

三、行政自动化算法决策对公民基本权利的侵蚀

以大数据为基础的算法治理术在提高行政效能的同时，也潜藏着各种风险，并给公民基本权利带来了严重的侵蚀和威胁。

（一）算法自动决策对隐私权的威胁

以大数据为基础的行政自动化算法决策需要以海量数据的收集、分析为前提，如果缺乏海量数据的喂食，算法模型的预测能力将明显减损，精准性将明显下降。因此，为了提高算法模型的精准度，行政机构需要将其掌握的海量数据交给算法工程师作为“训练数据”用于算法模型的训练。而且，一些算法自动决策更需要获取个人的生物性特征来作为决策的依据。最典型的便是人脸识别系统。目前，警察基于维护公共安全的目的，采取在车站、机场等人流量大的场所装置人脸识别系统。人脸识别系统能够识别个人的面部特征，且能够对个人的

---

〔10〕 Jenna Burrell, “How the Machine ‘Thinks’: Understanding Opacity in Machine Learning Algorithms”, *Big Data & Society*, Vol. 3, (2016), pp. 1-12. 又参见贾开：《人工智能与算法治理研究》，《中国行政管理》2019 年第 1 期。

〔11〕 *See* Danielle Keats Citron, Frank Pasquale, “The Scored Society: Due Process for Automated Predictions”, 89 *Washington University Law Review*, Vol. 89, No. 1(2014), pp. 10-11.

〔12〕 [美]凯西·奥尼尔：《算法霸权：数学杀伤性武器的威胁》，马青玲译，中信出版社 2018 年版，第 169 页。

〔13〕 *See* Zeynep Engin, Philip Treleaven, “Algorithmic Government: Automating Public Services and Supporting Civil Servants in Using Data Science Technologies”, *The Computer Journal*, Vol. 62, No. 3(2019), pp. 448-460.

风险进行评分，发现潜在的违法犯罪分子。目前，这一技术在美国等地方被广泛运用于反恐行动中，以发现潜藏的恐怖分子。[14] 在中国，目前人脸识别技术也被用在人流量大的车站、码头等公共场所，以识别在逃的犯罪嫌疑人。然而，人脸识别算法系统的运用，却是以牺牲公民的隐私为代价来换取的“安全”和“秩序”。在由人脸识别算法模型进行的全景式监视中，不仅个人的行踪、轨迹一览无遗，而且具有高度敏感性的个人生物性特征也被算法模型用于预测个人的潜在的风险等级。这是一种典型的效率至上的“监视资本主义”，即以最低的执法成本来实现最大化的执法效果。[15] 然而，在“监视资本主义”之下，个人所享有的隐私权这一基本权利将被边缘化，个人将逐渐被迫生活在一个由各种精巧隐秘的算法模型所精心构筑的“无隐私”的“全景式监狱”之中。

(二)算法决策对平等权的威胁

在人工智能时代，算法模型在行政治理中的广泛运用带来了算法歧视问题，并引发了平等权保护危机。[16] 诚如前述，算法模型的训练、优化均离不开数据。借助于海量数据，机器学习算法得以实现精准预测。然而，所谓的个性化精准推荐，实际上依靠的是分类机制。“大数据方法可以根据兴趣爱好与特点将人分成不同类别，其详细程度是传统的人口结构方法难以企及的”。[17] 借助于所收集的有关个体的位置、偏好、生理特征等各方面的数据，并对这些数据进行挖掘分析以形成特定主体的“用户画像”，根据所收集的信息数据依据一定标准划分将个人归入各种不同的组群之中，并据此对用户进行的评级和评分。

由此可见，在算法决策所宣称的个性化、精准化服务背后，仍然是一套复杂的分类机制在发挥作用。只不过，相较于一般决策而言，算法决策的分类机制所涉及的因素更多，也更为复杂精细。借助于复杂的分类机制，算法不仅得以对纷繁复杂的社会事务进行分类，而且得以对作为主体的人进行分类。因此，有学者将由算法决策主导的社会称为“分类社会”[18]或“评分社会”。[19]

然而，由大数据算法模型通过各种复杂的分类机制对特定主体行为所进行

---

[14] 关于算法模型在反恐等国家安全领域中的运用，参见 Fred H. Cate, “Government Data Mining: The Need for A Legal Framework”, *Harvard Civil Rights-Civil Liberties Law Review*, Vol. 43, No. 1 (2008), pp. 435-489。

[15] “监视资本主义”概念由哈佛大学肖沙娜·朱伯夫教授提出，被用于描述大数据时代网络平台通过对网络用户和消费者的行为的监视、影响和操纵来获利的做法。其实，这一做法在公共治理领域同样存在。*See* Shoshana Zuboff, *The Age of Surveillance Capitalism: The Fight for A Human Future at the New Frontier of Power*, New York: Public Affairs, 2019. 又参见张凌寒：《算法权力的兴起、异化及法律规制》，《法商研究》2019 年第 4 期。

[16] 崔靖梓：《算法歧视挑战下平等权保护的危机与应对》，《法律科学》2019 年第 3 期。

[17] [美]史蒂夫·洛尔：《大数据主义》，胡小锐、朱胜超译，中信出版社 2015 年版，第 277 页。

[18] Giovanni Comandè, “Regulating Algorithms’ Regulation? First Ethic-Legal Principles, Problems, and Opportunities of Algorithms”, *in* Tania Cerquitelli, Daniele Quercia, Frank Pasquale (ed.), *Transparent Data Mining for Big and Small Data*, Springer, 2017, p. 172.

[19] Danielle Keats Citron, Frank Pasquale, “The Scored Society: Due Process for Automated Predictions”, *Washington University Law Review*, Vol. 89, No. 1 (2014), pp. 1-33.

的预测，并非如同其所宣称的那般“客观中立”，而是存在着各种歧视。在国内引发媒体广泛关注的“大数据杀熟”只是算法歧视的冰山一角。这表明，在人工智能时代，借助于定价算法模型，电商平台以极低的成本获取消费者的偏好信息和消费能力，“看人下菜碟”，实现对消费者的“完美价格歧视”，肆意掠夺消费者剩余。而且，借助于定价算法实现的行为歧视，不仅能够将消费者归入不同的分组并实现差别化定价，而且能够借此唤醒消费者内在的需求，是“令我们乖乖种草下单的‘神奇魔术’”。[20] 但是，“大数据杀熟”在某种程度上只是算法歧视相对初级的表现形式。

相较于商业领域的“大数据杀熟”，公共治理领域的算法歧视问题更加令人忧虑。例如，在公共治安领域，包括美国在内的一些国家开始运用算法模型来预测和防范违法犯罪行为。例如，美国费城警局使用了由本地公司开发的一款名为 HunchLab 的算法模型软件，该算法模型能够对犯罪高发地区进行分析。然而，从各国警方使用的预测警务系统的实践来看，其引发的突出问题在于，很多算法模型都倾向于发现轻微的暴力犯罪，并最终都将警力投向了那些少数族裔和贫困阶层聚居的社区。诚如学者所言：“可悲的是，相较而言，计算逮捕数量、建立基于‘人以群分’假设的模型要简单得多。而和罪犯生活在同一街区的无辜人士则因此遭受了极为不公的对待。由于贫困和犯罪记录之间的紧密关系，穷人将继续受困于这些数字法网难以逃脱。”[21]而且，机器学习算法能够通过不断学习其反馈的结果，而不断固化和加剧歧视现象。诚如法国学者布拉班迪尔所言：“没有人会像欣赏风景一样看待数字，观察数据要根据预先建立的观察角度、模型和分类方式来完成。”[22]这意味着，表面看似中立、客观的算法模型，实则潜藏着歧视。

从形成机理上，算法歧视主要源自以下五个方面：一是用于训练算法模型的历史数据本身潜藏着歧视；二是数据的不完整导致算法决策的偏差；三是数据偏差导致歧视；四是数据特征标记错误或者算法工程师无意识的偏见所导致的歧视；五是算法设计者以算法模型蓄意掩盖歧视意图所导致的歧视。[23]

众所周知，与人类决策强调因果关系不同，算法自动决策聚焦的是相关性，即借助算法模型发现潜藏在海量数据集之间的隐秘的关联。然而，在海量数据所呈现的或强或弱、似有似无的相关性海洋中，可能蕴含着某种偏见与歧视。诚

---

[20] [英]阿里尔·扎拉奇、[美]莫里斯·E. 斯图克：《算法的陷阱：超级平台、算法垄断与场景欺骗》，余潇译，中信出版社 2018 年版，第 139 页。

[21] [美]凯西·奥尼尔：《算法霸权：数学杀伤性武器的威胁》，马青玲译，中信出版社 2018 年版，第 113 页。

[22] [法]吕克·德·布拉班迪尔：《极简算法史：从数学到机器的故事》，任轶译，人民邮电出版社 2019 年版，第 94 页。

[23] 关于算法歧视的类型与形成机理分析，参见 Solon Barocas, Andrew D. Selbet, “Big Data's Disparate Impact”, *California Law Review*, Vol. 104, No. 3(2016), pp. 857-936。*See* also Tal Zarsky, “Understanding Discrimination in the Scored Society”, *Washington University Law Review*, Vol. 89, No. 4 (2014), pp. 1384-1404. 又参见郑智航、徐昭曦：《大数据时代算法歧视的法律规制与司法审查——以美国法律实践为例》，《比较法研究》2019 年第 4 期。

如美国学者卢克所言:“在数据集中,杂乱无序的各种相关性暗含着隐秘的规律性,其中很可能就存在某些偏见。”〔24〕只不过,在算法决策场景中,歧视行为变得更加隐蔽而难以察觉,那些带有明显歧视议题的传统歧视行为在算法模型的掩盖之下,变得难以判断和识别。从歧视行为的种类而言,在大数据算法决策兴起的背景之下,反歧视的法理和制度设计更应该聚焦算法决策引发的对弱势群体的“差别性影响”,而并非传统的基于歧视意图进行的“差别对待”。诚如德国学者库克里克所言,由大数据算法所主导的社会是一个高度解析的微粒社会,在这一社会中无论是作为主体的人,还是作为客体的诸多事物都无一例外地被高度解析,借助算法模型进行的各种解析行为,正在同时引爆三重革命:智能革命、控制革命和差异革命。在微粒社会中,个人的完整性被肢解破坏,剩下的只是数据碎片所形成的数据海洋,个体呈现出单体化的趋势。〔25〕而借助于算法模型,行政机构得以洞悉个体之间细微的差异,并通过这些个人的细微差异,对其进行完美歧视,此时,算法模型很有可能沦为行政机构规训乃至压迫弱势群体的秘密武器。〔26〕这意味着,个人所享有的由宪法赋予的、由“无知之幕”加以保护的平等权利正在面临前所未有的危机。

(三)算法决策对正当程序权利的侵蚀

在人工智能时代,大数据驱动的机器学习算法已经日益广泛地介入人们生活的各个方面,深刻影响乃至最终决定各种资源和机会的分配。根据行政正当程序原理,行政机关在做出对他人利益产生重要影响的决定之前,需要给予申诉、答辩和听证的机会,并说明正当理由。然而,在行政自动化算法决策场景中,宪法所赋予个人的正当程序权利却受到严重侵害。究其原因,算法决策对正当程序权利的侵蚀主要源于算法决策的特征。

首先,算法决策的自学习特征危及正当程序权利。如前所述,算法模型一旦设计完成,能够在无须人类介入的情况下自动生成结果。我国广州、深圳等地市场监管部门采取的市场主体资格“秒批”,便表明由机器学习算法模型所做出的行政行为具有高度自动性。在现实的情境中,无论是商业机构,还是公共部门,均运用各种算法模型进行自动化决策,对个人进行形形色色的评分,进而决定个人是否享有某种资源或机会的资格。例如,在精准扶贫中,大数据算法模型对个人的评分将直接决定申请者是否能够具有贫困户资格。在公共安全领域,警察运用算法模型对个人进行风险评分,预测其行为,并判断其是否会对公共安全构成威胁,甚至是否是恐怖分子。然而,行政机关在运用各种算法模型做出影响个人权利和利益的决定之前,并未进行告知,个人事先并不知道行政机构正在运用

---

〔24〕[美]卢克·多梅尔:《算法时代:新经济的新引擎》,胡小锐、钟毅译,中信出版社2016年版,第138页。

〔25〕[德]克里斯多夫·库克里克:《微粒社会:数字化时代的社会模式》,黄昆、夏柯译,中信出版社2018年版,第23—43页。

〔26〕*See* Virginia Eubanks, *Automating Inequality: How High-Tech Tools Profile, Police, and Punish the Poor*, New York: St. Martin's Press, 2018.

算法模型对其进行评分，将其列入各种由算法模型自动生成的大数据黑名单之中，并据此做出对其不利的决定。[27]

其次，算法决策的模糊性特征危及正当程序权利。算法决策犹如一个隐秘的黑箱，具有高度的不透明性。算法的高度复杂性本就使得算法决策难以为普通社会公众所理解，而算法开发者和运用者则基于以下理由拒绝对算法模型予以公开：一方面，主张算法模型属于商业秘密拒绝公开算法。诚如学者在谈及算法决策的不透明性时所指出的那样："程序的不透明正是这种保密的结果。我们不知道它们在干什么，因此我们有正当理由对数字化感到巨大的不快。我们被看穿了，却又无法回看过去。但这种不透明是人为制造的，是权力的表达而非程序的本质。"[28]另一方面，否认算法决策具有可解释性，主张算法模型具有自学习特征，难以对其决策结果进行合理解释。学者特德·斯蒂法斯的以下论述应当说很好地反映了算法开发者和算法运用者的心态和立场："不了解这些算法工作原理的不只是你和我这样的普通人，连工程师自己也不完全理解。看看奈飞比赛，评审人员一再强调某个算法获胜的原因是效果很好，但是他们也不知道这些算法为什么效果很好。某些数学知识也许可以解释这些算法的工作原理，但是这些数学知识过于复杂，人们是不可能掌握的。由于无法了解我们所创造的一切，因此我们很难留意到道德问题，也很难保证所有操作都符合道德标准。"[29]算法开发者和运用者所诉诸的上述理由，无疑为算法决策的模糊性蒙上了一层阴影，更加剧了算法决策的黑箱效应。无怪乎美国学者帕斯奎尔将由各种不透明的算法主导的社会形象地比喻为"黑箱社会"。[30]

目前，行政机构运用大数据算法模型对个人和企业进行评分，并将其列入各种大数据黑名单时，并没有做出合理的解释说明，给出充分的理由，人们无法知晓这些对其个人权利、利益，乃至前途和命运产生重大影响的决定究竟是基于什么理由做出的，只能被动地接受算法模型自动运行生成的结果。现实情境中，人们因无法知晓算法决策的过程和理由，也没有机会提出申辩和听证，更无从参与到算法决策过程中，如同其参与人类决策过程那样，而只能被动接受由冷冰冰的算法机器做出的决定。如果我们将算法自动决策比喻为一场"权力的游戏"的话，那么，这场游戏的规则，即算法模型的代码完全由算法设计者所掌握，行政机构作为算法模型的征用者，分享了这一权力，而普通民众只能被动地接受算法模型对我们命运的安排。"权力的游戏"青睐那些掌握并贩卖消费者个人信息的组

---

〔27〕 关于大数据黑名单类型化分析和规制研究，参见 Margaret Hu, "Big Data Blacklisting", *Florida Law Review*, Vol. 67, No. 5(2015), pp. 1735-1810。

〔28〕 [德]克里斯多夫·库克里克：《微粒社会：数字化时代的社会模式》，黄昆、夏柯译，中信出版社 2018 年版，第 150 页。

〔29〕 转引自[美]卢克·多梅尔：《算法时代：新经济的新引擎》，胡小锐、钟毅译，中信出版社 2016 年版，第 221 页。

〔30〕 *See* Frank Pasquale, *The Black Box Society: The Secret Algorithms That Control Money and Information*, Cambridge: Harvard University Press, 2015.

织或个人。正是这种信息不对称性扬起了近乎完美行为歧视的风帆。[31] 然而，遗憾的是，这一切都是在算法中立客观的精美包装下，以所谓的“精准化”和“个性化”的方式进行着，人们如同一个“瘾君子”一般，痴醉于算法这一“致幻剂”带来的快感而无法自拔，直至算法模型一再地剥夺我们所珍视的自由和财富。对此，法国学者布拉班迪尔有深刻的洞见：“算法旨在创造一种需求，甚至是一种‘瘾’，算法的编写方式，就是为了让众人再也无法失去自己。……算法更像是一种毒品。”[32]人们沉溺于算法模型所创造的便利之中，自愿放弃法律所赋予的正当程序权利，直到算法模型将我们的权利和机会剥夺殆尽时才幡然醒悟。

由此可见，在行政自动化算法决策场景中，法律所赋予的隐私权、平等权和正当程序权利都受到严重侵蚀，在行政机构对行政效率的追求背后，牺牲的却是普通民众的基本权利。这种代价不可谓不沉重。客观而言，在这场由大数据驱动、机器学习算法模型主导的所谓“赛维坦”中，作为算法运用者的行政机构和作为算法决策接受者的普通民众力量对比悬殊，这令我们不得不反思算法自动决策的正当性，并探索行政自动化算法决策的规制方案，以尽可能地改变这种高度不对称的格局。

四、面向行政自动化算法决策的正当程序建构

面对大数据算法模型在行政治理活动中的兴起，及其给公民基本权利带来的严重侵害，法律学者进行了艰辛的探索。美国学者彭特更是提出了“数据新政”的理念：“一个成功的数据驱动社会必须能够保证我们的数据不被滥用。也许特别重要的是，政府不会滥用接触这些细微化数据的权力。为了实现一个数据驱动社会可能带来的好处，我们需要所谓的‘数据新政’，我们提供具有可行性的保证，使公共产品所需要的数据既易于获得，又能有效保障公民权利。”[33]我们认为，在行政自动化算法决策场景中，存在的一个突出的问题是由作为算法模型开发者的技术专家和作为算法模型使用者的行政机构两者垄断了算法权力，主导了算法决策过程，算法权力缺乏有效的程序制约，而作为算法决策的相对人则缺乏质疑乃至影响算法自动决策的基本途径。算法决策场景中相关主体权力配置存在的高度不均衡状态，也在很大程度上使得行政自动化算法决策陷入可责任性与合法性危机之中。

诚如德国学者库克里克所言，在大数据时代，算法模型的广泛渗透不仅使社会趋向微粒化，而且使国家也呈现出的微粒化。“微粒化的国家及其获取、搜集到的数据前所未有地、更深地渗入了社会的枝节当中。而一种新的、技术上的进

〔31〕［英］阿里尔·扎拉奇、［美］莫里斯·E. 斯图克：《算法的陷阱：超级平台、算法垄断与场景欺骗》，余潇译，中信出版社 2018 年版，第 149 页。

〔32〕［法］吕克·德·布拉班迪尔：《极简算法史：从数学到机器的故事》，任轶译，人民邮电出版社 2019 年版，第 94 页。

〔33〕［美］阿莱克斯·彭特兰：《智慧社会：大数据与社会物理学》，汪小帆、汪容译，浙江人民出版社 2015 年版，第 171 页。

步的、能够制衡国家的民众运动，即微粒化的抵抗，还未形成。”〔34〕虽然较之于人类决策，行政自动化算法决策具有自身的特征，但是，作为广泛介入人类公共与私人事务，深刻影响公民基本权利的一种新型权力样态，其仍然需要满足最低限度的程序正义要求，符合正当行政程序理念，建立合理正当的算法自动决策程序，充分发挥正当程序在促成算法自动决策可责任性和合法性方面的功能作用。

在算法自动决策正当程序建制的设计中，需要明确以下几点：第一，应当以最低限度的程序正义为基本遵循，确保受算法决策影响的相对人能够通过适当方式知晓决策过程，表达合理诉求，并借由合理方式参与乃至影响算法决策结果。第二，由于算法自动决策具有多阶性，且各个阶段各有其特点，为了确保程序设置的可行性，应当根据算法自动决策各个阶段的特征，设置相应的程序机制，以形成事前、事中、事后的程序制约。第三，算法自动决策的正当程序控制在本质上遵循“权利制约权力”的控权逻辑，因此，算法自动决策的正当程序装置的关键在于，明确数据主体和行政自动化算法决策的相对人所享有的权利形态，在此基础之上明确作为算法模型设计者的算法工程师和使用者的行政机构的义务形态。基于上述考虑，本文基于算法决策的多阶特征，将其细化为算法模型建构阶段、算法模型运行阶段、算法具体决策生成阶段，并根据算法自动决策的具体阶段，以权利义务为基本内容，来设计契合算法自动决策特征的技术性正当程序装置。〔35〕

(一)算法模型建构阶段的正当程序控制：以被遗忘权为核心

算法模型训练需要以海量数据为前提，而这些数据除行政部门掌握的政府公共数据外，有相当部分来自普通公众。针对目前算法模型建构阶段由算法设计者主导的局面，在算法模型建构阶段，为了防止一些不相关的、错误的、过时的个人数据被用于算法模型训练，宜强化数据主体对个人数据信息的控制权，赋予数据主体“被遗忘权”。〔36〕被遗忘权本质上是数据删除权。〔37〕在大数据时代，这一权利作为一种数据删除权，发挥着信息价值纠偏作用。〔38〕赋予数据主体被遗忘权，意味着数据主体有权利要求数据控制者删除与个人不相关的、过时的和错误的信息，而算法模型的训练者作为个人数据的控制者接到删除申请后，也负有删除上述个人数据的义务。被遗忘权的赋予，使得数据主体通过对个人数据的删除，在一定程度上影响了算法模型的建构，有助于打破算法工程师对算法模型

〔34〕[德]克里斯多夫·库克里克：《微粒社会：数字化时代的社会模式》，黄昆、夏柯译，中信出版社2018年版，168页。

〔35〕Danielle Keats Citron, “Technological Due Process”, *Washington University Law Review*, Vol. 85, No. 6 (2008), pp. 1249-1314.

〔36〕关于大数据时代的被遗忘权的产生的背景和理论争论，参见张恩典：《大数据时代的被遗忘权之争》，《学习与探索》2016年第2期。

〔37〕参见[英]维克托·迈尔-舍恩伯格：《删除：大数据取舍之道》，袁杰译，浙江人民出版社2013年版。

〔38〕满洪杰：《被遗忘权的解析与构建：作为网络时代信息价值纠偏机制的研究》，《法制与社会发展》2018年第2期。

的垄断。从数据主体的角度来说，算法模型的训练建构阶段赋予数据主体被遗忘权，能够有效避免那些由不相关的、错误的、过时的个人数据训练的糟糕的算法模型对个人产生不利的影响，在减少糟糕算法决策对个人基本权利的侵害方面发挥着重要功能。

(二)算法模型运行前的正当程序控制：以知情权与反对算法自动决策权为核心

算法模型一旦投入运行用于具体决策后，必将对公民的基本权利产生重要影响，甚至从根本上决定个人是否享有获得资源和机会的资格。因此，一方面，在算法模型生成之后，投入具体决策之前，算法模型的使用者需要提前告知行政相对人，使其知悉其所采用的是算法自动决策的方式，而非人类决策的方式。另一方面，应当赋予行政相对人反对算法自动决策权利，这意味着在算法模型投入具体决策之前，行政相对人可以拒绝行政机关采取算法模型做出决策的方式，而选择人工决策方式。反算法自动决策权实则是算法时代下，要求将人作为个体来对待的权利。反对算法自动决策权利应当成为算法社会中的一项基本权利。根据这一权利，行政机构需要提供给行政相对人可选择的空间，即允许行政相对人选择人类决策方式来做出涉及的个人基本权利的重要决定。

(三)算法模型具体决策结果生成后的听证程序控制：以算法解释权为核心

在算法模型具体结果生成后，针对行政机关基于算法模型生成的结果，应当在做出正式决定之前，将算法自动决策结果告知行政相对人，如果行政相对人认为算法决策结果对其基本权利和利益造成了严重侵害，行政相对人有权对算法模型的结果提出申辩或要求听证，提出合理质疑，并有权要求作为算法模型运用者的行政机关做出合理解释。算法决策结果做出后的申辩和听证程序，旨在通过这一程序装置保证行政相对人算法解释权的有效行使，并科以算法模型的开发者和运用者相应的解释义务。作为大数据时代兴起的一项重要权利形态，算法解释权在理论与实践中虽仍有争议，但是其遵循的通过提高算法决策透明性来增强算法自动决策的可责任性的控权逻辑却是值得认同的。[39] 当然，作为算法模型开发者的相应机构也负有协助行政机构向行政相对人就算法决策结果给予说明解释的义务。在算法解释权的具体构造上，根据算法解释内容和标准的不同，可以将其界分为以"算法模型为中心"的解释权模式与"以具体决策为中心"的解释权模式。前者将主要聚焦于对特定算法模型的系统功能的解释说明，

---

〔39〕 关于算法解释权的理论争论，参见：Bryce Goodman, Seth Flaxman, "European Union Regulation on Algorithmic Decision-making and a 'Right to Explanation'", *AI Magazine*, Vol. 38, No. 3 (2017), pp. 50-57; Andrew D. Selbert, Julia Powles, "Meaningful Information and The Right to Explanation", *International Data Privacy Law*, Vol. 7, No. 4 (2017), pp. 233-242; S. Wachter, B. Mittelstadt, L. Floridi, "Why a Right to Explanation of Automated Decision-Making Does not Exist in the General Data Protection Regulation", *International Data Privacy Law*, Vol. 7, No. 2 (2017), pp. 76-99.

后者主要聚焦于基于算法模型所产生的“具体决策”进行解释。[40] 两种解释权模式选择并非非此即彼，而是需要针对算法决策的具体个案中行政相对人受到具体侵害类型和诉求来加以合理选择。

通过上述依据算法决策多阶构造，以被遗忘权、算法决策知情权、反对权以及算法解释权等四维权利体系为主要内容的技术性正当程序装置的合理架构设计，能够在很大程度上发挥制约算法权力的目的，防止算法权力在运用过程中的滥用和异化，尽可能地保证算法决策的透明性和可责任性，使得算法自动决策真正发挥其在促进行政效率和行政公平中的重要作用。

五、结语

在人工智能时代，大数据和机器学习算法正在助推行政治理的智慧转型。在这一转型过程中，算法权力作为一种新的权力形态逐渐渗透蔓延至公共治理领域，基于大数据的机器学习算法甚至显露出替代人类决策的苗头。行政机构在运用算法决策追求所谓行政效率和行政公平的同时，也需要高度警觉行政自动化算法决策中潜藏的对人类基本权利，尤其是人与生俱来的尊严、心性和灵性的威胁和侵害。[41] 诚然，探索行政自动化算法决策的法律规制方案是人工智能时代的一个重大理论和实践命题，本文基于行政治理中算法自动决策对公民基本权利的现实和可能威胁，并遵循最低限度程序正义理论，提出面向行政自动化算法决策的正当程序建构方案，为人工智能时代的算法权力制约提供了一个可供深入思索和探讨的制度方案。

---

〔40〕 张恩典：《大数据时代的算法解释权：背景、逻辑与构造》，《法学论坛》2019 年第 4 期。

〔41〕 於兴中：《算法社会与人的秉性》，《中国法律评论》2018 年第 2 期。

On the Due Process Control of Administrative Auto Algorithmic Decision-making

ZHANG Endian

Abstract: In the Age of artificial intelligence, algorithmic decision-making is widely involved in the field of administrative governance, and promotes the intelligent transformation of administrative governance. In the practice of administrative governance, compared with human decision-making, algorithm decision-making has the characteristics of automaticity, fuzziness and systematicness. At present, the above characteristics of administrative automation algorithms used by some administrative agencies pose a serious threat and infringement on basic human rights such as privacy, equality and due process rights. In order to avoid the alienation of algorithmic power in the field of administrative governance, it is necessary to establish a due process device for administrative automatic algorithm decision-making. According to the multi-level structure of algorithmic decision-making, a reasonable framework of technical due process device with four-dimensional right system, such as the right to be forgotten, the right to know, the right to oppose and the right to explain should be established. In this way, the transparency and accountability of algorithmic decision-making are guaranteed as much as possible, and the important role of automatic algorithmic decision-making in promoting administrative efficiency and administrative fairness is really brought into play.

Key Words: Artificial Intelligence; Administrative Automation; Algorithm Decision-making; Due process; Right to Explanation

保险契约适合性义务正当性之法经济学分析

——兼论对契约自由理论的反思[1]

张晓萌*

摘　要　契约法理论建立在私法自治与契约自由之上，作为核心的"约定必须遵守"，其正当化的根据正是合意理论，它包括两个前提："契约双方是平等的"，以及"个人是自己利益的最佳判断者"。然而在保险契约关系中，定型化契约下谈判能力不对等以及严重的信息不对称，造成保险契约双方的不平等；而保险消费者因保险商品的特殊性而产生的认知偏差，以及因保险人及代理人的销售误导所产生的决策偏差，致使保险消费者的有限理性，这都导致保险契约双方合意的异化，因此需要适合性义务予以介入。进言之，适合性义务为保险消费者提供一种家长式的保护，有利于重建完全的保险契约，实现缔约效率最大化。而要求保险人为保险消费者的利益所考虑，并旨在矫正市场失灵下的结构性不平等，进而维护契约双方的均衡，正是诚信原则与对价平衡原则的内在要求。

关键词　保险契约；适合性义务；契约自由；法经济学

目　次

---

*　张晓萌（1990—），武汉工程大学法商学院讲师，主要研究方向：保险法、经济法。

〔1〕　本文系湖北省社科基金一般项目"金融风险治理背景下保险契约适合性义务制度构造论"（项目编号：2019044）、武汉工程大学科学研究基金项目"金融风险治理背景下保险销售适合性法律制度研究"（项目编号：19QD53）、武汉工程大学人文社科基金项目"投资型保险风险防范的法律规制研究"（项目编号：007025）成果。

一、问题的提出

保险契约适合性义务，即要求在保险契约订立时，倘若投保人对相关保险产品产生疑惑，保险人应当询问投保人的需求，并考量投保人的相关能力，以书面的方式为投保人提供建议并就上述建议详细说明理由，以为其推荐适合的保险产品。其往往并非纯粹单一的义务，而是由一组“义务群”所构成，可概括为三个层面：询问义务、建议义务以及交付书面报告义务，其中建议义务是保险契约适合性义务的核心。然而，在私法自治与契约自由的理论预设下，民事主体通过契约的方式来形成法律关系，在此过程中表明对契约当事人意愿的认可，契约成为私法自治设权行为的重要形式，并由此形成“约定必须遵守”的规则。那么，为什么通过契约的方式配置的权利义务一定是适当的？而在保险契约中有否特殊性？进言之，在保险法已经规范说明义务的情况下，为什么还需要进一步引入适合性义务呢？事实上，契约自由的实现是有前提的，而该前提在保险契约中未必完全成立，在前提尚未成立的情形下仍遵从契约自由将可能导致不公正情形的出现，故而需要一种新的理论或者制度加以矫正。正如卡多佐在处理案件过程中的一个具有代表性的实例，“首先说明了逻辑上前后一致的力量；其次说明了逻辑的一贯性在孤立或例外事件中所要求的可行和便利面前逐渐瓦解；最后，它说明了这些例外事件作为一个新种群所具有的生命力”。[1] 因此，本文即从正反两方面进行论证，首先阐释契约自由原则的基本理论，再分析保险契约中因合意的异化导致契约自由的无法实现，最后从正面论证适合性义务介入契约自由的正当性。

二、契约自由的理论依据：合意及其前提

对适合性义务的研究之所以要回归到契约自由理论，是因为尽管契约自由不再具有绝对性，但其依然“在整个私法领域具有重要的核心作用”，[2]故而任何理论对契约自由的突破与超越，都必须进行严密的逻辑论证。契约自由的思想，早在罗马法中就已经出现，[3]但直到 18、19 世纪才开始具备契约自由原则所需要的形成基础，此时契约自由原则已具完备形式。[4] 受个人主义与自由主义思潮的影响，契约自由达至顶峰，“所有进步社会的运动，到此处为止，是一个‘从身份到契约’的运动”。[5] 然而，契约自由在 20 世纪遭遇前所未有的挫折，契约自由受到很大的限制，甚至一度有学者认为“契约和上帝一样，已经死亡了”。[6] 但在私人之间的关系中，意思自治虽已遭受极大的损害，契约自由受到某种限制，

---

〔1〕［美］本杰明·卡多佐：《司法过程的性质》，苏力译，商务印书馆 2013 年版，第 58 页。

〔2〕［德］罗伯特·霍恩，海因·科茨，汉斯·G. 莱塞：《德国民商法导论》，楚建译，中国大百科全书出版社 1996 年版，第 90 页。

〔3〕参见孙鹏：《合同法热点问题研究》，群众出版社 2001 年版，第 1—7 页。

〔4〕参见李永军：《合同法》，法律出版社 2003 年版，第 41 页。

〔5〕［英］梅因：《古代法》，沈景一译，商务印书馆 1959 年版，第 112 页。

〔6〕［美］格兰特·吉尔莫：《契约的死亡》，曹士兵、姚建宗、吴巍译，中国法制出版社 2005 年版，第 1 页。

合同的强制力受到某些变更，但作为一般原则的意思自治原则仍然存在，并在一切依然遵循这一原则的范围内发挥作用。[7] 唯有契约自由，无论在什么时期，始终对契约关系的法律调整发挥着基础性的指导作用。[8] 因此，即使是在契约自由受到诸多限制的现代契约法时期，要在个别案件或特定领域中用别的原则修正或替代它，也必须充分论证之所以如此的理由。

契约自由的形成有其深厚的经济、政治、社会等方面的基础，而这都脱离不了两股思潮的影响，即个人主义与自由主义。契约自由的内涵也依此形成，渐成体系。一方面，通常认为，契约自由的概念包含了两层紧密联系但却又有区别的意思。首先，它指明契约是建立在意见一致的基础之上；其次，它强调指出契约的产生是不受诸如政府或立法干涉等外来拘束所妨碍的自由选择的结果。[9] 基于前两点，就不难推导出第三点，即既然契约是个人自由选择的结果，并且双方达成合意，表明愿意受契约的束缚，那么也应当为自己的选择承担相应的责任。由是观之，契约自由应当包括以下内涵："缔约不受强制"、"约定必须遵守"与"自己承担责任"。

而其中的"约定必须遵守"，暗含契约所具有的法律效力，是契约自由的核心内容。古老的法谚已经阐明，"契约等于当事人之私的立法，一经订约，双方均须遵守，而受其拘束"。[10] 缔约是个人自由选择的结果，而形成契约则是双方当事人达成合意的结果，契约自由自此从"个人自由"转变为"整体自由"，由绝对地不受他人限制达致自愿接受拘束。在这一过程中，个人的自决权经过磋商形成合意，赋予契约相当的法律效力，换言之，"约定必须遵守"也是契约当事人自由选择的结果。从另一角度来看，这并不是具体法律制度才提出的一种要求，而是源于道德，因为约定作为人类的一项道德行为是具有约束力的。[11] 由此说明，"约定必须遵守"，是因为契约双方的合意，使契约产生了类似或胜似法律的效力，而合意正是契约效力的根据。但契约作为私法自治设权的工具，正是将个人权力转化为具体权利的过程，在契约这场游戏的博弈中，一方设定权利即意味着另一方承担义务。因此，契约通过合意为双方进行了权利义务的配置。然而，为什么契约双方达成合意，这样的配置就是正当的？因为合意本身暗含两个理论前提："契约双方是平等的"，以及"个人是自己利益的最佳判断者"。[12]

---

〔7〕 Flour et Aubert, Les obligations, p. 89. 转引自尹田：《法国现代合同法：契约自由与社会公正的冲突与平衡》，法律出版社 2009 年版，第 39 页。

〔8〕 孙学致：《唯契约自由论》，吉林人民出版社 2006 年版，第 38 页。

〔9〕 《外国民法资料选编》编选组：《外国民法资料选编》，法律出版社 1983 年版，第 343 页。

〔10〕 郑玉波：《法谚》(一)，法律出版社 2007 年版，第 81 页。

〔11〕 [德]卡尔·拉伦茨：《德国民法通论》(上册)，王晓晔、邵建东、程建英译，法律出版社 2013 年版，第 55 页。

〔12〕 参见薛军：《私法立宪主义论》，《法学研究》2008 年第 4 期；韩祥波：《金融产品销售的适当性法律问题研究》，法律出版社 2013 年版，第 42—46 页。

(一)契约双方是平等的

合意是私人设权行为正当化的根据,而此一设权行为正当化的前提首先即在于形成合意的契约双方应当具有平等地位。人首先是从私法上权利义务主体的层面来把握的,在这一点上,所有的人皆是平等的。[13] 而民法中的平等,正是民事主体的人格独立并以自主的意思平等地依法享有权利和承担义务的事实状态。[14] 因此,只要法律赋予个体通过双方各自行使自主决定权,即以契约的方式,形成他们之间法律关系规则的权利,就应该满足下列前提条件:每个个体都拥有自己的自主决定权力,而不是以一方的权力取代双方的自主决定而导致单方面的他主决定。[15] 换言之,契约双方所达成的合意要形成拘束力,契约双方必须平等地行使自主决定权。

但是,民法上的平等只是一种法律地位的平等即资格平等,并不意味着人的社会地位的事实平等。[16] 而契约自由作为一种形式上人人平等的自由,并没有顾及实际上并非人人平等的事实。这是因为,其一,私法本身只涉及矫正正义(交换正义),而经济力量的不平等是分配正义所关注的问题。自亚里士多德对正义进行分配正义与矫正正义的二分,所有对正义的讨论都没有超越这个框架。诚然,人与人之间的确处处存在差异,这些差异表现在人的体能、精神与财富,以及知识与能力等方面,并进而导致在经济力量与掌握、处理分析信息能力等方面的差异。但正义的分配是以应该付出恰当价值的事物授予相应收受的人,亦即合乎正义的职司分配应该考虑到每一个受任的人的才德和功绩。[17] 因此,契约当事人的个性,即他们的财产等所有资源的不均等,是依照他们的价值来进行分配的,这是合乎分配正义的,是公法领域范围内的问题。而私法领域只涉及矫正正义,它的品质就是一个有自由目的存在物的抽象平等,[18]亦即权利义务的平等。矫正正义不考虑契约当事人的差异,只为人们的相互交往提供是非准则,唯有在因交往所致原有秩序或状况被打破时,使增益与损失达到均衡。[19] 其二,不平等是人类社会生活的常态,但通常认为这种不平等并不会阻碍实质合意的形成。虽然在商品和服务的交易中普遍存在经济力量不平等的契约当事人,但是只要能够根据以私法自治为原则的经济制度,通过市场来抵消处于经济上强势地位一方的权力,[20]这一事实本身并不妨碍契约自由的实现。无论契约双方的力量如何,其都必须在由私法自治所构成的市场上进行竞争,以争取到可缔结契约的对方当事人。因此,从某种程度上而言,每个契约自由行为的实现都将有助

[13] [日]星野英一:《私法中的人》,王闯译,中国法制出版社 2004 年版,第 10 页。

[14] 王利民:《民法的精神构造:民法哲学的思考》,法律出版社 2010 年版,第 348 页。

[15] [德]维尔纳·弗卢梅:《法律行为论》,迟颖译,法律出版社 2012 年版,第 11 页。

[16] 王利民:《民法的精神构造:民法哲学的思考》,法律出版社 2010 年版,第 360 页。

[17] [古希腊]亚里士多德:《政治学》,吴寿彭译,商务印书馆 1965 年版,第 136 页。

[18] [加]欧内斯特·J. 温里布:《私法的理念》,徐爱国译,北京大学出版社 2007 年版,第 60 页。

[19] 夏勇:《法理讲义》,北京大学出版社 2010 年版,第 239 页。

[20] [德]维尔纳·弗卢梅:《法律行为论》,迟颖译,法律出版社 2012 年版,第 11 页。

于整个契约自由秩序的完善，或者说，在应对力量不均衡的契约当事人所订立的契约时，契约自由是可以进行自我修复的。

(二)个人是自己利益的最佳判断者

传统民法中的人像，是强而有力的智者，是根植于启蒙时代，尽可能地自由且平等，既理性又利己的抽象的个人，是兼容市民及商人的感受力的经济人，〔21〕这与经济学上的“理性经济人”假设的观点不谋而合。“理性经济人”，被认为是系统而有目的地尽最大努力实现其目标的人，〔22〕换言之，是在利己心的推动下进行活动，通过此等活动增进社会福利的人。〔23〕这样的人会不断地努力为他自己所能支配的资本找到最有利的用途；而他对自身利益的研究自然会或者毋宁说必然会引导他选定最有利于社会的用途。〔24〕并且基于斯密的观点，这一假设至少包括三个要点：一是理性经济人进行经济行为的根本动机是追求自身利益；二是理性经济人会使所追求的利益尽可能最大化；三是追求个人利益最大化的过程中会增进社会公共利益。因此，人作为自由意志之主体，因其理性之故，能够选择最少的劳动而收到最大的效果，也被认为是能够巧妙地遵循道德约束而行动的主体，〔25〕自然也能够在契约中，因其理性的缘故，根据复杂环境准确判断自己的利益，并设法维护。

基于个人是自己利益的最佳判断者，〔26〕契约当事人总是能够设法调和相互之间的相对利益，那么这种经由合意所达致的平衡对他们来说就是“公正”的，〔27〕在缔约过程中，各方当事人维护相互对立的利益，他们都应当为各自的利益负责。然而，个体是否维护自身利益以及以何种方式——对自己有利或者对自己不利——维护自身利益，是他自己的事情，即意思自治的问题。〔28〕因为一个人只要保有一些说得过去的数量的常识和经验，他自己规划其存在的方式总是最好的，不是因为这方式本身算最好，而是因为这是他自己的方式。〔29〕因此，在当事人具有选择自由的情形下，契约双方当事人都会充分考虑自己的利益，做出最有利于自己的判断，而倘若双方当事人在利益调和中没有达成一致，那么契约根本就无法缔结。换言之，在“个人是自己利益的最佳判断者”此一前提下，人们根本

---

〔21〕 Boehmen, Einfuhrung in das burgerliche Rechr, 2(1965), p. 83. 转引自[日]星野英一：《私法中的人：以民法财产法为中心》，王闯译，载《为权利而斗争：梁慧星先生主编之现代世界法学名著集》，法律出版社2000年版，第347页。

〔22〕 [美]曼昆：《经济学原理：微观经济学分册》(第6版)，梁小民、梁砾译，北京大学出版社2012年版，第6页。

〔23〕 徐国栋：《人性论与市民法》，法律出版社2006年版，第54页。

〔24〕 [英]亚当·斯密：《国民财富的性质和原因的研究》(下卷)，郭大力、王亚南译，商务印书馆2014年版，第28页。

〔25〕 [日]牧野英一：《作为法律学课题的神》，有斐阁1939年版，第167页。

〔26〕 易军：《法律行为制度的伦理基础》，《中国社会科学》2004年第6期。

〔27〕 [德]齐默曼：《德国新债法：历史与比较的视角》，韩光明译，法律出版社2012年版，第292页。

〔28〕 [德]维尔纳·弗卢梅：《法律行为论》，迟颖译，法律出版社2012年版，第11页。

〔29〕 [英]约翰·密尔：《论自由》，许宝骙译，商务印书馆1959年版，第80页。

就不会缔结不公平的契约。

三、合意的异化之一:保险契约双方的不平等

(一)理论前提:市场失灵下契约双方的结构性不平等

民法以平等主体为其调整对象,故而在某种程度上没有顾及人人不平等的事实。在它的理论预设下,即使每个人的经济力量不相同,但权利义务是平等的,在市场自发的调节功能下,并不会影响契约自由的实现。然而市场并不总是有效的,垄断、负外部性以及信息不充分与不对称等情形,导致的结果就是市场失灵,此时市场无法进行自我调节。当缔结契约的双方存在经济力量、缔约能力以及信息获取与识别等方面的差异时,由于市场竞争不完全,无法依靠市场调节去冲抵契约强势一方的力量,此时契约弱势一方无法完全行使自己的自主决定权,也可能会因为交易而使自己的处境变得更差。因此,仅仅依靠自由市场去调节契约双方的不平等是一种理想状态,不仅如此,市场失灵下的契约自由还会加剧契约双方的不平等,将导致契约自由的自我修复功能完全失效。

而当市场无法调节契约双方不平等时,这种不平等就不具有流动性与互换性的可能,并在特定的契约关系中固定下来,形成结构性不平等,将阻碍契约双方实质合意的形成。理论上而言,所有人在道义与法律上都是平等的,因此任何人都不应当被当作另一个人获得幸福的纯粹工具。〔30〕但在实践中,处在优势地位者极为善于利用自己的优势,因而常常出现这样的交易伎俩,其目的就在于对没有交易经验或是没有充分掌握信息的契约对方进行突然袭击使之吃亏,或者以其他方式尽量利用契约对方的弱点,〔31〕以为自己订立满足其利益最大化的契约。这样的情形经常存在,并往往在特定的契约关系中固定下来,契约双方当事人是由特殊人格群体组成的对比非常鲜明而且相互地位又相对确定的一对,他们具有特定的“身份”,〔32〕如经营者与消费者,又如保险人与投保人。进言之,如果契约当事人一方具有结构性的优势地位,即双方当事人间的优劣势对比是相当稳定的,而不具有流动性和互换的可能,那么合意据以存在的前提——平等或者平衡的状态就永远不会出现。〔33〕在这里,契约一方当事人的私法自治,却成为另一方当事人私法自治的阻碍。私法自治中永恒存在的是权力配置不均衡时常会危及私法自治的矛盾。〔34〕

有鉴于此,人们也就越来越强烈地意识到,只有在均衡情况下,即只在双方当事人同等强大的情况下,才能实现契约自由;而在不均衡情况下,契约自由却

---

〔30〕 王莉君:《权力与权利的思辨》,中国法制出版社 2005 年版,第 159 页。

〔31〕 [德]施瓦布:《民法导论》,郑冲译,法律出版社 2006 年版,第 57 页。

〔32〕 梁慧星、傅静坤:《二十世纪契约法》,法律出版社,1997 年版,第 62 页。

〔33〕 参见梁慧星:《从近代民法到现代民法:20 世纪民法回顾》,载《民商法论丛》(第 7 卷),法律出版社 1997 年版,第 228 页。转引自韩祥波:《金融产品销售的适当性法律问题研究》,法律出版社 2013 年版,第 44—45 页。

〔34〕 [德]维尔纳·弗卢梅:《法律行为论》,迟颖译,法律出版社 2012 年版,第 11 页。

使较为强大的一方当事人能够在契约形成方面毫无顾忌地利用自己的强势,[35]从而造成不公平的结果。这种公平性常被概括为"平整游戏广场",金融市场这块游戏广场由于许多因素都会变得倾斜,例如不对称的信息、不平等的谈判力量以及不对等的资源等。[36] 而在保险契约中,主要表现为定型化契约下谈判能力不对等与严重的信息不对称。

(二)定型化契约下谈判能力不对等

谈判能力,或称磋商能力,被认为是"合同一方在交易关系中能够获得首选结果的能力"。那些通过平等谈判而达成的协议通常被认为是公平的,而不管它的实际后果如何。然而,谈判协议公平性的前提是这样的,各方都有相对平等的谈判力量,只有当一方不当利用自己的优越谈判地位时,所产生的所谓协议才是不公平的。[37] 因此倘若契约一方当事人的经济力量较强,则其可以操控契约条款,导致契约经常在未对契约条款进行任何适当磋商的情况下缔结。在许多交易情形下,供方很弱,而需方很强,致使市场上没有真正的互相妥协、讨价还价的可能性:客户必须接受对方的要约。一方当事人时常是不熟悉商业、无经验或不经意的,且只能接受对方提议的没有见到过也没有经过讨论磋商的"一般交易条件"。[38] 造成不平等谈判力量有很多原因,而保险交易中的双方谈判能力的不对等主要源于保险契约乃定型化契约。保险本质上具有团体性,同一保险团体的成员,皆适用已印妥相同内容条款的契约。

定型化契约的推行,制约了契约一方当事人的拟约能力,并进而导致契约双方谈判能力的结构性不平等。定型化契约大多具有附合性,故又称附合契约,其与"议商契约"相反,它不是经契约双方当事人经过磋商而订立的,而是由占优势地位一方拟定契约条款的内容,另一方只有接受与否的选择自由。[39] 在契约当事人一方拟定契约的情形下,当事人之他方,无详细考虑其内容之余地。其中各点,是否有真正之意思一致,不无问题。[40] 并且绝大多数定型化约款的拟定者往往未能把持超然的地位,而是以契约自由的美名,利用其丰富的知识、经验与技能拟定出完全有利于自己的条款。[41] 承前所述,契约自由的内涵要点包括"缔约不受强制",其具体又可细分为三个要点,即缔结契约之自由、选择契约相对人之自由与决定契约内容之自由。而在保险领域中,受定型化契约的影响,保险消费者的缔约自由受到极大限制。其一,缔约契约之自由逐渐式微。由于社会进步,分工细密,个人不可能自给自足,为满足生活需要,必须与他人订立契约,以取得

[35] [德]迪特尔·梅迪库斯:《德国债法总论》,杜景林、卢谌译,法律出版社2003年版,第64页。
[36] [美]博特赖特:《金融伦理学》,静也译,北京大学出版社2002年版,第5—6页。
[37] [美]博特赖特:《金融伦理学》,静也译,北京大学出版社2002年版,第38页。
[38] [德]海因·克茨:《欧洲合同法》(上卷),周忠海、李居迁、宫立云译,法律出版社2001年版,第14页。
[39] 谢盛金:《简明保险词典》,经济科学出版社1986年版,第111页。
[40] 史尚宽:《债法总论》,中国政法大学出版社2000年版,第14页。
[41] 江朝国:《保险法基础理论》,中国政法大学出版社2002年版,第38页。

民生必需品或其他日用品。[42] 现代社会是典型的风险社会,而保险是典型的风险管理工具,就个人经济而言,是未雨绸缪、有备无患;就社会经济而言,是分散危险,集体安全。[43] 故而人们购买保险商品的目的事实上也是满足自己生活的需要,即满足自己或家人转移生命或财产风险的需要。基于这种需要,人们不得不购买保险产品,反之也在某种程度上限制了保险消费者是否缔结契约的自由。其二,选择契约相对人之自由受到削减。现代国家,一方面资本社会化,国营事业、公营事业、独占事业广泛存在,另一方面实行自由经济制度形成资本集中及联合垄断,使"契约相对人选择之自由"在某些领域受到削减。[44] 而保险行业的垄断有所不同,保险行业的过度竞争常导致行业经营亏损,故而保险行业协会往往通过自律行为遏制行业恶性竞争,但如此一来则限制了保险公司的自由竞争,反而无形之中助长了垄断行为。因此,在保险行业自律行为的干预下,保险产品的价格趋同,可替代性不强,使得保险消费者的自由选择权受到限制。其三,决定契约内容之自由几乎不存在。积极推行定型化契约之人,通常乃契约双方具有强大经济实力与优势经济地位之人,其能够将拟定的契约条件强加于对方,进而排除了双方就契约条款进行磋商的可能性,这就是定型化契约所呈现的法律上或事实上的垄断。保险契约的内容,多由保险人或保险人的团体或政府主管机关所制定,投保人只能做"取与舍"的决定,一个普通的投保人,无法提出自己所要的保单,或修改保单内的某一条款。换言之,投保人面对保险人所提供的条款内容,并无法实质决定保险契约的内容,只能选择接受或是不接受。在此情形下,保险消费者几乎不享有契约内容的决定权,契约双方的意思合致也沦为形式,保险人占据优势地位,造成保险契约双方谈判能力的结构性不平等。

市场上的谈判力量总是不平等,这是任何市场尤其是金融保险市场不可避免的,而利用此种不平等谈判力量也并不总是不公平,这首先应交由市场进行调节;但倘若这种不平等变成一种结构性的,即契约双方的不平等关系被长期性地固定下来,并且无法通过市场进行不平等关系的互换,如定型化保险契约关系,法律则应当予以介入。理由即在于:首先,保险消费者的自决权受到限制。这种结构性不平等使保险消费者的缔约自由受到限制,从而使得由"缔约不受强制"到"约定必须遵守"与"自己承担责任"的逻辑关系遭到中断。契约自由原则唯有契约双方力量状况平等时,才能确保不会出现不公正的结果。倘若契约双方的磋商对等性产生障碍,契约就丧失了此一"正确性保障",并退化为"他决"的工具。[45] 这里缺乏必要的"自由意愿",因而施加给保险消费者的负担,并不能因为双方当事人形式上的同意而变得合理。其次,市场的有效性受到伤害。自由竞争的市场能否实现资源的有效配置固然取决于很多因素,但其中很重要的一点

〔42〕 刘宗荣:《定型化契约论文专辑》,三民书局股份有限公司 1993 年版,第 48 页。

〔43〕 郑玉波:《保险法论》,三民书局股份有限公司 2012 年版,第 5—6 页。

〔44〕 刘宗荣:《定型化契约论文专辑》,三民书局股份有限公司 1993 年版,第 48 页。

〔45〕 [德]罗歇尔德斯:《德国债法总论》(第 7 版),沈小军、张金海译,中国人民大学出版社 2014 年版,第 23 页。

就是买方和卖方的力量对比要达到均衡。如果保险契约双方的市场势力不成比例,就必然阻碍资源的自由流动,进而导致资源错配,[46]如保险消费者并未购买到适合自己的保险商品。这也说明市场的成功需要相对广泛的参与。如果不平等谈判力量被允许从市场驱逐除了极其强大的投资者之外的所有投资者,那么金融市场的有效性就会受到极大的伤害。[47] 同理,倘若保险消费者都因害怕力量过分强大的保险人而放弃保险交易,那保险市场亦将不复存在。

对这种由定型化契约而导致双方谈判能力的不对等,法律常通过契约的内容控制原则与条款解释原则加以干预。诚然,对定型化契约的内容控制与条款解释在某种程度上矫正了保险契约双方不平等的问题,但这是一种事后的规制。“事后”的视角乃是回溯的,而“事先”视角才是前瞻的。[48] 虽然事后规制的方式也能够让契约双方产生预期,从而调整自身的行为,但即使通过法律控制的方式给予遭受不公正一方相应的补偿,也无法从根本上改变此不公正契约所带来的无效率与资源分配浪费的事实。因此,对于不平等的谈判力量,更应以事先规制的方式予以矫正,保障契约自由的实现前提,即从缔约时就适当均衡契约双方的谈判力量,从而使得缔结的契约是建立在契约双方真实意思合致的基础上,比如在缔约前课以保险人相应的义务。

(三)保险契约中严重的信息不对称

信息不对称,或者称非对称信息,是指契约双方当事人一方知道而另一方不知道或者无法验证的信息。[49] 在完备的保险市场中,保险消费者对自己的需求会有精确的认识,并能准确理解保险公司向其提供的保险产品的具体内涵,而保险公司则通晓不同险种的费率标准,这样的话,一个人购买保险的行为对其他任何人的保险费率与事故概率都不会有任何影响。[50] 然而,现实情况是保险市场完美运行这一理想从来就未曾实现。保险具有射幸性,保险制度自海上保险发展时起,保险人即受信息不对称之影响,此时被保险人掌握保险标的之相关信息,而保险人却一无所知;然随着保险业的运作趋于专业、技术化与复杂化后,被保险人对保险契约条款难以理解,进而陷入信息劣势。[51] 保险契约双方在对与保险商品相关的信息拥有量上存在差异,保险人往往处于信息优势地位,而保险消费者则处于信息劣势地位,这种非对称情形主要源于三方面的原因[52]:其一,

---

〔46〕 [美]小罗伯特·H. 杰瑞、道格拉斯·R. 里士满:《美国保险法精解》(第4版),李之彦译,北京大学出版社2009年版,第2页。

〔47〕 [美]博特赖特:《金融伦理学》,静也译,北京大学出版社2002年版,第42页。

〔48〕 [美]劳伦斯·索伦:《法理词汇:法学院学生的工具箱》,王凌皞译,中国政法大学出版社2010年版,第1页。

〔49〕 易宪容:《现代合约经济学导论》,中国社会科学出版社1997年版,第96页。

〔50〕 参见[美]肯尼斯·S. 亚伯拉罕:《美国保险法原理与实务》,韩长印等译,中国政法大学出版社2011年版,第6页。

〔51〕 罗俊玮:《论保险监理与保险消费者之保护》,《万国法律》2013年第189期。

〔52〕 许莉:《非对称信息与保险交易行为研究》,中国金融出版社2010年版,第18—20页。

保险契约双方私人信息拥有的差异。信息有私人信息与公共信息之界分，其中私人信息是指个别市场参与者所拥有的具有独占性质的市场知识。保险公司对于其开发的保险产品的成本、价格与风险，以及自身的经营状况、未来偿付能力等属于私人信息，这样的信息往往只被能接近和熟悉保险公司的人观察到，而诸如保险消费者是难以了解的。保险契约双方在私人信息拥有上存在着这种天然差异，导致非对称的信息分布。其二，保险契约双方信息获取能力的差异。信息获取能力是指交易者根据自己的需要从各种信息源中收集信息、分析信息、利用信息的能力。保险人不仅占有自己保险产品的信息，对于其他保险公司开发的保险产品或其他可替代产品信息的获取也十分容易；但保险消费者却没有太多的途径在投保之前就不同保险公司所提供的可替代保险产品进行比较，要比较可替代保单的价值对于普通消费者而言实在是极其困难的事情。[53] 因此，契约双方在都不拥有私人信息的情形下，信息获取能力的差异也会导致信息分布的非对称。其三，保险契约双方信息获取成本的差异。信息获取成本是交易者为获取与交易有关的信息而花费的时间和费用。保险公司集结了保险行业及相关领域的专家，专业优势决定了他们能够较为容易地获取行业信息；而保险消费者往往都是"门外汉"，虽然保险消费者作为一个整体很希望获得信息，然而获取信息的成本却难以在保险消费者群体内分摊。因此，保险契约双方获取相同信息所付出的成本是不相同的，这种差异主要受社会分工和专业化的影响，不同行业的人之间产生了巨大的行业信息差别。保险人显然更为了解自身专业领域的知识，从而形成专业性的信息优势。

纯粹的信息不对称并不一定导致市场无效率的结果，良好的竞争机制会促使信息优势者主动披露信息；但在不充分竞争的情形下，则会催化信息不对称的负面效应。在充分竞争的市场环境下，沉默是不可能坚持的，因为高价值的销售商将通过自愿的告知来使自己与低价值的销售商相区别，最后的结果是所有的销售商都告知了他们的私人信息。[54] 此时通过信息优势者的信息披露，矫正了初始阶段信息分布的不对称，市场参与者能够获得充分的信息，行使自由选择权。然而，保险行业是典型的垄断行业，严格的准入制度、人身与财产保险的分业经营等都导致同类保险产品的可替代性不强，几家大型保险公司几乎把持了保险产品的价格，保险人不再有动力主动披露信息。此时信息不对称的负面作用是十分明显的。首先，对于信息劣势方而言，它导致保险消费者行为的无效率。要使自由市场得以有效运转，就必须使市场参与者在得到充分信息的基础上，评估市场上的可替代产品；而如果市场上的信息量不足，这个市场上的竞争就不充分，消费者无法自行选择最优秀的产品，甚至他们选中的经常是一文不值

---

〔53〕［美］小罗伯特·H. 杰瑞、道格拉斯·R. 里士满：《美国保险法精解》（第 4 版），李之彦译，北京大学出版社 2009 年版，第 2 页。

〔54〕［美］道格拉斯·G. 拜尔、罗伯特·H. 格特纳、兰德尔·C. 皮克：《法律的博弈分析》，严旭阳译，法律出版社 1999 年版，第 96 页。

的产品。[55] 在保险领域中，基于保费计算方式的特殊性，当保险消费者向保险人退保时，还要承担一大笔退保费用。故而保险消费者购买不符合自己需要的保险产品，耗费了相当的个人努力、时间与金钱，但并未满足自身的需求，是典型的无效率行为。其次，信息不对称，也导致保险市场的低效率。一方面，信息不对称将增加保险市场的交易成本。因为信息不对称的存在，信息优势方极容易利用相对方信息不足，追求自己的利益而损害相对方利益；同样，信息劣势方会担心相对方的"损人利己"而对双方的交易持怀疑态度。如此，双方的保险交易则将难以达成。[56] 那么为了能够达成交易，契约双方通常需要反复的博弈过程，使得保险交易双方当事人必须为获得信息付出更高的交易成本，进而降低了保险交易效率。另一方面，信息不对称促使保险"柠檬"市场的形成，并对市场机制造成破坏作用。美国经济学家乔治·阿克洛夫将市场上低质量的商品喻为"柠檬"，分析在信息不对称的情形下，质量好的商品会被"柠檬"逐出市场，从而造成商品的平均质量趋于下降，市场规模不断缩小的结果。[57] 而保险"柠檬"市场的形成，正是由于保险消费者相对保险人的信息劣势所形成的逆向选择。在信息不充分的情形下，保险消费者选择保险产品的唯一依据就是价格，质量好的保险产品无疑不具有价格优势，难以得到保险消费者的青睐，会逐渐被"柠檬"逐出市场，从而导致保险市场的保险商品质量普遍下降。

针对保险市场上的信息不对称，保险人并无动力将信号传递给保险消费者；而保险消费者也无法诱使保险人揭示私人信息，信息不对称的负面效应无法得到矫正，此时最好的激励机制就是法律的干预，如课以保险人信息提供义务。但信息提供义务总面临这样的难题：到底应该披露什么样的信息？首先，应当是重要的信息。换言之，它对于买主的决定起着到至关重要的作用，并且买主不能很容易就获得这种信息。[58] 重要性标准的提出最初是为了解决信息超载的问题。根据 Weber-Fechner 规律，在明亮的光线条件下光线的强度变化可能不容易察觉到，但是在暗淡的光线条件下光线强度同样的变化则很容易被辨别。[59] 因为干扰信息越多，越难发现有价值的信息，人们受到不重要信息的干扰，反而会降低对重要相关信息的关注度。[60] 因此，可供利用的信息越多，人们获取与处理信息的成本也会更高，然而真正使用的却更少，是以提出信息提供的"重要性标准"。但是重要性标准受到质疑，它本身是一个模糊的标准，如果某"重要"事实

---

[55] [美]小罗伯特·H. 杰瑞、道格拉斯·R. 里士满：《美国保险法精解》(第 4 版)，李之彦译，北京大学出版社 2009 年版，第 2 页。

[56] 参见王艳玲：《保险中介委托——代理法律制度及其博弈分析》，大连海事大学出版社 2008 年版，第 15 页。

[57] [美]阿克洛夫、斯彭斯、斯蒂格利茨：《阿克洛夫、斯彭斯和斯蒂格利茨论文精选》，谢康、乌家培编，商务印书馆 2010 年版，第 2—4 页。

[58] [美]博特赖特：《金融伦理学》，静也译，北京大学出版社 2002 年版，第 16—17 页。

[59] [美]阿兰·斯密德：《制度与行为经济学》，吴水荣译，中国人民大学出版社 2009 年版，第 54 页。

[60] Troy A Paredes, "Blinded by the light: Information Overload and Its Consequences for Securities Regulation", *Corporate Practice Commentator*, (46) 2004, pp. 199-200.

是对方当事人会感兴趣的事实，或者是可能影响对方当事人决定的事实，那么要求披露所有重要事实就会不当阻碍商业活动。[61] 况且在不同的情形下，对于不同的相对人而言，重要性的判断依据也是不一样的。因此，单纯的重要性标准应该予以抛弃。其次，应当是可被证实的信息。因为“告之取决于不拥有信息的当事人是否知道对方当事人拥有并试图保守什么样的信息”，[62]如果信息弱势方根本不知道什么样的信息是有用的，或者根本无法验证另一方当事人所提供信息，此时单纯的信息披露便不再有意义。那么，便需要一种新的法律规则去代替或者补充信息提供义务。

四、合意的异化之二：保险消费者的有限理性

(一)人的假设：从“智而强”向“愚而弱”的转变

传统民法中的人是“强有力的智者”，也是经济学中的“理性经济人”，故而关于人的选择行为的分析也以完全理性为假设前提。它通常有如下设定：其一，选择的一致性。个体做出决定时遵循著名的理性基本原理，如“暴露的偏好原理”。其二，感知能力。做出决定的人理解其选择的后果。其三，评估能力。做出决定的人准确地评估复杂的选择。其四，对环境的全面认识。做出决定的人对其所处的环境有全面的、准确的图像。其五，动态的一致性。在衡量暂时孤立的各项选择之结果时，做出决定的人根据理想的总体战略行事。其六，对现实的共同感知。所有经济行为人对现实都有共同的认识，至少是在先验上如此。[63] 但理性决策理论有其天然的缺陷：一是它以完全理性假设为前提将行为主体定性为“全知全能”；二是它排除了心理因素对人的决策行为的影响。[64] 因此它并不能有效解释人类形形色色的选择行为，亦无法有效解释现代保险市场上保险消费者的选择行为。事实上，相较于保险业者，保险消费者在保险市场上以及保险交易中所获得的信息通常是不充分的，一方面是因为获取信息的来源比较单一，只能依赖于保险人或保险中介人的提供；另一方面则受保险人自身知识能力与心理因素的影响，使其无法对获得的信息进行有效的甄别与判断。故而保险消费者并非“理性经济人”，亦未必是自己利益的最佳判断者，通常也无法做出合乎理性的决策。

针对理性决策理论的缺陷，产生了有限理性学说，由此启发对民法中人的反思，即并非人人都是“强而智”的，更有经济、社会力量弱小，仅靠个人的能力最终

---

[61] See Verplanck Gulian C.,“Essay on the Doctrine of Contracts: Being an Inquiry How Contracts Are Affected in Law and Morals, by Concealment, Error, or Inadequate Price”, *United States Law Journal*, (24)1826, pp. 74-75.

[62] [美]道格拉斯·G. 拜尔、罗伯特·H. 格特纳、兰德尔·C. 皮克：《法律的博弈分析》，严旭阳译，法律出版社1999年版，第102页。

[63] [美]皮特·纽曼等：《新帕尔格雷夫法经济学辞典》(第1卷)，许明月等译，法律出版社2002年版，第190页。

[64] 何大安：《选择行为的理性与非理性融合》，上海人民出版社2006年版，第4页。

无法达到自己愿望的“弱而愚”之人。[65] 而现代社会也改变了传统的强弱、智愚的划分标准——从年龄、性别等个人生理因素，转变为经济能力与信息能力等因素。受个人认知、信息占有能力等方面的限制，其所参与的合意往往只是形式上的合意，或者说这种合意产生了异化。常常出现这样的情形，即尽管契约双方当事人达成了合意，表明当事人对所订契约的认可，以及对权利义务配置的认同，但实际上，他却并非完全清晰地认识到这种同意对自己究竟意味着什么，因为人们的认知能力与对市场信息的把握在特定情形下是受到限制的。这正印证了赫伯特·西蒙所提出的“人类的认知能力并非无限”[66]这个明显的事实。基于有限理性，大多数人做决定、评价选择和处理不确定性时的各种认知上的局限[67]会影响他的判断与决策。我们拥有“有限理性”，以致我们不是最大限度地满足我们的偏好，而是根据有限的信息，经过简略的反思做出行动的决策，这些决策可能不完全符合先前的行动决策。[68] 同理，保险消费者在面对保险市场的复杂环境以及信息不充分时，他可能并不清楚一张保单究竟意味着什么，也无法透过保单准确地判断特定的保险商品是否符合自己的需要。因此，仅仅依靠每个人都具有缔结契约的法律上的可能性，还不足以保障每个人都实现他在一般财产和服务交易方面的自决权。[69] 保险消费者基于自己的心理因素、消费习惯、对风险的厌恶，以及在销售误导之下选择性地重视收益、忽略风险，从而做出不利于自己的决策，都将阻碍保险契约中实质合意的形成。

基于此，人们渐渐认识到，完全的契约自由模式已经远离现实，尽管在这种模式下，个人能够自负其责，能够预见到自己行为的后果并能进行自我评价，而且能够清楚判断自己的利弊得失。[70] 因为个人仅具有限理性，而有限理性是一把剪刀，这把剪刀是由两片刀刃组成的，一片刀刃是认知偏差，而另一片刀刃就是环境结构导致的决策偏差。[71] 因此，导致个人无法达到完全理性的制约因素包括两方面，一是个人自身的认知偏差；二是外在环境结构的影响。在保险契约中，保险消费者因保险商品的特殊性所产生的认知偏差，以及受保险代理人的不当销售而导致的决策偏差，是导致保险消费者有限理性的主要因素。

(二)保险商品的特殊性与保险消费者的认知偏差

保险领域的消费者仅具有限理性，首要因素则是因保险商品固有的特殊性，从而导致保险消费者的认知偏差。保险商品不仅仅是保险市场上的交易对象，

---

〔65〕 [日]星野英一：《私法中的人：以民法财产法为中心》，王闯译，载《为权利而斗争：梁慧星先生主编之现代世界法学名著集》，法律出版社 2000 年版，第 347—368 页。

〔66〕 [美]赫伯特·西蒙：《现代决策理论的基石》，杨砾，徐立译，北京经济学院出版社 1989 年版，第 46 页。

〔67〕 何大安：《选择行为的理性与非理性融合》，上海人民出版社 2006 年版，第 5 页。

〔68〕 [美]布赖恩·H. 比克斯：《牛津法律理论词典》，邱昭继等译，法律出版社 2007 年版，第 30 页。

〔69〕 [德]卡尔·拉伦茨：《德国民法通论》(上册)，王晓晔、邵建东、程建英译，法律出版社 2013 年版，第 69—70 页。

〔70〕 [德]海因·克茨：《欧洲合同法》(上卷)，周忠海、李居迁、宫立云译，法律出版社 2001 年版，第 15 页。

〔71〕 赵政党：《个人理财客户的非理性理财行为》，社会科学文献出版社 2014 年版，第 77 页。

也是投保人作为保险保障或者投资理财的工具，其在（保险）事故发生前，可以消减因可能发生不确定事故之恐惧感；在（保险）事故发生后，可以弥补因发生损失所产生之不利益。[72] 因此保险与一般的实物商品以及其他金融商品有所不同，在社会生活、经济法律等方面都有其不可替代的意义，但也具有无形性、专业性与复杂性的特征，使得消费者所面临的信息往往是不确定、不完全并且复杂的。而认知心理学研究表明，人们在社会认知过程中面临这样的信息，通常难以对其进行分析与处理。因为个人的认知能力具有局限性，在认知过程中容易采取捷径式途径，即倾向于依赖常见的原则或路径来进行决策，[73]尤其是在时间紧急、注意力分散以及分析评估能力有所欠缺时，以减少时间成本与资源的利用，然而此种信息处理方式则极易造成非理性决策。因此，保险商品的特殊性易导致保险消费者不易识别、无法识别或者产生认知局限。

1. 保险商品的无形性与专业性不利于信息识别

保险商品的特殊性，以及保险消费者专业知识与经验的不足，不利于保险消费者对相关信息进行识别，容易形成非理性的购买决策。首先，保险商品的无形性，使得保险消费者不易识别。保险商品，在保险交易过程中即是满载权利与义务的保单，它是一系列信息的排列组合。然而，普遍的保险消费者对保单知之甚少，他无法直观地感受到自己购买的究竟是什么。因为保单作为一份承载保险契约双方当事人权利义务的书面凭证，保险消费者无法直接据此判断保险商品的品质。根据揭示商品中欺诈因素的成本将商品分为三类：一是"勘验"商品，其品质可以在交易前通过勘查加以确定。二是"经验"商品，其内在品质只能通过使用来揭示。三是"信任"商品，其内在品质难以通过勘查或使用来揭示，而只能依赖于出售者所提供的信息。[74] 保险商品就是典型的"信任"商品，其没有可供价值评估的形态，也就无法通过勘察或者使用经验来揭示其内在品质，只能透过保险人所提供的信息，来对特定保险商品是否符合自己的需要加以判断。但保险消费者获取信息的渠道十分单一，因而也难以对保险人提供信息的真实性进行识别，也就容易在信息不充分的情形下做出非理性的购买决策。

其次，保险商品的专业性，使得保险消费者无法识别。保险业本身极具技术性，保险商品又以法律契约为依托，且各险种涉及社会生活之各方面，如医学、工程学等，故而在保险商品交易过程中，保险、法律、其他学科的专业术语对保险消费者来说是一大难题。保险业的经营，以数理计算为基础，举凡保险费率、责任准备金、保单价值准备金、解约金、安定基金、保险价额、赔偿金额，均有赖精细的统计或鉴定；又保险以"保险事故"为要素，保险事故如何区分、保险事故与被保

---

[72] 刘宗荣：《保险法》，三民书局股份有限公司 1995 年版，第 7—8 页。

[73] Chaiken Shelly, "Hueristic Versus Systematic Information Processing and the Use of Source Versus Message Cues in Persuasion", *Journal of Personality and Social Psychology*, 39(1980), pp. 752-766.

[74] AR Pinto, "The Nature of The Capital Markerts: Allows A Creater Role For The Government", *Broklyn Law Review*, 55(1989), p. 77.

险人相关之程度、各种保险条款之设计，均须经深度的分析及推敲。[75] 诸多保险或非保险专业术语，使得保单条款极其晦涩难懂，不仅一般普通消费者无法确切了解，即使饱学之士，若非专研保险学者恐亦无法尽窥其貌。[76] 然而人们在面对不确定环境下的决策问题时，容易过于重视显著的、生动的、具体的信息，而忽视枯燥的、抽象的、不显著的信息。[77] 保险契约中的有关专业术语的信息对于保险消费者而言，就是枯燥、抽象且容易被忽略的信息。在此情况之下，即使保险人将专业术语的信息充分披露给保险消费者，保险消费者亦未必能够完全理解其含义，此时保险消费者受专业知识所限，根本无法对保险人所提供的信息进行识别与判断。但是投入大量的时间或花费大量的金钱进行自学或者获取专业人士的建议给普通消费者带来较高的交易成果，其通常无法亦不愿接受，特别是在涉及看似并非重大利益的情形之下。[78] 基于交易成本的考量，保险消费者最有可能的就是忽略相关专业条款，仅在有限的信息范围内做出决策。

2. 保险商品的复杂性易导致认知局限

保险商品的复杂性，极易导致保险消费者的认知局限，从而做出不利于自己的判断与决策。不像花生酱和电灯泡，保险产品尤其复杂。从根本上来说，保险商品乃由复杂的契约条款及各项契约文件所构成，属“法律商品”之一种，其内容牵涉契约双方当事人之间颇为复杂的权利义务关系，若非具有一定的知识以及花费相当的时间，不易了解其重要内容。[79] 而保险消费者获取信息的不充分，以及对风险组成的复杂性不能进行正确的分析，将导致对保险商品风险的低估。在现实的判断和决策行为中，人们处理问题的方式并非通过获得所有必要信息再进行理性判断，而是依赖一系列的判断捷径与启发，然而这种以经验规则出发的直观推断极易导致严重的系统错误与偏差，并进而导致非理性决策行为，以至于完全偏离理性决策假设。[80] 首先，保险商品的不确定性。相对于一般消费的有偿性或双务性，保险消费具有对价的不必要实现性。保险从法律结构上而言，是契约双方当事人约定，由投保人给付保险费，而保险人承诺在保险事故发生时或契约约定条款成就时，给付保险金的法律行为。但保险事故可能发生，亦可能未必发生，故而保险为射幸契约，其目的在于使保险人于特定不可预见之事故发生时，履行给付保险金的义务。换言之，保险消费者以保费为对价，换取保险人对风险保障的承诺，但倘若约定的保险事故并未发生，保险消费者也无法得到赔偿或给付。然而“保险事故”有其特定的含义，有时与日常生活之理解相去甚远，典型如意外伤害保险，意外险的“意外伤害”与我们日常所指的“意外伤害”不尽

〔75〕 陈猷龙：《保险法论》，瑞兴图书股份有限公司 2010 年版，第 12 页。

〔76〕 潘秀菊：《保险法入门》，元照出版公司 2000 年版，第 216 页。

〔77〕 赵政党：《个人理财客户的非理性理财行为》，社会科学文献出版社 2014 年版，第 80 页。

〔78〕 参见马辉：《格式条款信息规制论》，《法学家》2014 年第 4 期。

〔79〕 叶启洲：《台湾保险消费者之信息权保护——以金融消费者法之说明义务规范为中心》，《月旦法学杂志》2013 年第 3 期。

〔80〕 [美]丹尼尔·卡尼曼、保罗·斯洛维奇、阿莫斯·特沃斯基：《不确定状况下的判断：启发式和偏差》，方文等译，中国人民大学出版社 2013 年版，第 18—19 页。

相同,有其特殊的范围。而并非所有的意外伤害保险都予以赔付,必须是因"意外原因"而导致的意外伤害才属于承保范围。因此,倘若保险消费者仅仅基于日常生活的经验去理解保险商品,则容易产生理解上的偏差。其次,保险商品的多元化。传统保险以保障为其首要甚或唯一功能,是为确保经济生活的安定,对特定危险事故发生所致的损失,集合多数经济单位,根据合理计算,聚资以为补偿的经济制度。[81] 然随保险业的发展,保险产品愈加多元化,保险不仅具有分散风险的保障功能,还被引入与其他金融产品相媲美的投资功能,新型保险产品应运而生。投资型保险兼具保障性与投资性,克服了因通货膨胀与利差损所带来的弊端,但其也具有传统保险所没有的风险性与价值的不确定性。因此,倘若保险消费者仍然以看待传统保险的眼光去看待投资型保险,则容易忽略投资型保险产品的投资性与风险性,从而做出不利于自己的判断。

(三)保险代理人的不当销售与保险消费者的决策偏差

保险人及代理人的不当销售行为,实际上就是保险人及代理人不当利用保险消费者对保险商品的认知偏差,从而误导保险消费者形成决策偏差。保险代理人通常是与保险消费者直接进行沟通磋商之人,那些对保险知之不多的消费者,往往会在购买适合自身需求的保险方面存在困难;即使是精明的商业机构,让其直接与那些销售多样化保险产品的保险公司个别订立合同时,也会不胜其烦。[82] 保险代理人所充当的角色,正是评估保险消费者遭遇风险的可能性,并帮助消费者获得所需要的保险产品。保险商品交易的理想状态是,保险代理人通过专业的方式发扬保险人所推崇的理念,在恰当的场合推销适合投保人的产品,这样就可以同时满足保险人和投保人(被保险人)的要求。[83] 但保险代理人本身陷于两个拥有对立利益的当事人之间,而他们的利益目标与保险消费者、保险人也并非完全一致。在利己心的驱动下,容易借助不正当手段谋取自身利益。这种典型的机会主义行为,强调了经济主体追求自身利益的动机是强烈而复杂的,他会随机应变,投机取巧,尤其是有目的、有策略地利用信息,按个人目标对信息加以筛选和扭曲,如说谎、欺骗等。[84] 按金融伦理的要求,保险代理人应该向客户真实地解释各种相关信息,而且解释的方式要易于理解,不能有任何误导性暗示。但实际上,保险代理人不实陈述的例子屡见不鲜,如对保单的条款规定、收益或者将来的预期表现有不实陈述;过分夸大承诺和保证;客户的印象是保单分红或者现金价值预测(与那些在保单中明确保证的项目不同)得到保证;使用不准确、误导性的信息或数据,对保险公司、经纪人或其他代理人的财务状况进行

---

〔81〕 袁宗蔚:《保险学:危险与保险》,首都经济贸易大学出版社 2002 年版,第 53—63 页。

〔82〕 [美]肯尼斯·S. 亚伯拉罕:《美国保险法理论与实务》,韩长印等译,中国政法大学出版社 2011 年版,第 61 页。

〔83〕 [美]迪尔伯恩金融服务公司:《保险从业人员的职业伦理》(第 3 版),王珺译,中国人民大学出版社 2005 年版,第 32 页。

〔84〕 王艳玲:《保险中介委托——代理法律制度及其博弈分析》,大连海事大学出版社 2008 年版,第 31 页。

不实陈述;对保单保障范围、保费不真实或不能被保单明确支持的部分做出肯定或保证;做出最严重的不实陈述——蓄意欺诈。[85]

保险代理人的不当销售行为可以通过委托—代理理论进行分析,一般认为不当激励正是不当销售行为的主要诱因。委托—代理理论的基本假设是,委托人是信息的劣势方,而代理人则是信息的优势方。它所要解决的难题在于,委托人希冀代理人按照自己的利益采取行动,但是委托人无法直接观测到代理人选择了何种行动,只能观测到有限的信息,因此所获得的信息是不完全的;然而委托人则要根据这些有限的信息来奖惩代理人,以激励其选择对委托人最有利的行动。[86] 实际上,保险代理人、保险人与保险消费者之间存在双重委托代理关系,而委托人与受托人间均存在着内在矛盾。一方面,在保险契约关系中,作为信息优势方的保险代理人与保险人,以及信息劣势方的保险消费者,两者之间存在利益冲突。保险人通过提供激励合约,影响保险代理人的销售行为,并进而影响各方的行为决策及效用。[87] 保险人的主要目标是实现企业利润最大化,这主要是通过产品的高定价与高销量得以实现,由此决定了它采用的是以保费收入为中心的营利模式。在此一模式下,保险人通常选择优厚的首期佣金与业绩奖的激励方式,并通过保费将此一激励成本转嫁给保险消费者,而并不重视保单的售后服务。正如罗伯特·奥曼所言,"一切悲剧都源于不当的激励。对于所有经济体,最根本的问题都出在激励机制上"。在高首期佣金与销售业绩奖的驱动下,保险代理人以"卖出保险"为其首要目标,为促成保单销售极容易采取不当销售行为。而对于保险人而言,激励合约中的佣金已经通过保费转嫁给保险消费者,在未改变销售成本的前提下,保险产品的销量越高,获得的利润越大,因此保险人缺乏改善激励合约的动力,很大程度上"默许"了保险代理人的不当销售行为。另一方面,保险代理人与保险人的利益也并非完全一致。尽管根据契约条款,保险代理人对保险人负有诚实、信用和忠诚的义务,并有责任披露与代理有关的任何重要事实信息,[88]但是保险代理人的行为并不总是符合保险人的利益。归根到底,保险人往往对公司的运营有长期的规划,因此不仅关注保费收入,更关注保单质量与公司信誉;而保险代理人往往是短视的,唯一的目标就是获取佣金。在现行保险市场的激励合约下,保险代理人为了获取高首期佣金,会不惜以保险人的信誉为代价,从事不当销售行为,只为提高保单的数量而不顾保单的质量,给保险消费者推荐一些不适合其需求的保险商品,容易引发大规模退保风潮。而这都归根于保险人对保险代理人的不当激励。

由此看来,保险代理人的不当销售行为的负面效应是十分明显的,法律应当

---

[85] [美]迪尔伯恩金融服务公司:《人寿保险代理人市场行为规范》(第 3 版),王珺译,中国人民大学出版社 2005 年版,第 76—77 页。

[86] 张维迎:《博弈论与信息经济学》,格致出版社、上海人民出版社 2012 年版,第 239 页。

[87] 杨馥、庞楷:《不当激励、保险销售误导与监管治理》,《经济经纬》2015 年第 5 期。

[88] [美]迪尔伯恩金融服务公司:《保险从业人员的职业伦理》(第 3 版),王珺译,中国人民大学出版社 2005 年版,第 11 页。

予以调整。除了给保险人带来不良影响，更为重要的是误导保险消费者做出不利于自己的判断与决策。关于保险和购买保险的公众有两个无可争辩的事实：一是一般的保险购买者对保险知之甚少，他们主要依靠保险代理人的建议和推荐。二是当一个消费者发现一个特定的保单不能满足他的需求或是保单和代理人的承诺不符时，已经太晚而不能购买别的保单了。倘若保险代理人为保险消费者提供错误的信息，并致使其购买并不适合的保险产品，则导致保险产品与保险需求的“错配”，〔89〕这对于保险消费者而言是个十足的悲剧。而保险消费者基于自身专业知识与经验的不足，难以判断各种保险契约复杂关系中潜在的利益冲突，更无法参与设计激励合约，只能基于保险代理人所提供的有限信息，做出是否购买的决策。保险契约关系中的保险消费者对保险代理人的“决策依赖”与“决策替代”，使保险消费者极易受到误导。另外，也对整个保险市场造成极为恶劣的影响。根据“柠檬模型”，原本市场上有买方愿意购买高质量商品，而亦有卖方愿意以合理的价格出售该商品，然而当市场上出现以次充好的商品，并以高质量商品的价格出售，则使真正高质量的商品被驱逐出市场。〔90〕保险商品的销售或是诚实地进行，或是带有欺骗性地进行，即保险商品的质量可能被真实地标记，也可能被虚假地标记。如果诚实信用的保险代理人无法将高质量保险商品的信号传递给保险消费者，而保险消费者无法区分保险商品的质量，也无法区分诚信与欺骗的保险代理人，此时保险消费者或是会放弃保险交易，或是只愿意提供较低价格购买保险商品，那么高质量的保险商品与诚信的保险代理人则会被市场驱逐，进而导致保险市场的乱象。因此，保险代理人对保险消费者认知偏差的不当利用，并进而误导保险消费者产生决策偏差，使得契约双方的合意往往沦为形式，法律应当予以调整。如此，法律规则的设置应当能够克服保险消费者的有限理性，帮助保险消费者消除认知偏差，并阻止保险代理人的不当销售所引起的决策偏差，保障保险消费者的有效决策从而促进市场效率，并维护保险市场的有效运行。

五、适合性义务介入契约自由的正当性

契约法秉持契约自由原则，在“缔约不受强制”的前提下，坚持“约定必须遵守”与“自己承担责任”，其正当化的根据乃在于契约双方达成了意思合致，并应满足两个前提——契约双方的平等与个人是自己利益的最佳判断者。然而，基于保险契约双方谈判能力不对等与信息的不对称，以及保险消费者因认知偏差与决策偏差而导致的有限理性，保险契约双方的合意往往产生异化，由此引发对契约自由原则的反思。此时法律无法再以旁观者的角度放任契约双方完全按照自己的意愿订立契约，因为契约自由实现的条件已不复存在，在此前提之下如果仍然坚持“约定必须遵守”将导致更大的不公正。而适合性义务，通过要求保险

〔89〕 杨馥、庞楷：《不当激励、保险销售误导与监管治理》，《经济经纬》2015年第5期。

〔90〕 [美]阿克洛夫、斯彭斯、斯蒂格利茨：《阿克洛夫、斯彭斯和斯蒂格利茨论文精选》，谢康、乌家培编，商务印书馆2010年版，第11页。

人为保险消费者提供适合的保险商品，能够在缔约阶段矫正因契约当事人的不平等与有限理性所造成的不完全契约，使契约双方达成真实的合意，这不仅是保险契约得以完善的需要，也是最大诚信原则与对价平衡原则的具体化。

(一)重建完全的保险契约

基于保险契约双方的不平等与保险消费者的有限理性，保险契约双方所缔结的契约是典型的不完全契约。完全契约是指，缔约双方都能完全预见契约期内可能发生的重要事件，愿意遵守双方所签订的契约条款，当缔约方对契约条款产生争议时，第三方比如法院能够强制其执行；而不完全契约则与之相对，由于个人的有限理性，外在环境的复杂性、不确定性，信息的不对称性和不完全性，契约当事人或契约的仲裁者无法证实或观察一切，就造成契约条款是不完全的。[91] 不完全契约的一个问题是，各方可能会无法协议订立一个对各方都最大限度有利的合同。另一个问题是，因为各方关系本身太过于复杂和不定而不允许有全面细致的考虑，所以有时人们不能细致标明合同的各项条款。[92] 这些问题表明，不完全契约并未实现帕累托最优，很大程度上它至少减损了契约一方当事人的福利，并且极易引发纠纷，从而导致整个契约的无效率。然而契约的不完全性并非都是无法避免的。在保险契约中，保险人乃完全理性之人，而保险消费者往往仅具有有限理性，因此保险人完全有能力掌控保险契约，并在利己心的驱动下容易引导保险消费者与其缔结不完全的保险契约。

针对保险契约的不完全性，适合性义务使保险人能够适当考虑保险消费者的利益，是对保险消费者的一种家长式保护，可以重建完全的保险契约。针对人的假设从“强而智”向“弱而愚”的转变，有学者提出了不对称家长制的方案。该方案认为，其基本观点是立法者将愈加多地代替当事人决策，但条件是此等决策在给犯错误的人带来大的利益的同时对完全理性的人少带来或完全不带来损害。由于同样的决策对两种人带来的效果不均等，这种政策安排被认为是“不对称”的。适合性义务对契约自由的介入也是不对称的，它要求保险人向保险消费者推荐适合的保险商品，或是为保险消费者提供合理的建议。一方面，它倾向性地保护了有限理性的保险消费者，使其能够更加有效地决策；另一方面，它默认了完全理性的保险人掌控保险契约的事实，要求保险人适当考虑保险消费者的利益，并在此基础上课以保险人缔结完全契约的义务。这种不对称的介入充分考虑到契约双方能力与认知的差异，是重建完全保险契约的有效机制。

(二)最大诚信原则与对价平衡原则的具体化

适合性义务要求保险人为保险消费者的利益所考虑，这正是最大诚信原则的内在要求。保险法上的最大诚信原则是对民法诚信原则的延伸，两者在理论

---

[91] [美]科斯、哈特、斯蒂格利茨：《契约经济学》，李风圣译，经济科学出版社 1999 年版，第 14 页。
[92] [美]博特赖特：《金融伦理学》，静也译，北京大学出版社 2002 年版，第 11 页。

基础上具有趋同性。从历史和功能的角度出发，诚信原则包括主观诚信和客观诚信两个方面，前者是毋害他人的内心状态，可以是不知，也可以是错误；后者是毋害他人甚至有益他人的行为，两者可在毋害他人的戒条下统一起来。[93] 然而事实上，在一个自愿的合作关系中，每个当事人在行动时不仅要毋害他人，还应当适当关心对方当事人的利益。这一原则可以从亚里士多德的“友爱”概念中推导出来，其所谓友爱是指两个人之间的这样一种关系，即每个人都关心对方的幸福（因为对方自身之故），并且也从对方那里获得利益。友爱的目的是互惠互利。由于利益需要行动，因此友爱不仅仅意味着善意或祝福，还包括为了对方的利益而采取的行动。[94] 而诚信原则对民事主体的要求，也正是经历了从单纯的“无害他人”向在特定情形下“适当关爱他人”的转变。[95] 但关键即在于何谓特定情形？保险商品交易具有特殊性，保险人与保险消费者并非纯粹的买卖契约关系，还因为保险消费者严重依赖保险人而使双方产生特殊的信赖关系。此时契约双方的法律关系是“建立在需要和信赖基础之上的，需要是关系建立的动因，而信赖则是关系建立的条件和基础”。[96] 而订立契约的当事人，其双方不平等的地位，以及一方当事人更为有限的理性，致使其在知识、经验等方面几乎完全依赖于另一方。保险消费者在购买保险商品时，严重依赖保险人的知识、技能与经验，极易形成“决策依赖”或者“决策替代”，而容易滋生道德风险，使保险人侵害保险消费者的利益。此时依据契约法的一般理论，已经无法对处于强势一方的保险人施加足够的法律责任，保险契约双方之间所承担的风险明显失衡。[97] 法律需要对这种基于信赖关系的风险进行重新分配，以保护投保人的利益，实现公平与正义。从该角度而言，诚信原则与英美法上的信义义务有相通之处，信义义务的本质即是为他人最大利益使用权力或行为的义务。[98] 故而于此情形下，信息优势方应当向他方如实披露一切相关信息，而且此时不仅应披露在法律上能够被证实的信息，还应披露个人见解、评价与偏好，[99]换言之，保险人不仅要提供充分、准确的信息以供保险消费者进行选择，还有义务确保保险消费者是在对信息充分理解的基础上进行的选择，即从单纯的信息提供义务转向建议义务。

适合性义务要求保险人向保险消费者提供合理的建议，这也是对价平衡原则的要求。对价平衡原则最早为德国哥廷根大学教授雷克斯在 1909 年提出，他认为保险并不是救济，保险费也不是慈善捐款，保险费与保险给付间必须存有对价平衡的关系。[100] 对价平衡原则事实上是对价原则在保险领域的特殊化与延伸，即给付与对待给付的均衡。保险契约双方存在信息不对称与谈判能力不对

---

〔93〕 徐国栋：《民法基本原则解释：诚信原则的历史、实务、法理研究》，北京大学出版社 2013 年版，第 84 页。

〔94〕 [美]马瑟：《合同法与道德》，戴孟勇、贾林娟译，中国政法大学出版社 2005 年版，第 87—88 页。

〔95〕 王轶：《民法原理与民法学方法》，法律出版社 2009 年版，第 54 页。

〔96〕 马新彦：《现代私法上的信赖法则》，社会科学文献出版社 2010 年版，第 28 页。

〔97〕 颜延：《金融衍生工具卖方义务研究》，法律出版社 2013 年版，第 107—108 页。

〔98〕 范世乾：《信义义务的概念》，《湖北大学学报（哲学社会科学版）》2012 年第 39 期。

〔99〕 张铣：《先合同信息披露法律制度研究》，法律出版社 2015 年版，第 167 页。

〔100〕 刘振鲲：《图解保险法入门》，元照出版有限公司 2015 年版，第 26 页。

等，交易磋商前提的不均衡极易导致给付与对待给付失衡，而适合性义务之作用正是矫正这种市场失灵下的结构性不平等，进而维护契约双方的均衡。进言之，矫正这种不平等也是在矫正市场失灵，是对市场公平与效率的矫正。产品（资源）的内在特性是人类相互信赖性的条件，而交易成本是典型的影响契约双方利益的一个重要因素。矫正不平等也减少了契约双方的交易成本，从而提高市场效率。因此，法律课以保险人适合性义务，其依据不应当是"保护较弱一方当事人"这种不明确的原则，而是依据更为明确的对价原则，换言之，这是一种可以确保将契约风险转移给能够更方便、更直接保护自己的一方当事人承担的方式。[101]

---

[101] ［德］海因·克茨：《欧洲合同法》（上卷），周忠海、李居迁、宫立云译，法律出版社2001年版，第16页。

Analysis of Law and Economics on Justification of Suitability Obligation of Insurance Contract

ZHANG Xiaomeng

Abstract: Contract law based on autonomy of private law and freedom of contract, of which "Pacta sunt servanda" works as the core, of which justification of the according is Consensus Theory, including two premises: "both sides of contract are equal", and "individual is the best judge of his own interests". However, in insurance contract, the imparity negotiation ability and the serious information asymmetry that leads the inequality of two parties. And insurance consumer cognitive deviation by the particularity of insurance goods, and decision-making deviation by misleading sales by insurer and broker, which leads to the bounded rationality of insurance consumers, and results in the alienation of insurance contract consensus, so that suitability obligation is needed. Moreover, suitability obligation provides a paternalistic protection for the insurance consumer, which is beneficial to the reconstruction of complete insurance contract and maximize the contracting efficiency. And it requires insurer to consider the interests of consumers, in order to correct market failure under the structural inequality, and thus maintain the equilibrium of both contract sides, which is the inherent requirement of the principle of good faith and valuation balance.

Key Words: Insurance Contract; Suitability Obligation; Freedom of Contract; Economic Analysis of Law

合同本质与案例法本色：专利默示许可的历史演进、嬗变规律及其中国化 [1]

杨德桥 *

摘　要　专利默示许可源于19世纪中叶英美判例法，先后经历了与权利穷竭同源孕育阶段、走上独立发展道路阶段以及适用对象多元化扩展阶段等三个迭代发展阶段。专利默示许可的历史演进呈现清晰的规律性：适用条件上，始终遵循合同关系的进路，以权利人无明确拒绝许可的意思为限；价值目标上，以利益平衡为基本价值取向，如影随形地制约专利权的过度扩张；内容形式上，许可内容遵循个案原则确定，法律渊源始终保持案例法的本色。脱离合同关系的进路及过度追求规则的成文化，是当前我国专利默示许可实践中存在的显著缺陷。我国应当建立以民法上的意思理论和专利法上的诚实信用原则为依据和统领，以指导性案例和先例判决为核心和基础，以统一的上诉审理机制和初审集中管辖机制为程序保障的专利默示许可制度运行体系。

关键词　专利默示许可；历史演进；合同关系；利益平衡；案例法

目　次

---

* 杨德桥（1979— ），内蒙古科技大学文法学院教授，法学博士，主要研究方向：知识产权法。

〔1〕 本文系2018年教育部人文社会科学研究青年基金西部和边疆地区项目“合同法与专利法协调视角下的专利默示许可制度构建研究”（项目编号：18XJC820004）成果。

美国法学巨擘霍姆斯氏尝言:“历史研究之一页,当抵逻辑分析之一卷。”[1]之于法学研究,历史分析是一种不可或缺的研究方法。欲成功引入一项新的法律制度,必通过发展史的考察来洞悉其规律性。专利默示许可作为专利法中一项波诡云谲的制度,因应专利实践的需要,近年来在我国开始了立法探索和学术争鸣。现有研究成果主要聚焦国外的学术理论和典型案例,有关专利默示许可历史进程的考察寥若晨星,演进规律的总结几近空白。由于对其演进历史及规律性认识的缺失,当下有关专利默示许可的实践运用和学理认知存在两点显著不足:一是将专利默示许可混同于普通侵权抗辩事由,二是试图将其制定为系统的成文规则。将其作为普通侵权抗辩事由,混淆了专利许可与专利侵权之间的根本不同,给专利默示许可司法实践带来了混乱。成文化的努力随着新版专利法修订草案的公布陷于停滞。专利默示许可的司法方法和制度化方案,似乎正由憧憬转入迷茫。历史学才是真正的未来学。重拾专利默示许可的历史研究,深入探究其制度演进中的规律性,结合并反思我们行进中的法律实践,也许能够走出一条摆脱困境的道路。

一、专利默示许可的历史演进

专利默示许可的演进是一部完全的判例史,专利默示许可的制度规则由闪耀着司法智慧的判词汇集而成。实用主义面向的普通法系对专利默示许可规则群的建构贡献良多,所以有关专利默示许可的历史研究主要围绕普通法特别是美国法展开。虽然有关专利默示许可的判例体量庞大,种类繁多,历史跨度宽广,但是仍然呈现出较为清晰的发展脉络。专利默示许可的历史分期为揭示其嬗变规律奠定了史料基础。

(一)19世纪中叶至末叶:与权利穷竭同源孕育阶段

这一时期专利默示许可的适用对象与今天的权利穷竭理论基本重叠,主要用于解决专利权与专利产品首次销售后所有权之间的冲突问题。从专利权客体的角度来看,专利默示许可仅适用于具有独立功能的整件产品,尚未延伸到生产工艺或者产品零部件。今天的权利穷竭在当时不过是专利默示许可的一种具体形式,只不过随着历史的推移,专利穷竭因为其适用上的典型性和规则的成文化,逐渐与作为判例法的默示许可分道扬镳。

1. 英国早期判例

英国是世界上最早建立专利制度的国家之一,专利法上的主要制度均肇始于英国法,早期的专利默示许可案例亦从英国发轫。有学者将1842年Cranc v. Price案视为专利默示许可的起源,但该案主要是从专利权终止而非专利权人意思的角度阐发裁判意见。[2] 在随后发生的Thomas v. Hunt案中,法院的裁判

---

[1] New York Trust Co. v. Eisner, 256 U.S. 345, 349 (1921).

[2] 参见陈瑜:《专利默示许可研究》,西南政法大学2017年博士学位论文,第53页。

意见体现了比较清晰的默示许可推理。在该案中，Thomas 作为专利权人拥有一项肥皂制造工艺专利，授权被许可人实施该专利。被许可人将采用专利工艺制造的肥皂销售给 Hunt，Hunt 随后转售了这些肥皂。Thomas 以 Hunt 的再销售行为未经其授权为由，提起了专利侵权诉讼。Hunt 认为，Thomas 作为专利权人已经从被许可人所支付的许可费中获得充足对价，如果允许其继续控制产品的后续转售行为，Thomas 将会多重受益并阻碍市场正常流通；被许可人所获得的实施许可中包含了其专利产品买受人继续销售的许可。法庭采纳了 Hunt 的意见。1871 年的 Betts v. Willmott 案〔3〕是一个标志性的案件，该案首次采用默示许可理论处理专利产品的平行进口问题。Betts 在英国和法国拥有一件同族专利，Betts 自己在英国制造和销售专利产品，授权被许可人在法国制造和销售专利产品，但是要求被许可人不得将专利产品出口至英国销售。Willmott 从法国被许可人手中采购了专利产品并在英国使用。Betts 起诉 Willmott 侵犯其在英国的专利权。法院认为，除非专利产品的销售者在销售专利产品时已经明确告知购买者有关该产品的使用限制，否则认为购买者获得了任意使用和销售产品的默示许可。从英国早期判例可以看出，默示许可主要用来解决专利产品售后的市场流通问题，与权利穷竭制度有异曲同工之妙，这些判例一般被视为默示许可和权利穷竭的共同渊源。

2. 美国早期判例

美国最高法院在 1843 年的 McClurg v. Kingsland 案〔4〕中首次提出了默示许可的概念，该案建立了著名的“商店权利原则”。〔5〕 Kingsland 是一位雇主，其雇员 Harley 在受雇期间完成了一项铸造金属圆柱体模具的产品发明，Kingsland 在发明做出后持续使用该发明且没有遭到 Harley 的反对。与此同时，Harley 就该发明申获专利权并将其转让给 McClurg。McClurg 以 Kingsland 的实施行为未获授权为由提起了专利侵权诉讼。美国最高法院认为，Kingsland 的使用行为未遭到 Harley 的反对，说明 Harley 已经授予了 Kingsland 实施该专利技术的默示许可，McClurg 作为该专利技术的受让人应当承受该法律后果。该案首次提出了专利默示许可的概念。1873 年发生的 Adams v. Burke 案〔6〕，是美国专利法史上第一件使用默示许可理论解决专利产品购买人权利范围问题的案件，被学者们公认为美国专利默示许可制度的真正起源。1863 年，Merrill & Horner 获得了一项棺材盖改进发明的产品专利。1865 年，Merrill & Horner 将其专利权分别转让给 Lockhart & Seelye 和 Adams，其中 Lockhart & Seelye 的权利范围在以波士顿市为中心、以 10 英里为半径的范围内，Adams 受让的权利范围在 Lockhart & Seelye 权利范围之外。被告 Burke 从 Lockhart & Seelye 处购买了该棺材盖，并在距离波士顿 17 英里的 Natick 镇将其用于殡葬商业服务。Adams

---

〔3〕 Betts v. Willmott, [1871] LR 6 Ch. App. 239.

〔4〕 McClurg v. Kingsland, 42 U. S. 202 (1843).

〔5〕 参见陈健：《知识产权默示许可理论研究》，《暨南学报（哲学社会科学版）》2016 年第 10 期。

〔6〕 Adams v. Burke, 84 U. S. (17 Wall.) 453, 456-57 (1873).

认为,在波士顿10英里外的地域范围内制造、使用和销售专利棺材盖是自己的专有权利,Burke的行为落入了自己的专利权范围,遂以Burke为被告提出专利侵权诉讼。法院认为,虽然Lockhart & Seelye所受让的制造、使用和销售专利产品的权利存在地域限制,但是Burke作为专利产品的购买人并不受上述限制,Burke在购买专利产品后获得了在任意地域范围内使用产品的默示许可。法院据此驳回了Adams的诉讼请求。在将本案作为先例援引的另一起案件中,美国最高法院解释了Adams案件的法律意义:从销售权受区域限制的被许可人处购买专利物品的人,有权在美国的所有和任何地方使用和销售这些物品;在专利使用费已经支付给专利权人的情况下,专利物品即成为买方的绝对、不受限制的财产,并有权将其作为一般所有权物品进行出售。[7] 有学者就此类案件评价认为,购买者自由使用与转售专利产品的权利,来源于"已存在于当事人心中,但没有通过书面或其他形式来反映当事人内在的主观意图的条款",即源于购销合同所产生的默示许可。[8] 可以看出,法院实际上是基于权利穷竭的思想来处理专利产品售后的使用权限问题,但是采用的说辞却是合同法上的默示许可理论,体现了权利穷竭与默示许可在早期专利法上的内在联系。

(二)20世纪初至70年代末:走上独立发展道路阶段

进入20世纪之后,随着美国专利实践的丰富,专利默示许可又有了显著的进步。在这一阶段,专利默示许可逐步与权利穷竭分道扬镳,摸索出了一条独立发展的道路,找到了自己的调整对象和适用范围。这种发展主要体现在两个方面,一是在与专利产品销售无涉的情况下,根据专利权人与专利技术使用人之间的交往关系认定默示许可的存在;二是在专利权人销售产品的情况下,根据专利权人的相关行为认定购买者获得实施专利权人其他相关专利的默示许可。通过这一时期判例法的发展,专利默示许可真正成长为一项独立的专利制度。

1. 基于交往关系的默示许可

1927年美国最高法院审理的De Forest Radio Tel. Co. v. United States案[9],是一个里程碑式的案件。该案件不仅展现了默示许可脱离权利穷竭的独立发展,而且第一次清晰地阐明了默示许可的法律性质。在该案中,De Forest是案涉电子管专利的专利权人,其与美国电话电报公司(以下简称AT&T)签订了专利交叉许可协议,且双方均可就对方的专利发放分许可。后美国政府致信AT&T称,由于战事需要美国政府需紧急获得大量专利电子管,希望其能够允许美国政府供应商通用电气公司(以下简称GE)使用案涉专利技术。AT&T回函同意了美国政府的请求,明确表示不会干涉美国政府的委托生产活动,但是同时表示保留所有专利权利以及因为专利权被使用可能产生的一切权利主张,该

---

〔7〕 Keeler v. Standard Folding Bed Co., 157 U.S. 659, 664 (1895).

〔8〕 参见董美根:《专利许可合同的构造:判例、规则及中国的展望》,上海世纪出版集团2010年版,第117页。

〔9〕 De Forest Radio Tel. Co. v. United States, 273 U.S. 236 (1927).

等专利主张交由美国政府随后进行调查和解决。为了协助美国政府的委托生产活动，AT&T向GE提供了生产所需的信息、图纸和蓝图，并允许美国政府和GE的代表和专家实地参观和学习AT&T的生产流程。De Forest知悉上述情况后，以美国政府未获正式授权为由提起了专利侵权诉讼。在庭审中，原被告双方争议的焦点是AT&T的行为是否构成了对美国政府使用专利权的许可。美国最高法院经审理认为，并非只有正式的授权行为才能成立许可，根据专利权人所使用的任何语言或采取的任何行为，只要他人由此可以正当地推定专利权人已经表达了许可的意思，就可以成立专利许可；至于是否需要交纳许可费，则取决于当时的具体情况，但是无论如何在这种情况下，当事人之间的关系都是一种真正的合同而非侵权关系。最后，美国最高法院认为，本案中AT&T的回函以及协助生产行为清楚地表明，AT&T已经默示许可美国政府使用案涉专利，只不过将专利使用费问题留待之后解决。

1968年美国索赔法院(Court of Claims)审理的AMP Inc. v. United States案[10]，是通过专利权人与专利技术使用人之间的交往关系认定默示许可存在的另一重要案例。1950年美国政府与AMP签订技术开发合同，前者委托后者研发一种军用剪切工具，同时约定美国政府有权使用该技术及发放分许可。AMP完成了研发任务，并为其申请了专利(Byrem专利)。美国政府随后使用该技术进行了产品生产，并向AMP支付了报酬。在与美国政府合作期间，AMP发现其他公司有一件早先授权的专利(Vinson专利)覆盖了AMP为美国政府所开发的技术。AMP受让了Vinson专利并在与美国政府的合作协议终止后，以美国政府侵犯Vinson专利为由提起了侵权诉讼。法院经审理认为，任何人不能通过后来的行为减损其已经授予他人的权利，根据美国政府与AMP的协议，美国政府有权利使用AMP所开发的技术，而不论该技术为AMP的哪项专利所覆盖，基于法律上的禁止反言原则，美国政府获得了使用AMP所受让的Vinson专利的默示许可。

2. 产品销售引致相关专利的默示许可

1942年发生的United Stated v. Univis Lens Co.案[11]，是基于非专利产品销售成立对相关专利默示许可的一件重要案例。与其他案件不同，本案并不是一件专利侵权诉讼，而是因为专利权滥用所产生的一起反垄断案件，所以本案的原告是美国政府。不过法院在裁判理由部分使用专利默示许可理论作为裁判的基础，并通过本案明确了专利默示许可与反垄断之间的关系问题，所以同样可以视为专利默示许可案件。本案的梗概如下：Univis就某种眼镜片拥有一件包含多项权利要求的产品专利，但是Univis并不直接生产这些专利产品，而仅生产用于制造最终专利产品的镜片毛坯。Univis将镜片毛坯销售给批发商和零售商，再由批发商和零售商将毛坯加工成专利产品，并销售给消费者。Univis与批发

[10] AMP Inc. v. United States, 389 F. 2d 448 (Ct. Cl. 1968).

[11] United Stated v. Univis Lens Co., 316 U. S. 241, 53 U. S. P. Q. (1942).

商和零售商签订有特许经营协议，协议的核心内容是 Univis 以所持有的专利权为据控制批发商和零售商的终端售价。因为如果没有 Univis 的授权，批发商和零售商完成工艺最后一步所生产出的产品将会侵犯 Univis 的专利权。Univis 通过这种方法在当地实现了约 50%的市场占有率。美国政府认为 Univis 凭借专利权通过特许经营协议控制终端销售价格的行为，超出了专利权的合理控制范围，构成了市场垄断行为，遂根据《谢尔曼法》(Sherman Act)的规定请求法院向 Univis 颁发禁制令。法院经审理认为，由于镜片毛坯除了加工成专利镜片外没有其他用途，所以批发商和零售商作为镜片毛坯的购买人获得了将其加工成专利产品的默示许可，Univis 在将镜片毛坯所有权转移给批发商和零售商之后即用尽了其专利权，而不论这些产品是全部还是部分地体现了专利技术方案；Univis 已经通过销售价格实现了专利法给予专利权人的报偿，所以其对所出售产品的专利垄断权已经耗尽，在这种情况下继续通过特许经营协议控制产品销售将会构成《谢尔曼法》所禁止的垄断行为。该案件第一次阐明了在所销售产品并非专利产品的情况下，认定所售产品对相关专利成立默示许可的基本规则，所以在此后的类似案件中被引证颇为广泛。

只有深入了解默示许可正反两个方面的案例，才能准确地把握默示许可的适用范围。下面通过默示许可抗辩未被采信的两个案例，进一步明确默示许可适用的边界。

1950 年的 Hunt v. Armour & Co. 案[12]，是一件有关“拔鸡机”(Chicken Plucking Machine)的著名案例。原告 Hunt 拥有一件包含多项权利要求的产品发明专利，其中一项权利要求为一款新式“拔鸡机”，另一项权利要求为该“拔鸡机”的关键部件“拔鸡手指”(plucking fingers)。被告从许可来源购买了“拔鸡手指”，并将其用于从未许可来源购买的机器中。原告起诉被告侵犯了其对“拔鸡机”的专利权。被告 Armour 辩称，通过购买为一项权利要求所涵盖的“拔鸡手指”，其获得了使用为另一项权利要求所覆盖的“拔鸡机”的默示许可，因为该“拔鸡手指”的唯一用途就是用在“拔鸡机”上。法院审理后认为，专利权的每一项权利要求都赋予专利权人以专有权，一个人拥有[使用(为一项权利要求所覆盖的)某种装置的]默示许可这一事实，在该装置与其他装置能够组合形成(另一项权利要求所覆盖的)组合物专利的情况下，并不能推导出其拥有使用另一项组合物权利要求的默示许可；在本案中，被告本可以将“拔鸡手指”用作从许可来源购买的“拔鸡机”的替换部件，所以被告没有使用原告“拔鸡机”专利的默示许可。

1967 年的 Stukenborg v. United States 案[13]沿袭了上述裁判思路。原告 Stukenborg 拥有一项飞机上使用的由多部件组成的“螺丝扣锁”(Turnbuckle Lock)产品发明专利。被告从许可来源购买了“螺丝扣锁”的构件之一——一种夹子，从非许可来源渠道购买了其他构件，然后将它们组装成了为原告专利所覆

[12] Hunt v. Armour & Co., 185 F. 2d 722 (7th Cir. 1950).

[13] Stukenborg v. United States, 372 F. 2d 498 (Ct. CL. 1967).

盖的“螺丝扣锁”并用在飞机上。原告起诉被告专利侵权。被告认为，他拥有自行组装“螺丝扣锁”产品的默示许可，他的理由是：由于其从许可来源购买了夹子，并且夹子的唯一用途是用来组装“螺丝扣锁”，因此其获得了使用所述组件的默示许可，即使构成完整组件的其他部件是从非许可来源购买的。法院经审理认为，被告关于从许可来源购买的夹子的唯一用途是组装成“螺丝扣锁”专利产品的抗辩并没有说服力，在其他构件系被告从非许可来源购买的条件下，被告没有获得使用“螺丝扣锁”专利的默示许可。从这两个认定默示许可不存在的案例中我们可以看出，并非只要专利权人所出售的零部件只能用于组装为专利产品，购买人在购买后就当然获得了组装为专利产品的默示许可，因为这些零部件完全可以作为专利产品的替换部件使用，当然这需要一个暗含的前提条件，即专利权人同时出售完整的专利产品，而非仅出售产品构件。

(三)20 世纪 80 年代以来：适用对象多元化扩展阶段

随着第三次科技革命的深入开展，信息技术、生物技术等高新技术在人类生活中得到广泛运用，新技术的运用导致利益格局的变动，一系列新的法律问题呈现在人们面前。专利法是与科学技术联系最密切的法律部门之一，技术的迅猛发展呼唤专利法律规则的同步更新，成文法的滞后性难以满足日新月异的变化，以判例法为主要表现形式的专利默示许可再次为人们所青睐并借机迅速扩展了其适用范围，走向多元化发展的新阶段。在专利间接侵权、技术标准化以及生物自体复制技术中的应用，是专利默示许可适用范围扩展的主要表现。

1. 间接侵权中默示许可的适用

专利侵权行为区分为直接侵权行为与间接侵权行为。直接侵权行为通常是指行为人从事诸如制造、使用或销售专利产品等直接侵害专利权的违法行为。间接侵权行为，则通常是指行为人没有直接侵害专利权，但是诱使直接侵权行为发生，或者在明知或者应知的情况下为直接侵权行为提供实质性的帮助。[14] 间接侵权包括引诱侵权和帮助侵权两种基本类型。20 世纪 80 年代之前，专利默示许可基本仅用于处理专利直接侵权纠纷。20 世纪 80 年代以来，随着专利权保护的加强，间接侵权行为日益为专利权人和法院所关注，间接侵权案件大量涌现。为了有效平衡专利权人和社会公众之间的利益，默示许可在间接侵权纠纷中逐渐显现出重要价值。

1986 年的 Met-Coil Systems Corp. v. Korners Unlimited, Inc. 案[15]，是有关间接侵权默示许可抗辩的第一个案例，也是后来被引用最多的案例之一。原告 Met-Coil 拥有一件采暖与空调设备方面的产品和方法专利，专利保护的对象是上述设备中的金属导管区段及其制造方法。该专利产品的主要特征是，金属导管区段的末端必须被弯曲形成凸缘，并与某种角片搭配使用。角片具有损耗

〔14〕 参见崔国斌：《专利法：原理与案例》，北京大学出版社 2016 年版，第 579 页。
〔15〕 Met-Coil Systems Corp. v. Korners Unlimited, Inc. , 803 F. 2d 684 (Fed. Cir. 1986).

性，需要经常更换。Met-Coil 同时经销角片和一种用于将金属导管区段的末端弯曲形成凸缘的轧辊成型机。用户购买轧辊成型机和角片后能够自行实施 Met-Coil 的专利。被告 Korners 生产这些角片的替代品，并将它们销售给已经采买了 Met-Coil 轧辊成型机的客户。客户们利用角片和轧辊成型机，使用 Met-Coil 的专利方法制造专利产品自用。由于角片本身并非 Met-Coil 专利的保护对象，不构成直接侵权，所以 Met-Coil 以帮助（购买了轧辊成型机的客户）侵权为由，对 Korners 提起了专利侵权诉讼。根据美国专利法的规定，间接侵权一般须以直接侵权的存在为条件，所以本案争议的关键在于购买轧辊成型机客户的行为是否构成侵权，而这又取决于其是否取得了实施 Met-Coil 专利方法的默示许可。Met-Coil 主张不能从其销售轧辊成型机的行为中推断默示许可的存在，因为其已经在销售上述机器后告知客户不能从第三方购买角片。法院经审理认为，由于 Met-Coil 销售的轧辊成型机只能用来实施其专利，所以客户获得了实施其专利的默示许可，客户的行为并不构成侵权。法院同时指出，角片只是专利产品中的附带元素，而且 Met-Coil 对客户购买角片渠道进行限制的通知在销售轧辊成型机后才发出，所以 Met-Coil 的主张不能被接受。鉴于购买 Met-Coil 轧辊成型机客户的行为不构成直接侵权，Korners 亦不构成帮助侵权。在此类案例中，专利默示许可限制了专利间接侵权的延伸范围，在专利权保护不断强化的条件下，适度平衡了专利权人与社会公众之间的利益关系。

2. 技术标准化中默示许可的适用

标准与专利本来是两个相互矛盾的事物。标准强调技术的统一、开放和普遍适用，具有明显的公共产品属性。专利强调技术的差异性，为权利人所垄断，属于私人财产的范畴。技术标准与专利之间具有一种天然的紧张关系。〔16〕所以，在技术标准发展的早期，标准制定者努力避免将专利技术纳入标准，优先选用公共领域内的技术。但是由于专利代表了一个社会最先进的技术水平，技术标准要想保持生命力，也就不可能完全拒绝专利技术。为了借助标准的力量进一步强化专利的垄断效力，进而实现经济利益的最大化，专利持有人总是千方百计地寻求专利技术的标准化。专利技术的标准化推高了产业垄断的风险，甚至在一定程度上抑制了技术创新。〔17〕为了平衡专利技术标准化中标准实施者和专利权人之间的利益关系，从 20 世纪 80 年代开始默示许可被法院拓展到技术标准这一全新的领域。

美国联邦巡回上诉法院（Court of Appeals of the Federal Circuit，以下简称 CAFC）审理的 Wang Lab.，Inc. v. Mitsubishi Electronics America，Inc. 案〔18〕，是一起重要的专利技术标准化方面的案件。1983 年，Wang Lab 的员工开发出一款新式计算机内存——单边直线内存模块（Single In-line Memory Mod-

---

〔16〕 参见王先林：《涉及专利的标准制定和实施中的反垄断问题》，《法学家》2015 年第 4 期。

〔17〕 参见王益谊、朱翔华等：《标准涉及专利的处置规则》，中国标准出版社 2014 年版，第 5 页。

〔18〕 Wang Lab.，Inc. v. Mitsubishi Electronics America，Inc.，103 F. 3d 1571，1580 (Fed. Cir. 1997).

ules,以下简称 SIMMs),Wang Lab 从该员工手中受让了该技术并提出了专利申请。在一次计算机工业协会会议上,Wang Lab 向协会会员介绍了 SIMMs 技术,并宣称为了推动整个行业的技术进步,该公司不会就该技术寻求专利保护,任何公司要生产 SIMMs 也无须获得 Wang Lab 的许可,Wang Lab 将会从其他生产商手中采购 SIMMs 用于装配自己的产品,但不会自行生产。此后,Wang Lab 不断游说电子产业标准化组织——联合电子设备工程委员会(Joint Electronic Device Engineering Council,以下简称 JEDEC),请求将该技术纳入存储器技术标准,直至 1986 年终获成功,但是其始终未向 JEDEC 披露正在申请专利的信息。在此过程中,多家厂商开始大规模生产 SIMMs,Wang Lab 也成为该产品的主要采购商。Mitsubishi 是众多 SIMMs 生产商中的一个,Wang Lab 一再鼓励 Mitsubishi 生产 SIMMs,并主动提供图纸和其他生产技术资料。1985 年之后,Mitsubishi 开始量产改进版 SIMMs,Wang Lab 也开始从 Mitsubishi 大量采购该产品。在双方交往过程中,Wang Lab 从未向 Mitsubishi 披露过就 SIMMs 技术申请专利的信息,也没有表达过发放许可或者收取使用费的意图。1987 年和 1988 年,Wang Lab 最终获得了 SIMMs 技术方面的两项专利。1989 年,Wang Lab 向 Mitsubishi 发出侵权警告函,并于 1992 年提起了专利侵权诉讼。法院审理后认为,虽然没有正式的授权许可,但是基于双方当事人之间 6 年的互动关系,Mitsubishi 能够合理推断 Wang Lab 同意其使用 SIMMs 技术,尽管 Wang Lab 自己并不制造 SIMMs,而是从其他制造商处购买产品,但是 SIMMs 市场的扩张使得 Wang Lab 能够购买价格更为低廉的产品,Wang Lab 也从中获得了充分的利益,所以 Mitsubishi 已经获得了不可撤销且无须支付使用费的默示许可。

3. 自体复制技术中默示许可的适用

进入 21 世纪以来,以生物基因、3D 打印等为代表的自体复制技术兴起,给专利侵权判定带来了新的难题。[19] 自体复制技术的基本特征是,可以在有限的人为干预下实质性等同地复制产品本身,从而形成一个或多个复制品。在很大程度上,对自体复制技术产品的正常使用所产生的直接后果就是制造产品自身的复制品。由于产品购买者通过使用行为就能轻而易举地复制产品,产品购买者将不会继续购买产品,甚至可能成为专利权人的市场竞争对手,所以自体复制技术会对专利权人的市场利益产生显著影响。[20] 自体复制技术模糊了产品使用和产品制造的界限。“自体复制技术的性质破坏了使用与制造之间区分的稳定性,使权利穷竭原则成为界定专利权范围和限制的不充分工具。”[21]虽然可以通过对其内涵的重新诠释,继续利用权利穷竭原则应对自体复制技术下专利产品

---

〔19〕 See Daryl Lim, “Self-Replicating Technologies and the Challenge for the Patent and Antitrust Laws”, *Cardozo Arts & Entertainment Law Journal*, 32 (2013), pp. 131-224.

〔20〕 参见刘强:《自我复制专利侵权问题研究——以 3D 打印等自我复制技术为视角》,《法商研究》2015 年第 5 期。

〔21〕 Jeremy N. Sheff, “Self-Replicating Technologies”, *Stanford Technology Law Review*, 16 (2013), p. 238.

购买人的权利范围问题,但是能够容纳更多因素从而更具灵活性的默示许可亦不失为解决自体复制技术难题的一条新思路。

美国最高法院2013年审理的Bowman v. Monsanto案[22],是自体复制技术领域专利法律适用方面的经典案例。Bowman是美国印第安纳州的一位农民,Monsanto是美国乃至全球知名的转基因种子公司。Bowman从Monsanto许可的种子经销商处购买了Monsanto的专利种子——抗农达大豆(一种具有抗药性的转基因大豆品种)。根据Monsanto的安排,种子经销商与Bowman签订有种植协议,该协议要求Bowman只能使用原种种植一次,不能留种复种。在第一次种植时,Bowman遵守了该协议。随后,Bowman从获Monsanto许可的当地谷物仓库购买了更便宜的二次种子(利用原种繁殖的种子)进行种植,并签订了与第一次相同的种植协议。Bowman在种植过程中经测试发现大多数二次种子仍有原种具有的抗药特性,所以Bowman继续自行留种复种。Monsanto起诉Bowman专利侵权。Bowman认为,留种复种是农民的习惯性权利,Monsanto对Bowman从许可来源购买的种子的专利权已经用尽。从地区法院到美国最高法院均驳回了Bowman的抗辩,确认侵权成立。美国最高法院重新诠释了权利穷竭原则,认为Monsanto在销售给农民后对种子的专利权并没有用尽:权利穷竭原则不能使Bowman在没有Monsanto许可的情况下生产额外的专利大豆,该原则未影响专利权人阻止买方制作专利物品新副本的能力,因为专利权人"收到的报酬"只是实际出售的物品,而不包括随后的再生产的专利产品。从法院所给出的理由来看,使用与制造的重新区分实质上并不是基于技术的分析,更多的是从法律价值和公共政策的角度来做出的。[23] 在与Monsanto有关的另一起案件中这种政策性的区分得到了更直接的体现。在该案中CAFC认为,对于不可避免的数量微小的自体复制行为,考虑到微量专利侵权产品的制造者能够基于默示许可规则而获得侵权豁免的先例,此类自体复制者可以比照适用从而免除侵权责任。[24]

在Bowman v. Monsanto案中,由于Monsanto已经通过与农民之间签订的种植协议明确禁止购买人留种复种,购买人不可能再援引默示许可主张留种权,所以美国法院在处理案件时没有使用默示许可理论。但是这并不意味着默示许可在自体复制技术领域无用武之地。实际上,并非所有自体复制技术产品的专利权人都会进行类似限制。在某些情况下,自体复制技术产品在使用过程中的再复制可能超出了使用人的控制范围,或者这可能正是该产品的正常使用方法。例如,在利用干细胞技术对人体实施治疗的过程中,干细胞在病人体内的分裂和复制不但无法通过技术手段进行控制,而且这正是其使用的正常方法和期待结果。所以,就连美国最高法院在判决书最后也不得不承认,Bowman案裁决结果

---

〔22〕 Vernon Hugh Bowman v. Monsanto Co., 133 S. Ct. 1761 (2013).

〔23〕 参见阚占文:《自我复制技术与专利权用尽原则的适用——以转基因种子为中心》,《法学家》2015年第2期。

〔24〕 Organic Seed Growers and Trade Association v. Monsanto Co., 718 F. 3d 1350 (Fed. Cir. 2013).

的适用范围是有限的,它仅对该案所处理的情况有效,而不涉及其他种类的自我复制产品。美国最高法院在判决书中表示,“具有自我复制技术特征的发明正变得越来越普遍、复杂和多样化,在另一种情况下,物品的自我复制可能发生在购买者的控制之外,或者它可能是将项目用于其他目的的必要的附带步骤,……我们不需要在这里讨论专利权穷竭原则是否或如何在这种情况下适用”。〔25〕

就本来复杂多样且正处于快速发展中的自体复制技术来说,如果不细究案件的具体情况而一概认定权利未用尽,未免失之简陋与僵化,难以满足自体复制技术创新发展的内在需要。在专利权人未设限的情况下,如果认定购买人享有复制产品的默示许可更符合公平原则,此时认定默示许可权的存在无疑更能适应生活和技术的多样化。这样做既能维护专利权人的专有权利,因为他可以在必要时做出明确限制,也能够保障购买人正当使用专利产品的自由。从技术上来讲,不同领域内、不同情况下自体复制技术产品的自我再现性是存在差别的。无论是美国的植物专利,还是我国授予的植物新品种权,所繁殖后代在生物学、形态学性状方面的一致性和稳定性都是新品种赋权的必要条件。〔26〕对于那些一致性和稳定性较低的自体复制技术,权利人一般不会限制通过使用所实现的复制,此时宜认为购买人获得了通过使用所实现复制的默示许可。

二、专利默示许可的嬗变规律

黑格尔将历史视为理念的展现过程,认为“历史材料乃是这一理念逐渐展现或日益实现的记载”。〔27〕该说法虽然有唯心主义的色彩,但是也揭示了历史研究的真正使命——揭示隐藏在材料背后的历史规律。缺乏理念的历史只不过是一具无灵魂的躯壳。对于法律史的研究,诚如耶林所言,仅仅认识到法律是发展的以及法律是如何发展的还不够,更重要的是要认识到法律发展的目的以及法律在将来将要达至何种目的。〔28〕价值理念是一切法律规则和法律制度的灵魂。研究一项具体法律制度的嬗变史,就是要揭示决定该制度历史样貌和未来趋势的价值理念。透过专利默示许可超过一个半世纪的发展史,专利默示许可的适用条件、价值目标和展现形式等规律性内容已经清晰地呈现出来。

(一)适用条件:始终遵循合同关系的进路,以权利人无明确拒绝许可的意思为限

在司法实践中,专利默示许可多是作为侵权抗辩事由被提出和运用,法院往往是循着侵权抗辩的思路适用默示许可,以决定被告最终是否需要承担侵权责任。在前文述及的代表性案例中,除了 United Stated v. Univis Lens Co. 一案

---

〔25〕 Vernon Hugh Bowman v. Monsanto Co., 133 S. Ct. 1761 (2013).

〔26〕 参见张平:《知识产权法》,北京大学出版社 2015 年版,第 243 页。

〔27〕 Vorlesungen über die Philosophic der Geschichte(1837). 转引自[美]罗斯科·庞德:《法理学》,邓正来译,中国政法大学出版社 2004 年版,第 128 页。

〔28〕 参见[美]罗斯科·庞德:《法理学》,邓正来译,中国政法大学出版社 2004 年版,第 128 页。

因为属于规制专利权滥用的反垄断案例由专利权人作为被告外,在专利技术使用人作为被告的所有案件中,默示许可都被作为侵权抗辩事由提出。历史呈现给人们的印象似乎是,默示许可与在先使用、临时过境、科研使用等[29]常用事由一样属于侵权抗辩的一种情形。其实这是一种误解。关于专利许可在权利人和被许可人之间所形成法律关系的性质,存在"侵权请求权停止说""承诺不起诉说""权利让渡说"等几种不同的学说。"侵权请求权停止说"是早期德国专利理论上的一种学说,该学说认为,专利许可仅仅意味着专利权人不能对被许可人行使停止侵权请求权。因此,许可被视为一种纯人身性质的、实质上"否定"给付的债权关系,是一种不受债权人请求权约束的协议。"承诺不起诉说"是美国专利理论上的一种学说,该学说认为,所谓许可就是专利权人和被许可人之间签订的协议或契约,从而专利权人不会针对被许可人本会构成侵权的行为提起诉讼,但许可并不是对专利所有权的转移。按照以上两种学说的逻辑,实施行为就保留了其"本来专利侵权"的特征,但被许可人有权要求(专利权人)停止主张侵权或者承诺不提起侵权诉讼,如果专利权人对其主张专利权,被许可人可以就此提出抗辩。此类学说认为当事人希望的只是未来不主张侵权请求权而不是要排除这些请求权的产生,这种假设是不切实际的。因为当事人通过许可合同所希望达到的是这样一种状态:尽管有专利保护,被许可人也能合法实施发明。[30] "权利让渡说"认为被许可人实施的是自己从专利权人处受让的权利,也就是对自己权利的行使,所以不存在侵权的问题。该学说虽然消解了以上两种学说拟制侵权的弊端,但是难以解释在普通许可的情况下,专利权人的权利并没有任何减损的现实。笔者认为,在专利许可关系下,专利权人与被许可人之间的关系就是一种许可合同关系,虽然根据这种合同被许可人到底从权利人处取得了什么并不容易用目前的某种理论解释清楚,但也谈不上侵权的问题。根据各国专利法的规定,所谓专利侵权是指未经许可的专利实施行为。毫无疑问,许可关系下的实施行为都是获得专利权人同意的,根本不可能满足侵权构成所需要的"未经许可"这一要件,所以本不构成专利侵权。只不过从法律效果来讲,无论将许可视为一种不侵权的实施许可,还是免于承担侵权责任的抗辩事由,在具体结果上并无不同。加之默示许可是否存在经常充满争议,专利技术使用人在具体案件中常常以侵权被告的面目示人,所以将默示许可作为一种侵权抗辩事由来处理也就不足为奇了。

从法律关系的性质上来讲,默示许可也是专利许可的一种形式,与明示许可共同构成了专利许可的完整内容。美国最高法院在 De Forest Radio Tel. Co.

---

〔29〕 各国专利法有关侵权抗辩事由的规定不尽一致。《中华人民共和国专利法》第 69 条集中规定了不视为侵犯专利权的五种情形。《美国专利法》将先用权、试验性使用、时效届满、懈怠、衡平禁止反悔、州主权豁免、"暂时存在"的豁免、专利权用尽、没有提起侵权诉讼资格的原告等作为不必承担侵权责任的例外。参见[美]J. M. 穆勒:《专利法》,沈超、李华、吴晓辉等译,知识产权出版社 2013 年第 3 版,第 378—402 页。

〔30〕 参见[德]鲁道夫·克拉瑟:《专利法——德国专利和实用新型法、欧洲和国家专利法》,单晓光、张韬略、于馨淼等译,知识产权出版社 2016 年版,第 1152—1153 页。

v. United States 一案中通过深入阐释清晰地定义了默示许可的合同关系性质，“此后当事人之间的关系以及相关的任何诉讼，都必须认定为合同关系，而不是侵权关系”。在 1976 年的 Medeco Security Locks, Inc. v. Lock Technology Corp. 案中，法院说得更直白一些：“与任何其他的默示许可一样，专利默示许可属于当事人的合同行为。”[31]从目前可及的所有判例来看，法院不但是这么说的，也是这样做的。上文开列的所有适用默示许可的案件，无外乎两种情况，要么专利权人与被告之间存在直接的合同关系，要么专利权人以专利产品的购买人为中介与被告之间形成了连环合同关系，从未出现完全无合同关系链条的原被告之间适用默示许可的案件。所以，从适用条件来讲，专利默示许可一直严格遵循合同关系的分析进路，这种合同关系包括直接合同关系和连环合同关系两种情形。所谓直接合同关系，指的是专利权人或其被许可人与作为被告的专利技术使用人之间存在直接的买卖、许可、合作等各种内容的合同关系，而不论这种合同关系的表现形式如何。United Stated v. Univis Lens Co. 案与 Bowman v. Monsanto 案中，专利权人与专利技术使用人之间存在的是买卖合同关系，De Forest Radio Tel. Co. v. United States 案与 AMP Inc. v. United States 案，以及 Wang Lab. , Inc. v. Mitsubishi Electronics America, Inc. 案中，专利权人与被告之间存在的是许可与合作关系。所谓连环合同关系，指的是在间接侵权诉讼中，作为专利权人的原告与作为帮助侵权的被告之间没有直接的合同关系，但是他们都与专利产品的购买人(一般是终端消费者)这一中间环节存在买卖合同关系，从而在专利权人、专利产品的购买人、销售专利产品零部件的被告之间形成了连环合同关系。Met-Coil Systems Corp. v. Korners Unlimited, Inc. 一案，就是连环合同关系的代表性案例。从私法法律关系的视角来看，人与人之间的关系无外乎紧密的合同关系与松散的一般生活关系。在一般的生活关系下，人与人之间不存在积极义务，只存在消极的避免相互伤害的一般注意义务，即贝勒斯所谓的侵权法的功能在于保护“负值”的交易。[32] 在这种情况下，显然不可能产生一个人使用他人专利技术的权利。即使存在使用他人专利技术不需承担侵权责任的情形，也不过是法律基于社会公共利益或公平正义的考量特设的一种例外，此时专利技术使用人的使用权限是被严格限定的。而在合同关系中，人与人之间的关系已经从消极义务范畴进入积极义务范畴，[33]协作、服务与让渡权利是合同当事人应有的权利和义务，即贝勒斯所谓的合同法的功能在于保护“正值”的交易，只有在这种情况下，相对方才可能根据专利权人的言辞或行为取得实施其专利技术的权利。所以，从合同关系与侵权关系区分的基本面来讲，唯有合同关系才可能容纳默示许可下专利权人与专利技术使用人之间的关系。如果

---

[31] Medeco Security Locks, Inc. v. Lock Technology Corp., 199 U.S.P.Q. (BNA) 519, 524 (S.D.N.Y. 1976).

[32] 参见[美]迈克尔·D. 贝勒斯：《法律的原则》，蒋兆康等译，中国大百科全书出版社 1996 年版，第 169 页。

[33] 参见王泽鉴：《债法原理》，北京大学出版社 2009 年版，第 181 页。

根据当事人所处交往环境条件根本不能推导出任何合同关系的存在,也就没有专利默示许可适用的可能。

如果专利权人在交易当时已经明确排除了相对方对其专利权的使用,则不适用默示许可解决当事人之间的专利权纠纷。英美合同法理论认为,合同中的默示条款是根据当事人的行为或间接言辞所进行的一种推定,这种推定以当事人的意愿为根据,且不得与当事人明确表达出来的意思(明示条款)相矛盾,即使所推定的默示条款符合交易习惯或者惯例也是不可以的。[34]"法院为合同增加了某些他们认为依照公平正义当事人应当达成的条款……显然,法院还不过是在适用一个法律原则,虽然这个原则可以通过明示的协议排除适用。"[35]大陆法系民法学者也持有相同看法。德国民法学巨擘弗卢梅认为,如果行为人明确声明其行为不包含默认的意思表示,则不应该认为其行为构成默示的意思表示,明确的"异议"可以排除推断行为所引起的意思表示做出的表象。[36]从默示许可既往判例中也能够清晰地看到这一点。在所有成立默示许可的案例中,专利权人在交易当时都没有明确表达过拒绝许可的意思,在当事人已经明确表达了拒绝许可意思的案件中也就没有默示许可的存在。在前文述及的 Bowman v. Monsanto 案中,由于专利权人 Monsanto 在向 Bowman 销售种子的时候,已经明确表示反对其留种复种,所以法院最终没有认可 Bowman 对默示许可的主张,虽然 Bowman 的主张符合农民留种的传统习惯。但需要指出的是,明示排除默示许可的行为必须发生在交易当时才能达到目的,事后声明将于事无补。对此,弗卢梅写道,"异议只能澄清事实状况,而不得与先前行为本身相矛盾。与行为相矛盾的异议不生效力。德国普通法中有这样一个法谚:与自己先前的行为相矛盾的表示不生效力"。[37]在 Met-Coil 一案中,权利人 Met-Coil 主张其已经通过明示的方式排除了默示许可的适用,但是法院查明的事实显示,Met-Coil 是在购买者购买了其所出售的轧辊成型机之后才发出不许可通知的,法院据此判定购买人所获得的默示许可不受影响。Lifescan, Inc. v. Can-am care corp. 案[38]更能全面地说明这个问题。Lifescan 就某种测量血糖的方法拥有专利权。Lifescan 销售用于实施该专利方法的血糖测量仪,该测量仪包括测试表和几个一次性测试条。其中测试条是消耗品,需要经常替换。被告 Can-am 生产与 Lifescan 测量仪配套的测试条,并将其销售给从 Lifescan 购买了仪器的消费者。自 1987 年至 1992 年间,Lifescan 所销售的测量仪上没有提及任何专利信息,1992 年 10 月开始在外包装上标注其专利号,1993 年 4 月开始在产品包装上附加这样一段说明:本仪器所使用的方法受美国专利保护,只有从本公司购买的仪器和测试条才可

---

〔34〕 参见[英]A. G. 盖斯特:《英国合同法与案例》,张文镇等译,中国大百科全书出版社 1998 年版,第 130—133 页。

〔35〕 [英]P. S. 阿狄亚:《合同法导论》,赵旭东、何帅领、邓晓霞译,法律出版社 2002 年版,第 211 页。

〔36〕 参见[德]维尔纳·弗卢梅:《法律行为论》,迟颖译,法律出版社 2013 年版,第 88 页。

〔37〕 [德]维尔纳·弗卢梅:《法律行为论》,迟颖译,法律出版社 2013 年版,第 88 页。

〔38〕 Lifescan, Inc. v. Can-am care corp. 859 F. Supp. 392 (N. D. Cal. 1994).

以实施该专利，从其他供应商处购买的测试条无权实施该专利。Lifescan 起诉 Can-am 构成帮助侵权。法院判决，1993 年 4 月之前销售的产品由于没有权利限制声明，消费者享有默示许可权，进而 Can-am 也不构成间接侵权；之后销售的产品由于存在权利限制声明排除了默示许可的适用，据此判定 Can-am 构成间接侵权。所以，默示许可的认定不得违反权利人相反的明确意思。如果权利人拒绝许可的明确表示构成专利权滥用或者垄断，权利人的表示可能不会产生所期待的法律效果，被告将获得免于担责的抗辩，但是这种抗辩的基础是专利法或反垄断法的其他规定，而非专利默示许可。

（二）价值目标：以利益平衡为基本价值取向，如影随形地制约专利权的过度扩张

自专利制度创立以来，专利权的效力范围经历了多次重要扩展，例如在权利客体上从产品专利向方法专利的扩展，在保护手段上从直接侵权向间接侵权的扩展，在法律工具上从专利法向契约法的扩展，等等。默示许可如影随形，专利权的效力范围每扩展到一个新的领域，默示许可也就同步跟进。

1. 从产品专利向方法专利的扩展

在专利制度发展的早期，专利保护的对象主要是产品发明，或者与产品发明并存的工艺发明，鲜见单纯的方法发明。工业革命推动了专利制度的发展，方法专利逐渐成为一种重要的保护对象，默示许可也就随同扩展到方法专利领域。1888 年美国最高法院审理的 Lawther v. Hamilton 案[39]，第一次涉及专利方法的默示许可。原告 Lawther 拥有一项从亚麻籽中提炼亚麻油的方法专利，他同时从事炼油设备的销售。被告 Hamilton 从 Lawther 的被许可人 McDonald 处购买了炼油设备，然后使用 Lawther 的专利方法从事炼油生产活动。Lawther 起诉 Hamilton 侵犯其炼油方法专利，Hamilton 以 Lawther 的设备销售行为产生了使用其专利方法的默示许可进行抗辩。法院认为，由于炼油设备的使用不是必须采用专利方法，尚有其他传统方法使用的可能，故不能认为有默示许可的存在。1984 年由 CAFC 审理的 Bandag，Inc. v. Al Bolser's Tire Stores，Inc. 案[40]，进一步明确了专利默示许可的成立条件，创立了著名的“Bandag 测试框架”。在该案中，Bandag 拥有一项轮胎翻新的方法专利，Al Bolser's 从 Bandag 特许经销商处购买了实施该专利方法的专用设备，然后使用 Bandag 的专利方法从事轮胎翻新业务。Bandag 起诉 Al Bolser's 方法专利侵权，Al Bolser's 提出默示许可抗辩。CAFC 认为，默示许可的成立应当满足两个方面的条件，一是所销售的产品不存在非侵权用途，二是销售环境必须清楚地显示，默示许可的存在是可期待的。由于 Al Bolser's 从 Bandag 特许经销商处购买的设备除授权销售行为外，仍然有其他用途，Bandag 也不存在其他可以认为存在默示许可的行为，故

---

〔39〕 Lawther v. Hamilton, 124 U. S. 1 (1888).

〔40〕 Bandag, Inc. v. Al Bolser's Tire Stores, Inc. 750 F. 2d 903, (Fed. Cir. 1984).

Al Bolser's 的默示许可抗辩不能成立。虽然以上两个案例法院最终确认方法专利的默示许可不存在，但是从法院的裁判意见可以看出，方法专利同样存在默示许可的可能，只不过要有足够的证据加以证明。在 Pettibone Corp. v. Fargo Mach. & Tool Co. 案〔41〕中，法院总结了方法专利默示许可的条件：当专利权人将专利物品出售给购买人时，如果该物品的唯一用途是实施专利方法，则购买人获得实施专利方法的默示许可。〔42〕

2. 从直接侵权向间接侵权的扩展

默示许可从直接侵权向间接侵权的扩展，是对专利权效力的一次重大限制，充分体现了知识产权法的利益平衡原则以及默示许可的平衡工具价值。专利间接侵权的概念源于美国判例法，1952 年美国专利法修改时将间接侵权予以吸收，从而使其上升为一项成文法上的正式制度。专利间接侵权主要是为了弥补传统直接侵权对专利权保护的不足，使得那些没有实施权利要求中所有步骤从而不符合全面覆盖原则的行为，比如提供专利产品的专用部件、生产设备和材料等，得以纳入专利权人的控制范围，极大地拓展了专利权的垄断效力。〔43〕间接侵权制度使得专利权人在专利产品之零部件市场的争夺上处于显著优势地位，削弱了市场竞争，影响了消费者福利。为了约束在间接侵权保护下不断延伸的专利权，默示许可在间接侵权诉讼中开始频频出现，〔44〕对间接侵权的成立形成了重大限制。在前文所述 Met-Coil 一案中，CAFC 即以存在默示许可、无直接侵权为由，判决未经专利权人许可的专用零部件的生产者不构成间接侵权。如果说该案中的零部件(某种角片)因为属于低值易耗品，法院不认定侵权尚能为专利权人所接受的话，随后发生的 Anton/Bauer, Inc. v. PAG, Ltd. 案〔45〕, Zenith Elecs. Corp. v. PDI Commun. Sys., Inc. 案〔46〕等系列间接侵权案件对默示许可的适用则引起了专利权人极大的争议。在这些后续案件中，被控间接侵权的被告在未经许可的情况下生产和销售了组装专利产品或实施专利方法的非消耗性构件，但是由于这些构件的销售对象都是从专利权人的许可渠道购买了只能用于实施其专利的其他构件的终端消费者，CAFC 都以终端消费者获得了实施专利权的默示许可从而不构成直接侵权为由判定间接侵权不成立。默示许可在很大程度上消解了间接侵权的价值功用，二者处于一种紧张的对立关系之中：只有被告销售的是专利的专用材料或设备才可能适用间接侵权，而根据 Met-Coil 确立的判例规则，在零部件不具有非侵权用途的条件下，恰好是默示许可成立的时候，默示许可的适用从实质上消解了间接侵权的成就。〔47〕在 Lifescan 一案中，法

---

〔41〕 Pettibone Corp. v. Fargo Mach. & Tool Co., 447 F. Supp. 1278, 1281 (E.D. Mich. 1978).

〔42〕 See Jeffrey W Guise, "Controlling Biotech Babies Following the Transfer of Self-Replicating Inventions", *San Diego Law Review*, 28 (1991), p. 947.

〔43〕 参见康添雄：《美国专利间接侵权研究》，西南政法大学 2005 年博士学位论文，第 1 页。

〔44〕 参见朱雪忠、李闯豪：《美国专利间接侵权默示许可抗辩的反思与借鉴》，《法律科学》2018 年第 2 期。

〔45〕 Anton/Bauer, Inc. v. PAG, Ltd., 329 F. 3d 1343 (Fed. Cir. 2003).

〔46〕 Zenith Elecs. Corp. v. PDI Commun. Sys., Inc., 522 F. 3d 1348 (Fed. Cir. 2008).

〔47〕 参见张耕、陈瑜：《美国专利默示许可与间接侵权：冲突中的平衡》，《政法论丛》2016 年第 5 期。

院提出了一种解决二者矛盾的可能思路，即视被告所销售的专用材料或设备是否为专利的核心内容而定，如果回答是肯定的则构成间接侵权，如果回答是否定的则适用默示许可解决。默示许可构成了对间接侵权不当延伸的有力限制，有效平衡了专利权人与社会公众之间的利益关系。

3. 从专利法向契约法的扩展

合同是实现当事人意志和利益的私法手段，对社会资源的控制权通过合同能够获得极大拓展。专利权人通过合同能够形成仅依靠专利法无法产生的控制力量，比如形成对专利限制制度的反限制，对法律不保护客体的保护，对对方当事人正当权利的限制，等等。〔48〕如果缺乏必要的制约，专利权人甚至会通过合同在专利权的配合下进行权利滥用以致形成市场垄断。在这种情况下，默示许可可以成为限制专利权人权利滥用的有力工具，重新平衡专利权人与对方合同当事人、社会公众之间利益关系的手段。在前文所述 United Stated v. Univis Lens Co. 案中，专利权人 Univis 以所持有的专利权为后盾，通过与批发商和零售商的特许经营合同对终端销售价格进行控制，利用合同关系创设了在专利法上所没有的市场控制权。美国最高法院借助默示许可理论阻却了 Univis 对批发商和零售商的不正当控制，有力维护了市场的竞争性和消费者福利。1995 年 CAFC 审理的 McCoy v. Mitsuboshi Cutlery, Inc. 案〔49〕，是利用默示许可制止权利人在合同关系中滥用专利权的一个重要案例。原告 McCoy 就某种虾刀拥有一项产品专利。McCoy 的子公司 ATD 与被告 Mitsuboshi 签订了委托生产 15 万把虾刀的协议。生产完成后 ATD 以质量瑕疵为由拒绝接受产品和支付费用，但是 ATD 并没有证据证明虾刀存在质量瑕疵。Mitsuboshi 直接与 McCoy 交涉，后者也仅仅接受了 2 万把并支付了相应价款，从而导致产品大量积压。在与 McCoy 反复交涉无果的情况下，Mitsuboshi 自行销售了部分产品以挽回损失。McCoy 起诉专利侵权，Mitsuboshi 则以违反合同为由提起反诉。地区法院同时确认了专利侵权和违反合同，Mitsuboshi 不服判决提起上诉。CAFC 审理后撤销了侵权判决部分。CAFC 认为，在专利权人违约的情况下，合同相对人有权利不经专利权人同意销售专利产品以挽回损失，专利权的存在并不能否定对方当事人的正当合同权益，合同相对方因为专利权人的违约行为获得了销售相关专利产品的默示许可，但是默示许可的权利范围只限于销售和许诺销售，而不包括制造和进口行为。专利默示许可限制了专利权人通过合同所进行的权利延伸或者借助专利权对合同相对方正当权利的压制，在专利权人与合同相对方或者社会公众之间达成了一种利益上的平衡。

利益平衡是知识产权法的基本价值目标，知识产权每拓展一步，制衡措施也应当跟进，以防止可能产生的权利滥用。自专利制度诞生以来，专利权利的范围

---

〔48〕 参见梁志文：《论知识产权法的合同限制》，《国家检察官学院学报》2008 年第 5 期。

〔49〕 Duncan McCoy, Alex Dorsett, and Alex-Duncan Shrimp Chef, Inc. v. Mitsuboshi Cutlery, Inc., and Admiral Craft Equipment Corporation, 67 F. 3d 917 (Fed. Cir. 1995).

和效力不断扩大和强化，社会公共利益空间存在不断被挤压的危险。专利默示许可的创立就是为了限制专利权利的滥用。默示许可的适用范围与专利权的效力范围呈现亦步亦趋、同步扩张的关系，专利默示许可成为专利法领域贯彻执行利益平衡价值目标的一种重要法律工具。

(三)内容形式：许可内容遵循个案原则确定，法律渊源始终保持案例法的本色

默示许可作为专利许可的一种形式，与许可本身是否存在居于同样重要地位的还有许可内容的确定，即许可的类型、期限、权项和对价等。由于默示许可的存在是根据交易环境推定的，双方当事人的意愿并未言明，所以许可内容完全取决于双方对交易环境的理解和期待。[50] 早在1895年的一项判决中，美国法院就指出："默示许可的期限和范围必须依据发明的性质和默示许可据以做出的环境确定，并且二者又依赖于双方当事人的意愿。"由于需要综合考量包括当事人意愿在内的多种因素，默示许可内容的确定也就成为一项权衡之术。[51]

1. 许可类型

根据所授予许可权限的不同，专利许可分为独占许可、排他许可和普通许可。独占许可和排他许可构成对专利权人权利的重大限制，一般需要权利人明确授予。至于默示许可，虽然根据权利人的行为和间接言辞可以推断出授予许可的意思，但一般只能是普通许可。在目前可及的案例中，作为被告的专利技术使用人均是被动防御，未见主张超越普通许可权的独占许可和排他许可的情况。可以想见的一种例外情形是，专利权人与被许可人之间先前签订有某种技术的独占或排他许可，后专利权人就该技术获得专利权，则被许可人就在后专利权可以获得独占或排他的默示许可。[52]

2. 许可期限

默示许可的期限问题要更为复杂一些，它往往取决于默示许可所依附的对象。例如，依附技术标准的默示许可，其许可期限可以贯穿整个专利有效期。在前文述及的 Wang Lab. 一案中，CAFC 就认为，Mitsubishi 获得了不可撤销的默示许可权，意味着该案中的许可没有具体期限。而依附于原许可协议的默示许可，旨在保障被许可人通过原协议获得的利益不会因为许可人事后获得的专利而减损，而不是赋予被许可人超越原许可协议的利益，所以默示许可的期限完全取决于原许可协议的期限。[53] 更为常见的是依附购销产品的默示许可，此时默示许可的期限一般是该产品的自然寿命期限。1995 年 CAFC 审理的 Carborun-

---

〔50〕 See Mark A. Lemley, "Intellectual Property Rights and Standard-Setting Organizations", *California Law Review*, 90 (2002), pp. 1923-1924.

〔51〕 参见陈瑜：《专利默示许可研究》，西南政法大学 2017 年博士学位论文，第 183 页。

〔52〕 参见袁真富：《知识产权默示许可——制度比较与司法实践》，知识产权出版社 2018 年版，第 143 页。

〔53〕 参见闫宏：《专利默示许可规则探析》，清华大学 2007 年硕士学位论文，第 32 页。

dum Co. v. Molten Metal Equipment Innovations，Inc. 案[54]，是屈指可数的以许可期限为争议焦点的默示许可案件。在该案中，原告拥有一项关于熔融金属提纯系统的方法专利，但是并没有出售用于实施该方法的整套系统设备，而是出售专门用于实施其专利方法的压力泵。被告销售该压力泵的替代品，有购买者从被告处购买产品用于替换之前从权利人处购买的压力泵以继续实施原告的专利方法。对于购买人从原告处购买压力泵后获得实施其专利方法的默示许可，双方没有争议。但是对于默示许可的存续期限，原被告存在重大分歧。原告认为默示许可的期限仅限于其所销售的每个压力泵的使用寿命，被告认为许可期限覆盖整个专利有效期。CAFC 支持了原告的主张，因为在 CAFC 看来，购买人在从原告处采购压力泵时预期自己在整个专利有效期内都有权利更换压力泵是不合理的。

3. 许可权项

专利实施权一般可以划分为制造、使用、许诺销售、销售和进口等具体权项。默示许可下的实施权具体应当包含的权项数量，取决于默示许可据以生成的具体环境。例如在基于技术标准产生的默示许可中，一般认为实施权涵盖了除进口权外的全部权项；在基于原许可协议产生的默示许可中，实施权的范围取决于原许可协议的约定。而在因为权利人违约行为产生默示许可的 McCoy 案中，CAFC 认为许可权仅限于销售和许诺销售。

4. 许可对价

美国最高法院在 De Forest 一案中就默示许可下的使用费问题曾说道："至于所构成的许可是否免费，应当取决于当时的具体情况。"在决定默示许可的被许可人是否需要支付对价时，应当主要根据权利人是否已经从中获得相应的对价来衡量。[55] 如果权利人已经从默示许可关联的交易中获得了对价，则被许可人无须再次支付对价，比如因为专利权人销售产品零部件产生的默示许可。相反，如果专利权人尚未获得任何对价利益，则许可发放人有权请求使用对价的支付，例如在 De Forest 一案中，作为许可人的 AT&T 由于尚未收取任何对价且已经言明其他争议问题留后解决，所以应当认为其有请求美国政府支付合理对价的权利。当然，需要承认这一事项上的复杂性。例如在 Wang Lab 一案中，虽然专利权人 Wang Lab 并没有从默示被许可人 Mitsubishi 处获得直接的专利权使用对价，但是 CAFC 认为，Wang Lab 作为产品采购人，已经从 Mitsubishi 参与形成的竞争性市场中因获得价格低廉的产品而充分受益，所以 Mitsubishi 获得的是无须支付使用费的默示许可。

案例法经过一百多年的发展，法院在专利默示许可上已经积累了丰富的司法经验，但是却始终未转换为成文法，依然保留案例法的本色。不但以判例法为传统的英美国家如此，以法典化见长的德国和日本也概莫能外。专利权的法定

---

〔54〕 Carborundum Co. v. Molten Metal Equipment Innovations, Inc., 72 F. 3d 872 (Fed. Cir. 1995).
〔55〕 参见石磊：《论专利默示许可的适用》，北京化工大学 2013 年硕士学位论文，第 25 页。

性特征决定了无论判例法系国家还是成文法系国家,专利法都以成文法为主要表现形式。美国的成文专利法具有全球引领性,其制度的完备性和体系的严密性不输任何成文法国家。美国专利法上的具体制度,并非国会山的精妙构思,而是法官们判例智慧的结晶。以专利间接侵权这一重要制度为例,早在1871年的Wallace v. Holmes一案[56]中,法官们就开创性地提出了专利共同侵权的概念,此后经过大量判例的不断完善,直至1952年国会修改专利法时吸收进成文法。

根据社会发展的需要,充分吸收已经成熟的判例规则,保证专利法具有良好的社会适应性,是美国专利制度持续发挥激励创新价值的根本保障。[57] 那么为何美国等专利制度成熟国家始终未能实现默示许可规则的成文化呢?笔者认为,至少有以下两个方面的原因可以解释这一现象。

其一,也是最关键的,默示许可的适用过于复杂,难以抽象出统一的规则。通过前文所开列的案例可以看出,就默示许可的适用对象(产生原因)一项就已经让人眼花缭乱:基于整件产品销售的默示许可、基于零部件销售的默示许可、基于胚料或中间物销售的默示许可、基于原许可协议的默示许可、基于违约行为的默示许可、基于技术标准的默示许可……每种类型默示许可的期限、地域、权项、费用等内容又千差万别。正如美国法院在众多案件审理中不止一次申明的那样,默示许可的有无及其内容完全取决于当时的交易环境。“并没有简单的公式可以决定何时发生默示的专利许可,而且,一般原则也过于模糊,因而在对于一些相近似的案件做出判决时无甚大用”。[58] “默示许可的认定是个案性的,案件事实的些许变化可能会导致判决结果的完全不同。”[59]默示许可就其本质来讲,应当是法院在个案处理过程中,以当事人意思为基础,以交易环境为根据,由法院拟制或者推定的一种许可形式。由于许可源于推定,所以其内容高度取决于个案,基本不可能抽象出具有一般适用性的规则。

其二,从其规范属性来讲,默示许可是一种合同法上的规则,这种规则在合同法上本来就是非成文化的。正如前文所述,基于专利默示许可所成立的法律关系是一种真正的合同法律关系,而非侵权法律关系。既然默示许可下的法律关系是合同法律关系,自然应当适用合同法律制度进行调整。具体来讲,默示许可在英美合同法上的法律基础是默示条款制度,在大陆法系上则为其合同解释制度。根据《布莱克法律词典》的解释,所谓默示条款是指当事人未在合同中明确约定,但是由法院推断当事人默示的意图而添加进合同的条款。[60] “在很多案件中合同的条款都能被默示,在特殊情况下,这相当于诚信义务。”[61]诚信是合同法中最为一般的规定和要求,处于基本原则的地位。默示许可被认为直接来

[56] Wallace v. Holmes, 29 F. Cas. 74 (C.C.D. Conn. 1871).

[57] 参见杨利华:《美国专利法史研究》,中国政法大学出版社2012年版,第231页。

[58] [美]德雷特勒:《知识产权许可》,王春燕等译,清华大学出版社2003年版,第184页。

[59] 陈瑜:《专利默示许可研究》,西南政法大学2017年博士学位论文,第46—47页。

[60] Black's Law Dictionary (8th Edition). 转引自原蓉蓉:《论英美合同法中默示条款的补充及其借鉴》,《学术论坛》2013年第2期。

[61] [英]P.S.阿狄亚:《合同法导论》,赵旭东、何帅领、邓晓霞译,法律出版社2002年版,第220页。

源于诚信原则，与诚信原则具有规范属性上的一致性，所以在英美合同法中其始终处于判例法的形态。既然作为专利默示许可基础的合同默示条款制度处于案例法的形态，专利默示许可也很难对其进行超越。大陆法系没有默示条款制度，但其合同解释制度完全承载了英美法系默示条款制度的功能，具体来讲应当是合同解释中的漏洞补充。[62] 漏洞补充的对象是合同中的漏洞，即合同关于某事项应有约定而未约定的不圆满的现象。[63] 合同漏洞补充从操作层面来讲，实际上是法官基于公平正义观念对合同履行中缺失规则的填补。“正义有着一张普落透斯似的脸(a Protean face)，变幻无常、随时可呈不同形状并具有极不相同的面貌。”[64]由于公平正义的判断因人而异，像合同漏洞补充这一类离公平正义最近、对公平正义依赖程度最高的制度，是不可能创制出具体法律规则的，至多能确定一些与公平正义抽象程度相差无几的原则性规定。诚如是，大陆法系的合同漏洞补充方法依然处于案例法的状态，专利默示许可作为其子类同样难以实现成文法化。

三、专利默示许可的中国化

自 2001 年加入世界贸易组织以来，我国加速融入以 TRIPS 协定为核心的世界知识产权体系。随着社会主义市场经济快速发展激发的内生需要，一系列专利制度得以引入、尝试和成长。正是在这样的历史背景下，专利默示许可在我国司法实践和立法活动开始了探索历程，在向国外成熟经验学习的同时，也展现了中国方案和中国智慧。对标默示许可嬗变的历史规律，我国的司法和立法活动既取得了一定的成绩，也存在较为明显的不足。系统归纳总结现有司法和立法活动，提出默示许可中国化的科学方案，有助于默示许可在我国落地生根。

(一)司法实践

1. 现状

以“专利”“默示许可”为关键词检索中国裁判文书网，辅之以从中国知网相关论文中发掘二手文献，经逐一甄别，共找到中国法院有关专利默示许可的案例 22 件。在这些案例中，民事案件的被告(被控侵权人)或行政案件的原告(因专利侵权被处罚的行政相对人)，均将实施行为已获得专利权人默示许可作为不侵权的抗辩理由。我们可以从以下四个角度对获取的案件进行分析把握。

第一，从发生原因上来讲，这些案件可以分为六种类型，分别是：基于技术标准或技术推广的默示许可，如邕江药业诉天工药业专利侵权案[65]、季强等诉兴诺

---

[62] 参见翟云岭、王阳：《默示条款法律问题探析》，《法学论坛》2004 年第 1 期。

[63] 参见崔建远：《合同法》，北京大学出版社 2012 年版，第 390 页。

[64] [美]E. 博登海默：《法理学：法律哲学与法律方法》，邓正来译，中国政法大学出版社 2004 年版，第 261 页。

[65] 参见广西壮族自治区高级人民法院(2007)桂民三终字第 46 号民事判决书。

建筑专利侵权案[66]、优凝建材诉河海科技等专利侵权案[67]、张晶廷诉子牙河建筑专利侵权案[68]、徐斌等诉铭健公司专利侵权案[69]、胡小泉等诉惠诺药业专利侵权案[70]；基于专用原材料销售的默示许可，如微生物公司诉福药公司等专利侵权案[71]；基于招投标行为的默示许可，如番禺电缆诉冠通电力专利侵权案[72]；基于劳动关系的默示许可，如朱大同诉同力公司专利侵权案[73]；基于权利行使懈怠的默示许可，如康源制药诉湖南省知识产权局等专利侵权纠纷处理决定案[74]；基于原合同关系的默示许可，如科达丽实业诉贝科玻璃钢专利侵权案[75]、坦萨土工诉康锴建筑材料专利侵权案[76]。

第二，从默示许可抗辩被采信情况来看，仅有 3 起案件被人民法院认定存在默示许可，分别是季强等诉兴诺建筑专利侵权案、优凝建材诉河海科技等专利侵权案以及微生物公司诉福药公司等专利侵权案。

第三，从案件发生年度上来讲，2007 年起此类案件开始出现，共有 11 起案件发生在 2016—2019 年，占全部案件的 50%，呈现较为明显的上升态势，说明专利默示许可的司法价值越来越为当事人所关注。

第四，从所适用的专利权客体属性上来讲，从发明专利开始不断拓展到实用新型专利和外观设计专利，适用对象随着时间推移覆盖面逐渐扩大，形成了以发明专利为主导，发明、实用新型、外观设计全覆盖的状态。

2. 成绩与不足

虽然人民法院认定默示许可存在的专利案件数量还非常少，但是仍然进行了宝贵的探索。在这些极为有限的成功案例中，人民法院为我国专利默示许可制度的建构，至少贡献了如下三个方案的经验。

首先，认识到默示许可是一种根据当事人行为推断的意思表示，默示许可的适用以权利人无相反声明为条件。在徐斌等诉铭健公司专利侵权案中，陕西省高级人民法院认为："标准'单元式多向变位梳形板桥梁伸缩装置'在引言部分披露了标准涉及的专利及权利人的情况，标准的实施人不可能不知道该标准与涉案专利相关，同时，引言部分的内容还称专利权人'愿意同任何申请人在合理和非歧视的条款和条件下，就使用授权许可证进行谈判'。因此表明专利持有人并

---

〔66〕 参见辽宁省高级人民法院(2007)民辽四知字第 126 号民事判决书。

〔67〕 参见江苏舒布洛克的博客：《2009 年江苏法院知识产权司法保护典型案例》，http://blog.sina.com.cn/s/blog_4cadcd270100m1g7.html；更新时间：2010 年 10 月 9 日 08:33:26；访问时间：2020 年 4 月 1 日。

〔68〕 参见最高人民法院(2012)民提字第 125 号民事判决书。

〔69〕 参见陕西省高级人民法院(2016)陕民终 567 号民事判决书。

〔70〕 参见山东省高级人民法院(2018)鲁民终 870 号民事判决书。

〔71〕 参见最高人民法院(2011)知行字第 99 号行政裁定书。

〔72〕 参见广东省高级人民法院(2017)粤民终 1284 号民事判决书。

〔73〕 参见北京市高级人民法院(2019)京民终 63 号民事判决书。

〔74〕 参见湖南省长沙市中级人民法院(2016)湘 01 行初 599 号、600 号、601 号行政判决书。

〔75〕 参见浙江省高级人民法院(2012)浙知终字第 20 号民事判决书。

〔76〕 参见福建省高级人民法院(2019)闽民终 828 号民事判决书。

未放弃对授权许可进行审查，不能直接推定为对所有使用人是默示许可。”在张晶廷诉子牙河建筑专利侵权案中，最高人民法院再审认为，在河北省建设厅发布的“CL结构设计规程”前言中已经载明“本规程所涉及的专利技术为石家庄晶达建筑体系有限公司所有，使用授权许可，应与之联系”的情况下，“因子牙河公司知道或应当知道华泽公司设计的施工方法中包含有涉案专利技术，在张晶廷进行了专利披露、子牙河公司能够识别专利并能够与张晶廷进行联系的情况下，未经张晶廷许可，使用涉案专利技术，且在发生纠纷后，在本案中拒绝向专利权人支付专利许可费。子牙河公司的行为，构成侵权”，所以未采信被告人子牙河建筑提出的默示许可抗辩。

其次，在因原材料销售所产生的默示许可案件中，探索了原材料用途在构成默示许可时的判断标准问题，提出了“唯一合理的商业用途”标准。对于因产品/零部件/原材料销售所产生的默示许可的判断标准，CAFC在Bandag，Ine. v. AI Bolser's Tire Stores，Inc. 案中提出了著名的包含两项要件的“Bandag测试框架”，其中第一项构成要件即要求所售产品“不存在非侵权用途”。但是何为“非侵权用途”，该案并未给予正面回答，而且该标准被认为过于严格，导致默示许可在产品销售方面难以存在适用空间。[77] 随后，美国法院又通过司法实践探索了“任何商业上可行的用途”[78]“具有实际可能性的用途”[79]“合理的用途”[80]等相对宽松的判断标准。我国最高人民法院在微生物公司诉福药公司等专利侵权案中所提出的“唯一合理的商业用途”标准，宽严适度，颇具开创性和实用性。

最后，在专利权使用对价问题上，明确了默示许可不等于免费许可。在季强等诉兴诺建筑专利侵权案、优凝建材诉河海科技等专利侵权案中，法院在认定默示许可存在的同时判令专利技术使用人向专利权人支付专利使用费，借此明确了默示许可不等于免费许可。当然，在许可费问题上，法院也没有采取“一刀切”的处理方式，在微生物公司与福药公司等专利侵权案中，在认定默示许可存在同时，根据专利权人已经从专用原材料销售中获益的事实，没有判决许可费。我国法院通过仅有的3起成功案例，已经明确了专利默示许可下的许可费问题应当采用具体问题具体分析的处理方法。

我国有关专利默示许可的司法实践，在取得一些成绩的同时，所存在的不足也是显而易见的。准确把握这些不足，有助于今后更好地推进专利默示许可在司法实践中的正确运用。

首先，未能将默示许可的运用完全置于合同法律关系中来把握，在个别案件中存在将默示许可视为一种独立抗辩事由的错误认识。在仅有的3起采用默示许可的案件中，有2起是因技术标准或技术推广引发的案件，分别是季强等诉兴

---

〔77〕 参见董美根：《论专利默示许可》，载国家知识产权局条法司编著：《专利法研究2010》，知识产权出版社2011年版，第486页。

〔78〕 Cyrix Corp，v. Intel Corp.，846 F. Supp. 522，524 (E.D. Tex. 1994).

〔79〕 Elkay Mfg. Co. v. Ebco Mfg. Co.，99 F.3d 1555，1557 (Fed. Cir. 1996).

〔80〕 Minebea Co. v. Papst，444 F. Supp. 2d 68 (D. D. C. 2006).

诺建筑专利侵权案和优凝建材诉河海科技等专利侵权案。前文述及的 Wang Lab 案是美国法院审理的一件与技术标准有关的默示许可案件。根据 CAFC 的裁判理由,被告 Mitsubishi 之所以被认为获得了实施 Wang Lab 专利的默示许可,不仅因为 Wang Lab 在违背披露义务的情况下诱使 JEDEC 将其 SIMMs 专利技术纳入技术标准,而且 Wang Lab 还公开宣称任何公司都可以在免许可的情况下自由使用该技术,尤其重要的是 Wang Lab 多次与 Mitsubishi 直接互动,以大规模产品采购为诱饵鼓励后者生产 SIMMs 并向其提供图纸和其他生产资料。正是这一系列的积极促成行为,让 Mitsubishi 合理信赖 Wang Lab 已经许可其使用 SIMMs 技术,也就是说二者形成了专利默示许可合同关系。

反观我国法院所处理的上述两起因技术标准或技术推广引发的专利侵权案件,专利权人仅是同意或推动将其专利技术纳入技术标准或技术推广项目,除此之外并没有与被控侵权人有任何直接的互动关系。而且专利技术在纳入技术标准或技术推广项目时未能在标准或项目文件中标明专利权信息,但这不能归咎于专利权人,因为一来这些文件是由建设部和水利部等第三方主体制定的,二来专利权人并没有欺瞒标准或项目文件的制定者。正如前文所述,默示许可是许可的一种形式,在专利权人与专利技术使用人之间形成的是真正的合同关系而非侵权关系。而合同关系是一种相对性法律关系,合同主体都是特定的,这就要求主体间必须存在直接的行为互动关系,据此才能判断互相之间是否有形成合同关系的意思。而在上述两起技术标准和技术推广案件中,专利权人与专利技术使用人之间未形成任何直接互动关系,甚至在技术使用关系发生时彼此都不知道对方的存在,何来合同关系的形成呢?既然不能从其言辞或行为中推定出任何合同关系,自然也就没有适用默示许可的余地。所以,笔者对上述两起案件中默示许可的适用持保留意见。其问题的根源,在于法院将默示许可作为一种普通的侵权抗辩事由,没有认识到一般侵权抗辩事由与默示许可在法律性质上的根本不同。

对于笔者所得出这种结论有人可能会担心,如果专利权人故意采取欺骗手段欺瞒标准制定组织将其专利技术纳入标准,而后以行使专利权为名行市场垄断之实怎么办?2008 年 CAFC 审理 Qualcomm Incorporated v. Broadcom Corp. 案[81]给出了这一问题的答案。从 2002 年起 Qualcomm 在参与标准制定组织 JVT(Joint Video Team)的标准化活动时,故意不披露其专利信息,致使 JVT 将其专利技术纳入技术标准。Broadcom 根据 JVT 的技术标准从事生产活动,Qualcomm 起诉 Broadcom 侵犯其专利权。CAFC 审理后认为,Qualcomm 在标准制定活动中违反披露义务,构成权利放弃(waiver),在实施技术标准的范围内对所有技术使用人来讲其专利不可执行(unenforceable)。不可执行与默示许可在美国专利法上属于两项完全不同的抗辩事由。此时不按照默示许可的思路来处理,原因在于此案中没有导致合同关系产生的行为。我国专利法上侵权抗

---

〔81〕 Qualcomm Incorporated v. Broadcom Corp., 548 F. 3d 1004 (Fed. Cir. 2008).

辩体系不完备，可能是导致法院采取上述处理思路的现实原因。通过这个问题我们可以看出，完善专利侵权抗辩体系乃至整个专利制度，对于我国知识产权事业发展具有重要意义。

其次，在默示许可成就与否的考量因素上，简单依赖于所谓能够推定出默示意思的直接行为，未能综合案件中当事人的所有言辞和行为做出综合判断。例如，在同力公司诉北京市知识产权局专利侵权纠纷处理决定案〔82〕、三星灯饰诉科百达照明专利侵权案〔83〕、番禺电缆诉冠通电力专利侵权案中，法院都是仅根据《最高人民法院关于贯彻执行〈中华人民共和国民法通则〉若干问题的意见（试行）》第 66 条〔84〕的规定寻找当事人的直接意思行为，而未能对案件中当事人之间的其他互动行为做出评价，在没有找到权利人直接意思行为的情况下径直驳回了被告人提出的默示许可抗辩，将复杂行为进行了过度简单化的处理。正如 CAFC 在 Bandag 案中所总结的那样，默示许可的第二项构成要件是"根据交易环境可以清晰地推定默示许可的存在"。所谓"交易环境"就是要综合考量权利人在交易过程中的所有行为和言辞，而不能仅仅考察其所谓直接意思行为。

最后，总体来看，默示许可的适用比例还非常低，案件类型还远不丰富。在有些案件中，法院对于被告提出的默示许可抗辩未做出任何分析和回复，〔85〕难以满足司法实践的需要和当事人的合理期待。

（二）立法活动

2003 年以来，我国司法、立法和行政机关围绕专利默示许可展开了一系列规则创制活动，具体梳理如下：

1. 司法解释路径

最高人民法院 2003 年公布的《关于审理专利侵权纠纷案件若干问题的规定》之"征求意见稿"和"会议讨论稿"的相关条文规定：在标准制定活动中未披露其相关专利的，视为授予了实施其专利的免费默示许可。〔86〕 最高人民法院 2008 年公布的《关于审理侵犯专利权纠纷案件应用法律若干问题的解释（征求意见

---

〔82〕 参见北京知识产权法院（2016）京 73 行初 3162 号行政判决书。

〔83〕 参见山东省高级人民法院（2017）鲁民终 74 号民事判决书。

〔84〕 该条规定："一方当事人向对方当事人提出民事权利的要求，对方未用语言或者文字明确表示意见，但其行为表明已接受的，可以认定为默示。不作为的默示只有在法律有规定或者当事人双方有约定的情况下，才可以视为意思表示。"

〔85〕 例如在成都中照照明科技有限公司与四川省正伟照明有限公司侵害外观设计专利权纠纷案中，被告提出了默示许可抗辩，法院判决对此没有做出任何回应。参见成都市中级人民法院（2016）川 01 民初 217 号民事判决书。

〔86〕《关于审理专利侵权纠纷案件若干问题的规定》"征求意见稿"第 75 条和"会议讨论稿"第 36 条规定："专利权人参与了有关标准的制定，但在标准发布前未申明相关标准技术落入其专利权保护范围的，视为授予了实施该专利的免费默示许可，相关组织个人实施包含该专利的标准的行为，不视为侵犯专利权。"

稿)》规定了标准专利的默示许可及其使用费的确定方法。[87] 由于在标准专利默示许可的成就条件及其费用问题上存在广泛争议,上述草案中的意见未能最终成为司法解释。2008 年最高人民法院在给辽宁省高级人民法院的个案答复中认为,如果专利权人参与或同意其专利纳入技术标准,视为其同意他人在实施标准时实施其专利,但是应当支付专利使用费,不过使用费数额应当明显低于正常水平。[88] 最高人民法院 2016 年发布的《关于审理侵犯专利权纠纷案件应用法律若干问题的解释(二)》中,只规定了推荐性标准中所涉专利技术不存在默示许可及其许可费确定方法,而对于强制性标准中专利技术的许可问题采取了回避态度,[89]实际上否弃了 2008 年给辽宁省高级人民法院的答复。北京市高级人民法院在其 2017 年发布的《专利侵权判定指南》中规定了销售专用部件和专用设备的默示许可,但未提及许可费问题。[90]

2. 人大立法路径

2015 年 12 月,原国务院法制办公室公布的《中华人民共和国专利法修订草案(送审稿)》第 85 条规定,专利权人违背披露义务致使其专利技术被纳入标准的,视为其默示许可他人使用其专利技术,同时规定了许可费的争议解决方法。[91] 一石激起千层浪,该草案的规定引起了广泛的讨论和极大的争议。2020 年 10 月,全国人大常委会公布的新《中华人民共和国专利法》未提及标准专利的默示许可问题,更未涉及默示许可的一般问题,实际上否决了默示许可的成文化方案。

3. 行政立法路径

2016 年国家知识产权局发布的《专利侵权行为认定指南(试行)》规定了专利默示许可的含义、性质(默示合同的一种形式)、类型(基于产品销售产生的默示许可、基于先前使用产生的默示许可)及其成立条件。就标准和专利的关系问

---

〔87〕 该解释第 20 条规定:“专利权人同意将相关技术纳入标准,但又未披露该技术为专利技术的,人民法院可以认定专利权人许可他人在实施该标准的同时实施其专利,但专利依法必须以标准的形式才能实施的除外。专利权人要求标准实施人支付使用费的,人民法院应当综合考虑专利的创新程度及其在标准中的作用、标准所属的技术领域、标准的性质、标准实施的范围等因素合理确定使用费的数额。”

〔88〕 参见《最高人民法院关于朝阳兴诺公司按照建设部颁发的行业标准〈复合载体夯扩桩设计规程〉设计、施工而实施标准中专利的行为是否构成侵犯专利权问题的函》(〔2008〕民三他字第 4 号)。

〔89〕 该解释第 24 条规定:“推荐性国家、行业或者地方标准明示所涉必要专利的信息,被诉侵权人以实施该标准无须专利权人许可为由抗辩不侵犯该专利权的,人民法院一般不予支持。”

〔90〕 北京市高级人民法院《专利侵权判定指南(2017)》第 131 条规定:“专利产品或者依照专利方法直接获得的产品,由专利权人或者经其许可的单位、个人售出后,使用、许诺销售、销售、进口该产品的,不视为侵犯专利权,包括:……(3)专利权人或者其被许可人售出其专利产品的专用部件后,使用、许诺销售、销售该部件或将其组装制造专利产品;(4)方法专利的专利权人或者其被许可人售出专门用于实施其专利方法的设备后,使用该设备实施该方法专利。”

〔91〕 该条的原文是:“参与国家标准制定的专利权人在标准制定过程中不披露其拥有的标准必要专利的,视为其许可该标准的实施者使用其专利技术。许可使用费由双方协商;双方不能达成协议的,可以请求国务院专利行政部门裁决。当事人对裁决不服的,可以自收到通知之日起十五日内向人民法院起诉。”

题，国家标准化委员会准备出台一份规范性文件，分别在 2004 年、2009 年和 2012 年三次就文件草案向社会公开征求意见。2009 年征求意见稿曾规定了专利权人的披露义务并在第 8 条中明确："参与标准起草的专利权人及其关联公司未按上述要求披露视为免费许可，因故意隐瞒专利信息而给国家标准制定或实施造成损失的，应承担相应的法律责任。"2013 年 12 月，国家标准委和国家知识产权局联合发布的《国家标准涉及专利的管理规定(暂行)》只是抽象地规定违背诚实信用原则未披露其专利的标准制定参与人应当承担法律责任，而对于具有实操意义的默示许可及其使用费问题采取了回避态度。

中国立法、司法和行政机关所展开的专利默示许可规则创制活动，呈现如下五个特点：第一，所形成的成果很少、层级较低。虽然立法、司法和行政机关都不同程度地开展了规则制定活动，曾提出了不同版本的规则草案，但是最终形成的有约束力的正式文本很少。舍弃了标准专利默示许可的内容，最高人民法院 2016 年发布的《关于审理侵犯专利权纠纷案件应用法律若干问题的解释(二)》只从反面规定了推荐性标准中所涉专利技术不存在默示许可，对于何时成立默示许可没有正面回答。由于最高人民法院 2008 年给辽宁省高级人民法院的复函只是针对个案的答复，既不属于司法解释的范畴，也没有被后来最高人民法院自己审理的案件所坚持，所以可以认为最高人民法院在这个问题上没有正式立场。虽然北京市高级人民法院所发布的《专利侵权判定指南》中有一个条款提及专利默示许可，但由于这只是一个区域性法院的司法文件，并不能代表全国司法机关。特别是随着 2019 年 1 月 1 日专利等技术性较强的知识产权案件"飞跃上诉制"的实施，北京市高级人民法院所发布的上述文件事实上已处于停止执行的状态。〔92〕国家知识产权局发布的《专利侵权行为认定指南(试行)》是目前唯一直接规定专利默示许可的立法性文件。根据《立法法》的规定，该文件属于部门规章，对人民法院审理案件仅具有参考意义，层级相对较低。

第二，立法活动主要围绕标准专利展开，调整对象比较狭窄，即使上升为正式立法，也难以有效满足司法实践的需要。原国务院法制办公室公布的《中华人民共和国专利法修订草案(送审稿)》以及最高人民法院 2003 年、2008 年司法解释征求意见稿，仅规定了标准中专利技术的许可问题，相对于默示许可宽泛的调整对象而言，其仅为冰山一角，假使最终成为正式法律文件，也难以满足司法实践的需要。

第三，无论是行政机关已经出台的正式法律文件，还是立法和司法机关曾经讨论过的文件草案，都回避了专利默示许可的期限、类型、权项和对价问题。而这些问题与默示许可是否成就一样，是司法实践中不得不正视的问题。如果不就这些问题做出规定，即使上述法律文件草案变成正式文件，其对司法实践的指导价值也必将严重折损。

---

〔92〕 2018 年 10 月 26 日，第十三届全国人民代表大会常务委员会第六次会议通过《全国人民代表大会常务委员会关于专利等知识产权案件诉讼程序若干问题的决定》，决定自 2019 年 1 月 1 日起当事人对专利等技术性较强的知识产权民事、行政案件一审判决、裁定不服的，由最高人民法院审理。

第四,不同法律文件对于默示许可性质的认识存在明显的矛盾和冲突。国家知识产权局《专利侵权行为认定指南(试行)》,将默示许可作为默示合同的一种形式,与明示许可、指定许可或强制许可、不以生产经营为目的实施归并在一起,在法律性质上确定为"不侵犯专利权的行为"。北京市高级人民法院《专利侵权判定指南》,则将默示许可作为"不视为侵权的抗辩"事由之一,与《专利法》第69条所规定的权利穷竭、在先使用、临时过境、科研使用和医药审批等[93]归并在一处,而与不以生产经营为目的的实施、不符合全面覆盖原则的行为等所谓的"不侵权抗辩"分开处理。原国务院法制办公室《中华人民共和国专利法修订草案(送审稿)》则将标准专利的默示许可规定在第八章"专利的实施和运用"中,而非置于集中规定"专利权的保护"的第七章中,其处理方法与国家知识产权局《专利侵权行为认定指南(试行)》基本一致。对默示许可法律性质认识上的分歧,折射出在这一问题上学理研究的薄弱和司法实践的稚嫩。

第五,缺乏对我国司法实践成果的必要吸收,所创制的规则具有显著的舶来品特征。目前我国有关专利默示许可的唯一正式法律渊源,当属国家知识产权局《专利侵权行为认定指南(试行)》。该法律文件规定了两种类型的默示许可:基于产品销售的默示许可和基于先前使用的默示许可。对于基于产品销售的默示许可规定了两项成立条件,分别是产品不存在非侵权用途以及专利权人没有明确提出限制性条件。该规则与CAFC在Bandag案中所提出的默示许可判断标准高度相似。对于基于先前使用的默示许可,没有具体描述其成立条件,而是借助一个典型案例来说明其适用情形。虽然没有言明,但是根据该案例的实质内容可以确定,这个案例就是CAFC审理的Wang Lab一案。《专利侵权行为认定指南(试行)》中有关专利默示许可的具体规则具有浓厚的美国法色彩。美国有关专利默示许可的判例法丰富而实用,不但可以而且应当借鉴。但是我国法院在默示许可有限的司法实践中也总结出了部分宝贵的经验,比如最高人民法院在微生物公司诉福药公司等专利侵权案中,针对因产品销售产生的默示许可所提出的"唯一合理的商业用途"的判断标准,既具有中国特色、符合中国实际,又具有理论上的科学性,理应吸收和坚持。遗憾的是,除了知识产权行政机关自己处理的一个专利侵权案件外,《专利侵权行为认定指南(试行)》未吸取我国在法律实践中形成的任何法律智慧,所创制的法律规则显得不怎么接地气。

(三)制度设想

1. 考量因素

每一项制度的设计都需要充分考虑与其他现实成分的兼容和协调。也只有以现实客观条件为依据,实现与相关制度的协调配合,新制度创设才可能成功。专利默示许可的制度设计应当充分考量下列制约因素和支撑条件。

第一,其他国家的经验借鉴。正如前文所述,对于专利默示许可的制度设

[93] 参见李明德:《知识产权法》,法律出版社2014年版,第158—161页。

计，无论是判例法系的英国和美国，还是成文法系的德国和日本，无不采取案例法的形式实现默示许可在专利法中的应用，未见实现该制度的成文法化者。除非有其他重要现实理由，一般不应无视国际惯例。

第二，事物自身的客观性质。默示许可的适用对象极为宽泛，许可内容千差万别，加之需要考虑各方面的利益平衡，难以抽象出具有普遍适用性的统一规则，从而使得制定成文法规则几乎不可能。

第三，与国际条约义务的协调。根据 TRIPS 协定，对于非基于权利人明示授权许可的专利使用行为，其适法性应当遵循“一事一议”的原则做出判断，通过个案中的具体情况来确定。以成文法形式对标准必要专利等授予一般许可，实际上是创设了一种法定许可，而这将会违背 TRIPS 协定的精神。〔94〕

第四，中国已经进行的成文化尝试及其结果。自 2003 年以来，我国立法、司法和行政机关均不同程度地参与到专利默示许可成文化进程中来，提出了多种制度成文化的方案，但立法机关和司法机关最终放弃了成文化的努力，只有专利行政机关以部门规章的形式明确了专利默示许可的两种具体情形。令人遗憾的是，自 2016 年发布至今专利行政机关的立法成果从未被任何一家法院在案件审理中采用，这多少能说明专利默示许可规则成文化与现实需要之间的紧张关系。

第五，知识产权案例指导制度的成功实践。由于法律与技术之间接近线性的关系，在科学技术迅猛发展的今天，没有一部法律像知识产权法那样富于易变性。成文法的局限性在知识产权法上表现最为明显。为了解决法律供给与司法需求之间的结构性矛盾，最高人民法院决定自 2015 年 4 月起在北京知识产权法院试水知识产权案例指导制度，创新知识产权司法制度。〔95〕北京知识产权法院通过《知识产权审判遵循先例程序指南》明确了先例判决的地位、效力，建立了相应的配套措施，积极推进案例指导制度在知识产权案件审判中的运用。〔96〕统计数据显示，2015 年 1 月至 2017 年 12 月，北京知识产权法院在判决中引述在先案例的案件共 1034 件，且呈现明显的逐年递增趋势；在先案例对后案的指导、参考、借鉴作用主要表现为：展现了适用某一法律规则的典型事实情形，解释了某一法律规则或概念，形成一种共识性的法律规则，限定了某一程序规则，体现出司法政策或司法理念及其变迁等。〔97〕鉴于知识产权案例指导制度的重要意义及其在司法实践中所展现出的生命力，2018 年中共中央办公厅和国务院办公厅发布《关于加强知识产权审判领域改革创新若干问题的意见》，再次明确要求推进

〔94〕 参见张伟君：《默示许可抑或法定许可——论〈专利法〉修订草案有关标准必要专利披露制度的完善》，《同济大学学报（社会科学版）》2016 年第 3 期。

〔95〕 参见郭京霞：《知产案例指导制度：从“遵循先例”到同案同判》，《人民法院报》2017 年 1 月 23 日，第 6 版。

〔96〕 参见蒋惠岭、杨奕：《北京知识产权法院：以先例判决指导审判工作制度的创新实践热点关注》，https://www.ccpit-patent.com.cn/zh-hans/node/3135；更新时间：2016 年 4 月 7 日；访问时间：2020 年 4 月 4 日。

〔97〕 参见北京知识产权法院课题组：《在先案例在知识产权审判中的运用情况调研——以北京知识产权法院为样本》，《中国应用法学》2018 年第 3 期。

符合知识产权诉讼规律的裁判方式改革，完善知识产权案例指导制度。在这种背景下，专利具体制度的建设不可能不考虑知识产权案例指导制度的价值及其影响。

2. 运行架构

笔者认为，专利默示许可的运行架构可以设计为：以民法上的意思理论和专利法上的诚实信用原则为依据和统领，以指导性案例和先例判决为核心和基础，以统一的上诉审理机制和初审集中管辖机制为程序保障的制度运行体系。对该制度运行体系包括的三项构成要素，分述如下：

第一，所谓以民法上的意思理论和专利法上的诚实信用原则为依据和统领，就是要将民法意思理论和专利法诚实信用原则作为专利默示许可案件裁判的规范依据，以其统领专利默示许可名下的规则群。专利默示许可作为专利许可合同的一种形式，以通过当事人语言和行为推定出的意思为依据，其理论基础和制度根据在于民法上的意思表示理论。意思表示有明示与默示之别，默示又包括通过可推断的行为表示的意思表示、需要通过补充解释填补的意思表示以及单纯的沉默。[98] 由于单纯的沉默只有在法律特别规定及当事人特别约定的情形下始具有表示价值，而专利默示许可一般缺乏法律规定和当事人约定，所以通过可推断的行为表示的意思表示和需要通过补充解释填补的意思表示实为专利默示许可的理论依据。诚实信用原则虽为民法的基本原则，但对于规制知识产权机会主义行为具有重要价值，所以在对《中华人民共和国专利法》的第四次修订中，新增规定："申请专利和行使专利权应当遵循诚实信用原则。不得滥用专利权损害公共利益和他人合法权益。"专利默示许可在英美法上的理论基础为禁止反言原则，翻译为我国的法律术语则应当为诚实信用原则。对专利默示许可的每一种情形，如果不认为此时存在许可授权，将导致权利人和专利技术使用人之间权利义务关系的显著失衡，也就是会违背诚实信用原则所追求的当事人之间的利益平衡精神。[99] 案例指导制度不是要创设一种新的法律渊源，不会改变我国的成文法传统，[100]所以为专利默示许可案件寻找成文法基础仍然是完全必要的。民法上的意思制度和专利法上的诚实信用原则因为契合度好、涵盖性强，最宜作为专利默示许可的规范依据，统领专利默示许可的规则群以保障其精神上的一致性。

第二，所谓以指导性案例和先例判决为核心和基础，就是专利默示许可的具体规则，要以指导案例和先例判决的形式来形成和体现。所谓指导性案例，是指根据《最高人民法院关于案例指导工作的规定》遴选的具有法律约束力的案例，用于构建专利默示许可的核心规则。但是由于指导性案例遴选程序严格、数量

[98] 参见[德]迪特尔·梅迪库斯：《德国民法总论》，邵建东译，法律出版社2013年版，第252页。

[99] 参见徐国栋：《民法基本原则解释》，中国政法大学出版社2004年版，第72页。

[100] 参见《立足案例应用，构建中国特色知识产权案例指导制度》，中国法院网，https://www.chinacourt.org/article/detail/2016/11/id/2356575.shtml；更新时间：2016年11月24日；访问时间：2020年4月5日。

有限，能够进入指导性案例的专利默示许可案件必定是少数，这就需要将其他先例判决也作为在后案件判决的参考。北京知识产权法院将先例判决的效力区分为九级，[101]除了作为第一级的最高人民法院指导性案例外，其余八级均为先例判决。先例判决虽然没有直接的法律约束力，但是由于数量大、参与面宽、种类丰富，所以就其对默示许可规则的供给和法院裁判案件时的参考价值而言，并不逊色于指导性案例。如最高人民法院 2011 年判决的微生物公司与福药公司等专利侵权案，虽非指导性案例，但是由于其提出了基于原材料或零部件销售的默示许可判定规则，对于类似案件具有重要的参考价值。以少数指导性案例为核心、以众多先例判决为辅助的案例体系，是专利默示许可规则建构的可行方法。

第三，所谓以统一的上诉审理机制和初审集中管辖机制为程序保障，是指对于专利等技术性较强的知识产权案件在全国范围内建立统一的上诉审理机制，在地方建立相对集中的初审管辖机制。专利等技术性较强的知识产权案件审理难度大、主观性强，如何统一裁判标准是世界性的难题。1982 年美国国会通过《联邦法院改革法》(Federal Courts Improvement Act)，决定组建联邦巡回上诉法院统一受理全国专利上诉案件。德国、日本、俄罗斯和我国台湾地区亦设有专利或知识产权专门法院，对专利甚至全部知识产权案件统一进行司法审判。各国对专利案件的集中管辖，有效促进了裁判标准的统一，提升了案件的裁判质量，甚至显著强化了专利权保护。[102] 经过多年的呼吁和争论，我国终于对专利等技术性较强的知识产权案件建立了全国统一的上诉审理机制和地方上相对集中的初审管辖机制。2019 年 1 月 1 日，最高人民法院知识产权法庭挂牌成立，集中受理全国范围内专利等技术类案件的上诉。在地方，截至目前，全国共设立了 4 家知识产权专门法院和 24 家知识产权专门法庭，相对集中管辖各省、自治区和直辖市的技术类知识产权案件。技术类知识产权案件的集中管辖，尤其是国家层面知识产权上诉机制的建立，解决了长期以来困扰知识产权领域、特别是技术类工业产权案件诉讼标准不统一的问题，统一了知识产权案件的审判标准。[103] 专利默示许可案件情形复杂，创立统一的实体法规范难度大，通过诉讼管辖机制上的统一来推进裁判规则的一致不失为一条可行之路。美国专利法上的默示许可规则多由 CAFC 创建，充分说明了统一管辖机制对实体法规则建构的重要意义。我国正在建设中的专利等技术类案件的统一上诉审理机制和初审案件集中管辖机制，具有中国特色，符合我国实际，必将成为专利默示许可制度构建和运行的可靠保障机制。

---

[101] 《北京知识产权法院案例指导工作实行办法》将先例的效力等级从高到低分为以下九级：最高人民法院指导性案例、最高人民法院年度案例、最高人民法院的其他先例、高级人民法院典型案例、高级人民法院参阅案例、高级人民法院的其他先例、中级人民法院先例、基层人民法院先例和域外先例。

[102] 参见[美]亚当·杰夫、[美]乔希·勒纳：《创新及其不满：专利体系对创新与进步的危害及对策》，罗建平、兰花译，中国人民大学出版社 2007 年版，第 2 页。

[103] 参见易继明：《司法体制改革中的知识产权法庭》，《法律适用》2019 年第 3 期。

四、结语

专利默示许可起源于英国,发展和成熟于美国,并逐渐扩展到德国和日本等其他国家。根据适用对象的扩展进程,专利默示许可的发展可以划分为三个历史阶段。从19世纪中叶起源至19世纪末,是专利默示许可发展的第一个历史阶段。在这一阶段,专利默示许可仅适用于具有独立功能的整件专利产品,主要用于解决专利权与专利产品销售后所有权之间的冲突问题,实际上也就是后来成为独立理论的专利权穷竭问题。通过这一时期的典型案例可以看出,专利权穷竭与默示许可同源孕育,实为默示许可的第一种形式。美国最高法院在Henry v. A. B. Dick Co.一案中清晰地表达了专利权穷竭源自默示许可:如果专利产品出售时的环境(surroundings)表示是无条件的,即专利权人没有附加销售条件,那么就产生了对包含发明的产品的使用、销售的默示许可。〔104〕从20世纪初直至70年代,为专利默示许可发展的第二个历史阶段。在这一阶段,专利默示许可与专利权穷竭分道扬镳,走上了一条独立发展的道路,拓展出了基于交往关系和非专利产品销售的默示许可,显示出专利默示许可的独特价值。20世纪80年代以来为专利默示许可发展的第三个历史阶段。在这一阶段专利默示许可借力科技发展的东风迅速扩展了适用范围,默示许可在专利间接侵权、技术标准化以及自体复制技术等领域获得了广泛运用,进入了适用对象多元化发展的新阶段。

专利默示许可的历史发展看似纷繁复杂,但是经过梳理仍可以发现较为清晰的规律性,这种规律性可以总结为三个方面:首先,从适用条件来看,专利默示许可始终遵循合同关系的进路,以权利人无明确拒绝许可的意思为限;其次,从价值目标来看,专利默示许可始终以利益平衡为基本价值取向,如影随形地制约专利权的过度扩张;最后,从内容形式来看,许可内容遵循个案原则确定,法律渊源始终保持案例法的本色。专利默示许可的历史嬗变规律,是我国建构该制度的可靠指引。

进入21世纪以来,有关专利默示许可的司法实践和立法活动在我国同步展开。通过对默示许可有关案件的审理,司法机关探索了默示许可的适用条件,提出了基于原材料销售的默示许可的判断标准,但是也存在未能将默示许可完全置于合同关系中看待以及考量因素不周的问题。通过一段较长时间的争论,立法机关和司法机关最终放弃了专利默示许可规则成文化的努力,司法行政机关虽然形成了简单的成文化成果,但因为难以满足实践需要,该成果并未得到真正应用。专利默示许可发展的历史规律告诉我们,专利默示许可的成文化难以成行,案例法实为其应然状态。在充分尊重历史规律和总结我国实践经验的基础上,我国专利默示许可的运行架构可以设计为:以民法上的意思理论和专利法上的诚实信用原则为依据和统领,以指导性案例和先例判决为核心和基础,以统一的案件上诉机制和初审案件集中管辖机制为程序保障的制度运行体系。

---

〔104〕 Henry v. A. B. Dick Co., 224 U.S. 1, 8 (1912).

Nature of Contract and Characteristics of Case Law: History, Law and Sinicization of Implied Patent License

YANG Deqiao

Abstract: Implied Patent License originated from the case law of UK and US in the middle of the 19th century. It has experienced three stages of iterative development: the stage of homologous breeding with the exhaustion of rights, the stage of independent development, and the stage of objects diversification. The historical evolution of implied patent license shows clear regularity: in terms of application conditions, it always follows the path of contractual relationship, and the conditions are that the obligee does not explicitly refuse to license; in terms of value objectives, it takes the balance of interests as the basic value orientation, which restricts the excessive expansion of patent rights as it goes; in terms of content forms, the content of license is determined according to the principle of individual cases, and the legal source is always guaranteed the essence of case law. The way out of contract relationship and the over pursuit of written rules are the obvious defects in the practice of implied patent license in China. China should establish the implied patent license system based on the theory of will in civil law and the principle of good faith in patent law, with the guiding cases and precedent judgments as the core and basis, and with the unified appeal trial mechanism and the centralized jurisdiction mechanism in the preliminary trial as the procedural guarantee.

Key Words: Implied Patent License; Historical Evolution; Contractual Relationship; Interest Balance; Case Law

矫正正义理论与侵权法的哲学分析

王绍喜*

摘　要　在英美侵权法领域，科尔曼提出的矫正正义理论具有极大的影响力。矫正正义理论对侵权法的经济分析理论和侵权法的道德分析理论进行了批判，主张矫正正义在结构上和实体上能更好地解释侵权法实践的核心。科尔曼所主张的矫正正义理论是一种混合的矫正正义，它既反对无效命题的矫正正义，也反对关系命题的矫正正义，从而解释了义务人赔偿损失的依据和具体的行动理由，因而是一种有说服力的理论。科尔曼善于哲学思辨，论证风格自成一格。对于矫正正义理论有不同的评价，但这不影响它的开创性意义。矫正正义理论的提出体现了法律的哲学分析进入部门法的阶段，值得我国学界关注。

关键词　侵权法；矫正正义；哲学分析；法律的经济分析

目　次

* 王绍喜(1975—)，天津大学法学院副教授，法学博士，主要研究方向：民商法学、法理学。

1992年，剑桥大学出版社出版了《风险与不法行为》这部学术著作。[1] 作者科尔曼在书中指出，如果乐观的话，他在该书中表达的观点可能会在25年以后过时。20年后，欧洲的学术期刊 *Diritto & Questioni Pubbliche* 邀请不同领域的学者就该书展开探讨。[2] 近一两年出版的有关侵权法哲学分析的著作，也有关于科尔曼矫正正义理论的探讨。显然，科尔曼的观点没有过时。可以说，作为侵权法哲学分析的奠基之作，《风险与不法行为》仍然持续地产生影响。本文将从矫正正义理论、科尔曼的学术经历、论证风格、对矫正正义理论的评价以及侵权法哲学分析的前景五个方面对该书进行评论。

一、矫正正义理论

《风险与不法行为》分三部分。第一部分共有三章，讨论的是市场范式。科尔曼认为，法律的经济分析要有说服力，就需要具备一个规范基础，而市场范式就是法律的经济分析的基础。第二部分共有五章，探讨合同的保护和风险问题。在此部分，科尔曼分析了理性和合作对于合同风险控制的重要性。第三部分共有十一章，探讨的是不法行为。尽管科尔曼认为三者之间有关联，并试图提出基于理性选择的自由政治理论（rational choice liberal political theory），但该书的最大贡献无疑是提出了侵权法的矫正正义理论。可以说，正是对于矫正正义的深入讨论，使得《风险与不法行为》成为英美侵权法哲学分析的开山之作。

作为背景，需要交代的是，在20世纪六七十年代，美国兴起了法律的经济分析理论。该理论最初受到科斯教授《社会成本问题》一文的启发。在法律的经济分析的途径上，有两种不同的进路：一是圭多·卡拉布雷西的法和经济学的进路，代表作品是《事故的成本》；二是以理查德·波斯纳为代表的法律的经济分析，代表性作品是《法律的经济分析》。用卡拉布雷西自己的话来说，两者是有差异的。在法律的经济分析中，法律是分析和批判的对象，而在法和经济学中，两者的关系是双向互动的。[3] 在侵权法领域，正如其他的法律领域一样，法律的经济分析在理论研究中占据主流的地位，较有影响的著作包括威廉·兰德斯和波斯纳合著的《侵权法的经济结构》和史蒂文·沙维尔的《事故法的经济分析》。对这两本书，科尔曼曾以《侵权法的结构》为题在《耶鲁法学杂志》上发表了长篇的评论。[4] 科尔曼认为，至少有两种认识侵权法的方式，一是强调它替代有效率的合同交换，二是强调对于不法行为的纠正。前一思路是法律的经济分析理论，后一思路则是法律的道德分析理论。

首先，科尔曼批判法律的经济分析理论。科尔曼指出，法律的经济分析的基

〔1〕 Jules L. Coleman, *Risks and Wrongs*, Cambridge University Press, 1992. 有意思的是，这部书的书稿曾丢失，迫使科尔曼不得不重写。倘若科尔曼没有坚强的意志，当时放弃了此书，那将是侵权法理论的一大遗憾。

〔2〕 12 Diritto & Questioni Pubbliche 75 (2012).

〔3〕 [美]圭多·卡拉布雷西：《法和经济学的未来》，郑戈译，中国政法大学出版社2019年版，第7页。

〔4〕 Jules L. Coleman, The Structure of Tort Law, *Yale Law Journal*, (97) 1988, p. 1233.

本观点是，如果预防损失的成本低于损害的成本，则应当采取预防措施，否则放任损害的发生，节省预防的成本。法律的经济分析，应当区分过错责任和严格责任。在过错责任中，过错指的是采取经济上没有效率的行为，对此科尔曼是认同的。但科尔曼认为，应当对过错进行概念上和规范上的区分。这一区分是重要的，因为即使赞同法律的经济分析对于过错概念的分析，也可以认为施加责任的依据是道德上的或非经济上的。因此，即使法律的经济分析提供了对于过错的最佳解释，它也可能没有对施加责任依据的实践做出最佳的解释（第238—240页）。对于严格责任，法律的经济分析的核心观点是，法律施加责任的理由在于将外在成本内在化，因为可以促进有效的资源分配。但是，正如过错责任一样，施加责任的依据可以是康德主义上的理由（第242页）。科尔曼指出，法律的经济分析认为应当将责任施加给可以预防或最大化降低风险的侵害人，这在一方有义务的情形下是可以成立的，但是在侵害人和受害人双方均可以采取最优方式降低成本时，严格责任是没有效率的，因为如果受害人总是得到足够的补偿，他就没有动力去采取预防措施。更有效率的做法是，侵害人可以提出受害人与有过失的抗辩（第244—247页）。

科尔曼认为，针对侵权法进行的经济分析是很成问题的：第一，就责任规则而言，法律的经济分析主张，通过它可以将资源转向更加有效率的用途，从而促使强迫的转让合法化。但是，责任规则下的赔偿问题要解决的是纠正不法行为或其后果，其存在的意义是为纠正不法行为提供依据，法律的经济分析对更有效率的转让的强调完全忽视了责任规则在补偿不法损失方面的作用（第188—190页）。第二，由于法律的经济分析只关注赔偿问题，它没有充分注意到侵权法的独特结构，即侵权诉讼中原告和被告之间的关系。在法律的经济分析的理论框架下，侵害人和受害人之间本质上是偶然性的，他们之间的关系是无关紧要的。但是，侵权诉讼的这一结构是侵权法的重要特征，法律的经济分析只能假设而无法解释侵权法的结构（第375页）。事实上，正是侵权法以某种方式将原告和被告联结到一起，矫正正义理论可以更好地体现侵权法的这一结构（第380—381页）。第三，从权利恢复和责任理论来看，侵权法的本质特征是向后看的，法律的经济分析的问题在于，其向前看的责任概念无法融合向后看的权利恢复和责任理论，而且，侵权法本质上向后看的特征限定了追求经济目标的程度（第375页）。第四，在本质上，法律的经济分析无法对侵权法实践的核心做出解释。法律的经济分析通过效率的概念来解释“过错”，这是错误的，效率在该理论中并未起到所赋予它的作用。行为惯例之所以是有效率的，是因为它们能对行为进行协调，而不必因为它们在减少或分散风险时能做到最优化（第358—359页）。需要指出的是，科尔曼并不认为法律的经济分析是错误的，而是主张它无法像矫正正义理论一样对侵权法的结构提供更有说服力的解释（第377页以下）。

其次，科尔曼反对乔治·弗莱舍提出的非互惠性风险原则理论。第一，弗莱舍指出，非互惠性风险在程度和种类上是不同的。在科尔曼看来，该理论面临的第一个问题是如何界定非互惠性风险。如果是从期望的价值来进行界定，则非互惠性风险原则理论可能只是另一种形式的经济分析。如果是这样，它就无法成为替代经济分析的理论（第 254 页）。但是，与法律的经济分析关注预防事故的成本不同，互惠性风险关注的是个人将风险强加给其他人，因此，应当强调侵害人和原告之间的关系或与冒险者所处社会的其他成员之间的关系（第 256 页）。第二，在免责事由方面，非互惠性风险原则理论无法提供很好的解释。弗莱舍认为，只有对侵害人的行为不存在具备免责事由，才可以对侵害人施加责任。问题在于，如何解释非互惠性风险原则理论中免责事由的作用，即免责事由在什么时候是相关的。一种解释是以归责为依据，另一种解释以人的自主行为为基础，还有一种解释是因人的行为而受侵害的个体有提出矫正正义理论的权利。科尔曼认为，只有第三种解释是可以行得通的（第 263—264 页）。第三，在正义问题上，弗莱舍通过建构类似罗尔斯第一正义原则的分配正义来阐释非互惠性风险，并提出了安全原则，但科尔曼认为，无论弗莱舍如何界定安全，判断侵权法赔偿是否正义，不是因为存在最大程度的安全，而是因为存在矫正正义原则（第 266—268 页）。第四，非互惠性风险原则理论无法对侵权法案件提供令人信服的解释，对于因果关系也没有予以足够的重视（第 268—269 页）。

最后，科尔曼反对因果关系解释理论。理查德·爱泼斯坦认为，“要不是”规则作为责任依据过弱，“近因”规则过强，因此依据因果关系提出了严格责任的理论。科尔曼指出，爱泼斯坦的基本观点是，因果关系为向侵害人施加责任提供了道德上的理由，因果关系对于责任和补偿正义是相关的。科尔曼将爱泼斯坦的理论归纳为四个命题：义务命题、动态平衡命题、权利命题以及财产命题。科尔曼认为，对于义务命题，爱泼斯坦认为因果关系和义务、义务和侵权责任的正义有关联，但它们之间的关联不是必然的（第 273—274 页）。对于动态平衡命题，即使可以通过使收益和损失归于无效来恢复动态平衡，也无法使已发生的事件归于无效，而且恢复原状并不总是可欲的，因为如果现状是不公正的，对其偏离是否会产生重新恢复动态平衡的义务是有疑问的（第 276—277 页）。关于权利命题，科尔曼指出，严格责任理论主张责任在所有情形中都取决于权利，这是错误的。权利确实发挥作用，但并不是严格责任所理解的那样（第 284 页）。科尔曼认为，关于权利，存在权利的违反和权利的侵犯的区分，后者并不是非法的，对权利侵犯的诉求是独立于行为的道德观念，应当区分道德上的诉求和正义上的诉求（第 300 页）。在科尔曼看来，这些命题是无法成立的，因果关系理论没有说服力。

科尔曼认为，矫正正义理论最能解释侵权法的实践。首先，就侵权法的功能而言，工具主义理论（instrumentalism）认为侵权法的实体目标决定它的结构，而形式主义理论（formalism）则认为侵权法的结构决定了不同的目标得以实现的范围（第 200 页）。科尔曼认为，无论是工具主义理论还是形式主义理论都是无法成立的，因为工具主义理论强调实体目标影响侵权法的结构和内容，而形式主义理论认为侵权法的结构决定了侵权法的内容。在科尔曼看来，侵权法既具有结构上的特点，也具有实体上的特点。就前者而言，典型的侵权案件总是限定在原告或被告应承担损失的框架之内;就后者而言,如果原告能证明其损失是非法的,则对损失负有责任的人有义务进行赔偿(第 198 页)。矫正正义理论兼顾侵权法的结构和实体目标。其次,对于矫正正义,既有无效命题的矫正正义(the annulment conception of corrective justice),也有关系命题的矫正正义(the relational conception of corrective justice)。前者规定了权利恢复和责任的依据,但科尔曼认为它无法提供具体的行动理由,它仅仅提示我们要赔偿损失,但没有规定谁负有义务(第 312—314 页)。后者提供了具体的行动的理由,它强调的是不法行为,但它无法让我们从"纠正不法行为"得出"赔偿损失"。如果赔偿损失不是矫正正义的一部分,则矫正正义是没有意义的(第 320 页)。科尔曼主张的是混合的矫正正义,即矫正正义施加给侵害人纠正不法行为和因不法行为引发的赔偿损失的义务(第 324 页)。这样的矫正正义可以在两方面促进个人的幸福:一是关注对幸福或健康的任何削减,二是维持一个能提供有关他人行为合法期待的规范体系(第 360 页)。

二、科尔曼其人其事

科尔曼本科毕业于纽约的布鲁克林学院。据他本人介绍,他开始选的是物理学、哲学和经济学专业,而之所以选择布鲁克林学院,是因为他当时对于学校没有太多的想象。本科毕业后,科尔曼到密歇根大学研究伦理学,后来在他的老师的建议下到洛克菲勒大学攻读哲学博士学位。在读博期间,科尔曼受到两个人的重要影响。一是罗伯特·诺齐克,诺齐克是《无政府、国家和乌托邦》一书的作者。科尔曼与诺齐克交往甚密,他认为是诺齐克引导他进入政治哲学和法律哲学。二是其导师乔尔·范柏格(Joel Feinberg),范柏格是《刑法的道德界限》一书的作者。值得一提的是,科尔曼在做博士论文时曾想研究惩罚哲学,但范柏格认为很难在此领域做出创新性的研究,故建议他转向侵权法的哲学研究,科尔曼最终以《正义与事故成本的分配》作为博士论文。用科尔曼自己的话来说,这是一个没有太多人研究的领域,他得自己去搞清楚重要的问题是什么,而不是回答问题。[5] 可见,在学术成长阶段,导师的正确引导有多么重要。

在洛克菲勒大学读书期间,受范柏格的影响,科尔曼开始对哈特的理论产生兴趣。用他自己的话来说,他是读着《法律的概念》长大的,并从德沃金的《认真对待权利》和拉兹的《实践理性与规范》获得最初的启发。作为范柏格的学生,他有幸地在特殊的历史时期对法哲学产生兴趣。[6] 在洛克菲勒大学读书期间,科尔曼首次接触到德沃金。德沃金当时在那里做讲座,德沃金对哈特的批判引起

---

〔5〕 [美]詹姆斯·哈尼克编:《非凡的时光:重返美国法学的巅峰时代》,榆风译,北京大学出版社 2016 年版,第 274 页以下。德国哲学家伽达默尔说,问题的本质是它包含某种意义,而问题的意义能给出答复的方向,见[德]汉斯-格奥尔格·伽达默尔:《真理与方法》(修订译本),洪汉鼎译,商务印书馆 2019 年版,第 512 页。

〔6〕 Jules L. Coleman, *The Practice of Principle: In Defense of a Pragmatist Approach to Legal Theory*, Oxford University Press, 2001, Preface.

了他的兴趣。科尔曼对《认真对待权利》一书撰写了一篇书评。在发表之前，他将书评发给德沃金，不料被德沃金极力否定，德沃金建议他不发表该书评。〔7〕在科尔曼看来，德沃金是同时代最有创造力和想象力的法哲学家，他在法律和政治哲学之间建立起深刻的联系，但他们两人的关系一直都很一般。德沃金后来对科尔曼《原则的实践：为法律理论的实用方法辩护》〔8〕一书的批评深深地伤害了他。科尔曼认为，德沃金对他的观点和论证极为轻蔑，德沃金反驳的质量令人失望。〔9〕顺便指出的是，科尔曼在法律和道德能否兼容的观点上对德沃金和拉兹的观点进行调和，并提出了兼容的实证主义，这在《原则的实践：为法律理论的实用方法辩护》一书中有较为完整的体现。〔10〕

与对德沃金才思的评价不同，科尔曼认为约瑟夫·拉兹有着最高的知性真诚和论证品质。科尔曼在《风险与不法行为》一书中提到，1990 年夏天他在牛津首次遇到拉兹，他没有料到当时拉兹已经对他的侵权法理论有过思考，拉兹在交谈中对科尔曼的理论提出若干批评。1991 年重访牛津时，科尔曼与拉兹有了更多的交流。科尔曼对拉兹评价极高，认为任何人都应当有机会与拉兹这样的学者进行交流。在科尔曼看来，拉兹是每个学者都希望成为的那种学者，他富有同情心、深思熟虑、正派，并关心将别人的作品打造到极致。尽管拉兹本人并未专门研究侵权法，但就科尔曼对于法律实证主义的理论调和，拉兹始终显得很宽容、大度，或许这也是科尔曼认为拉兹和德沃金有很大不同的原因。

在侵权法的哲学分析领域，除了自己的导师范柏格，科尔曼认为有三个人对他有较大的影响。首先是耶鲁大学的同事圭多·卡拉布雷西教授，他曾是耶鲁大学法学院的院长，以其著作《事故的成本》而闻名。科尔曼认为，卡拉布雷西在法与经济学和侵权法方面是他的老师，他在此书中的很多思想受到《事故的成本》的启发。他关于财产法规则和责任规则的阐述也显然受到了卡拉布雷西的影响。其次是多伦多大学的温里布教授。正如科尔曼在《风险与不法行为》的前言中所言，温布里是他近十年来的辩论对手，他们就侵权法的问题进行多次争论，都认为对方错了，但这不妨碍彼此的敬重和友谊。最后是宾夕法尼亚大学的佩里教授。科尔曼认为佩里多年来研究自己的作品，比他自己还要了解自己，他有的观点直接受到佩里的影响，每当有新的论点他总是先与佩里讨论，听取他的意见。顺便提及的是，在法律实证主义的研究上，科尔曼更是因其论证品质和人品而结识了一帮学人，他创办并主编的《法律理论》杂志成为法律实证主义研究的一个阵地，发展和传播法律实证主义的最新研究成果。基于他在牛津大学三

---

〔7〕[美]詹姆斯·哈尼克编：《非凡的时光：重返美国法学的巅峰时代》，榆风译，北京大学出版社 2016 年版，第 286 页。

〔8〕该书有中文译本，见[美]朱尔斯·L. 科尔曼：《原则的实践：为法律理论的实用主义方法辩护》，丁海俊译，法律出版社 2006 年版。

〔9〕[美]詹姆斯·哈尼克编：《非凡的时光：重返美国法学的巅峰时代》，榆风译，北京大学出版社 2016 年版，第 292 页。

〔10〕参见王绍喜：《朱理斯·N. 科勒曼：〈原则的实践：论法律理论的实用主义的方法〉》，《清华法学》2005 年第 2 期。

次讲座扩展而成的《原则的实践:为法律理论的实用方法辩护》一书,代表了他在这方面的研究成果。

三、论证风格

科尔曼用语平实,表达清晰。作为哲学家,科班出身的科尔曼在论证方面独具一格。他善于进行概念上的区分,敢于修正自己的观点,并真诚地指出自己理论的限定条件。

首先,科尔曼善于进行概念区分。这种区分得益于他的哲学训练。例如,对于矫正正义理论,科尔曼提出了四个区分:一是区分权利恢复(recovery)的依据和责任的依据,二是区分权利恢复(责任)的依据和权利恢复(责任)的模式,三是区分权利恢复的依据和权利恢复的范围,四是区分权利的违反和权利的侵犯(第285—292页)。这些区分在科尔曼看来是有意义的。例如,科尔曼对权利做出了区分,就权利的违反(violation of a right)而言,他认为是非法的,而权利的侵权(infringement of a right)不属于非法的或无正当理由的侵犯(第300页)。又如,在对权利进行分析时,科尔曼认为存在权利的内容和权利的结构的不同。权利的内容属于规范主张问题,而权利的结构则属于哲学分析(第299页)。在讨论矫正正义和分配正义时,科尔曼指出,应当区分认同不正义的行为和实施某个可能具有赞同或维持不正义效果的政策,满足矫正正义的要求可能产生后者的效果,但认同不正义的行为不是矫正正义的目标(第305页)。再如,在谈论过错问题时,科尔曼提出要区分行为自身的过错(fault in the doing)和行为人的过错(fault in the doer)。与此相应,应区分不承担责任的两种方式:免责事由和正当理由,前者针对的是行为人的归责性,后者则否认行为是非法的(第217—219页)。类似的区分在《风险与不法行为》中比比皆是,不胜枚举。科尔曼正是利用此种概念区分来反驳对手和建立自己的理论。

其次,科尔曼敢于修正自己的观点。为了坚持一种理论,有的学者可能不愿意承认自己的理论有错误或者拒绝修正自己的观点。在这点上,科尔曼的表现恰恰相反,他敢于公开修正自己以往的观点。最为明显的是,在矫正正义的理论上,科尔曼原先主张无效命题的矫正正义。无效命题认为,矫正正义的意义在于消除、纠正或使不法损害归于无效。这一命题针对的是不法损害。科尔曼原来是支持此命题的,但拉兹、温里布和佩里等人的论证说服了科尔曼无效命题是难以成立的,因为没有指明特定人的义务无效命题将是另一种分配正义。科尔曼继而主张混合的矫正正义命题,认为这一命题能够兼容关系命题的矫正正义和无效命题的矫正正义。混合的矫正正义命题主张,侵害人有义务修复不法行为和修复不法行为本身引发的不法损失,修复不法行为的义务来自关系命题,修复不法损失则是无效命题的重要所在(第324页)。为什么要修正自己的观点呢?科尔曼的回答是,他对侵权法和矫正正义的观点是一直在发生变化的,相比于给出好的答案,他更倾向于提出正确的问题,他只是把当前思考的最佳版本展示出来,这对于他而言是至为重要的。因此,他将各种立场都公开展示出来。正如科尔曼所说，这不仅需要有以不同方式切入问题的意愿，而且要保持开放的头脑。[11]

最后，科尔曼真诚地指出自己理论的限定条件。对于矫正正义理论，科尔曼明确地指出，第一，侵权法的核心是人们对其行为引发的不法损失负责的实践，这并非是侵权法的全部，也未必体现在侵权法诉讼的大部分案件中，但他关注的是侵权法的核心（第 198 页）。换言之，他认为侵权法的核心体现矫正正义，而不认为侵权法的全部都属于矫正正义问题（第 428 页）。科尔曼认为，可以将侵权法理解为一张用来实施矫正正义诉求的实体上和结构上的网，但现有的实践中仍然有一些实体和结构上的问题无法以矫正正义来理解（第 384—385 页）。第二，矫正正义理论致力于为侵权法的实践提供一个最佳的解释，它并没有要求侵权法的实践应当采纳矫正正义理论，而毋宁是，如果采纳矫正正义理论，侵权法应当做什么（第 366—367 页）。第三，矫正正义理论为个体提供行为的理由，但在逻辑上义务的内容和行为的理由应取决于社会规范的实践，而不是来自修复权（第 403 页）。第四，科尔曼指出，他没有提供关于因果关系或适当的因果联系的解释，也没有对矫正正义涉及的责任原则提供充分的解释（第 347 页）。

四、对矫正正义理论的评价

科尔曼的矫正正义理论，在侵权法领域产生了重要的影响。无论论者是否同意科尔曼的观点，在侵权法领域，科尔曼的矫正正义理论是侵权法哲学分析无法绕过的理论。笔者认为，对矫正正义理论的评价可以从侵权法的哲学分析内部和法律的经济分析两个角度来考察。

就前者而言，主要是指从事侵权法哲学分析的学者对于矫正正义理论的批评和思考。例如，佩里教授认为，科尔曼的整体理论是有说服力的，但他认为科尔曼的理论也存在一些问题：第一，科尔曼将对权利的干涉分为两种：一种是对权利的违反，一种是对权利的侵权，前者涉及非法的行为，后者涉及可原谅的行为。科尔曼认为，非法损失是因不法行为而造成的损失。但在佩里看来，科尔曼的“非法损失”应在绝对意义上理解还是相对意义上理解，是不清晰的。[12] 第二，佩里指出，科尔曼的矫正正义理论由非法损失命题和义务命题组成，科尔曼需要非法损失命题的原因是，他认为仅仅有行为还不足以要求侵害人承担责任，科尔曼的理论前提是受害人损失的不法性，而不是侵害人的行为，但这是错误的。[13] 第三，科尔曼对行为自身的过错和行为人的过错做了区分，但佩里认为在必要情况案件（cases of necessity）中，侵权法并不只是考虑行为上的过错，而是考虑行

[11] [美]詹姆斯·哈尼克编：《非凡的时光：重返美国法学的巅峰时代》，榆风译，北京大学出版社 2016 年版，第 296—297 页。

[12] Stephen R. Perry, “The Mixed Conception of Corrective Justice”, *Harvard Journal of Law & Public Policy* 15 (1992), pp. 921-923.

[13] Stephen R. Perry, “The Mixed Conception of Corrective Justice”, *Harvard Journal of Law & Public Policy* 15 (1992), pp. 924-926.

为人的过错(行为人是否是故意的)。[14] 约翰·加德纳教授则认为科尔曼放弃无效命题而转向关系命题的理由不充分:一是科尔曼采纳的无效命题忽视了不法行为,导致无法区分矫正正义和分配正义。加德纳指出,难以找到值得对两者进行区分的理由。[15] 二是科尔曼提出的矫正正义为特定人提供行动的理由是有问题的,因为特定人的义务可以是相互的,矫正正义下的义务也是如此。[16] 波斯特马教授也指出,没有理由认为不法行为(wrongdoing)自身必须限定在当事人之间,科尔曼对于必要案件中侵害人的责任的解释忽视了侵害人的主观意图。[17]

在某种意义上,法律的经济分析是矫正正义理论的劲敌,至少科尔曼是这样认为的。这从矫正正义提出的大背景出发可以理解,即法律的经济分析是美国占主流的侵权法理论。波斯纳曾对几种矫正正义理论进行评论。波斯纳指出,科尔曼主张补偿是正义问题,因为可以通过避免受到非法歪曲的方式来保护财富的分配,科尔曼的矫正正义是与经济分析或功利主义相容的。科尔曼的矫正正义概念过于强调受害人的补偿,而忽视了被告的过错。问题是,如果侵害人不必赔偿受害人,而是由无辜的第三人来赔偿,为何该第三人不是侵害人的受害人?[18] 而且,科尔曼的矫正正义理论无法解释无过错责任的情形。[19] 波斯纳进一步指出,科尔曼强调矫正正义的双向性,但他忽视了因果律的机会主义和功能性观念,忽视了关于谁是被告,而将谁作为被告是基于便利的因素来决定的。[20] 需要指出的是,波斯纳针对科尔曼的评论是基于《风险与不法行为》一书出版之前的观点展开的,有的观点科尔曼后来进行了回应和修正。

笔者认为,科尔曼的矫正正义理论的提出具有重要的理论价值。一方面,科尔曼通过实体上和结构上的分析导出矫正正义理论,具有很大的解释力。另一方面,科尔曼开创了一个新的领域,或者说他定义了一个新的领域。这个新的领域仍有待继续深挖。佩里指出,对于该书,即使是限于矫正正义理论和侵权法,依然有大量的问题有待挖掘。[21] 当然,如前所述,科尔曼的理论存在前后不一致之处。对此我们或许不应苛责,因为任何理论都存在争议,而学术的进步是通过理论论争来推进的,而且我们应将其理论放置在特定的背景之下进行考察。诚如波斯特马所言,科尔曼对他谈论的每个理论问题都做出了重大的贡献,而且他

---

〔14〕 Stephen R. Perry, "The Mixed Conception of Corrective Justice", *Harvard Journal of Law & Public Policy* 15 (1992), pp. 929-931.

〔15〕 John Gardner, "Corrective Justice, Corrected", *Diritto & Questioni Pubbliche*, 12 (2012), p. 19.

〔16〕 John Gardner, "Corrective Justice, Corrected", *Diritto & Questioni Pubbliche*, 12 (2012), p. 25.

〔17〕 Gerald J. Postema, "Risks, Wrongs, and Responsibility: Coleman's Liberal Theory of Commutative Justice", *Yale Law Journal*, 103 (1993), pp. 883, 891.

〔18〕 Richard A. Posner, "The Concept of Corrective Justice in Recent Theories of Tort Law", *The Journal of Legal Studies*, 10 (1981), p. 197.

〔19〕 Richard A. Posner, "The Concept of Corrective Justice in Recent Theories of Tort Law", *The Journal of Legal Studies*, 10 (1981), pp. 197-199.

〔20〕 [美]理查德·A. 波斯纳:《法理学问题》,苏力译,中国政法大学出版社 2002 年版,第 409—410 页。

〔21〕 Stephen R. Perry, "The Mixed Conception of Corrective Justice", *Harvard Journal of Law & Public Policy*, 15 (1992), p. 917.

的分析具有如此清晰的关注点，以至于能够重新定义这些领域的当代论争。他进一步指出，尽管读者不会认为科尔曼的每一个观点都有说服力，但总会获得一个关于理论前沿的清晰图景，并对科尔曼命题的吸引力和重要性有确切的认识。[22]

五、侵权法哲学分析的前景

正如戴维·欧文教授所言，20 世纪 60—70 年代侵权法的经济分析激发了学者们对于侵权法理论的研究，侵权法的哲学研究始于 20 世纪 70、80 年代，而 90 年代则开始有侵权法哲学分析著作，《风险与不法行为》是第一部填补这一领域空白的作品。[23] 三年之后，温里布教授的《私法的理念》出版，[24]侵权法的哲学研究达到一个高峰。此后，欧文教授主编的《侵权法的哲学分析》于 1995 年出版。这本书汇集了这一领域诸位大家对于侵权法问题的哲学思考。2000 年，剑桥大学出版社出版了波斯特马主编的《哲学与侵权行为法》。[25] 2014 年，奥伯迭科主编的《侵权法的哲学基础》由牛津大学出版，展现了新一代学人在哲学方面对于侵权法蔚为可观的研究成果。[26] 在专著方面，2016 年，哈佛大学出版社出版了多伦多大学阿瑟·里普斯坦教授的《个人的不法行为》。[27] 2020 年，戈德堡教授和齐普斯基教授合著的《认识不法行为》由哈佛大学出版社出版，该书指出其理论建构在科尔曼研究的基础之上。[28] 科尔曼对于英美侵权法哲学研究的影响可见一斑。

宏观地看，自 1961 年哈特教授的《法律的概念》出版以来，法律的哲学分析便形成一种风尚。经过德沃金、拉兹和沃尔德伦等人的推进，法律与道德哲学和政治哲学便紧密地发生关联。罗尔斯、诺齐克等人的著作对此也起到重要的作用。在笔者看来，侵权法的哲学分析的直接动因是对法律的经济分析的不满意。从更宽广的知识背景来看，则揭示了法律的哲学分析进入了第二个阶段，即从法理学层面进入到部门法层面。在部门法学科意义上，侵权法的哲学分析取得了一定的进展。在合同法层面，也出版了有关哲学分析的著作，[29]但能否将法律的

---

[22] Gerald J. Postema, "Risks, Wrongs, and Responsibility: Coleman's Liberal Theory of Commutative Justice", *Yale Law Journal*, 103 (1993), pp. 862-863.

[23] [美]戴维·G. 欧文主编:《侵权法的哲学基础》，张金海等译，北京大学出版社 2016 年版，第 5 页。

[24] Ernest J. Weinrib, *The Idea of Private Law*, Harvard University Press, 1995. 该书有中译本，见[加]欧内斯特·J. 温里布:《私法的理念》，徐爱国译，北京大学出版社 2007 年版。

[25] [美]格瑞尔德·J. 波斯特马主编:《哲学与侵权行为法》，陈敏、云建芳译，易继明校，北京大学出版社 2005 年版。

[26] John Oberdiek (ed.), *Philosophical Foundations of the Law of Torts*, Oxford University Press, 2014.

[27] Authur Ripstein, *Private Wrongs*, Harvard University Press, 2016.

[28] John C. P. Goldberg & Benjamin C. Zipursky, *Recognizing Wrongs*, Harvard University Press, 2020, p. 230.

[29] 对此，可参见[美]詹姆斯·戈德雷:《现代合同理论的哲学起源》，张家勇译，法律出版社 2006 年版。此外，Charles Fried 教授的 *Contract as Promise* 和 P. S. Atiyah 教授的 *The Rise and Fall of Contract of Freedom* 也是这方面的重要著作。

哲学分析引入其他的部门法，则有待进一步的观察。无论如何，正如科尔曼所说的，法律的经济分析是反哲学的，其质疑哲学可以有助于对法律的理解。哲学分析是否有助于理解法律？科尔曼的矫正正义理论，无疑做出了一个肯定的回答。

在我国，私法学者也开始注意到哲学分析对于民法的重要性。徐国栋教授的《民法的基本原则解释》一书较早地从法理层面探讨了民法的基本原则问题，具有开拓性。之后的《民法哲学》则从哲学层面对民法的整体进行哲学思考。朱庆育教授的《意思表示解释理论》从哲学的视角对意思表示的基础问题做了较为深入的研究，是对私法进行哲学分析的力作。然而，总体而言，我国法律的哲学分析还未进入私法部门法阶段，〔30〕原因可能在于民法学者的知识储备不足和法律解释论的方法导向，其对于哲学关注不够，而法理学者的研究较为宏观和抽象，没有充分地考虑到部门法的特征。有学者指出："在中国法学界，民法学家解释着法条，法理学家谈论着哲学，私法与法哲学的融合的迹象尚未出现。"〔31〕也有学者认为，在中国私法学界，至今还没有一场专门关于哲学基础或经济基础的深入辩论，原因在于我国学界的主要精力放在具体制度建设上，不具备必要的知识准备和条件。〔32〕在笔者看来，无论是对合同法、物权法（财产权），还是侵权行为法的哲学分析，均要求研究者对西方哲学经典作品有较为深刻的把握，而私法学者对于思辨性的哲学、政治学等学科通常关注得不够。只有考虑部门法的特征并对这些经典作品进行消化和转化性阐释后，私法的哲学分析才能取得实质性的进展。我们期盼着相关作品的早日出现。

---

〔30〕 根据中国知网查询的结果，涉及私法哲学分析的博士论文共有 8 篇，除朱庆育教授的博士论文外，其他 7 篇均与民法总论有关，涉及民法的目的、本位、人性、法源等方面。

〔31〕 [加]温里布：《私法的理念》，徐爱国译，北京大学出版社 2007 年版，"译者前言"。

〔32〕 熊丙万：《私法的基础：从个人主义走向合作主义》，中国法制出版社 2018 年版，第 13 页。

The Corrective Justice Theory and the Philosophical Analysis of Tort Law

WANG Shaoxi

Abstract: In Anglo-America torts law, the corrective justice theory put forward by Coleman has great impacts. The corrective justice theory criticizes the economy analysis of torts theory and the moral analysis theory and argues that corrective justice can explain the core of torts practice in terms of its structure and substance. The corrective justice theory argued by Coleman is a combined corrective justice which rejects both the annulment thesis and the relational thesis and explains the justification of compensation for plaintiffs and specific rationale for actions and hence is a persuasive theory. Coleman is good at philosophical reasoning and his justification is very unique. There are different kinds of comments on the corrective justice theory which do not deny its original significance. The corrective justice theory indicates that philosophical analysis of law enters into the stage of specific law disciplines which is worth noticing in our law community.

Key Words: Torts Law; Corrective Justice; Philosophical Analysis; Economy Analysis of Law

从“刚”到“柔”：保险法损失补偿原则规范性质之转变[1]

康雷闪*

摘　要　传统理论将损失补偿原则作为保险法上的强制性规定，不允许保险合同当事人通过合同约款予以改变，借以防止被保险人为获取不当利益而发生道德危险。然在保险实务及立法实践中，为实现及时、充分填补被保险人损失的目标，产生了诸如定值保险、重置成本保险、天气指数保险等有悖于损失补偿原则基本理论的保险形态；此为损失补偿原则让步于“效率原则”与“自由原则”的体现，其强行法位阶有不断柔化的趋势，并逐渐转变为半强制性规范。损失补偿原则的规范属性的转变趋势并不意味着损失补偿原则“可有可无”，立法上所确立的以禁止不当得利为目标的诸多规则仍需坚守；但是损失补偿原则在理论上必须有更广泛和更自由的含义，并为当前及未来保险实践的发展留出足够的理论空间。

关键词　损失补偿原则；禁止不当得利；半强制性规范；相对化

目　次

---

* 康雷闪(1986—)，男，法学博士，中国石油大学(华东)法学系副教授，主要研究方向：保险法学。

〔1〕 本文为2019年度中央高校基本科研业务费项目“财产保险理赔中损失补偿原则研究”(19CX04021B)成果。

一、损失补偿原则强制性规范位阶之审思

损失补偿原则的目的之一在于防止被保险人于事故发生时所受领的保险金超过其实际损失，因此该原则适用的前提，应以填补被保险人的实际损失为限，而此种保险类型的保障目的旨在填补被保险人经济上可估计的损失。[1] 基于防止不当得利的基本要求，传统理论将损失补偿原则作为保险法上的强制性规定，要求于火灾保险等损失补偿保险中，不允许保险合同的当事人或关系人获得不当利益。换言之，在损失补偿保险中，保险人所为之保险给付须以填补被保险人所蒙受的实际损失为度，借以防止被保险人为获取不当利益而发生道德危险。

（一）损失补偿原则作为保险法上的强制性规范的表现

正是基于禁止不当得利进而防范道德风险的规范目的，损失补偿原则的规范体系均将禁止不当得利作为强制性规定：禁止被保险人在单一保险中获得超额补偿的超额保险制度、禁止被保险人在多数保险中获得多次补偿的重复保险制度、禁止被保险人在第三人致害时获得双重补偿的保险代位制度，无一例外不是围绕着如何防止被保险人获得不当利益来设计的。

1. 单一保险中的禁止被保险人获得超额补偿的超额保险制度

超额保险制度是规制在单一保险中保险金额大于保险价值的保险的制度。由于保险价值是被保险人对保险标的所拥有的保险利益的价值，亦是保险人在法律上的最高给付限制，如若保险金额超过保险价值，有使被保险人获得超额补偿的可能，故为了防止被保险人获得超额补偿，保险法一般对保险金额做出限制性的规定，即保险金额不得超过保险价值，否则无效，以贯彻损失补偿原则之目的。

2. 禁止被保险人在多数保险中获得多次补偿的重复保险制度

重复保险制度是为规制多数保险中的重复投保行为进而获得重复补偿的制度。在重复保险中，如若允许被保险人“一重损失、多重填补”，则有使被保险人获得的补偿超过其损失的可能，导致被保险人反因保险获得不当得利，严重违反损失补偿原则。故法律明确规定被保险人从不同的保险人处获得给付的总额不得超过保险价值。

3. 禁止被保险人在第三人致害时获得双重补偿的保险代位制度

保险代位制度主要作用之一在于避免被保险人获得保险人和致害第三人的双重补偿。被保险人从保险人处取得保险金以后，在取得该保险金的范围内，将其对第三人的损害赔偿请求权转移给保险人，从而避免了被保险人既基于保险合同从保险人处获得保险金，又基于损害赔偿请求权从第三人处获得保险金的

---

〔1〕 参见汪信君、廖世昌：《保险法理论与实务》，元照出版有限公司 2015 年版，第 9 页。

双重给付情形的发生，避免了被保险人的不当得利。

诚然，这些制度的设计遵循损失补偿原则中禁止被保险人获得超额补偿的宗旨，并维护了保险制度的良好运作。但是，禁止不当得利并不是损失补偿原则的全部内容，充分填补被保险人损失这一损失补偿原则的原初意义上的功能被忽略了；同时，将损失补偿原则限定在禁止不当得利的制度框架内，不仅存在本末倒置的逻辑错误，而且使损失补偿原则的适用过于僵化和教条化，难以满足经济效率、合同自由、技术更新等多方面的需求。

（二）损失补偿原则强行法位阶之反思

将损失补偿原则定位于强制性规范有众多的理由加以说明。对于损失补偿性质的保险而言，不当利益的获取实已违反该保险存在之目的，被保险人所受领的超过其损失部分的保险金将造成巨大的道德风险。若允许有获取不当利益的情形，投保人或被保险人可因保险标的物的毁损灭失而获得经济上的利益，将使道德危险升高而导致保险制度本身无法继续运作；进而诱使诸如放火之类的违反全体法秩序的行为接连发生，无论是故意的放火行为还是过失的失火行为而使建筑物遭受损失，却可因此新建漂亮的建筑物，此等情形违反社会上一般人的伦理情感。基于此，多认为损失补偿原则为绝对强制原则，并非需当事人约定才适用或可因当事人约定而排除适用。〔2〕

然而，在保险实务中，违反上述损失补偿原则内涵的保险以各式各样的形态存在（典型者如定值保险中允许被保险人有获取额外利益的可能），但损失补偿原则的有效性并未因此而受影响。故在解释损失补偿原则时，不能一味囿于固有传统，认为一旦有不当得利的情形就认定保险合同无效，否则将导致诸多良好的制度设计难以发挥其功能。实际上，在损失填补保险中，支持损失补偿原则存在的理由，主要为防止借保险获取不当利益而使之形同赌博；但即便有获取少量利益之情形，也未必与赌博行为同义，损失补偿原则下防止不当得利之目的亦未遭到否定。在此前提下，损失补偿原则的适用更加具有柔软性。在损失补偿原则中，将防止道德危险及违背一般伦理情感作为其适用理由，但因其属于相对性的概念，若能以其他手段防止道德危险，且不当然违背一般人的伦理情感，则无严守损失补偿原则而完全排除取得利益的必要。〔3〕由此可见，损失补偿原则的内涵已逐渐放宽，而非固守一旦超额受偿即属于不当得利的逻辑，允许保险人根据自身经营需要及被保险人需求，并按不同险种的特性，就理赔责任范围做出妥适安排。因此，损失补偿原则的强行法位阶有不断弱化的趋势，将逐渐转变为半强制性规范。

---

〔2〕 参见吴玉丰：《论保险法上利得禁止原则》，台湾中兴法律研究所 1996 年硕士学位论文，第 36 页。

〔3〕 参见［日］山下友信、竹滨修、洲崎博史、山本哲生：《保险法》，有斐阁 2010 年版，第 77 页。转引自蓝鼎澔：《损失填补原则法律规范之比较研究》，台湾铭传大学 2012 年硕士学位论文，第 7 页。

二、半强制性规范及其在保险法上之准用

(一)半强制性规范及其存在依据

私法通过一定的法律规范调整人们的行为,确定人们的行为模式。立法者通过对不同种类的利益关系的识别、价值评判,从而确立不同种类的法律规范。在法律规范的技术选择上,立法者既要确保行为人行使权利和履行义务的自由度,亦要对此做出必要的限制;故而法律规范通过不同程度的允许或强制来引导人们的行为。私法对不同效力程度的法律规范的划分,不但有利于实现法律对人的行为自由度的规范目标,更体现了法律对不同行为人的价值关怀。

根据法律规范效力的刚性程度不同,可将法律规范分为强制性规范、半强制性规范和任意性规范。强制性规范普遍适用于所有行为当事人,并不以当事人的意志为转移,不可通过当事人的约定予以排除或变更;换言之,即便当事人做出了不同的约定,这些规范仍然适用。其存在依据为法定优于意定,进而要求当事人必须为或者不为意定的行为。任意性规范是法律为了补充当事人之间的约定,允许当事人根据自己的意思自治做出变更或排除其适用的安排,并赋予行为人约定的效力高于既有法律规定的效力。[4] 半强制性规范,也称为相对强制规范、单边强制规范、混合性规范,是位于强制性规范与任意性规范之间的规范。半强制性规范允许有利于被保护人的约定,但“不是在全部内容上的强制,而是部分内容的强制”;[5]其效力内容,对于较强一方,具有必须遵守的最低标准的强制性因素,而对于另一方而言,也有其获取利益的最低标准的任意性因素;[6]其规范功能,有时发挥补充任意性规范功能,有时发挥限制禁止性规范的功能。[7]

半强制性规范是法律对不同利益关系进行利益衡平的结果。在一般合同中,法律假定合同双方当事人可在充分发挥合同自由基础上,进行平等协商,公平交易,妥适地安排各自的利益,因此没有必要对某一方当事人进行特殊的保护。但是在一些特殊的合同(如保险合同)中,可能由于信息不对称、经济实力或交易能力上的差别、格式合同的大量使用等因素,导致合同双方当事人处于不平等之地位,因此有必要对相对弱势的一方当事人进行特殊的保护。半强制性规范由此而生,其对较强势一方的自由进行了严格限制,设定了其行为的最低标准;而对较弱势一方,法律则给予更多的关怀,在不干涉合同自由的前提下,允许双方当事人约定高于最低标准的利益。此种规范既考虑了当事人之间的利益均

---

〔4〕 参见[德]卡尔·拉伦茨:《德国民法通论》(上册),王晓晔等译,法律出版社 2003 年版,第 42 页。

〔5〕 耿林:《强制规范与合同效力》,中国民主法制出版社 2009 年版,第 91 页。

〔6〕 参见徐卫东、高湘宇:《论保险法上的半强行性规范——保险法精神与技术的一般原理》,王保树主编:《中国商法年刊(2007)》,北京大学出版社 2008 年版,第 732 页。

〔7〕 参见王轶:《民法典的规范配置——以对我国〈合同法〉规范配置的反思为中心》,《烟台大学学报》2005 年第 3 期。

衡,又未过分限制其行为自由,更好地适应了不同规范目的需要,具有一定的灵活性,"在某种程度上缓解了任意性规范和强制性规范之间的对立"[8]。

(二)半强制性规范在保险法上的表现及其判断标准

保险法上的半强制规范是为保护投保人或被保险人所设,原则上不得以合同方式变更,但若有利于投保人或被保险人的不在此限。在具体的适用上,半强制性规范在保险法上表现为限制保险人的合同自由,维护投保人或被保险人的合同自由。"保险法上设立半强制性规范旨在规制保险人行为,衡平保险合同双方当事人之利益,并以此种规定为保险合同的最低标准,以符合保险法具有监督之性质的本质,避免保险人藉附合合同的方式剥夺投保人或被保险人之权益"。[9]

保险合同是典型的附合性合同。在保险实务中,保险公司多以定型化条款和投保人订立保险合同。虽然定型化条款减少了当事人之间磋商的时间,符合处理大量保险合同的需求,促进了保险事业的发展,但保险人经常依仗其雄厚的经济实力订立不利于投保人或被保险人的条款,使居于弱势地位的投保人或被保险人蒙受不利。此与保险合同为最大诚信合同及其本身所具有的社会性不符。故如何对保险合同进行内容控制是保险法的重要任务之一。保险法中的半强制性规范,以抑制保险人的行为为目的,为其设定最低行为标准,旨在恢复因双方当事人实力不均等而导致的权益结构破坏的状态,在更大程度上保护投保人或被保险人的权益。

法律条文的表达方式可以为判断该规定是强制性规范还是任意性规范提供重要的依据。例如,法律规定,"不得"通过法律行为来约定什么,就说明这是一条限制私法自治的规定,也就是一条强制性规范。如法律再加上一句话,明文规定"不符合法律规定的约定无效",则该条规定的强制性就一目了然了。[10] 的确,在很多情况下,从规范的措辞就可以知道该规范的性质。但法律规范性质的判断,不能仅局限于规范本身的字词,更不能先入为主地认为某种规范就属于强行性规范抑或任意性规范。诚如史尚宽先生所言:"……何者为强行规定,何者为非强行规定,……不能全依法文方式以为决定,而应依法文之体裁及法律规定本身之目的以定之。"[11]

"对于相对强制规范,在解释何条规定属之时,不应以一般私法上之原则判断,而应以法条规定的内容是否对投保人或被保险人较为有利为据。"[12]在保险法中,条文含有"除当事人另有约定外"的是否皆为任意规定?换言之,当事人

---

〔8〕[德]卡尔·拉伦茨:《德国民法通论》(上册),王晓晔等译,法律出版社 2003 年版,第 44 页。

〔9〕江朝国:《保险法上之相对强制规定》,《月旦法学教室(2)私法学篇》,元照出版公司 2000 年版,第 92 页。

〔10〕参见[德]卡尔·拉伦茨:《德国民法通论》(上册),王晓晔等译,法律出版社 2003 年版,第 43 页。

〔11〕史尚宽:《民法总论》,中国政法大学出版社 2000 年版,第 329 页。

〔12〕江朝国:《保险法上之相对强制规定》,《月旦法学教室(2)私法学篇》,元照出版公司 2000 年版,第 92 页。

“约定”的内容能否有利于保险人？一般而言，保险法虽然具有监督性质，但仍不失为私法，因此该类规定应为任意性规范。但保险法为侧重保护投保人和被保险人利益之法，合同约定不应更不利于投保人或被保险人，否则应认定为无效。故半强制性规范的认定，应从条文的立法目的予以判断，并非一概而论地仅以条文中有无“除当事人另有约定”等用语为解释条文属性之依据，始符保险法的监督性质，立法上则应将该类文字予以删除，避免无端争论。在我国保险法的条文中，有些条文虽无“除当事人另有约定”等文字，立法者似无意强制投保人或被保险人须以一定的方式为一定之行为，有如任意规定。[13] 但基于保险合同的附合特性，为保护投保人或被保险人，应将其解释为半强制性规范。换言之，保险人不得以合同订定更不利于投保人或被保险人的约款。

规范属性并不是一成不变的，随着社会的发展，法律规范的性质将会发生变化。也就是说，本身属于强制性规范的法律规范，有可能随着社会的发展，其强制性会发生转变。[14] 具体到损失补偿原则而言，保险实务中的定值保险与重置成本保险、天气指数保险等，似有允许双方当事人做出有利于投保人或被保险人约定，而使其获得一定利益的可能，逐渐突破了损失补偿原则的强制性。

三、损失补偿原则半强制性之比较法考察

损失补偿原则逐渐变为相对强制性规定并非仅停留在理论层面，当代世界各国或地区的保险立法或判例也不同程度地体现了这一趋势。通过了解其他法律体系，增加对其他法律体系关于同一问题的不同规定的理解，可更为清晰地勾勒出这一问题的发展趋向。综观世界各国或地区的保险立法例或判例，体现损失补偿原则的逐渐柔化趋势主要有以下方式。

（一）直接列举式

在一些国家或地区的保险立法中，其法律条文明确规定哪些为强制性规定，哪些为非强制性规定，以此规范保险合同的效力。持此立法方式的国家或地区，并未将损失补偿原则定位为强制性规定，而属于相对强制性规定的范畴。其主要表现方式为逐条列明强制性规定的内容，而其他只要不损害投保人或被保险人利益的规定均为有效。该种立法方式以《欧洲保险合同法原则》和日本《保险法》为代表。

1.《欧洲保险合同法原则》

欧洲保险合同法整合计划团队起草的《欧洲保险合同法原则》（Principle of European Insurance Law，以下简称 PEICL）第 1:103 条规定：“(1)本原则第 1:

[13] 参见马天柱：《相对强制性规范——保险格式条款规制的特殊技术》，《保险研究》2016 年第 11 期。
[14] 参见许中缘：《民法强行性规范研究》，法律出版社 2010 年版，第 185—186 页。

102 条第二句、第 2:104 条、第 13:101 条[15]为强制规定。其他条款在其规制欺诈行为时,也为强制规定。(2)以不损害保单持有人、被保险人或受益人之权益为限,保险合同可以对本《原则》其他所有规定予以变通。”在该原则中,仅将适用规则、基于欺诈而违法披露义务的规则以及定额保险的范围作为强制性规定;损失补偿原则并未被列为强制性规定,而属于第 1:103 条所指的相对强制性规定。这一论点从该原则中关于损失补偿原则的具体规定以及关于定值保险中保险金给付范围的规定也可以得到证明。该原则第 8:101 条规定:“(1)保险人应无义务使其赔付额超过补偿被保险人实际遭受损失所必需之额度。(2)在定值保险,即使保险金额超过保险标的物之实际价值,该保险亦为有效,但以当事人约定保险价值时保单持有人或者被保险人未实施欺诈或者未进行不实陈述为限。”由此可知,只要不存在欺诈或未尽如实告知义务的超额定值保险,均应承认其效力,即便存在超额给付的可能。

2. 日本《保险法》

日本《保险法》第二章“损害保险”中第三节关于“保险给付”之内容,亦有专门条文涉及强制性规定。该法第 26 条规定:“违反第 15 条、第 21 条第 1 款或第 3 款以及前两条的规定,约定有对被保险人不利内容的特约无效。”本条文中所指第 15 条、[16]第 21 条[17]分别是关于损害发生后保险标的物的灭失和保险给付履行期的规定,并未涉及损失补偿原则的相关条款。据此,在日本的保险立法中,损失补偿原则亦并非强制性规定。该法第 18 条关于损失补偿数额的计算以及定值保险的规定亦可佐证上述结论。该条规定:“(1)损害保险契约应填补损害的金额依照损害的发生地以及发生时间的价格为基础进行计算。(2)存在约定保险价值的情形下,填补损害额应依照该约定保险价值计算。但是,约定保险价值明显超过保险价值的,填补损害额的算定以该保险价值为基础。”由此可知,在

---

〔15〕 参见《欧洲保险合同法原则》第 1:102 条:“如果当事人已经一致约定保险合同受本《原则》约束,则本《原则》得以适用,且不受基于国际私法的法律选择限制之影响。此外,除本《原则》第 1:103 条规定之外,本《原则》应该作为整体一并适用,不得排除任何特定条款。”

第 2:104 条:“如果保单持有人的欺诈导致保险人与其订立保险合同,则保险人有权撤销合同并有权收取任何到期保险费;保险人的这些权利不影响第 2:102 条之适用。撤销合同的通知,应在保险人知道欺诈行为时起两个月内以书面形式向保单持有人发出。”

第 13:101 条:“仅意外伤害保险、健康保险、人寿保险、婚姻保险、生育保险或者其他人身保险为定额保险。”

〔16〕 参见日本《保险法》第 15 条:“在保险事故发生并因此造成了损害的情形下,即使与该损害有关的保险标的物于该损害发生后并非因保险事故而灭失,保险人仍须对该损害予以填补。”

〔17〕 参见日本《保险法》第 21 条:“为确认保险事故、填补损害额、保险人的免责事由以及其他损害保险契约规定的为了支付保险给付而有必要予以确认的事项等,需予以一定的合理期限。保险契约规定有支付保险给付的期限,但其为该合理期限最终日以后之日的,以该合理期限的最终日为支付保险给付的期限。

保险契约没有规定支付保险给付期限的,在接受保险给付的请求后,保险人于确认与该请求有关的保险事故以及损害填补额所必要的期限结束前,不负迟延责任。

保险人就上述两款所定事项展开必要的调查时,投保人或被保险人在没有正当理由的情形下妨碍或拒绝该调查的,保险人就因此所延迟的期间不负迟延责任。”

定值保险中，只有在约定价值“明显”超过保险价值的情形下，方以保险标的物的实际价值为计算标准，而在“非显著”的情形下，允许被保险人获取少量额外利益。

综上，虽然保险给付不应超过被保险人实际所生的损失，但如合同中另行约定有利于被保险人的条款，并不影响约定的效力。故在《欧洲保险合同法原则》及日本《保险法》中，强制性规定的内容并未涉及损失补偿原则及其相关内容，允许保险合同双方当事人在一定范围内的意思自治，与此相关之数项规范均表明损失补偿原则的性质有逐渐相对化的趋势。

（二）间接规定式

保险法中并未直接规定损失补偿原则及其相关条文内容的性质，而是先规定损失补偿的一般原则，如衡量被保险人损失的方法或保险人给付责任的上限；而后规定如若双方当事人另有约定，亦可对此做出变更，并非一旦违反损失补偿原则的内容即属无效。持此种立法方式的国家或地区有：德国、美国纽约州、韩国、中国台湾地区、中国澳门地区等。其中又有些许差异，以下分而论之。

1.“原则＋例外”式规定

持此种立法方式的国家或地区在其保险法律中规定损失补偿的一般原则，但允许双方当事人以共同约定的方式对此做出变更；这种变更并不是无限制的，其中应以不损害投保人、被保险人的利益为限。例如德国《保险合同法》第 88 条规定：“除非双方当事人另有约定，保险价值被认定为保险事故发生时替换或修理费用减去保险标的物折旧之费用。”该条规定旨在界定保险价值，为保险事故发生后保险人的理赔责任确定标准，但该条款因含有“除非双方当事人另有约定”一语，赋予计算被保险人损失依据的“保险价值”更多的意思自治因素。此处所说的“另有约定”，不但包括该法中第 76 条〔18〕规定的定值保险，而且涉及第 93 条关于重置成本保险的规定。该法第 93 条规定：“根据保险合同的约定在重置或修理保险标的物的情形下，如果保险人仅有义务支付部分赔偿金，则除非重置或修理要求得到保险人的同意，否则投保人不能要求保险人承担超过保险价值的赔偿责任。如果由于投保人的过错导致保险标的物无法在合理期间内得到重置或修理，则投保人应在扣减保险价值后将保险金返还给保险人。”该条规定表明，只要保险人同意重置或修理受损标的物，则可依此决定保险人保险金的给付责任，不用扣除保险标的物的折旧，与前引第 88 条确定保险价值的一般规定有所出入。由此可知，保险损失数额之确定与保险人之给付责任并非绝对，只要双方当事人在不违反公共政策的范围内达成合意即可。

---

〔18〕 参见德国《保险合同法》第 76 条：“投保人与保险人可以协商确定保险价值。保险价值同时也应当按保险事故发生时保险标的的实际价值计算，除非在那时其显著超过了实际的保险价值。如果保险金额低于保险价值，则保险人应根据保险金额与保险价值的比例承担保险责任，即使保险价值被高估也是如此。”

另外，韩国《商法典》第676条第1款、[19]我国台湾地区所谓"保险法"第76条第1款、[20]我国澳门《商法典》第997条[21]等有类似允许对损失补偿原则做出约定变更的规定。

2."原则＋上限"式规定

持此种立法例的国家或地区在规定损失补偿一般原则的同时，亦规定被保险人可取得保险金的上限。在美国纽约州，保险人给付责任一般按照事故发生时保险标的物的实际现金价值来计算，但衡量实际现金价值的方法有很多种，故法规中又进一步规定了其上限。《纽约州保险法》第168条第5款规定："保险公司补偿被保险人损失发生时的财产的实际现金价值，但不超过在合理时间内以相同品种和质量修理或重置的费用。"[22]从本条规定可知，保险事故发生时保险标的物的实际现金价值作为保险人理赔的依据，但并未对"实际现金价值"做出明确的界定，只是规定了保险人的给付责任以"在合理时间内以相同品种和质量修理或重置的费用"为上限。由此可见，美国现行做法只是规定保险人给付的上限，在此范围内，允许双方当事人自由约定，或交由司法机关做出裁判。这种对保险损失补偿原则的灵活性规定，赋予了保险合同双方当事人更多的意思自治，但也造成了一系列问题。诚如美国学者所言："这个条款的本意为被保险人取得保险金的上限，但法院通常将重置成本作为测算实际现金价值的一种方法。它最大的优点是确定性，但其最令人反感的是缺少变通性。在某些案件中，可能会造成补偿过量。"[23]虽然理论界对此褒贬不一，但美国法的这种只规定以"重置成本"作为保险人给付上限的做法，不但赋予重置成本保险的合法性，使双方当事人在其需求范围内自由选择，更赋予法官极大的自由裁量权，[24]充分地彰显了损失补偿原则的相对化的趋势。

---

〔19〕 参见韩国《商法典》第676条第1款："保险人补偿的损害额，应根据该损害发生的时间及地点的价值来计算。但是，若当事人之间另有约定，则应根据该新货价值来计算损害额。"

〔20〕 参见我国台湾地区所谓"保险法"第76条第1款："保险金额超过保险标的价值之契约，系由当事人一方之诈欺而订立者，他方得解除契约，如有损失，并得请求赔偿；无诈欺情事者，除定值保险外，其契约仅于保险标的价值之限度内为有效。"

〔21〕 参见我国澳门《商法典》第997条："一、保险人向被保险人做出之赔偿，不得超过保险标的物于保险事故发生时之价值。二、订立合同时，双方当事人得以书面约定保险标的物之价值，并推定该价值为该物于保险事故发生时之实际价值，但另有证明者除外。三、双方当事人得约定，保险人所支付之赔偿金相当于保险标的物全新时之价值。"

〔22〕 New York Insurance Law Sec. 168(5)："This company… to an amount not exceeding the amount above specified, does insure the insured… to the extent of the actual cash value of the property at the time of loss, but not exceeding the amount which it would cost to repair or replace the property with material of like kind and quality within a reasonable time after such loss…"

〔23〕 Charles E. Schalliol, "The Broad Evidence Rule and Fire Insurance and Tort Recoveries for Household Goods", *The Insurance Law Journal*, 606(1973), p. 368.

〔24〕 在保险司法裁判中，对于"实际现金价值"的解释可谓五花八门。多数法院将实际现金价值解释为重置成本减去折旧，亦有将其解释为市场价格和重置成本。此足以证明损失之发生是确定的，但损失数额大小之估算却因人而异。参见[美]小罗伯特·H. 杰瑞、道格拉斯·R. 里士满：《美国保险法精解》，李之彦译，北京大学出版社2009年版，第330—334页。

综上所述，不论是“直接规定”还是“间接规定”的立法模式，均旨在使损失补偿原则的适用更具柔软性，以在更大程度上保护被保险人的利益。

四、损失补偿原则半强制性之制度表现

在损失补偿保险合同领域，依据“损失多少，补偿多少；既不能多，也不能少”的传统保险法理，认为损失补偿原则在保险法中具有绝对强行性规定的性质。然而，在现今的保险实务中，悖于前述损失补偿原则内容的不在少数，以下从定值保险、重置成本保险、超额保险、天气指数保险分别予以说明。

（一）在定值保险中，损失补偿原则让步于“效率原则”

保险补偿之所以不能在“量”上完全等同于被保险人因保险事故发生所遭受的损失，除了不足额保险与免赔额之约定外，还与“保险价值”这一概念相关。在保险法理上，保险价值是指保险利益的价值，是保险人的给付责任在法律上的最高限制。保险合同双方当事人在签订保险合同时，可以根据保险标的物的特质选择是否约定保险价值。约定保险价值的保险为定值保险，否则属于不定值保险。在财产损失保险中，只有在不定值保险中，才能严格遵守损失补偿原则的规定；而在定值保险中，保险人所支付的保险金是以合同中所约定的保险价值的数额来计算的，并不考虑保险标的物在事故发生时的真实价值，除非当事人的约定存在欺诈或与实际相去甚远。因此在定值保险中，只要保险合同双方当事人约定的保险价值在合理范围内，哪怕与保险标的物的实际价值有所出入，亦不影响保险合同的效力。“定值保险的核心观念可能在于一种粗略的救济性平衡。关于定值保险的成文法也许只代表了一种理念，即为了达到救济性的平衡，它所潜在的任何道德危险都值得容忍。”〔25〕这就为被保险人获得利益埋下了伏笔，因为保险人所给付的保险金可能大于被保险人的实际损失。但是承认定值保险的合法性，并不意味着否定损失补偿原则在其中的应用，因为在存在欺诈或显著超额定值的情形下，仍要根据补偿原则的要求使合同归于无效或恢复到不定值保险。

由此可见，定值保险并非完全违背损失补偿原则，而是为了避免保险事故发生前后对标的物的鉴价困难，对“效率原则”做出暂时的“让步”，以达到理赔迅捷的目的；但又不能一味地为了实现效率而忽略公平，当严重违反损失补偿原则时，其规范功能则又显现出来，以此来衡平保险合同双方当事人之利益。

（二）在重置成本保险中，损失补偿原则让步于“合同自由原则”

重置成本保险，又被称为新价值保险，起源于第二次世界大战后迅速蔓延的通货膨胀，其时对于建筑物或厂房的重建成本远大于其蒙受损失时的价值，导致被保险人因保险所获保险金不足以重置其受损的标的物。〔26〕 而重置成本保险的

---

〔25〕 [美]肯尼斯·S. 亚伯拉罕：《美国保险法原理与实务》，韩长印等译，中国政法大学出版社 2012 年版，第 239 页。

〔26〕 *See* John Birds, *Modern Insurance Law*, London: Sweet & Maxwell, 1997, p. 277.

保险给付方式以保险标的物的修复或重置价值为基础且不扣除折旧因素，在保险事故发生时，保单持有人可依据保险合同请求修复或者以旧换新。于此情形之下，保险人所给付的保险金，显然不是损失发生时保险标的物扣除折旧后所拥有的市价。时至今日，在一定法律约束的范围内承认重置成本保险的运用已无争议。理由在于，对于建筑物、机器设备等使用性财产，在经济上有继续使用的需求，扣除折旧所给付的保险金，不足以购置新物品，被保险人尚需负担新旧差额部分的费用，对被保险人而言，未能充分获得保险保障。

从保险功能角度视之，重置成本保险具有使保险标的物得以重建或修复以恢复至损失发生前的功能，并不当然违反损失补偿原则。[27] 但是，重置成本保险所承保的折旧部分属于自然损耗，并不具有偶然性，与保险承保不确定事件的本质有异，且单纯从财务上观察其与损失补偿原则有所冲突。既然如此，为什么重置成本保险能在世界范围内广泛存在，并受到保险消费者和保险公司的青睐呢？原因在于重置成本保险不但能满足被保险人置换保险标的物之需求，而且能在某种程度上符合保险人营利的目的。看似有超额填补而不利于保险人，实际上此类超额填补的风险已转化为承保风险的保险费。进而保险合同双方当事人即可通过保险合同约定来达成共识。

由此观之，在重置成本保险中，损失补偿原则并不能完全限制保险合同双方当事人的意思自治，只要双方当事人的合意不违反公共政策一般情形下即属有效。诚如英国著名保险法学者约翰·伯茨所言："因为损失补偿原则是合同性的，因而它也根据合同的变化而不断变化。"[28]故而，损失补偿原则应根据保险技术及被保险人全面保障的需求，适时地向合同自由原则做出退让，使其在适用上变得更具柔软性。

(三)在超额保险中，赋予"合同效力的调整机制"

对于超额保险的立法规制，旨在防止被保险人从保险中获取超过保险价值的不当得利。对此，我国《保险法》第 55 条第 3 款明确规定，保险金额不得超过保险价值，超过的部分无效。该规定虽然在一定程度上能够实现对于超额保险的规制目的，防止被保险人的不当得利，但是，并未区分善意与恶意而当然认定超额部分无效的生硬规定，不但给保险实务及司法审判造成了困境而屡遭学者诟病，[29]亦不符合当今保险法的立法趋势。《欧洲保险合同法原则》第 8:103

〔27〕 *See* Jeffrey E. Thomas, Brad M. Wilson, "The Indemnity Principle: Evolution from a Financial to a Functional Paradigm", *Journal of Risk Management & Insurance*, 36(2005), p. 7.

〔28〕 [英]约翰·伯茨:《现代保险法》,陈丽洁译,河南人民出版社 1987 年版,第 186 页。

〔29〕 参见刘建勋、王雁冰:《以保险人超额承保为视角论保险法的立法疏漏》,载尹田、任自力主编:《保险法前沿》(第一辑),法律出版社 2012 年版,第 164 页。孙蓉、罗立:《超额保险的成因、立法意旨及其法律规制》,《上海保险》2015 年第 3 期。

条[30]对于善意的超额保险做出了相对较为弹性的规定:如果在保险合同的有效期内,出现了保险金额超过遭受最大损失的可能,则允许双方当事人在一个月的时间内就降低保险金额的事宜重新协商。双方当事人均可主张降低保险金额并相应减少保险费;如果协商不成,则双方当事人可主张终止合同。除此之外,德国《保险合同法》第 74 条第 1 款[31]、法国《保险合同法》第 L121-3 第 2 项[32],也有赋予双方当事人重新商定保险金额、减少保险费或终止合同的类似规定。而在日本《保险法》中,其第 9 条规定在善意且无重大过失的情形下,投保人对超额保险部分享有撤销权;行使撤销权将导致超额部分失去效力,保险人应返还就超额部分所受领的保险费。因此日本保险法就超额部分并非采取当然无效的立法态度,而是赋予投保人在一定条件下的撤销权。另外,如果投保人或者被保险人在恶意情形下造成超额保险,则被认为违反公序良俗而使合同全部无效。

对于超额保险的立法规制,从世界各国的立法趋势来看,均已放弃超额保险当然无效的处理方式。“若认为当保险金额一有超额,超过部分之契约即应无效,但保险标的的价值可能因市场因素变动剧烈,致使在保险契约有效期间内保险金额一度超过保险价值,仍有可能在保险事故发生前保险标的的价值再为上升,而无超额保险之情事。”[33]而赋予当事人合同内容的调整机制的立法模式,使当事人间因预期保险价值未来有上涨空间而保留超额部分,避免合同内容屡遭变更而徒增交易成本。在超额保险的情形之下,赋予当事人契约调整机制,并不当然使超额部分无效,而是由当事人通过协商的方式予以解决。若是给予欺诈所致之超额保险,则回归就欺诈所定之规范予以处理。此种给予合同效力及存续更多的弹性的规定,符合损失补偿原则柔软化之趋势。

(四)在天气指数保险中,由“大数据计算损失”代替“事后评估损失”

天气指数保险是基于特定的天气事件的气象参数或者参数组合而触发保险给付的保险险种。天气指数保险与承保地震、洪水、台风等极端灾难风险的巨灾保险不同,主要承保一般的天气风险,“诸如热、冷、降雪、下雨、起风等天气事件侵袭的可能性,这种侵袭在本质上是非灾难性的,它影响的是企业的收益率而不是企业的财产”。[34] 农业、能源、旅游及制造行业等在生产过程中易受到这类风

---

[30] 参见《欧洲保险合同法原则》第 8:103 条:“(1)如果保险金额超过承保的最大可能损失,则任何一方当事人均有权请求降低保险金额,并相应减少剩余合同期间内的保险费。(2)如果当事人在提出上述请求后一个月内未就上述减降事宜达成一致,则任何一方当事人均有权终止合同。”

[31] 参见德国《保险合同法》第 74 条第 1 款:“超额保险为保险金额超过保险价值,契约当事人一方可要求为避免超额保险而减少保险金额,并应减少保险费。”

[32] 参见法国《保险合同法》第 L121-3 条:“(1)当保险合同的保险金额超过了保险标的物的价值时,如果上述现象是由于保险合同一方当事人实施的欺诈行为造成的,则另一方当事人可以向法院提起诉讼请求确认合同无效并请求相对人承担赔偿责任。(2)如果上述现象并非是由于当事人的欺诈造成的,则保险合同仍然有效,但是保险人仅在保险标的的实际价值范围内承担保险责任,并且保险人应将多收的那部分保险费退还给投保人。”

[33] 江朝国:《保险法逐条释义(第三卷 财产保险)》,元照出版有限公司 2015 年版,第 240 页。

[34] [美]埃克里·班克斯:《天气风险管理》,李国华译,经济管理出版社 2011 年版,第 3 页。

险的影响的领域，天气指数保险有着较为广泛的应用。

相较于传统的财产保险，天气指数保险最大的特点在于其保险责任的触发与保险责任的算定。天气指数保险以天气指数达到约定的标准作为保险责任的触发时点；在具体损失数额计算上，不对被保险人的“个别损失”进行估算，而是根据合同约定的统一的赔付标准对所有被保险人进行等额给付。例如在农业气象指数保险合同中，一旦保险期间气象指数（如温度、风力、降雨量等）达到一定的标准，保险公司即给付保险金。保险事故的发生仅参考约定气象数据，当温度数据低于触发条件即进行理赔，不需要审核定损，即对所有农户按照统一标准进行保险给付，理赔过程不考虑农户是否有实际损失或损失多少。

传统财产保险中的损失补偿原则，以发生保险事故对被保险人的保险标的造成了保险合同承保范围内的风险而遭受损失为前提，以填补被保险人的实际损失为目标。“保险人基于技术之因——危险范围之估计和保险费之对价关系，于保险事故发生时，保险人所负之义务唯限于保险契约中保险标的所受侵害而产生之侵害。学说上称之为个别损害原则。依个别损害原则，保险人只负责赔偿个别于契约中所定之损害。”〔35〕个别损害的数额，需保险人对保险标的进行重新评估测算而定。而在天气指数保险中，只要保险合同承保地区发生了保单承保范围内的某一天气事件，且严重程度达到了事先限定的指数触发值，即视为保险事故发生进而进行保险给付，其给付标准统一事先约定，无论某一被保险人是否遭受损失及损失的具体数额；换言之，保险人给付的保险金的数额与被保险人在本次事故中的具体损失情况没有直接关系。

天气指数保险特有的“只关注指数变化、忽略个别实际损失”的做法，会造成补偿数额高于或者低于单个被保险人的实际损失，从而产生“基差风险”，与传统损失补偿原则有异。但是这种看似与损失补偿原则背道而驰的做法，通过保险金额、损失指数化、数据精准化等制度设计，却基本不会造成被保险人的不当得利，〔36〕而防止被保险人不当得利恰恰是损失补偿原则存在的主要目的之一。由此可见，在某一具体事件中，运用天气指数保险对损失数额的计算与被保险人的个别实际损失（往往是难以实际测算的）看似有所出入，但是基于对天气指数、风险测算等精准的大数据支撑，“大数据计算得出的损失”在总体上甚至是个案上呈现出与实际损失的高度接近。因此，“使用天气指数保险不是独立于损失补偿，相反正是对它的近似（Proxy），其原因在于天气指数的可测性和近似可能性”。〔37〕损失补偿原则因此也不再固守保险金的给付以“事后实际评估损失”为依据，而代之以“事先的大数据计算损失”，彰显了损失补偿原则适用的技术魅力。

综上所述，在定值保险与重置成本保险中，允许被保险人在一定范围内获得

---

〔35〕 江朝国：《保险法基础理论》，中国政法大学出版社2002年版，第86页。

〔36〕 参见强文瑶、韩璐璐：《农业气象指数保险合同纠纷的法律争议问题探析》，《保险职业学院学报》2019年第4期。

〔37〕 孟一坤：《论农业天气指数保险的可保利益和损失补偿——一个法经济学视角》，《上海保险》2016年第2期。

“利益”的可能，进而保险补偿在“量”上一般会与被保险人的实际损失发生一定程度的偏离；而在超额保险中，不再坚守一旦违反损失补偿原则即合同无效的制度，赋予双方当事人对于合同效力的二次调整机制；在天气指数保险中，对于被保险人的损失，不再评估某一被保险人事故发生后的具体损失，代之以根据天气数据等大数据计算得出的损失。这些制度中对于保险价值的约定方法、合同内容与效力的变通手段、大数据时代的技术革新，带动损失补偿原则规范属性的变化，对其适用更具有柔软性和张力。

五、损失补偿原则的“三阶段演化”及其边界

损失补偿原则在不同的发展时期所规范的重点是不同的。在上述立法及制度的发展过程中，损失补偿原则赋予双方当事人更多的意思自治，充分地满足了当事人的补偿需求。将损失补偿原则置于其发展的历史长河中，能更直观地感受这一转变及其因由。纵观损失补偿原则从确立到今天的发展历程，可将其归纳为三个阶段。

（一）损失补偿原则的“三阶段演化论”

第一阶段，保险给付应以损失切实发生为前提，“无损失，无补偿”之内涵逐渐彰显。据学者考证，损失补偿原则的严格确立可追溯至曼斯菲尔德勋爵 1761 年的一个判决。[38] 该案案情大致为：一名法国士兵俘获一艘英国船舶，但该船舶并未遭受任何损害，之后英国士兵又将其夺回。当船舶所有者（被保险人）得知其船舶被俘获后，欲将其对船舶的所有利益委付给保险人而起诉全损。保险人认为其仅对实际损失承担保险金的给付责任。曼斯菲尔德勋爵称其支持保险人的主张，并指出：“原告的请求是损失补偿，他的诉讼必须建立在损失已切实发生的基础之上，否则不能提起诉讼而要求认定全损。在损失补偿保险合同中，如若将任何海损或根本不存在的损失认定为全损而予以补偿，显然是荒谬的。整个事件如果没有损失发生，是不能提起损失补偿诉讼的。”[39]

在损失补偿原则最开始被强调的时期，“无损失，无补偿”的真正内涵已经渐渐被揭示，并且对损失形态的认识已逐渐明朗。此阶段的损失补偿原则属于绝对的强制法规范，不得有违反的情形。

第二阶段，保险给付与损失之间具有一定的关联性为必要，“谁的损失，如何补偿”等规则逐渐确立。保险利益原则在损失补偿原则的这一阶段的发展中发挥了非常重要的作用，给付与损失的关联性即为保险利益原则的当然要求；若被保险人和损失之间无关联性，则保险给付将趋近于赌博而不被容许。为了禁止这类“保险”的发生，公共政策确定了一项原则，即除非损失发生时，被保险人对

---

〔38〕 *See* Walter Williams, “The Principle of Indemnity: A Critical Analysis”, *The Insurance Law Journal*, August (1960), p. 473.

〔39〕 Walter Williams, “The Principle of Indemnity: A Critical Analysis”, *The Insurance Law Journal*, August (1960), p. 473.

保险标的具有"保险利益",否则,任何保险合同均属无效。也就是说,"如果被保险人对于损毁的财产不拥有利益,那么损毁的财产也就不会给他造成任何损失。因此,要想从保险人那里得到赔付,被保险人必须对保险标的拥有利益——也就是保险利益。如果被保险人的保险利益受到损失,他便能够得到补偿"。[40] 因此,"补偿原则是在法律教条和保单的有关限制条款下实施的,支持补偿原则的最重要的法律条款是保险利益原则"。[41]

保险利益原则为损失补偿原则明确了"谁的损失"这一最基本的前提,避免了"无损失之人获利"情形的发生,此即损失补偿原则规范功能中禁止不当得利的"主体层面"的要求;而禁止从单一保险、多数保险中获利的超额保险、重复保险规则以及禁止从多数债务人处获利的保险代位规则,是为了解决在特定情形下"如何补偿"的问题,此即损失补偿原则规范功能中禁止不当得利的"数量层面"的要求。在此阶段,损失补偿原则仰赖立法技术的进步和成熟,将诸多的规则通过成文法的形式予以确定。这些通过成文法予以确立的规则亦属于强制性规范,不得违反。

损失补偿原则前两阶段的发展旨在禁止不当得利,针对的对象包括没有受到损失的人和被保险人。其主要目的在于避免保险制度遭到滥用,降低道德危险的发生机会,因此也有学者将这两个阶段的损失补偿称为"严格的损失补偿原则"(strict indemnification or the principle of a strict indemnity)。[42] 但是,禁止不当得利不是损失补偿原则的全部内容。

第三阶段,在不违反法律强制性规定的前提下,以约定的补偿代替法定的补偿,"约定的损失,约定的补偿"的保险形式逐渐出现。随着保险技术的进步以及被保险人充分补偿需求的增加,损失补偿原则的效率功能、充分补偿功能渐次展现;[43]理论界对损失概念的理解趋于多元,[44]损失补偿的形式更加多样。随之出现的则是定值保险、重置成本保险以及以保险科技为主的新兴险种。而这些保险形态的出现,意味着"损失补偿原则不只是严格意义上的法定的损失补偿,还可以是基于交易习惯的约定式补偿",[45]在不违反法律的强制性规定的前提

---

[40] [美]小罗伯特·H. 杰瑞、道格拉斯·R. 里士满:《美国保险法精解》,李之彦译,北京大学出版社2009年版,第106页。

[41] [美]埃米特·J. 沃恩、特丽莎·M. 沃恩:《危险原理与保险》,张洪涛译,中国人民大学出版社2002年版,第174页。

[42] Walter Williams, "The Principle of Indemnity: A Critical Analysis", *The Insurance Law Journal*, August (1960) p. 475.

[43] *See* MFB Reinecke, "The Basis of Insurance: the Indemnity Theory Revisited", *Journal of South African Law*, 2(2001), pp. 230-236.

[44] 保险法上对于损失的界定,源自损害赔偿法的基础理论,但又发展出了自己的特质。保险损失补偿原则的发展与民法上损害赔偿理论的发展两相对照,展现出了高度的一致性。例如,民法上对于"损害"概念的界定亦呈现出了较为多元的理论。参见任自力:《保险损失补偿原则适用范围思考》,《中国法学》2019年第5期;李昊:《损害概念的变迁及类型建构——以民法典侵权责任编的编纂为视角》,《法学》2019年第2期;刘玉林:《保险补偿机制在损害赔偿法中之地位及影响》,《中国石油大学学报(社会科学版)》2017年第5期。

[45] J. P. Van Niekerk, "Maintaining the Principle of Indemnity: Theory and Practice", *Journal of South African Law*, 3 (1996), p. 577.

下，保险合同的双方当事人可以赋予损失补偿原则基于满足其现实需求的全新含义。

在此阶段，对于损失补偿原则的解释逐渐放宽，“严格的损失补偿原则不再是最终和唯一的标准；在某些情况下，它不过是为双方当事人满足特定需求而签订的具有实用性的合同提供了一种参考而已”。〔46〕损失补偿原则在此阶段的规范属性随之出现了相对性的特征，即便当事人的约定有被保险人少量获利的可能，也不应否定其效力。

（二）损失补偿原则相对化及其边界

无论保险科技如何进步、产品如何更新，保险人对被保险人提供充分而适当的补偿这一初衷必须坚守，损失补偿原则在保险业务适用的中心地位亦不可动摇。〔47〕这同时对损失补偿原则提出了更高的要求，即为了更好地在不同种类的保险中得以适用，损失补偿原则应因地制宜，使其自身变得更具柔软性和适用性。否则，其刚性过强将导致大量保险合同归于无效，新兴险种无法应用，势必阻碍保险业的发展。因此，损失补偿原则的制度体系，想要经过漫长的时间推移仍能保持活力，就必须有接纳变化的灵活性；想要在当前仍持续变化的环境下寻找解决一系列不同问题的对策，就应富有创造性。

损失补偿原则的属性虽逐渐由强制性变为半强制性，呈现出一种相对化趋势，但其相对化并非没有边界；损失补偿原则规范属性的转变，并非意味着补偿原则是一项可以由保险合同的当事人选择适用的可有可无的原则，而是以合同的“效率原则”“自由原则”对“补偿原则”进行合理补充，以“大数据损失评估技术”对传统损失评估技术进步革新。传统保险法学说及判例所确立的损失补偿以损失发生为先决条件，以损失金额为补偿依据，补偿金额不得大于保险利益以及保险金额为保险人合同义务的最大值等规则，以今天的眼光来看，仍然是保险损失补偿原则的精髓，不得以合同予以变更。〔48〕诚如学者总结所言：“利得禁止原则（损失补偿原则）并不是一个当然具有规范上拘束力的法律原则，其规范上拘束力的发生及其效力范围，有赖于制定法加以形成及确定。超额保险、复保险以及保险代位等规范，在防止被保险人获得超过损害额的补偿，且兼有抑制道德危险功能，应以绝对强行规定的性质理解之；违反该等规定而受领超过损害额补偿者，应对保险人负不当得利之返还责任。至于其他非法律明定禁止超额受偿的事项，但却有产生超额补偿的可能性者，不宜径以违反利得禁止原则而否定其效力；此时被保险人纵使获有保险法上的不当得利，亦不构成民法上的不当得利。”〔49〕

---

〔46〕 J. P. Van Niekerk, “Maintaining the Principle of Indemnity: Theory and Practice”, *Journal of South African Law*, 3 (1996), p. 577.

〔47〕 参见任自力：《保险损失补偿原则适用范围思考》，《中国法学》2019 年第 5 期。

〔48〕 参见樊启荣：《保险法诸问题与新展望》，北京大学出版社 2015 年版，第 184 页。

〔49〕 叶启洲：《论保险法上利得禁止原则之规范拘束力》，《东海大学法学研究》2015 年第 47 期。

保险法离开了损失补偿原则不可运行，但这一原则在理论上必须有更广泛和更自由的含义，并为当前及未来保险实践的发展留出足够的理论空间。为了适应商业发展的效率要求，保障充分填补被保险人损失的需求，满足双方当事人的意思自治以及适应新时代保险发展的技术更新，损失补偿原则在方法、手段、技术上不断变革，促使损失补偿原则的规范属性不断调试。损失补偿原则在适用上散发着新时代的张力与生命力。

The Change of the Normative Nature of the Principle of Indemnity in Insurance Law

KANG Leishan

Abstract: The traditional theory regards the principle of indemnity as a mandatory provision in insurance law, and does not allow the parties of the insurance contract to change it by the contract terms. The purpose of this practice is to prevent the insured from obtaining unjust enrichment and moral hazard. However, in insurance practice, in order to achieve the goal of filling the insured's loss in time and fully, fixed value insurance, replacement cost insurance and weather index insurance violate the principle of indemnity, which give way to the "efficiency principle" and "freedom principle". The mandatory of the principle of indemnity is gradually weakening and transforming into a semi-compulsory norm. The trend of relativity of the principle of indemnity does not mean that the principle of compensation for loss is "dispensable". Many rules established in legislation to prohibit unjust enrichment still need to be adhered to; however, the principle of indemnity must have a broader and freer meaning in theory, and leave enough theoretical space for the current and future development of insurance practice.

Key Words: Principle of Indemnity; Prohibit Unjust Enrichment; Semi-mandatory Norms; Relativization

图形作品的著作权保护
——兼评“中国喷泉著作权纠纷第一案”[1]

柯林霞*

摘　要　从“中国喷泉著作权纠纷第一案”着手，通过界定图形作品的保护范围，分析图形作品与美术作品的异同，重点剖析图形作品的复制权和合理使用等问题，说明音乐喷泉案被告的行为属于剽窃他人图形作品，侵犯的是图形作品的著作权，而不是侵犯音乐喷泉“作品”的著作权，音乐喷泉也不属于作品，根据图形作品构筑音乐喷泉只是侵权的结果和客观表现。我国著作权法对于图形作品的保护过于粗疏模糊，在图形作品著作权侵权问题上，对于“剽窃他人图形作品”和“根据他人图形作品构筑实物”这两种行为如何定性和规制是必须深入研讨的问题。

关键词　图形作品；美术作品；著作权

目　次

---

* 柯林霞（1980—），南通大学副教授，主要研究方向：知识产权与公共政策。

〔1〕 本文系2016年南通大学博士科研启动基金项目（编号：03081033）阶段性成果。

一、问题的提出

音乐喷泉是近年来广场、景区、商场等场所招揽人群的一种新方式，有别于过去单纯的无声喷泉表演，音乐喷泉更能带来愉悦的视觉和听觉享受，但从来没有人将其与著作权联系在一起。2016 年，“中国喷泉著作权纠纷第一案”（以下简称音乐喷泉案）使音乐喷泉是否属于著作权法保护客体成为众人争议的焦点。原告北京中科水景科技有限公司（以下简称“中科水景公司”）认为北京中科恒业中自技术有限公司（以下简称“中科恒业公司”）、杭州西湖风景名胜区湖滨管理处西湖管理处（以下简称“西湖管理处”）以参观考察名义获取了包括涉案作品在内的设计图、视频等重要资料，致使中科恒业公司剽窃了其创作成果并在西湖施工喷放，侵犯其著作权，遂将二者诉至法院。该案经北京知识产权法院二审审结，尘埃落定，二审法院将音乐喷泉认定为美术作品的判决引发了对著作权客体扩张的思考。但细究案情，设计图通常是完成构筑物的关键步骤，除去非凡的巧合，在没有获得原告设计图等资料的前提下，被告几乎没有创作出和原告相同或相近的成果的可能，设计图至关重要！当然，无论音乐喷泉本身是不是作品，原告中科水景公司对音乐喷泉的设计图享有图形作品的著作权，这应当不会招致太大的反对，但根据图形作品构筑出来的音乐喷泉是否属于作品、属于何种类型的作品却造成如此大的分歧，这引发笔者对图形作品著作权及其合理使用等问题的思考和探索。

二、图形作品的保护范围

（一）著作权法意义上的图形作品

《伯尔尼公约》规定，“‘文学和艺术作品’一词包括文学、科学和艺术领域内的一切成果，不论其表现形式或方式如何，诸如书籍、小册子和其他文字作品；讲课、演讲、讲道和其他同类性质作品；戏剧或音乐戏剧作品；舞蹈艺术作品和哑剧；配词或未配词的乐曲；电影作品和以类似摄制电影的方法表现的作品；图画、油画、建筑、雕塑、雕刻和版画作品；摄影作品和以类似摄影的方法表现的作品；实用艺术作品；与地理、地形、建筑或科学有关的插图、地图、设计图、草图和立体作品。”[1]可见，《伯尔尼公约》语境下的图形作品指向的是插图、地图、设计图、草图等，并且通常与地理、地形、建筑或科学有关。图形作品与独具审美意义的图画不同，后者属于美术作品的范畴，这也是《伯尔尼公约》对图形和图画分别保护的原因。

我国《著作权法实施条例》指出，“图形作品，是指为施工、生产绘制的工程设计图、产品设计图，以及反映地理现象、说明事物原理或者结构的地图、示意图等

---

〔1〕 参见《伯尔尼公约》第 2 条第 1 款。

作品”。[2] 图形作品通常是基于生产实践需求进行专门设计而形成的，在点、线、面的排列、组合等结构表达或制作方法的表达等方面具有独创性，这是图形作品的作者被著作权法赋予权利的基础。我国《著作权法》修改草案第三稿沿用了这一定义，并未进行修改。虽然相关内容在新生效的《著作权法》未能得以保留，但应当讲，关于图形作品的定义并无太大的争议，原因在于：第一，图形作品通常与地理、地形、建筑或科学有关，我国《著作权法实施条例》更是明确指出图形作品具有“为施工、生产绘制和反映现象、说明原理结构”的实用性意图，与图画、油画等仅仅具有审美意义的美术作品是不同的作品形式。第二，著作权法意义上的图形作品只及于图形本身，与根据图形作品构筑出来的实物无涉。根据图形作品构筑出来的实物可能是作品，也可能不是作品，如果根据图形作品构筑出来的实物不属于作品，则该实物不受著作权法保护。英美法系版权法也遵循这样的规则，如根据英国版权法，根据废气管的设计图制造了废气管并加以使用并不构成版权侵权。[3] 再比如，建筑设计图是图形作品中的一种，但只有根据设计图构筑出来的具有独特外观的建筑物属于作品，而惯常或通用的简易建筑物就不是作品，并不受著作权法保护。

图形作品当中比较特殊的当属建筑设计图和实用艺术品设计图，著作权法既保护图形本身，也保护根据图形构筑出来的建筑作品和实用艺术品。以建筑设计图为例，建筑设计图属于图形作品范畴，而按照建筑设计图构筑的有独特外观的建筑物属于建筑作品范畴。在我国，建筑设计图、建筑模型和建筑作品分别作为独立的作品形式获得保护，建筑作品不包括建筑设计图和建筑模型，建筑设计图归入图形作品，建筑模型则归入模型作品。《美国版权法》第 101 条中载明建筑作品“指以物质表达方式体现的建筑设计，包括建筑物、建筑规划或图纸，建筑作品含设计的总体形式以及设计中的内部空间构成，但不包括个别的一般特征”，正如美国国会在《建筑作品保护法案》报告中描述的那样，“当一个人创作建筑作品的方式，是在平面设计图或绘图中描绘建筑作品时，此人将享有两个独立的版权，一个针对建筑作品，另一个针对平面设计图或绘图”。[4] 虽然建筑设计图和建筑物两者在形式上并不相同，但著作权人对建筑设计图和建筑物均享有权利。

(二)图形作品与美术作品的关系

音乐喷泉案二审法院将音乐喷泉认定为美术作品，设计图是完成音乐喷泉的关键步骤，通常设计图属于图形作品，而根据设计图构筑出来的音乐喷泉却被认定为美术作品，图形作品和美术作品的交叉混同在著作权法判例中经常有不同程度的体现。

图形作品，尤其是设计图，通常是根据科学绘图方法进行绘制，“由点、线、面

---

〔2〕 参见《著作权法实施条例》第四条之(十二)。

〔3〕 参见王迁：《著作权法》，中国人民大学出版社 2015 年版，第 169 页。

〔4〕 *See* H. R. Rep. 101-735，1990U. S. C. C. A. N. 6935，at 6950.

和集合结构组合而成，包含着严谨、精确、简洁、和谐与对称的‘科学之美’”，[5]这与画家运用艺术手法绘出的美术作品在表现形式上有明显区别。如设计图作品，用艺术手法描绘出外观造型的属于外观效果图，而用精确的科学绘图方法描绘外观造型的是外观设计图，因此，设计图可能具有双重属性，用艺术手法描绘出的外观效果图既是美术作品，也是图形作品，而借用科学绘图方法描绘出的外观设计图仅仅是图形作品，称不上美术作品。

对图形作品进行明确界定的国家并不多，南非著作权法将图形作品定义为“包括任何具有技术性的图形作品或任何示意图、地图、图表或设计图”，[6]技术性成为图形作品的一个重要特征。在南非版权法下，美术作品包含图形作品，也包含建筑作品。[7] 并且美术作品与其艺术价值无关，没有任何艺术性但有技术性的图形仍然可以成为南非著作权法意义上的美术作品。在我国，美术作品与图形作品分属著作权法上不同的作品类型。我国《著作权法实施条例》第 4 条规定，“美术作品是指绘画、书法、雕塑等以线条、色彩或者其他方式构成的有审美意义的平面或者立体的造型艺术作品”，而“图形作品是指为施工、生产绘制的工程设计图、产品设计图，以及反映地理现象、说明事物原理或者结构的地图、示意图等作品”。单从字面上理解，一方面，有别于图形作品的二维形态，美术作品既可能以二维的平面形态呈现，比如油画，也可能是以立体的三维形态呈现，即美术工艺品，比如创意纸艺作品。另一方面，美术作品展现的是艺术之美，色彩或线条是常见的表达手法，以是否具备美术技巧为前提，而图形作品体现的科学之美，基于施工或生产的目的或者反映现象和说明原理结构的意图，通常与地理、地形、建筑或科学有关。两者处于不同领域，前者处于艺术领域，后者处于科学领域；但美术作品和图形作品亦有交叉，比如一份独特新颖的建筑物外观设计图既是美术作品，也是图形作品。

从更深一层来看，我国著作权法对不同类型的作品侧重的要求不同，按照最高人民法院的说法，“不同种类作品对独创性的要求不同，对于美术作品而言，其独创性要求体现作者在美学领域的独特创造力和观念”，[8]但不会以同样的标准要求图形作品，虽然创作图形作品有时也需要有美学领域的创造力和观念，但并不是必不可少的条件。我国台湾地区的规定是：“作品是否为美术著作（包括美术工艺品）须以是否具备美术技巧之表现为要件，如作品非以美术技巧表现思想或感情者，亦即未能表现创作之美术技巧者，尚难认定为美术著作。至完全以模具或机械制造之作品缘非具备美术技巧之表，自不属美术著作，至著作人是否自始即以大量生产为目的并非著作权法保护之准据，且与该著作是否属美术工艺品无关。”[9]也就是说，美术作品是人类以美术技巧表达思想或情感的产物，而美

---

〔5〕 王迁：《著作权法》，中国人民大学出版社 2015 年版，第 115 页。

〔6〕 参见《南非版权法》第 1 条关于图形作品的定义。

〔7〕 参见《南非版权法》第 1 条关于美术作品的定义。

〔8〕 参见最高人民法院（2012）民申字第 1392 号民事裁定书。

〔9〕 参见台湾“内政部”函件：台（86）内著字第 8605535 号函。

术技巧不包括主要借助模具或机械等的外在装置。美国版权法规定,“绘画、图形和雕塑作品包括美术作品、图形作品、实用艺术品、印刷字体、艺术复制品、地图、地球仪、图表、示意图、模型及技术图纸(含建筑规划)等平面或立体作品。就其形式而非就其机械和实用方面而言,此类作品包括工艺品。本条所定义的实用物品的设计应视为绘画、图形或雕塑作品,但只有且仅以该设计中所含之绘画、图形或雕塑的特征可使其区别于且能独立于物品的实用功能而存在者为限”。[10] 从这个定义来看,美国版权法将美术作品和图形作品一并归入“绘画、图形和雕塑作品”这一作品类型,同时将美术作品与实用艺术品并列,又将图形作品与地图、图表、示意图、技术图纸并列,这意味着美国版权法上的美术作品和图形作品侧重于艺术性,而不是其技术性或实用功能方面;美术作品自不必赘言,就图形作品而言,对施工生产没有实际指导意义的图形仍然可能成为图形作品。而德国著作权法项下的美术著作包括建筑艺术、实用艺术著作及其草图,除此以外的图形没有被美术著作纳入,而是被归入“科学、技术种类的各类表现”,[11]其包括绘图、地图、草图、表格和立体表现。由此可见德国著作权法对美术作品是有一定程度的艺术性要求的,具有艺术性的建筑艺术、实用艺术著作及其草图才可以落入美术作品的范畴,而没有艺术性的图形则被排除在外。但有的国家,如印度著作权法则对不同种类的美术作品有不同的艺术性要求,虽然同为美术作品,“绘画、雕塑、绘图(包括图解、地图、图表、设计图)、版刻或摄影,不论此类作品是否具有艺术性”,[12]而对同样放置于美术作品类型之下的建筑作品则另当别论。和德国不同,没有艺术性可言的设计图也可以成为印度著作权法认可的美术作品,但建筑设计图是一个例外,没有艺术性的建筑设计图是不被印度著作权法保护的。[13]

综合不同国家、地区著作权法关于美术作品和图形作品的规定,可以看出:第一,从表现形态来看,美术作品既可以是平面的,也可以是立体的,但图形作品通常是以平面形态呈现。第二,从外部效果来看,一般而言,美术作品展现艺术之美,侧重艺术性(可能艺术性弱或无),有欣赏价值;而图形作品展现的是科学之美,相比美术作品的艺术性,其更侧重技术性或实用价值(可能技术性和实用价值弱或无)。图形自身所具有的美感是受版权法保护的原因,但两者给公众带来的视觉感受截然不同。特殊的情形是建筑设计图和实用艺术品设计图,尤其是实用艺术品设计图,既有艺术欣赏价值,又兼具实用功能,因此,通常既是美术作品,也是图形作品。但在美术作品内部,具有审美意义的美术作品和实用艺术作品又是不同层次的美术作品,后者必须是艺术性和实用性可以区别开来单独存在的美术作品。实用性和艺术性可分离是实用艺术品获得著作权法保护的前提,《美国版权法》第 101 条即规定“本条所定义的实用物品的设计应视为绘画、

〔10〕 参见《美国著作权法》第 101 条。

〔11〕 参见《德国著作权法》第 2 条之(7)。

〔12〕 参见《印度著作权法》第 2 条之(c)。

〔13〕 在《印度著作权法》里,建筑作品指的是具有艺术特征或构思的建筑物或构筑物及其模型。

图形或雕塑作品，但只有且仅以该设计中所含之绘画、图形或雕塑的特征可使其区别于且能独立于物品的实用功能而存在者为限”。第三，从创作手段来看，美术作品须是创作者主要借助美术技巧来表达思想或情感，而不是借助器械或模具等技术性手段。即美术作品须是借助色彩、线条等美术技巧进行创作活动的结果，而不是技术活动的结果。正如最高人民法院在“乐高公司与小白龙公司等著作权纠纷案”中指出的那样，“对于既有欣赏价值又有实用价值的客体而言，其是否可以作为美术作品保护取决于作者在美学方面付出的智力劳动所体现的独特个性和创造力，那些不属于美学领域的智力劳动则与独创性无关”。[14] 当然，并不是所有借助美学技巧进行表达的成果就是著作权法意义上的美术作品，建筑设计图、地图、示意图的形成等都借助了美学技巧，却不是美术作品，但它们借助美学技巧展示了科学之美，因此属于图形作品。准确来讲，除了满足一般作品的独创性、可复制性要件之外，还要满足美术作品自身的要件才能称之为著作权法意义上的美术作品，即美术作品的创作必须体现美学技巧，主要借助美学技巧形成独创性表达，展现艺术之美。

三、图形作品的复制

复制权是著作权项下的重要权能，也是判断著作权侵权的重要依据之一。二审法院将音乐喷泉认定为美术作品，并根据“接触＋实质性相似”原则认定被告的行为构成《著作权法》第 47 条规定的剽窃行为，但回避了“根据设计图构筑音乐喷泉的行为是否属于著作权法意义上的复制”这一关键问题。但“剽窃他人图形作品”、“剽窃他人音乐喷泉”和“根据他人图形作品构筑音乐喷泉”是不同的行为，“剽窃他人图形作品”是典型的侵犯图形作品复制权的行为，对于后两者行为的定性，则存在争议。二审判决全文回避了“复制”一词，原因可能在于，除了建筑设计图和实用艺术品设计图之外，现行著作权法对于根据图纸构筑实物的行为是否构成《著作权法》上的复制的确没有给出明确的指引。

（一）复制的方式和范围

《伯尔尼公约（1971 年巴黎文本）指南》中关于复制的解释是宽泛的，“以任何方法和形式”这种表述涉及广泛，足以包括所有的复制手法。《法国著作权法》规定，“复制是指以一切方式将作品固定在物质上以便间接向公众传播。复制尤其可以通过下列方式进行：印刷、绘画、雕刻、照相、制模及一切平面和立体艺术的手段、机械、电影或磁性录制。就建筑作品而言，重复实施一份设计图或施工模型也构成复制”。[15] 我国《著作权法》第 10 条将复制界定为“以印刷、复印、拓印、录音、录像、翻录、翻拍等方式将作品制作一份或者多份的权利”。虽然随着技术的发展，复制的方式不断变化，但著作权法意义上的复制是对作品本身的复制，

〔14〕 详见最高人民法院（2013）民申字第 1262 号等驳回再审申请裁定书。
〔15〕 参见《法国著作权法》第 122 条之 3。

是一种再现作品的行为，即原作品与复制品的表现形式应该是相同的，如表现形式不同，一般而言就不是对原作品的复制。比如诺贝尔文学奖得主莫言的小说被画成漫画，从文字作品到美术作品的转换，包含了独创的创作行为，表现形式不同，这是演绎，而不是复制。具体来说，针对图形作品的复制方式，一般有如下两种。

1. “从平面到平面”的复制

必须明确，著作权法意义上的复制和一般意义上的复制并不相同，著作权法赋予图形作品的作者以复制权，但仅限于图形本身，即“从平面到平面”的复制，原作品被固定在平面载体之上，而被复制之后仍然是被固定在平面载体上，印刷、复印、拓印、拍照、扫描、上传或下载等都是常见的复制图形作品的方式和手段。

2. “从平面到立体”的复制

一般而言，图形作品作者的复制权仅限于图形作品本身，并不延及实物，如果有人严格按照图形施工，投入机器设备和技术劳动，只要图形所涉实物不属于作品，没有独创的设计，该行为就不属于著作权法意义上的复制。《英国版权法》第 51 条规定，按照某一物品除表面装饰之外任何内部或外部形状或构造的设计去制造该物品，并不侵犯对设计文件(包括对设计的绘图)的版权(但对艺术品和字体的设计文件除外)。〔16〕《意大利著作权法》第七章“对工程设计图的权利”也表明，工程设计图的作者享有复制平面图和实体设计图的排他性权利，但无权限制他人根据图形构筑实物。〔17〕 在我国，1991 年《著作权法》规定，“按照工程设计、产品设计图纸及其说明进行施工、生产工业品，不属于著作权法所称的复制”，〔18〕但 2001 年修订《著作权法》之时删除了这一条，现行著作权法也延续了这一做法。我国现行著作权法将按照设计图构筑建筑作品的行为认定为“从平面到立体”的复制，除了建筑设计图之外，司法实践在一定程度上也承认对实用艺术品设计图进行“从平面到立体”的复制侵犯著作权，根据具有艺术美感的产品设计图生产实物受到著作权法的限制，如依据腾讯公司的企鹅头像制作玩偶，〔19〕但对建筑设计图和实用艺术品设计图之外的其他图形作品并无类似的规定。

对于“从平面到立体”的复制，应当明确的一点是，著作权法保护的客体是作品，作品之外的其他客体并不受著作权法保护，著作权法不保护任何技术方案和实用功能，这是一条铁律。针对图形作品，著作权法保护的是图形，具体来说可能是工程设计图，也可能是产品设计图，但不保护工程设计或者产品设计本身，作为实用功能和技术方案出现的工程设计和产品设计并不是著作权法保护的对象，而是专利法保护的范围，权利人可以依法申请专利权，在获得专利权之后，得

---

〔16〕 *See* Copyright, Designs and Patents Act 1988, Sec. 51(1)(3).

〔17〕 参见《意大利著作权法》第七章第 99 条。

〔18〕 参见我国 1990 年《著作权法》第 52 条第 2 款。

〔19〕 参见北京市朝阳区人民法院(2007)朝民初字第 17052 号民事判决书，即“深圳腾讯计算机公司诉佛山某电器公司侵犯其‘腾讯 QQ 企鹅’著作权案”。

以限制他人未经许可对该工程设计或产品设计的使用行为。如果著作权法越位,将按照图形作品构筑实物的行为视为著作权法上的复制行为,侵犯图形作品作者的复制权,以此来保护工程设计和产品设计本身,就意味着模糊了著作权法和专利法的边界。

因此,对图形作品"从平面到立体"的复制要抱谨慎态度,要区分以下两种情形:第一,如果根据图形作品构筑生成著作权法上的作品,一般构成著作权法意义上的复制。比如根据建筑设计图、实用艺术品的产品设计图构筑实物就属于著作权法限制的复制行为,除非生成的立体作品本身已经进入公有领域。第二,如果根据图形作品构筑生成的实物并非著作权法上的作品,一般不构成复制,如根据服装设计图生产成衣的行为。之所以做这样的区分,理由在于,一方面,著作权法保护的客体是作品,如果将根据图形构筑不属于作品的实物的行为视为复制,为著作权法所禁止,等于著作权法突破客体保护范围,去保护作品以外的实物,变相地保护了技术方案和实用功能。另一方面,著作权法意义上的复制强调复制品与被复制品处于同一作品形态,而如果根据图形作品生成的实物并非著作权法上的作品,如作为服装设计图的图形作品和作为实用性功能存在的成衣并不是同一作品形态,成衣不属于著作权法意义上的作品,该行为不属于复制。特殊的情形是美国版权法认为,建筑作品包括建筑物、建筑设计图和绘图,〔20〕三者是建筑作品的不同表现形态,建筑设计图体现建筑物的外观,而绘图可能展现的是外部或内部构造的实用性功能,但按照建筑设计图或绘图构筑建筑物属于著作权法上的复制行为。

综上所述,对图形作品的作者而言,通常情况下,著作权法赋予作者的复制权是指"从平面到平面"的复制,而没有延伸到"从平面到立体"的复制,按照图形作品去建造和生产不受著作权法保护的实物,也不属于著作权法意义上的复制,但建筑设计图和实用艺术品设计图另当别论。

问题在于,对于图形作品而言,复制人的目的绝对不仅是"从平面到平面"的复制,最终都要服务于实用功能,如用于建造具有实用功能的建筑物、工程或产品,或者像地图、示意图等以了解现象、事实、原理和结构等。如果著作权法仅限制图形作品"从平面到平面"的复制,而对除建筑设计图、实用产品设计图之外"从平面到立体"的复制不予规制,则著作权法对图形作品的知识产权保护无从真正体现,也纵容了对图形作品的剽窃和抄袭行为。所以,图形作品权利人如果不被赋予限制他人根据图形构筑实物的权利,其权利得不到足够的保障。正如刘春田教授所说,"工业设计的使用价值既不在于复制工业设计图形,也不在于制作或者产品的模型,而在于完成工程建设和批量生产工业产品,这种行为恰恰是对有独创性的工业设计作品的利用。如果对这种行为不加以控制,那么著作权法规定的对工程设计、产品设计的保护,就会成为一句空话。尽管我国现行

---

〔20〕《美国著作权法》第101条指明,建筑作品指以物质表达方式体现的建筑设计,包括建筑物、建筑规划或图纸。建筑作品含设计的总体形式以及设计中的内部空间构成,但不包括个别的一般特征。

《著作权法》将工程设计、产品设计列为保护对象，但保护范围仅限于‘图纸’而未延及工程和产品本身，所以，实际上没有起到保护工业设计的作用”。[21] 针对这一问题，要阐明的有两点，一是对于地图等实用性图形作品来说，复制包括通过拍照、印刷、复印、录音等其他方法进行有形形式的再制作。对于设计图等技术性图形作品，复制的范围应扩大到根据图形作品进行实物制作，单纯限制对图形作品本身的复制并无实际意义，这也是多国著作权法对建筑作品进行特殊规定的原因，单单对建筑设计图进行复制并无实际用处，更重要的是要限制他人利用建筑设计图施工构筑建筑物，因此许多国家认定这样的行为属于著作权法意义上的复制。二是图形作品作者的权利范围不应仅限于“图纸”，如果不赋予图形作品作者限制他人根据工程设计图或产品设计图构筑实物的行为，则无法保证权利人从图形作品之中获得充分收益。因此，有学者建议借鉴意大利著作权法赋予工程设计图和产品设计图设计者一项“邻接权”，《意大利著作权法》规定，“工程设计图和其他有独创性的技术问题解决方案的作者，在享有复制平面图和实体设计图的排他性权利的同时，对未经许可以营利为目的使用设计方案的人，有权要求合理报酬”，[22]这一邻接权保护的不是作品，而是作品之外的其他客体。用邻接权去保护不构成作品的实物，用狭义著作权保护构成作品的实物，[23]这样一来，根据图纸构筑属于著作权法上作品的实物由狭义著作权去保护，如建筑作品或实用艺术品，而根据图纸构筑不属于著作权法上作品的实物则由邻接权保护，由此图形作品权利人的保护才称得上完整。

(二)根据图纸构筑音乐喷泉是否属于复制

虽然多国著作权法明确规定，按照建筑设计图构筑建筑物属于著作权法意义上的复制，如《日本著作权法》清楚规定，“复制包括按照建筑图纸完成建筑物”，[24]《法国知识产权法典》明确规定，“建筑作品的复制也指再次按图纸或标准方案进行施工”，[25]但在我国，除建筑设计图和实用艺术品设计图之外，根据图纸构筑实物的行为是否属于著作权法意义上的复制并无定论。因此，在音乐喷泉案中，法院也没有妄断根据图纸构筑音乐喷泉的行为是否属于著作权法禁止的复制行为，而是委婉地认定被告“所实施的行为是在西湖建设相关设施、配置相应软件后再现了涉案音乐喷泉喷射效果的呈现”。[26]

虽然我国由于建筑作品的原因，2001 年修订《著作权法》时删除了 1991 年《著作权法》所规定的“按照工程设计、产品设计图纸及其说明进行施工、生产工业品，不属于著作权法所称的复制”这一条，但建筑作品是特殊的作品形态，这一

---

〔21〕 刘春田主编:《知识产权法》，中国人民大学出版社 2002 年版，第 58 页。

〔22〕 参见《意大利著作权法》第 99 条。

〔23〕 王迁:《著作权法》，中国人民大学出版社 2015 年版，第 169 页。

〔24〕 参见《日本著作权法》第 2 条第 1 款之(十五)。

〔25〕 参见《法国知识产权法典》第 122-3 条。

〔26〕 参见北京知识产权法院(2017)京 73 民终 1404 号判决书。

条款的删除仍然不能表明，按照建筑设计图之外的其他图纸进行施工和生产的行为构成著作权法意义上的复制，又或者不构成复制。在立法上，很多国家的著作权法对特殊形态作品的复制进行了特别说明，比如日本著作权法限制了对建筑作品、剧本和其他类似戏剧化使用的作品的复制行为，〔27〕而韩国著作权法明确将按照建筑设计图施工构筑建筑物的行为视为著作权法意义上的复制。〔28〕我国著作权法虽然对此没有明确的规定，但在司法实务中，按照建筑平面设计图和实用艺术品设计图建造实物的行为都是不为著作权法许可的行为，而根据其他图形作品构筑实物的行为并没有受到著作权法的明文限制，根据“法无禁止即可行”原理，按照建筑设计图和实用艺术品设计图以外的图形施工构筑实物的行为尚不属于著作权法上的复制行为，不为著作权法所限制和禁止。

以上分析旨在说明，对于图形作品而言，著作权法保护的是图形中所展现的美感，不保护根据图形构筑出来的不属于作品的实物，因此，根据图纸构筑出来的音乐喷泉是否属于作品成为整个音乐喷泉案的关键点，事实上，二审法院也的确花费了大量篇幅来论证音乐喷泉的作品属性。

四、图形作品的合理使用

对著作权进行必要限制是各国著作权法的通用做法，合理使用范围的设定为他人合法使用尚在保护期内的作品给出了指引。不同的作品、不同的场所（公开场所或非公开场所）、不同的意图（营利性或非营利性）、不同的主体（残障人士或健全人），合理使用的情形又会不同，比如对设置于公共场所的作品的合理使用，一般国家都允许通过绘画、雕刻、拍照或者摄影的方式复制、发行与公开再现位于公共道路、街巷或者广场的作品，但这种规定并不全然适用于所有作品，比如我国《著作权法》规定，“对设置或者陈列在室外公共场所的艺术作品进行临摹、绘画、摄影、录像”属于合理使用，〔29〕意味着只有“艺术作品”才能是合理使用的客体，非艺术作品则不在此列。同时，即便是艺术作品，比如建筑作品，也只限于其外观，其内部结构不属于合理使用的范畴。因此，事实上，著作权法规定的合理使用范围具有抽象性，并不全然适用于图形作品，仍需视具体情形而定。

（一）关于合理使用的判断标准

《伯尔尼公约》指明，合理使用以三个条件为前提，即只能在特殊情况下做出、与作品的正常使用不冲突以及没有不合理地损害权利人合法权益，这就是通常说的“三步检验标准”。〔30〕各成员国可以针对特殊情形划定合理使用的范围，对著作权进行限制，但不能影响作品的正常使用和严重损害权利人合法权益。

---

〔27〕 参见《日本著作权法》第2条第1款之（十五）。

〔28〕 《韩国著作权法》第2条关于“复制”的规定中指明，“如果是建筑作品，则包括根据此建筑作品的模型或者设计而成的建筑物”。

〔29〕 参见我国《著作权法》第22条第10项。

〔30〕 参见《伯尔尼公约》第9条第2款。

我国是《伯尔尼公约》成员国，有遵守“三步检验标准”的国际义务，我国《著作权法实施条例》第 21 条清晰载明，“依据著作权法有关规定，使用可以不经著作权人许可的已经发表的作品的，不得影响该作品的正常使用，也不得不合理地损害著作权人的合法权益”，这是《伯尔尼公约》“三步检验标准”对接我国国内法的体现。与此同时，我国著作权法就合理使用的范围做了列举，从合理使用范围与“三步检验标准”的关系上看，应当讲，“三步检验标准”是各成员国制定合理使用范围的标准，因此判断一种行为是否构成合理使用，除了满足著作权法合理使用的规定，最终还要看是否符合“三步检验标准”，意即构成合理使用情形的行为必须符合“三步检验标准”。

(二)根据图纸构筑音乐喷泉是否属于合理使用

被告对音乐喷泉是否构成合理使用是音乐喷泉案的另一个争议焦点。在音乐喷泉案中，被告辩称，“即便我方涉嫌侵权，由于西湖音乐喷泉是免费的，并未向游客收取费用”，主张这种情况属于《著作权法》第 22 条第(九)项规定的合理使用的范畴，不应承担责任，即“免费表演已经发表的作品，该表演未向公众收取费用，也未向表演者支付报酬”。[31] 但要注意的是，涉案音乐喷泉的现场表演不是慈善活动，其存在目的就是招揽客源，吸引潜在游客，增加经济利益，如果音乐喷泉起不到吸引游客的效果，被告就很可能放弃音乐喷泉表演，音乐喷泉具有增加营利的效果，因此属于受控制的行为。这与高档餐厅内的钢琴曲表演是一个道理，钢琴表演是以消费者付费为对价的，无论是否有效果，演奏音乐的目的是营利。[32] 由此，西湖音乐喷泉未向游客收取费用不等于没有营利性，只是手段和方式不同，因此，二审法院认定被告行为不符合“免费表演”的要件并无不妥。

由前文分析可知，一般而言，除了建筑设计图和实用艺术品设计图，根据其他图形作品构筑实物并不构成著作权法意义上的复制行为，不属于著作权法限制的范围，我国著作权法并不将按照平面设计图建造和生产立体工程和实用品的行为视为复制，这使得按照建筑设计图和实用艺术品设计图以外的图形作品构筑实物的行为堕入一种极其尴尬的境地，即它既不是著作权法限制禁止的行为，也不属于我国著作权法所规定的十二种合理使用的情形，如果不存在法定强制许可的情况，是不是意味着根据他人的图形作品构筑实物的行为合法正当呢?自然不能得出这样的结论。

在音乐喷泉案中，被告根据图纸构筑音乐喷泉的行为不属于我国著作权法列明的任何一种合理使用的情形，同时根据“三步检验标准”，在判断是否构成合

---

〔31〕 参见北京知识产权法院(2017)京 73 民终 1404 号民事判决书。

〔32〕 See Herbert v. Shanley, 242 U. S. 591, 594-595(1917). 案情是：美国一家餐厅聘请乐队进行表演，音乐版权集体管理组织要求餐厅为表演音乐作品付费，餐厅以免费表演为由拒绝。美国最高法院判决餐厅败诉，理由是“如果只有在进门处收钱的情况下，音乐表演才构成版权侵权，则对版权的保护就存在极大的缺陷”，即在营利性场所进行的音乐表演具有吸引潜在消费者、增加经营者利润的效果，因此属于受表演权控制的行为。

理使用时，还应考虑被告的行为是否会影响原作品的价值或潜在市场。从音乐喷泉案案情可知，第一被告和原告本身就存在竞争关系，第一被告公开再现音乐喷泉的行为影响了原告对其成果的二次商业利用，自然不合理地损害了原告的利益。由此，根据“三步检验标准”，被告的行为并不构成合理使用。

五、图形作品的侵权判断

著作权法对图形作品的保护是通过限制和禁止他人对图形作品的不法利用来实现的，体现在权利人对其图形作品有复制权等专有权利，任何人不得擅自模仿和抄袭图形作品，反之构成侵权。同时，权利人的权利限于图形本身，而不延及实物，除了建筑设计图和实用艺术品设计图之外，图形作品的作者并不能限制他人根据图纸构筑不属于作品的实物的行为。

（一）侵权判定思路

在音乐喷泉案中，两级法院的思路是被告剽窃了原告的音乐喷泉“作品”，因此，均着力于对音乐喷泉作品属性的认定上。一方面，二审法院认为“涉案音乐喷泉喷射效果的呈现具有属于美术作品的解释余地”，〔33〕根据我国《著作权法实施条例》中美术作品的定义将音乐喷泉认定为美术作品。另一方面，根据“接触＋实质性相似”原则，判定被告剽窃了原告的音乐喷泉“作品”，构成《著作权法》第47条“剽窃他人作品的”行为，由此应当承担著作权侵权责任。结合案件事实，“接触”和“实质性相似”并无太大分歧，按照两级法院的原有思路，音乐喷泉案最关键之处还在于两点：一是音乐喷泉“作品”的认定。如果音乐喷泉属于作品，则被告的行为构成著作权法限制的剽窃行为；如果音乐喷泉不属于作品，则被告的行为虽为剽窃，但剽窃的不是作品，不属于著作权法规制的范围，著作权法鞭长莫及。这也是二审法院竭力通过扩大法律解释将音乐喷泉纳入美术作品的原因，如果音乐喷泉不是作品，则著作权法无法保障原告的权利。二是是否存在独立创作的可能性。在满足“接触＋实质性相似”的前提下，被告要举证证明涉案音乐喷泉属于自行设计、独立构思创作，或者证明创作来源于公有领域或第三方，否则，难以自证清白。

但事实上，法院的侵权判定思路有偏差，被告剽窃的不是“音乐喷泉”作品，而是图形作品，即音乐喷泉的设计图纸。正如裁缝剽窃他人的服装设计图做成成衣，侵犯的不是服装本身的著作权，而是侵犯服装设计师对图形作品的著作权。

（二）关于音乐喷泉属于美术作品的判定结果

音乐喷泉案二审法院扩大法律解释将音乐喷泉认定为美术作品，理由有两个，一是根据我国《著作权法实施条例》中美术作品的定义，除了线条、色彩之外，

---

〔33〕 参见北京知识产权法院（2017）京73民终1404号判决书。

以其他方式构成的立体造型可纳入美术作品的范围。二是将音乐喷泉认定为作品符合著作权法的立法初衷，鼓励对美的表达方式的创新，可以促进文化繁荣。[34]

二审法院的这种认定存在四个方面的问题，第一，忽略了著作权法整体上关于美术作品的界定是环环相扣、相互制约的。我国《著作权法实施条例》中关于美术作品的定义并不能完全囊括美术作品的所有表征，单单根据某一个条款就认定音乐喷泉属于立体美术作品就落入以偏概全的误区。音乐喷泉的确满足作品独创性、可复制性等一般性规定，外部表达上具有一定的艺术美感，也不违背我国《著作权法实施条例》关于美术作品的定义，却不符合美术作品的惯常逻辑和标准，音乐喷泉主要是借助水流、器械和技术设备造就的技术性成果，而不是主要借助色彩、线条等美术技巧创作的智力成果。如果音乐喷泉可以作为立体美术作品受到保护，则突破了《伯尔尼公约》和我国著作权法为美术作品设定的定义，也模糊了实用艺术品、艺术设计和美术作品的界限。第二，在音乐喷泉的整体结构当中，唯一与作品有关的只可能是其中具有美感的艺术活动，如背景音乐和水舞，但由于音乐和舞蹈本身已经是受著作权法保护的作品类型，保护音乐喷泉的最终效果是使表现水流技巧的活动也成为著作权法保护的客体。音乐喷泉喷射效果的形成更多的是借助技术或其他装备设备驱动水流，这和著作权法不保护任何操作方法、技术方案和实用性功能的初衷相悖。第三，从司法实务上看，对美术作品的侵权认定以艺术造型方面的实质性相似为前提。[35] 在复制再现的情形出现时，只能比较双方的外在表达是否相同或相似，而音乐喷泉的外在表达是依靠水流实现的，水柱排列方式在喷泉设计中非常普遍，是一种常规设计，在之前的喷泉设计中都可以找到借鉴。同时，综观整个喷泉行业，无论是水流形态或者是水柱的跑动，其形态都极其有限，都可以在之前或过去的喷泉景观中找到对应之处，原告独创性如何体现？被告完全有可能从之前设计的喷泉景观中得到启发来进行喷泉喷射形状的设计。音乐喷泉设计者在“音乐＋喷泉”的设计理念上确有独到之处，但是著作权法并不保护设计理念。第四，从社会效果上看，音乐喷泉并不是新事物，但长久以来社会公众都没有将其视为作品来保护，这是一个事实。而且，在未获得设计图、视频资料等情况下，复制成本极高，再现复制的概率并不高，虽然不排除特殊情形，但侵权的情形极少出现，这也是音乐喷泉这类景观出现多年却无人为此申请著作权保护的一个原因。

综上所述，音乐喷泉并不是著作权法意义上的作品，它虽然包含人为设计和创作的成分，但技术对音乐喷泉创作的形成贡献更为突出，它是主要运用技术活动获得的产物，而不是人类创作的智力成果。如果著作权法对其进行保护，等于著作权法保护音乐喷泉的操作方法、技术方案或实用性功能。

---

〔34〕 参见北京知识产权法院(2017)京73民终1404号判决书。

〔35〕 王迁：《著作权法》，中国人民大学出版社2015年版，第94页。

（三）音乐喷泉案被告行为的定性

针对音乐喷泉案，一般情况下，复制他人的实物，如音乐喷泉，通常有两个路径：一是根据音乐喷泉设计图进行构筑，即“从平面到立体”，音乐喷泉案应该属于这一类情形；二是根据音乐喷泉的实物造型本身绘制平面设计图，再根据平面设计图构筑音乐喷泉，即“从立体到立体”，但这种情形更加复杂和困难，往往并不可行。具体到音乐喷泉案，绘制设计图是完成音乐喷泉的一个关键环节，要复制和原告一模一样的音乐喷泉，被告一般需要事先复制取得原告的设计图纸。原告已经举证证明被告有接触获得设计图的可能，被告施工构筑的音乐喷泉和原告的音乐喷泉有实质性相似，如果被告不能提供自己具有独创性的设计图纸或者不能证明音乐喷泉的创作来自公有领域或第三人，就难脱剽窃的嫌疑，构成著作权法上的剽窃行为，即将他人的图形作品窃为己有，其客观表现是根据图纸施工构筑实物，但不指明来源，以自己的名义对外展示。按照《著作权法》第47条规定，“剽窃他人作品的，应当根据情况，承担停止侵害、消除影响、赔礼道歉、赔偿损失等民事责任”。但要注意，剽窃的对象必须是著作权法上的作品。同时，如果确有证据证明被告是根据原告的图纸来施工构筑音乐喷泉，那么被告剽窃的也是原告的图形作品，根据图形作品构筑音乐喷泉只是侵权的表现和结果。

六、结论

著作权法保护图形作品的“科学之美”和独创性，而不保护根据图形作品构筑出来的不属于作品的实物。围绕音乐喷泉案，被告应被限制和禁止的行为是擅自模仿和复制原告的图形作品，甚至将原告的图形作品当作自己的作品来使用，此举侵犯的是图形作品的著作权，而根据图形作品构筑音乐喷泉只是侵权的结果和客观表现。由此，音乐喷泉案被告的行为充其量只是剽窃他人图形作品，侵犯的是图形作品的著作权，而不是侵犯音乐喷泉“作品”的著作权，音乐喷泉也不属于作品。

我国著作权法并没有针对图形作品的使用方式和范围进行具体的限定，具有极大的模糊性。“剽窃他人图形作品”和“根据他人图形作品构筑实物”这两种行为应当如何定性和规范是当前迫切需要解决的问题，否则，图形作品作者的权利就得不到应有的保护。同时，针对工程设计图的应有权利，意大利著作权法是一个很好的借鉴，其规定，“工程设计图和其他有独创性的技术问题解决方案的作者，在享有复制平面图和实体设计图的排他性权利的同时，对未经作者许可而以营利为目的使用设计方案的人，有权要求合理报酬”。[36] 图形作者虽然无权限制他人根据图形作品构筑实物，但仍有从中获得利益的权利。

音乐喷泉案使音乐喷泉等新型创作形式的可版权性问题成为一个争论焦点。在当前情况下，要想这些新型创作形式得到保护，除了著作权法之外，合同

〔36〕 参见《意大利著作权法》第99条。

法、商业秘密法和反不正当竞争法也是可以依靠的力量，正如《意大利著作权法》规定的："复制或仿制他人的同类作品，或者作品的标题、标志、装饰、印刷符号或字体的编排，或者作品外部的其他特殊形式或色彩，致使其与原作或者原作者发生混淆的，该复制或者仿制应当被视为不公平竞争行为而予以禁止。"[37]在音乐喷泉案中，被告施工重做和原告相同或近似的实物，对外展示后，造成社会公众对原告成果的混淆误认，也影响了原告对其自身成果的二次利用和收益，这种行为无疑是法律所不允许的，不仅违反著作权法规定，也可能涉及反不正当竞争法、合同法等，其行为"不法"，故未专门强调"侵犯著作权"。这样一来，也避免了新型创作形式因不属于著作权法列举的作品类型而不受保护的尴尬处境。

---

〔37〕 参见《意大利著作权法》第 102 条。

Copyright Protection of the Graphic Works

KE Linxia

Abstract: Starting with the "The First Case of Chinese Copyright Disputes on Fountain", by defining the scope of protection of the graphic works, the paper analyzes the similarities and differences between the graphic works and the art works, focusing on the issues of the right of reproduction and rational use of the graphic works. China's copyright law is too crude for the protection of the graphic works. on the issue of the infringement on copyright of the graphic works, how to characterize and regulate the two behaviors of "plagiarizing other people's graphic works" and "building physical objects according to other people's graphic works" is an issue that must be thoroughly studied.

Key Word: The Graphic Works; The Art Works; Copyright

甘末尔《税收政策意见书》与近代中国税制转型[1]

韩龙河*

摘　要　晚清以降，为因应财政困境和谋求税制转型，裁撤厘金与引入西洋直接税一直是清末至民国时期历届政府的财政改革目标。国民政府统治时期，财政顾问甘末尔教授在对中国的税收环境进行考察后，向国民政府上呈《税收政策意见书》，排除众意认为中国不宜引进西洋直接税。在意见书中，甘末尔阐释了其二维的税制理念，即先期理论构建与经济基础，国民政府综合考虑后中止了所得税与遗产税的推广。抗战时期，国民政府为筹取战争资费而强行开征直接税，最终仍以失败告终。虽然时人对甘末尔意见书褒贬不一，但这些观点都存在片面性。以历史脉络为基点，甘末尔意见书对中国近代税制转型有两点影响不可忽视，即对我国早期引入西洋先进租税理念有所助益和对近代以来国内致力于税制改革的潮流给予警示。

关键词　甘末尔；直接税；民国；《税收政策意见书》

目　次

---

* 韩龙河（1991—），北京大学法学院2018级博士研究生，主要研究方向：法律史。

〔1〕 本文系教育部人文社会科学研究规划基金项目"百年中国所得税法史研究（1914—2014）"（17YJA820039）阶段性成果。

一、引言

1840年鸦片战争以后，中华大地处于饱受列强割据和军阀混战的混乱状态，传统中国的经济发展受到严重制约，为了因应财政困境和谋求税制革新，晚清至民国时期的历届政府均将裁撤厘金与引进西洋直接税[1]作为主要财政改革目标。其中，最先进入国人视角的是印花税，其后还有所得税、遗产税、利得税和营业税等。值得一提的是，当时的国民政府并没有严格依照西洋税制的划分标准，而是将营业税和利得税等间接税税种统统划归直接税，并不顾及税制设计的实质意义，其最终也因直接税税目混杂遭到批评。所以，本文所讨论的引进"西洋直接税"更为准确的说法是引进"西洋税制"，但为了和历史相一致，在此仍然使用"西洋直接税"的概念。

虽然近代中国历届政府均致力于传统税制的革新，但现实经济条件与税收环境的制约也让税制转型屡屡受挫。晚清至民国时期，诸多学人和政客对中国的税制转型发表理论构思，此些见解虽颇为独到和富有理性色彩，但最为一针见血的当属国民政府延揽的美国财政顾问甘末尔教授对于中国税制出路的总结与构建。蕴于视角的差异，当下学界的关注点多为近代税制变革的宏观叙事或对其一税种进行深入探究，较少有文章关注与论述甘末尔教授及其《税收政策意见书》[2]的贡献。鉴于此，本文试图以史料为根基，以学理思考为臂膀，探究甘末尔教授及其《税收政策意见书》对近代中国税制转型的影响。

二、试错："屡败屡战"的中国近代税制改革

清末至民国时期，中华大地处于饱受列强欺凌、军阀割据的混乱状态，传统农业和经济发展受到严重制约，不断增长的战争资费需求更是让本已入不敷出的财政雪上加霜。20世纪初期，随着一些新兴工业和金融业的发展，传统的赋税格局难以涵盖和因应现实需求。为了逆转一直入不敷出的财政困境，实现税制的现代化转型，裁撤广受诟病的厘金制度[3]与引入西洋直接税开始受到历届政府的关注。在这个过程中，作为厘金的抵补办法，引入西洋直接税始终和裁厘运

---

[1] "直接税"(direct tax)是近代西方学者讨论国家税收时使用的一个专业术语，与其相对的是"间接税"(indirect tax)，学理上二者的区分标准一般是税负能否转嫁。"直接税"的概念首次传入我国是在晚清引入西洋税制的过程中，1896年12月出刊的《时务报》首次以西洋税制的划分标准将我国的财源分为"直税、间税和厘金税"三种，其中"直税"指的就是"直接税"。不可否认，中国传统税收存在许多所谓的"直接税"，如田赋、丁税等。

[2] 该意见书全称为《财政部甘末尔设计委员税收政策意见书》，本文简称为《税收政策意见书》。

[3] 厘金是我国晚清至民国时期的一项特殊税种，其在我国历史上存续了将近一百年的时间。作为一项商业税，厘金征收范围广泛，包括对行商征收的通过厘、对坐贾征收的交易厘和对货物征收的百货厘等。作为地方税，厘金征收方式多种多样，既有在起运地和到达地征税的，也有在起运地和卡局征税的，还有逢卡即征税的。厘金的税率在各省也是不一致的，有值百抽一的，也有值百抽二十的，还有量入抽厘的。厘金的纷繁复杂不仅对当时的百姓极尽苛扰，还产生了全国同货不同税与地方保护主义抬头等弊害，其遍地卡局的征收方式既对华商不利，也对外国货物在中国的行销造成贸易障碍。

动相伴随。

早在1874年，户部官员即已向同治皇帝建议逐步取消厘金，以利国家发展。[4] 光绪年间，不仅国内学者和百姓对厘金嗤之以鼻，外国也多次要求清政府裁撤厘金。厘金遍地卡局的征收方式既对华商不利，也对外国货物在中国的行销造成贸易障碍。在清政府看来，裁撤厘金必须寻得抵补的税源，况且当时中国内忧外患的局势早已令清廷的财政入不敷出。为了保证财政收入的丰沛与稳定，清政府开始在传统赋税之外寻找其他财源，此时，包括印花税、营业税、所得税等在内的一系列西洋直接税开始进入清廷的视野。

在众多西洋税种中，最早被引介到中国的是印花税。1889年，李鸿章率先向光绪皇帝建议采行西洋印花税，此是国人提出引介西洋直接税的最早记录。[5] 1895年，甲午战败引发的巨额赔款导致清政府出现严重的财政赤字危机，传统的赋税已明显不足以因应现有的财政需求，御史陈璧再次提议采纳西洋印花税作为支撑。陈璧认为，施行印花税不仅可以偿还洋债，还能顺利推行裁厘运动。[6] 当光绪皇帝下定决心施行西洋印花税时，各地方政府却纷纷上奏请求缓办，原因是商民不恰，难以推行。[7] 无奈之下，光绪帝应准了缓办的请求。

1899年，面对外国多次的裁厘要求，清廷派出铁路大臣盛宣怀开始与英国接洽，商讨裁撤厘金及抵补税源的办法。1902年，中英签订了《马凯条约》，双方约定清政府裁撤厘金，以对洋货增加部分关税和对土货开征一次产销税作为抵补。对于此条约，当时的国内学人提出反对意见，认为对进口洋货只增加关税而免国内通过税，对土货出口则不仅有关税还有产销税，此举是兴洋货而抑土货。[8] 国内学人建议应引入西洋营业税，对洋商和华商的营业收入均征税，以平衡二者税收差异。虽然清廷对此议论没有重视，但其奠定了日后引入西洋营业税的理论基础。之后，由于各地方官员为维护地方财政收入，纷纷反对裁厘，迫于地方的压力，清廷的裁厘计划最终没能实施。

民国初年及北洋时期，由于军阀混战和外国列强欺凌，扩充财政收入问题一直是政府棘手的大问题。为了因应财政困境，除了向外借款，政府将目标主要放在推行西洋直接税上。1914年至1920年，政府先后颁布了《特种营业执照税》、《关于人事凭证贴用印花税条例》和《所得税条例施行细则》，拟向百姓开征营业税、印花税和所得税，此举遭到商民的一致反对，政府只能以加快裁废厘金作为搪塞。1915年，北洋财政次长章宗元最早提出引进西洋遗产税，并组织研拟《遗产税征收条例草案》，在章宗元看来，西洋遗产税的税源相当广阔，且不会对普罗大众造成苛扰，此等良税正适合于当时的民生与国情。但是，出于当时中国的社

〔4〕 朱寿朋：《光绪朝东华录》（四），中华书局1958年版，第3895—3896页。

〔5〕 吴汝伦：《李文忠公（鸿章）全集》海军函稿三，《近代中国史料丛刊续辑》第70辑，第696号，第3466页。

〔6〕 中国第二历史档案馆编：《中华民国工商税收史料选编》（第四辑），南京大学出版社1994年版，第2581页。

〔7〕 中国第二历史档案馆编：《中华民国工商税收史料选编》（第四辑），南京大学出版社1994年版，第2581页。

〔8〕 《论中国宜免厘创办营业税》，《东方杂志》1909年第6卷第2期。

会生产力低下，民智未开，百姓对国家财政的认知无几，加上政府懦弱，始终无法实现华洋同税，所以以上四税的推行时举时废，民国初期始终没有实现裁厘和按照计划引入西洋直接税。

国民政府统治时期，裁厘运动继续推行。由于国父孙中山先生在民生思想中大力倡导“节制资本”，所以国民政府特别重视引入西洋所得税和遗产税。1928 年，还在北伐期间的国民政府召开第一届全国财政会议，研拟央地财政分权和裁撤厘金的具体方案。根据会议的结果，全国将逐步废除厘金制度，抵补方法是在中央层面开征所得税，各地方省份先征收产销税，后开办营业税。〔9〕会议同时拟定了《所得税条例草案》和《所得税施行细则草案》，初步决定于 1929 年修正后施行。在会议上，同时讨论的还包括在全国范围内施行印花税和遗产税，两个税种均作为中央税，遗产税由于对富人征税而受到与会者的广泛好评。虽然国民政府上下均致力于税制变革，但后面甘末尔教授在《税收政策意见书》中的“棒喝”无疑给国民政府乐观的情绪泼了一瓢冷水。

对于近代改革财政和引入西洋直接税，当时的政客和学人多以西洋租税理论为视角，审视国内传统税制，提倡“创办新税”的主张。例如，民国财政总长熊希龄在其施政宣言中提出“未有财政不理之国而民间经济能发达者”，为发展经济，应革除厘金等旧税，引入所得税、印花税等新税。〔10〕梁启超在其《饮冰室文集》中主张对百姓日用品免税，而对苛扰过甚的厘金和常关税等应革除，并建议开征所得税等十大西洋新税。〔11〕民国时期著名税收学家晏才杰认为“吾国税制，沿袭口久，弊窦丛生”，应先整理税制，再改革税制，包括对所得税、营业税等新税的整理。〔12〕宋子文和孔祥熙则建议中国应全面借鉴西方税收制度，从而建立自己的税收体系。〔13〕综合来看，清末民初的学人和政客在财政窘迫和西方财税知识得到初步传播这一大背景下，提出这些主张是很自然的。在对西方税制一知半解的情况下，思想家们纷纷开出创设(引进)新税的清单，大有饥不择食之势。〔14〕

自鸦片战争以来，伴随着外国商品的流入，中国传统自然经济开始解体，民族资本主义逐渐衍生。至民国时期，虽然新兴诸多民营企业，但中国经济结构总体仍然呈现口岸城市的资本主义与内地农村农业生产相对立的二元结构，并未发展出相对完善的资本主义经济体系。因此，虽然近代以来历届中央政府均致力于财政革新与引进西洋直接税，但仍然过程曲折，屡次受阻。究其原因，大抵可以概括为两点：一是当时中国经济尚处于资本主义萌芽阶段，零星的民营经济

---

〔9〕张研、孙燕京主编：《民国史料丛刊(经济·财政)》，大象出版社 2009 年版，第 398 卷，第 625—644 页。

〔10〕中国第二历史档案馆编：《中华民国工商税收史料选编》(第一辑上册)，南京大学出版社 1996 年版，第 111、第 114 页。

〔11〕梁启超：《中国改革财政私案》，《饮冰室文集之八》。转引自付志宇：《近代中国税收现代化进程及其思想史考察》，湖南大学 2019 年博士学位论文，第 51 页。

〔12〕晏才杰：《租税论》，新华学社 1922 年版，第 6、第 7 页。

〔13〕中国第二历史档案馆编：《中华民国工商税收史料选编》(第一辑上册)，南京大学出版社 1996 年版，第 619 页。孔祥熙：《孔祥熙先生演讲集》，文海出版有限公司 1973 年版，第 206—287 页。

〔14〕夏国祥：《中国近代税制改革思想研究》，上海财经大学 2003 年博士学位论文，第 15 页。

尚不能提供充足的西洋直接税税基及可供方便稽征的会计账本；二是当时的政治样态无法保证西洋直接税的公平稽征，至少无法保证华洋同税，从当时普罗大众的角度，这是政府不断增加税负的由头，因而西洋直接税广受百姓诟病。

三、转折：甘末尔《税收政策意见书》

埃德温·沃尔特·甘末尔（Edwin Walter Kemmerer，1875—1945）教授是20世纪美国知名的经济学家，[15]在20世纪初期，只要有国家向美国国务院与财政部请派经济专家进行援助，甘末尔即为指派的专家之一。由于对各国的财政进行改革脱离不了多个领域的问题，包括公共预算、税收制度、银行制度、外汇市场状况和偿还海外公共债务等，这些领域彼此区分，这就要求甘末尔组成相应的固定团队，团队里的成员都是各个领域杰出的专家。[16] 甘末尔的团队曾效力的国家包括哥伦比亚、玻利维亚、厄瓜多尔、波兰、智利、南非、土耳其、中国和秘鲁等，甘末尔在担任各国金融顾问时，并不是充当"临床医师"，而是作为一个诊断者，往往分析完困难和局势，给出一种计划方案后即离开。因甘末尔为许多国家贡献币制改革的设想，固有"货币医师"之美誉，更成为当时国际知名的经济学者。[17]

1929年，时任国民政府财政部长孙科邀请甘末尔团队来华担任财政顾问，甘末尔团队一行共13人，由甘末尔担任团长，故称这个团队为甘末尔设计委员会。其在推动中国币制改革的同时，也参与了中国的财税革新。在对当时中国的社会、经济和民国初年实施西洋直接税的状况进行审视后，甘末尔设计委员会分别于1月与9月向国民政府上呈了《印花税法之草案及其理由书》和《所得税说贴》，阐述了自己对开征印花税与所得税的看法。同年12月，甘末尔设计委员会向国民政府提交了《税收政策意见书》，其内容基本涵盖前两份文件。该意见书以中文的形式呈现，主要认为中国当下不宜引进西洋直接税，甘末尔的"棒喝"无疑给当时国民政府引入西洋直接税的热情泼了一瓢冷水。

（一）《税收政策意见书》的主要内容及税制理念建构

在意见书中，甘末尔通过分析国家民生和经济环境，给予国民政府在赋税及征管问题上较为明晰的意见。意见书分为五个部分，包括序言、贸易与赋税、税收方面之影响、平衡之税收制度、行政组织。

在序言中，甘末尔提出了总结性的理论意见，包括三部分：一是中国当下不

---

〔15〕 甘末尔出生于美国的宾夕法尼亚州，本科在美国维思大学（Wesleyan University）半工半读，后赴康奈尔大学（Cornell University）继续攻读研究生，并于1903年在康奈尔大学获博士学位。毕业后，除了作为经济专家远派他国外，甘末尔曾先后任教于美国普渡大学（Purdur University）、康奈尔大学和普林斯顿大学（Princeton University），其晚年基本在普林斯顿大学度过。作为一名经济学者，甘末尔教授一生著作等身，是美国正统金本位理论的代表人物。1926年，甘末尔当选为美国经济协会会长，这是对其学术造诣和理论贡献的肯定。

〔16〕 郭家麟：《甘末尔生平及其币制主张》，《银行通讯》1948年第51期，第31页。

〔17〕 郭家麟：《甘末尔生平及其币制主张》，《银行通讯》1948年第51期，第31页。

宜引进西洋直接税，而应注重传统赋税的改良，主要原因在于“除关务、盐务外，中国之税务行政向无效率可言，监督亦复失当，既未见有一般公认之程序法规，亦不闻有差强人意之征税标准”；[18]二是“赋税目的在谋公共利益，既非政府对于人民财产之强取苛求，亦非官吏私囊所饱，然欲使人民了解此项赋税观念，必须以公款专用于公共事业，如学校、公众卫生、道路及对于盗匪与其他不法行为之抑制，而不可用于内战或冗员之律给”；[19]三是“掌财政者因支出之急迫，为补其弥缝起见，而忽于一国税收之正当发展问题”。[20]

在贸易与赋税问题上，甘末尔认为近世以来的西方诸国开始认识到赋税繁杂会阻碍社会的发展，所以往往将税收集中于少数的财源。而中国还处于传承古昔遗制的时候，不仅赋税名目繁多，而且税率极高，特别是在贸易问题上，有厘金、常关税、复输入税和各口往还税等各种通过税，其不仅会使贸易总量减少，还会影响国家整体经济发展。甘末尔建议“中国之赋税新政策应首以减少赋税种类为目标，此外，更须撤除对于同一物品所课重复之税。许多商品往往因重复征税，以致成本大增，出售时无利可获”，[21]而对此最为重要的是“解除一般贸易所受重征苛敛之束缚，须知此类束缚可使贸易总量减少，限制商人经营上所得之利益，以致全国受其损害”。[22]

在税收方面之影响的问题上，甘末尔提道，“减少赋税种类，在收入方面不必有不利之影响。赋税种数减少后，虽不得不增高税率，但可择特种物品能负担较高税率者征收之，一方面免其缴纳他种之税，则此种改革固易实行也”。[23] 甘末尔也认为，政府无须开办其他税种作为抵补，减少赋税种类所节约的税收征管成本和在少数税源上增加的税收足以弥补财政损失。同时，甘末尔还提到，这项改革需要缓慢进行，需要慎重考察税率增高所加于物品市场之影响。[24]

在平衡税收的问题上，甘末尔先总括税收应根据人民的纳税能力进行公平的分配，而不是由消费者平均分配，然后列举了诸税种的具体实施情况。在所得税问题上，甘末尔认为无论是一般所得税还是部分特殊所得税都不宜在中国开征，其主要原因在于“一部分基于所得之性质，一部分基于中国私人账目之现状，而主要部分则以行政性质为根据”。[25] 在遗产税问题上，甘末尔认为中国也不宜开办遗产税，因为“此种赋税乃以西方各国之家族财产与其继承为根据，唯中国情形则不如是。父母死亡后之孤子无论对于此项财产之依赖程度或对于此项财产之管理及使用，其身份并不因父母死亡有所变更。在欧西各国通常引为征收遗产税之理由者，即因继承者一旦骤增产业，对于补助国家之能力当然增加，自

〔18〕《财政部甘末尔设计委员税收政策意见书》，《东方杂志》1930年第27卷第21号，第109页。

〔19〕《财政部甘末尔设计委员税收政策意见书》，《东方杂志》1930年第27卷第21号，第109页。

〔20〕《财政部甘末尔设计委员税收政策意见书》，《东方杂志》1930年第27卷第21号，第109页。

〔21〕《财政部甘末尔设计委员税收政策意见书》，《东方杂志》1930年第27卷第21号，第109页。

〔22〕《财政部甘末尔设计委员税收政策意见书》，《东方杂志》1930年第27卷第21号，第109页。

〔23〕《财政部甘末尔设计委员税收政策意见书》，《东方杂志》1930年第27卷第21号，第110页。

〔24〕《财政部甘末尔设计委员税收政策意见书》，《东方杂志》1930年第27卷第21号，第110页。

〔25〕《财政部甘末尔设计委员税收政策意见书》，《东方杂志》1930年第27卷第21号，第111页。

可课以遗产税"。[26] 在关税问题上，甘末尔认为其未来会成为中国的主要依赖税种，而且"大凡旧税较新税易于征收，关税久已成为中国赋税制度之一部，故其征收自较新税为易。并因比较上关税不受政局动摇之影响，其行政上效能较大于一般内地税行政。综此种种原因，若能于规定税则时详加考虑，则自关税输入税项下增加收入较诸自其他税源增加必更易也"。[27] 此外，甘末尔教授在土地税、特种消费税、盐税等问题上均提出了不同的意见，这些意见均以传统税制环境为根基，以西式环境为对照，给出一个合理的未来发展样式。

在行政组织的架构上，甘末尔主要陈述三点：其一是全国除盐税外的所有税款的征收应归于一处管辖，因为"财政部以外之各机关，多藉检查费用或其他名目而自由征税，虽官厅就其所尽职务征收公费不得认为失当，然税收行政若非由同一机关处理，终不免有混乱及重复之弊"，[28]由于当下政局不稳，盐税的行政问题与其他税收不同，所以不把盐税也划归一处；其二是将行政与征收分列二处，甘末尔认为"如能实行此种方法，则前此由征收机关截留税款一部充当征收费用，只以剩余部分解交国库之制度，自可废除"；[29]其三是关于税收的央地划分问题，甘末尔认为"应先修正现行之税收法规，并应改组中央与地方政府关于税收之行政范围，由中央政府逐级拨付于地方政府，而不应由地方政府拨付于中央政府"。[30]

1930 年 10 月，该意见书开始在《申报》《银行周报》等报刊上向大众公开。综合来看，甘末尔在意见书中主要呈现二维的税制理念建构，其一是西洋税制的理论内涵，其二是西洋税制的经济基础。在理论内涵上，甘末尔认为支撑西洋税制的是现代租税理论，如租税应该是政府提供公共服务的对价，税收应考虑纳税人的支付能力，应避免封建制之对土地与生产品课税等，这些现代租税理论是西洋税制得以颁行的先期条件，而传统中国在移植西洋税制的过程中，忽略了其理论在中国本土化的先期构建，缺乏相应理论支撑的西洋税制就如没有灵魂的躯壳，其在中国必定水土不服。在经济基础上，甘末尔认为西洋税制的开征必然需要配套的经济基础，如所得税需要国民在本额的基础上有足够的收入及系统的账户、营业税要求国内有足够的资本运营且收入可观等，而传统中国不仅缺乏可供课征的税源，更缺乏成熟的财务行政管理，经济基础的薄弱是甘末尔不建议中国当下开征西洋税制的第二个理由。在甘末尔看来，如果没有相应的基础理论构建和配套的经济条件，强制推行西洋税种的后果只会是加重对百姓的苛扰和负担，而不会显现出西洋税制原本的设计效果。

(二)《税收政策意见书》实效考

关于甘末尔意见书的实际效用，台湾学者林美莉在《西洋税制在近代中国的

---

〔26〕《财政部甘末尔设计委员税收政策意见书》,《东方杂志》1930 年第 27 卷第 21 号,第 111 页。
〔27〕《财政部甘末尔设计委员税收政策意见书》,《东方杂志》1930 年第 27 卷第 21 号,第 111 页。
〔28〕《财政部甘末尔设计委员税收政策意见书》,《东方杂志》1930 年第 27 卷第 21 号,第 112 页。
〔29〕《财政部甘末尔设计委员税收政策意见书》,《东方杂志》1930 年第 27 卷第 21 号,第 112 页。
〔30〕《财政部甘末尔设计委员税收政策意见书》,《东方杂志》1930 年第 27 卷第 21 号,第 112 页。

发展》一书中写道，甘末尔的意见书中止了国民政府以西洋直接税抵补裁厘损失的计划，国民政府因此放弃了推动直接税的改革行程表。[31] 国家税务总局编的《中华民国工商税收史：直接税卷》及一些当代学术论文也有类似的表述。[32] 但是，笔者认为仅仅一笔带过的描述过于笼统，而通过史料的爬梳，更能还原史实的基本样态。

在国民政府组织的第一届全国财政会议中，作为裁撤厘金的抵补方案，政府统筹在中央开办所得税，地方则组织先征收产销税，后举办营业税。同时，拟议在全国范围内开征遗产税和印花税。就国民政府拟革新税制的方向而言，其主要涉及所得税、营业税、遗产税和印花税这四个税种。

作为抵补地方财政损失的举措，营业税在开办之初即受到地方商民的反对。各地商会认为，营业税对商号的营业额和纯益额征税，是税外加税的行为。况且产销税尚未废除，商民负担很重。各地财政部门又有权调整营业税税率，营业税的税负变得不可预期。[33] 事实果如预期那样，营业税成为税外加税的举措，各地方政府在裁厘之后，对商号一面征收营业税，一面征收牙税，不堪重负的平津市民随即提出缓办营业税的请求。[34] 营业税在各地推广的困难还体现在“华洋不一”上，营业税在开办之初即提出“华洋平等，华租一律”的口号，而其在推行过程中却只对本土商号开征，租界内的华洋商号依托治外法权的庇护，拒不缴纳营业税，导致华人商号对租界商号市场竞争力的下降。[35] 在此情形下，上海、广州、天津等各地商号纷纷起来反抗，营业税的推广工作举步维艰，但仍没有完全停止推广。

对于所得税，其在北洋政府时期即已开征，不过稽查商民财产数额的困难及民众对政府普遍的不信任，导致所得税开征不久即告失败。1928 年，国民政府的第一次全国财政会议通过了所得税草案，包括《所得税条例草案》和《所得税施行细则草案》，国民政府计划以所得税充实中央政府财政。1929 年，甘末尔《税收政策意见书》较为冷静地分析了中外税收环境的差异，且否定了国民政府推行西洋直接税的意图。甘末尔的“棒喝”确实一度影响了国民政府的决策层，从意见书的出台至 1934 年 5 月第二次全国财政会议召开，国民政府内很少有人再提议举办所得税。[36] 检索 1930 年至 1933 年的期刊和报纸也可以发现，除了《银行周报》上一小篇文章提到政府要开征银行所得税，其他刊物上再无关于政府要开征所得税的信息，这和 1929 年之前经常见于报端和期刊的政府将开征所得税公告或训令形成鲜明的对比。根据《中华民国工商税收史料选编》的记载，国民政府

---

〔31〕 林美莉：《西洋税制在近代中国的发展》，台湾“中研院”近代史研究所 2005 年版，第 45 页。

〔32〕 参见国家税务总局编：《中华民国工商税收史：直接税卷》，中国财政经济出版社 1996 年版，第 126 页；雷家琼：《抗战前中国遗产税开征的多方推进》，《近代史研究》2016 年第 4 期；韩昌盛，《近代我国所得税的艰难开征》，《中国税务》2011 年第 2 期。

〔33〕 《营业税与牙税》，《国闻周报》1931 年第 8 卷第 24 期，第 3 页。

〔34〕 《营业税与牙税》，《国闻周报》1931 年第 8 卷第 24 期，第 4 页。

〔35〕 朱炳南、严仁赓：《中国之营业税》，《社会科学杂志》1936 年第 3 期，第 396—398 页。

〔36〕 国家税务总局编：《中华民国工商税收史：直接税卷》，中国财政经济出版社 1996 年版，第 20 页。

本已对未来开征所得税的前景心怀担忧，而财政权威甘末尔的“条件不够说”，正好为停办难以筹措计划税款的西洋所得税找到一个既表示尊重专业，又能见诸明文的理由。[37] 民国学人蔡问寰在《所得税的开征及其前途》中说道，“这些‘外来和尚’对当局影响很大，成为所得税开征动议遭搁置的重要原因之一”。[38]

对于遗产税来说，虽然之前尚未开征过，但由于其具有均贫富的效用而被普遍看好。在第一次财政会议上，国民政府拟以遗产税充实国库，但甘末尔教授认为中国当下并不具备开征遗产税的条件，不仅无良好的征税队伍，且征税目的不合赋税本义，家族制度、产业观念也不适合征收遗产税。[39] 甘末尔的论断打消了国民政府征收遗产税的念头，此后几年，国民政府内再无人提议举办遗产税。[40] 检索《申报》和《中央日报》可发现，意见书公布后的两年时间里，仅有一则消息模糊提及财政当局悉心研究遗产税，遗产税确要征收，但实际并无具体内容。[41] 应该说，甘末尔为首的财政部设计委员会的意见书，确实一度影响了国民政府中央决策层，此后再次明确重提开征遗产税，也到了两年之后的 1932 年的 10 月，蒋介石迫于内外交困及财政压力，致电杨永泰转告宋子文开办遗产税。[42]

由于印花税是最早被引介到中国的西洋直接税，且其在北洋政府时期即已断断续续开征，因此在第一次全国财政会议上，大家对印花税的讨论集中于如何改进征收技术和加强中央政府的权力，而不是是否开征印花税问题。会后，国民政府颁布了《国民政府财政部印花税暂行条例》，通令各省继续开征印花税，虽然印花税由于增加了百姓的税负而广受诟病，但印花税在甘末尔意见书提交后并没有中止办理。

可见，在甘末尔意见书提交之后，国民政府中止了所得税和遗产税的推行，而印花税和营业税的推广工作并没有中止。就印花税和营业税而言，其从北洋政府时即已开征，虽受阻碍，然能断断续续开征至彼时，为了填补财政空虚，国民政府最终并没有取消此两税的推广。而就所得税和遗产税而言，甘末尔《税收政策意见书》对中西税收传统的差异及中国税收行政效率进行了较为深入的阐释，其对国民政府的决策影响很大，也成为两税搁置的重要原因。

四、教训：抗战时期西洋直接税的再次推行

抗战前夕，为做好战前的准备工作，国民政府将开源节流作为财政的主要目标。1934 年，第二次全国财政会议召开，为了筹措充足的战争资费，会议上研拟

---

〔37〕 参见中国第二历史档案馆编：《中华民国工商税收史料选编》（第四辑），南京大学出版社 1994 年版，第 478 页。转引自林美莉：《西洋税制在近代中国的发展》，台湾“中研院”近代史研究所 2005 年版，第 223 页。

〔38〕 蔡问寰：《所得税的开征及其前途》，《时代论坛》1936 年第 1 卷第 9 期，第 5 页。

〔39〕 雷家琼：《抗战前中国遗产税开征的多方推进》，《近代史研究》2016 年第 4 期。

〔40〕 国家税务总局编：《中华民国工商税收史：直接税卷》，北京：中国财政经济出版社 1996 年版，第 126 页。

〔41〕 《征收遗产税之拟议》，《申报》1931 年 4 月 13 日，第 4 版。

〔42〕 《蒋介石致杨永泰电》（1932 年 10 月），台北“国史馆”藏，蒋中正文物档案，002/080200/00411/141。转引自雷家琼：《抗战前中国遗产税开征的多方推进》，《近代史研究》2016 年第 4 期。

以推行直接税作为战前财政改革的主要目标，包括所得税、遗产税和土地增值税，印花税和营业税则继续举办。在国民政府看来，开征西洋直接税不仅能够提供战争财政所需，还能通过征收活动拉近政府与民众的关系。对于国民政府在战时加快推动直接税改革，民众大都持支持的态度，这是民众对国家兴亡和抵御外辱负责任态度的表现。

1935年7月，在会议召开后不久，国民政府即颁布了《所得税暂行条例》。和以往相比，《所得税暂行条例》扩大了课税对象，将地主农业所得、城市房主租赁所得及国外所得均纳入所得税课征范围，缔造了普遍纳税的环境。抗战爆发后，国民政府不仅提高了所得税的税率，还再次扩充了所得税的征税范围。虽然前期民众对所得税普遍看好，但在实施后却让民众大加寒心。所得税在应战的背景下开办，主要以农民、商人和公务人员为课征对象，却忽略了大部分的高额收入者，这部分人群依托有利条件逃避所得税的稽征。税负不公还发生在华洋之间，由于租界治外法权的存在，国民政府很难对租界内的华洋商人课征所得税，此导致国内民众的不满。特别是在战时，所得税的税率不断增高，且采用查账与支持告密的方法进行稽征，民众普遍感受到极大苛扰。尽管所得税税率不断增高，却没有使财政得到更多收入，因为课征的费用也在不断攀升。〔43〕在此局势下，抗战后所得税的推广逐渐失去其原先的支持群众。

在直接税体系中，遗产税被视为仅次于所得税的第二大税种。1938年10月，国民政府公布《遗产税暂行条例》，并以简便的行政手续为考量，采取总遗产税制，至1939年年底正式完成立法手续，明令定于1940年7月1日起开征。〔44〕遗产税开征过程中遇到的第一个障碍是学界与政府之争，学界主张分遗产税制，政府则主张总遗产税制。〔45〕遗产税开征的另一个困扰是中国本土的实际问题，国人习惯以堂名或别号来登记财产，历经祖传父移，不需要更名或是重新登记，因此遗产调查十分困难。〔46〕此外，遗产税还遭遇的一个困境是中央和地方的利益分配问题，由地方负责征收的遗产税归中央所有让地方颇为不满。其实，遗产税推行的困难在于其设计不合理，"属人原则"与"属地原则"不恰当的结合让遗产税或重复征税或遗漏境外税源，〔47〕"遗印竞赛"〔48〕的实施让百姓倍感遗产税带来的苛扰过甚。

在抗战开始之后，国民政府于1938年召开了临时全国代表大会，大会关于推行战时税制的计划包括三项：提高所得税税率、即刻举办遗产税和筹备开征战时利得税。战时利得税是所得税的辅助税种，其主要对特殊环境变迁所偶然获

---

〔43〕 中国第二历史档案馆编：《中华民国史档案资料汇编》（第五辑·第一编），江苏古籍出版社1997年版，第440—450页。

〔44〕 中国国民党中央执行委员会训练委员会编印：《中国战时经济问题》，重庆1943年版，第52页。

〔45〕 朱偰：《推行战时税制与彻底改革财务行政》，《东方杂志》1938年第35卷第7期，第9页。

〔46〕 张景璞：《中国今日征收遗产税问题》，《东方杂志》1936年第33卷第14期，第50页。

〔47〕 张森：《中国直接税制度》，国民出版社1941年版，第66页。

〔48〕 抗战时期，为了促使遗产税和印花税获得更多收入，直接税处发动"遗印竞赛"，要求遗产税和印花税两个征税小组展开竞争，完成或超过配额者，可以记功和获得赏金，未达目标者则会被记过处分。

得的利润进行征税。国民政府拟对战争时期发战争财的一些商号的超额利润征税，以使战争的“景气利益”归政府所有。[49] 1938年，国民政府颁布《非常时期过分利得税条例》，拟定位为战争时期的临时税制。[50] 在战时利得税的实施过程中，经常出现官民对立的现象，虽然明文规定战时利得税为商民自行申报，但为了索取丰富的税源，征税机关往往采取调查、告密和径行决定税额的办法，对百姓苛扰尤甚。而且，在战争后期，由于物资紧缺而出现严重的通货膨胀，币值大幅度缩水。在此情形下，商家获得的利润虽表面多了几倍，实则远不如前，但根据战时利得税的标准却仍需缴纳税额，此举招致民众的大力反对。[51] 战时利得税的弊病繁多，以致商民对其多加抵触。

印花税的开征从北洋政府时期一直延续至国民政府统治时期，第二次财政会议决定将印花税的四成分归地方政府，以资裁厘的损失。在抗战期间，国民政府曾举办“遗印竞赛”，意图通过两个征税小组的竞赛提高两个税种的收入。[52] 但是，为了获取更多的印花税额，征收人员往往和商会勾结，将印花交给商会代销，同时要求商会上缴一定额度的印花税。此举类似于过往的“包税”制度，商会代销造成的结果是商会随意抬高税额或勒索商民缴纳印花税。印花税的摊派之风盛行，包征与勒征经常发生，商民受到苛扰过甚。

营业税也是战前就已开征的税种，在抗战时期仍然继续推行。在战时推行营业税的过程中，工商业界提出了批评意见。因为所得税有一项是营利事业所得税，再开征营业税岂不与此重合了。政府考虑到所得税为中央税，而营业税为地方税，故迟迟不将二者合并。而且，营业税的推行难以调查商家的实际资料，所以征税机关经常将营业税分摊给商会，后转变为定额分派，对商家苛扰甚重。而对于营业税的征收，商家往往将其转嫁给消费者，所以商民对营业税的印象并不好。

抗战时期，虽然国民政府强行推行各项西洋直接税，但由于税制设计和税款征收程序弊病丛生，故几项直接税的推广均遭到商民的抵触。值得一提的是，当时的国民政府成立直接税署，将所得税、遗产税、印花税、战时利得税和营业税全部划归其管辖，完全不顾及直接税与间接税的划分意义，其税目混杂和征收人员的良莠不齐也招致民众的批评。透过现象看本质，抗战时期国民政府推行西洋直接税失败的原因主要呈现于两点：其一是民国时期的中国尚不具备推行西洋直接税的理论建设要求，西洋税制的理论尚未在中国先期本土化。甘末尔也提到，赋税应该是政府提供公共服务的对价，纳税人和政府应处于相对平等的地位，而当时的赋税更多地体现为满足政府的财政需求，纳税人的权利得不到保

〔49〕 马寅初：《战时经济论文集》，作家书屋1945年，第79页。

〔50〕 中国第二历史档案馆编：《中华民国工商税收史料选编》(第四辑)，南京大学出版社1994年版，第21页。

〔51〕 石抗鼎：《我国非常时期过分利得税之检讨》，《经济汇报》1941年第1卷第6期，第34页。

〔52〕 中国第二历史档案馆编：《中华民国工商税收史料选编》(第四辑)，南京大学出版社1994年版，第874—876页。

障，政府为了攫取更多的赋税，采用各种各样的手段，对纳税人的利益造成极大损害。其二是中国尚不具备开征西洋税制的经济基础，任何税种的开征都需要一定的经济基础来涵养税源，就如所得税需要国民在本额的基础上有足够的收入、营业税要求国内有足够的资本运营且收入可观一样，如果没有这些基础，其带来的效果只会是税源的逐渐枯竭。抗战时期的中国经济困顿，新兴产业的发展步履维艰，而且根本没有条件建立系统的财务账目，这样的经济环境和财政需求的落差，就已预告西洋税制推行的破产。

五、争论：甘末尔《税收政策意见书》对中国近代税制改革的影响

对于甘末尔的《税收政策意见书》，学人褒贬不一。有人认为"甘末尔处处为人民设想而又熟悉国民风情，既不作好高骛远之论，又不作取媚当局之态，怎不令人五体投地"，[53]"意见书字字是根据财政学理的名言，怎不令人佩服，希望意见书得到贯彻，让民众免除繁重税负之苦"。[54] 但是，也有人认为"中国幅员广大，各地经济情况差异甚巨，适宜所得税的条件未尝不可借由实施所得税而逐渐形成，一边摸索，一边改进中国的经济变迁与行政组织"，[55]"甘末尔的见解在赋税理论上亦未必正确，国人摄于其大名而颇受支持"，[56]"虽然该委员会的见解过于片面，没考虑到许多西方国家推行所得税时亦不具备完全的开征条件，所得税的举办大都是一个渐进的过程，但这些'外来和尚'对当局影响很大，成为所得税开征动议遭搁置的重要原因之一"。[57]

根据马克思的辩证唯物主义认识论，实践是认识的基础，是认识发展的动力，是检验认识真理性的唯一标准。[58] 对于众说纷纭的评断，笔者认为应该回归历史的脉络中去寻找答案。对于甘末尔的《税收政策意见书》，争论的焦点主要集中于两点认识：一是甘末尔是"外来和尚"，其是否熟悉中国国情；二是如所得税这样的新税的开征都是渐进的过程，西方国家就是最好的例证，而中国是不是也可在民国时期渐进开办西洋直接税。

对于第一点认识，笔者认为甘末尔不仅不是"外来和尚"，且其深谙中国的经济环境。在其意见书中，甘末尔认为中国的税务行政向无效率可言，且税收常被用于内战或冗员俸给，政府往往不考虑纳税人的税负能力、古昔遗制之税目繁多、私人账目混乱和遗产继承与西方不同等。且不说甘末尔所描述的问题在抗战前就已存在，其在抗战时所推行西洋直接税的过程中也都得到了印证。抗战时期，国民政府为了攫取足额资费，采用"遗印竞赛""告密"等多种手段，不仅对纳税人极尽苛扰，且其行政效率低下。当时国民政府新税旧税并行，更是将所有

---

[53] 楚声：《甘末尔设计委员会税收政策意见书有感》，《钱业学报》1930 年第 10 卷第 11 号，第 1 页、第 2 页。
[54] 森甫：《读税收政府意见书序言书后》，《硬的评论》1930 年第 1 卷第 4 期，第 52 页。
[55] 杨必立：《中国所得税研究》，东华书局 1975 年版，第 10 页。
[56] 翁之镛：《税制概论》，台湾"财政部"财税人员训练所 1973 年版，第 85 页。
[57] 蔡问寰：《所得税的开征及其前途》，《时代论坛》1936 年第 1 卷第 9 期，第 5 页。
[58] 《马克思恩格斯全集》（第 10 卷），人民出版社 1998 年版，第 405 页。

西洋税种统统划归直接税署，既不考虑纳税人的税负能力，也不思税目繁多的问题。在所得税和遗产税问题上，二者皆因中外经济环境不同而举步维艰，所得税由于账目混乱而难以课征，遗产税则是因为遗产继承方式等的不同而难以实施。对于这些问题，前文都有叙述，此不再赘言。

对于第二点认识，笔者认为从所得税的诞生和发展历程来看，它在西方国家的发展确实是遵循着从不被接受到逐渐定型的过程，可以英美为例。18世纪末，为应付英法战争和北美独立战争后所遗留的债务，英国首创所得税，但受到商民的抵制，直到19世纪才逐渐定型。1862年，美国为应付南北战争的资费而开征所得税，战争结束后即因民众抵制而废止，直到20世纪初第十六修正案的出台，所得税才慢慢在美国定型。[59] 虽说如此，笔者认为我们不该忽略英美与中国税收环境的差异性：一是先期理论构建，二是经济基础。英国在1215年《大宪章》之后，税收从国王的私产转变为国家税的样态，其现代租税理念也在逐步成型，18世纪的英国刚经过第一次工业革命的洗礼，资本主义经济发展迅猛，贫富差距明显，此是英国的理论构建和经济基础。而美国在内战之前，《美国联邦宪法》对纳税人权利及政府征税权进行明确限定，其现代租税理论构建已逐步完善，而18世纪中期的第二次工业革命奠定了美国的经济基础，这是美国的情况。相比较而言，中国当时不仅理论构建尚未成功，也缺乏配套的经济基础，强制推行很难取得如英美这样的效果。

通过对历史环境的梳理及对甘末尔意见书的解读，笔者认为，甘末尔意见书对中国近代税制转型有两个不可忽视的影响和作用。其一，甘末尔意见书对于早期引入西洋先进租税理念有所助益。虽然清末至民国时期有许多学人对西洋税制进行了讨论，如梁启超、章太炎、马寅初、朱偰等。[60] 但当时学人的讨论多集中于外国西洋直接税的优越性及我国应如何筹划西洋直接税的征收，对于西洋租税的基本原理进行剖析与传介尚为不足。作为西方的经济学者，甘末尔在《税收政策意见书》中提出了许多租税正义的基本理念，诸如赋税的目的在于谋求公共利益，而不是政府的私欲；要让缴纳者明白赋税的正当意义，就要求征税部门能够养成行政上的效力程序与标准等。作为西方经济学的权威，甘末尔的这些论断让国民政府重新审视国内的租税环境，也意识到了传统税制与西洋直接税在基础理论上的差异。对于国内学人而言，甘末尔意见书呈现了一幅西洋直接税的理想画幅，为我国未来引入西洋直接税提供了较好的理论参考，时至今日我们依然能从中得到不一样的启发。

其二，甘末尔意见书对近代以来国内致力于税制改革的潮流给予警示。清末至民国时期，历届政府的财政改革均致力于用西洋直接税来扩充财政和弥补裁厘的损失，在其看来，这是最为理想的改革方案。当时，国内学人也多支持引

---

〔59〕 [美]查尔斯·亚当斯：《善与恶——税收在文明进程中的影响》，翟继光译，中国政法大学出版社2013年版，第245—336页。

〔60〕 参见梁启超所著《饮冰室文集》、章太炎所著《太炎最近文录》、马寅初所著《中国财税之根本问题》和朱偰所著《中国租税问题》。

入西洋直接税，如民国时期著名税收学专家晏才杰在《租税论》中建议推行印花税和遗产税等西洋税种，[61]梁启超在《饮冰室文集》中提议开设所得税等十大新税。[62] 对于众多国内政客和学人而言，单纯地改良传统税制并不符合当时的国家发展前景，只有借鉴西洋税制以对传统租税进行彻底革新才是出路。在近代中国西学东渐的浪潮中，比较借鉴是惯以使之的手段，而忽略本土资源则是常态。当局者迷，旁观者清，在甘末尔教授看来，基于传统税制的改良才是当时中国的最佳选择，甘末尔的棒喝促使国民政府停办了西洋所得税与遗产税两大税种，此后几年，国内几乎没有关于引入西洋直接税的呼声，甘末尔意见书对国内致力于税制改革的潮流的警示作用是客观存在的。

六、结语

与裁厘运动相伴，推行西洋直接税是清末历届政府的财政改革目标。近代以来，虽众多政客和学人致力于改革传统税制，然改革路径并非坦途，西洋直接税的推广屡受挫折、时举时废。国民政府时期，受命担任顾问的甘末尔教授在《税收政策意见书》中，建议国民政府致力于传统税制的改良，而非彻底革新现有税制，当时的中国本土税收环境并不适合引入西洋直接税。作为一名西方经济学家，甘末尔教授本身即代表了西方的知识和认知体系，其对西洋税制的解构及对中国实际情况的把握分析，皆体现在其呈交的意见书中。在《税收政策意见书》中，甘末尔教授在评述中国本土税制环境的同时，勾画了西洋税制的基本理论和经济基础，此也成为评判中国是否适合引进西洋直接税的关键。甘末尔教授的意见书打断了国民政府继续推广西洋直接税的念头，此后几年，中央层面几乎无人再提议举办西洋直接税。

抗战时期，迫于财政压力，国民政府强行推行西洋直接税，其最终的结果仍然不尽如人意。虽然时人对甘末尔意见书褒贬不一，但从中国本土的现实环境出发来客观评断甘末尔意见书的效用会更为妥切。甘末尔意见书无论是对我国早期引入西洋先进租税理念，还是对近代以来致力于税制改革的潮流的警示，抑或是对未来我国租税的演进均有影响及作用。对一个国家来说，税收是联结公权力与私权利的纽带，其上可关乎国家兴亡与政权更迭，下可关乎百姓安居乐业与商贾盈利谋生，重要性不言而喻，而所谓良税，往往是适合于一国的税收，而非愈加先进的税收。在未来，无论西洋直接税在我国的发展如何，相信只有尊崇税收的正当发展规律且不对纳税人苛扰过重的税收才是良税。

---

[61] 晏才杰：《租税论》，新华学社 1922 年版，第 24—26 页。

[62] 梁启超：《中国改革财政私案》，《饮冰室文集之八》。转引自付志宇：《近代中国税收现代化进程及其思想史考察》，湖南大学 2019 年博士学位论文，第 51 页。

The "Tax Policy Proposal" of Kemmerer and the Transformation of Tax System in Modern

HAN Longhe

Abstract: Since the late Qing Dynasty, in order to cope with the financial difficulties and seek the transformation of the tax system, abolishing Lijin and introducing western direct tax have been the financial reform goals of successive governments from the end of Qing Dynasty to the Republic of China. During the reign of the Nationalist government, Professor Kemmerer, a financial consultant, submitted a "tax policy proposal" to the national government after investigating China's tax environment, ruling out public opinion that China should not introduce western direct taxes. In his proposal, Kemmerer explained his two-dimensional tax system concept, that is, the theoretical construction and economic basis. After comprehensive consideration, the government stopped the promotion of income tax and inheritance tax. During the Anti Japanese War, the government imposed direct taxes to collect war expenses, which ended in failure. Although there were different opinions on the proposal, they were all one-sided. Based on the historical context, the proposal of Kemmerer had two effects on the transformation of China's modern tax system, which could not be ignored, that is, it helped China to introduce the advanced western tax concept in the early stage and gave warning to the trend of domestic tax reform since modern times.

Key Words: Kemmerer; Direct Tax; Republic of China; Tax Policy Opinions

编后记

2019年10月17日　星期四　北京　阴/雨(雾霾)

早上6点45分醒来，看了一会儿《此间的少年》。直观而论，金庸诉江南案中，金庸这边聘请的律师工作不力，对于江南如何利用人物、人物性格及人物关系等，没有很好地分析，并提出人物相似性问题。不过，只是看了不到20页，也不便得出最后的结论。7点半，收拾一下，转赴中心办公室。初萌去食堂早餐，我用“美团外卖”，点了“桃园眷春”的油条、烧饼和豆浆。待初萌早餐后回来，我的早餐尚未送到。

心意散淡，微信群浏览。发现阎学通的一个讲座实录，觉得不错，存录之。这个讲座，是前些年阎学通教授在北大博雅讲坛上做的题为“中国崛起战略和国际环境变化趋势”的报告，讨论的是中国崛起面临的国际环境。他指出，影响中国崛起的最大的国内挑战是极左思潮。想起10年前，我曾经就中国法治建设问题进行过宏观思考，那是从法对策学角度进行的分析(《当代法学的历史使命——以中国法治建设为指向的法对策学思考》，载《法律科学》2011年第1期)；而今日见此讲座实录，我觉得有必要就全球化进程中的中国法治发展路径问题，思考和分析一下。

阎学通教授的这个演讲，主要研究在2015年就完成并出版(《世界权力的转移：政治领导与战略竞争》，北京大学出版社2015年版)。在研究中，他提出了一个大国崛起的理论：道义现实主义理论。其理论核心在于，崛起国的成功在于政治领导力强于现行世界主导国。诚然，就阎学通的观点，我总体上是同意的，且于我心有戚戚焉。不过，我不太同意他的“两极划分”。按照他的两极论，似乎欧洲(包括美国)为一极，东亚为崛起的另一极。就此，美国和中国成了两极的核心，或者各自代表其中的一极。

事实上，北美、欧洲和东亚，是地缘政治和全球经济的三个核心区域，也呈现不同的样态。北美完全由美国主导，且美、加、墨一体化(北美自由贸易区，North American Free Trade Area，NAFTA)，价值观、经济制度和政治体制具有高度的一致性，能够形成经济上以“高、中端”为主，同时结合“高、中、低端”的互补性区域联盟。欧洲虽然存在欧盟的政治整合效应，价值观、经济体制和政治体制也相对一致，但以英国为代表的“去欧洲化”、原苏联加盟共和国“入欧盟运动”、俄罗斯的“价值背离”、经济发展的不均衡性，以及欧洲各国林立的传统冲突等因素，在很大程度上又削弱了其政治整合能力和经济一体化进程。东亚各国，特别是以中国、日本、印度为主的这亚洲版“小三国演义”(相对于“中、美、俄”这一“三国演义”而言)，不仅经济体制和政治架构不一样，价值观冲突巨大，基本上不可能进行政治整合，而且美国战略重心转移至亚洲，美国入亚程度加强，将进一步削弱中国在这一地区的影响力。美国之所以具有全球领导力，就是其地缘政治本身处理得很好，固了本，加之逐步形成的全球战略联盟，已经完成了主导全球的国际关系结构。中国近年来之所以处处掣肘，就是因为我们周边“有事”，导致国际社会出现了不利于我们的相对孤立和被动的局面。因此，我认为，目前国际关系中，国际格局上既有的“一超多强”的趋势将进一步强化：除美国这一超强国家之外，欧盟、中国、日本、俄罗斯、英国、印度等持续发展，且一定程度上会固化现有的国际关系。从这个角度来说，中国很难成为与美国平起平坐的那一极。中国有可能成为“一极”的是，整合那些威权国家如俄罗斯、朝鲜、古巴、委内瑞拉等，成为这一极的“领头羊”。但是，即使是这一极，本身也很难整合，特别是俄罗斯。这是俄罗斯人的民族性决定的，他们有固有的长线思维，大国沙文主义思想根深蒂固。从这个角度来说，与俄罗斯人相比，中国人的“政治柔性”体现得较为明显——诚然，我们也可以理解为这是我们的“政治韧性”。更何况，如果这“威权政治”一极真的能够形成，就会进一步让中国成为西方打击的目标，因为这是来自价值观和全球治理理念的最为深刻的冲突，超越了简单的意识形态的对抗。所以，这也是我们应该极力避免的。另外，我也不太同意阎学通的一些判断，比如对于 2008 年金融危机之后美国的相对衰落和中国的迅速崛起的论断，认为世界贸易组织已为中国所控制的论断等；这些论断，缺乏较为坚实的事实和证据支撑。

不过，我的这些不同意见，并不妨碍我总体上赞成阎学通教授的思路和看法。他认为，极左思想是中国社会进步最大的障碍，也是中国崛起面临的“最大国内挑战”。由此，他也深刻阐明了改革和开放对于中国未来发展的重大意义。

这里，我想引申一下他的思想：第一，国家发展取决于政治领导力的强弱问题。管子曰：“夫国大而政小者，国从其政；国小而政大者，国益大。”（《管子·霸言》第二十三）阎学通引用管子之语，将这里的“政”理解为“政治领导”，而“政小”或者“政大”则被理解成政治领导的“弱”或者“强”。这种理解，容易引起人们的误读。比如，有人借此将“政治强人”的领导谓之“政治领导强”；反之，则谓之“弱”。事实上，这里的“政小”或者“政大”，主要是指政治上的总体绩效，即是否能够实质性地提高国家的综合实力，包括经济、军事、外交、文化等各个方面。除此之外，这一绩效的产生是长远的、可持续的，符合历史发展潮流。就当下而言，法治理念、市场经济、民主政治及顺应全球化趋势，就是进步的、符合历史发展潮流的。

第二，阎学通以“贞观之治”道出帝制时代判断政治领导（强弱）的标准：贤君要善于纳谏，敢于承认自己的错误，这样才能有领导力；拒绝批评，邀功诿过，就没有领导力。我想借此引申一下，现代政治中，除了强调领导人从善如流，还应该强调批评、纠错的制度性安排。

第三，阎学通反对“不结盟”做法，提倡在国际战略中行“王道”。从这个角度来说，我们应先从自身做起。事实上，我们提倡的社会主义核心价值观，都是能够和西方对接的，具有普遍性，我们并不拒绝、更不惧怕普世的价值观。党的十八大提出的，倡导富强、民主、文明、和谐，自由、平等、公正、法治，爱国、敬业、诚信、友善，这二十四个字，难道不是人类文明的共同体验和成果吗？中国人的家国情怀、个人修养，不都蕴含其中了吗?！切切实实地践行这些价值观，先改造自身的制度，再推行现代社会治理和个人发展的“王道”，并以地缘政治为基础形成我们自己的“朋友圈”——结盟，并确立一大批坚实的盟友关系，然后才能进一步参与国际秩序的构建。

想想这些，确也无奈。还好，早餐到，开吃。刚吃完，葛光阳到。随后，我让光阳送点儿脆枣给414室和415室的人。得悉春晖在，让他过来，跟他交代了几句关于“汉译民文”合理使用条款的问题，同时说明了《信息速递》和学术论文的区别。韩萍过来，说感冒差不多好了，但我听她尚有鼻音，让她多注意身体。韩萍也带了三个石榴过来，分赠葛光阳、初萌和我。想起李仲秋的硕士论文，这次学术沙龙上讲了讲，觉得有些想法可以提供给国知局那边，于是，联系仲秋，让她在现有论文基础上，形成八千字左右的报告，看我们基地是否能够报送上去。仲秋要现有《信息速递》报告参考，我发给她最近我和王芳琴关于世界专利体系中专利客体变迁的，让她参考格式。

中午初萌帮忙打来食堂的一份饭菜，我吃后稍事休息。醒来后，看了一会儿《此间的少年》，再收拾和整理刚自万圣书园买的一些书。保洁阿姨过来打扫卫生，我打开窗，也放松了一下。学院新来的小庞（子钰）短信，称北京市第十五届人民代表大会代表核对信息表，需要我核对本人信息并签字。他问我，“您看我投到陈明楼您信箱，您核对签字后放前台我去取可以吗?”我回答：“好的，谢谢!”随后，收到子钰已投递的信息。不过，我今天不准备过陈明楼办公室那边，计划明天再签吧。圣平微信，邀请我参加明天下午北京地方金融监管局融资租赁项目的结题论证会，问我是否方便。我说可以，让他发来具体时间和地址。下午又跟春晖沟通，聊了聊他修改的“汉译民文”合理使用条款的情况。收到（张）大伟兄邮寄过来的《美国版权法》《欧盟版权法》《英国版权法》三部译作（张大伟主编，中国出版集团、东方出版中心2019年6月版）；微信告知：“已收到，感谢!”

晚上，请葛光阳到“一八九八咖啡厅”（新中关九号楼一层）简餐，聊了聊他的情况。今天没有谈沉重的话题，而是从娱乐法调整范围出发，引入他感兴趣的网络游戏话题。随后，也顺便了解了他早期看过的四大名著情况：《三国演义》《水浒传》看过，《西游记》《红楼梦》没有看。他最感兴趣的《三国演义》，这也与“三国”的游戏开发有关。其中，我们品评了几位三国人物如诸葛亮、魏延、赵云等。跟光阳吃完饭，便直接转回颐和山庄。途中，给子瑜电话，约明天上午10点左右，在中心聊聊《私法》第33卷和34卷的编辑、他近期投稿论文（信用方面的）及学术研究方法。我想了想，还是应该一起研究些什么，手把手地带一带为宜。大约20点10分回到颐和山庄寓所。娟子尚未回家。琬珺见我回来，很高兴，缠着我玩了一个多小时。至21点半，她还想玩，我说要睡觉了，她才觉得困乏，要去找姥姥睡觉。我说，要不跟我睡吧。但是，她执意要去找姥姥。其实，她姥姥都已睡着，只得又吵醒她，让琬珺跟她睡去了。我回到二层自己的卧室，感觉还挺累的。刚睡下不久，隐约听到一层的门铃声。估计是娟子回来。下楼开门，果然。娟子很兴奋，要跟我说她“庞大的”钢琴培训计划。我毫无兴趣，说声“精神上支持”，就睡觉去了。